HUAWEN JIAOXUE YANJIU

华文教学研究

彭 俊 主编

暨南大学出版社
JINAN UNIVERSITY PRESS
中国·广州

图书在版编目（CIP）数据

华文教学研究/彭俊主编．—广州：暨南大学出版社，2009.4（2013.1 重印）
ISBN 978－7－81135－038－8

Ⅰ．华…　Ⅱ．彭…　Ⅲ．汉语—对外汉语教学—教学研究—文集
Ⅳ．H195－53

中国版本图书馆 CIP 数据核字(2009)第 124446 号

出版发行：暨南大学出版社

地　址：中国广州暨南大学
电　话：总编室（8620）85221601
营销部（8620）85225284　85228291　85228292（邮购）
传　真：（8620）85221583（办公室）　85223774（营销部）
邮　编：510630
网　址：http：//www. jnupress. com　http：//press. jnu. edu. cn

排　版：暨南大学出版社排版设计中心
印　刷：佛山市浩文彩色印刷有限公司

开　本：787mm×960mm　1/16
印　张：22. 5
字　数：419 千
版　次：2009 年 4 月第 1 版
印　次：2013 年 1 月第 2 次
印　数：2001—2120 册

定　价：45. 00 元

华文教育的新形势和新任务
——在侨办系统华文教育五院校工作年会上的讲话（代序）

雷振刚[*]

华文教育历史源远流长，最早可以追溯到中国移民史的开端，而真正意义上的华文教育也已经出现了上百年。纵观华文教育发展史，华文教育经历了各种时期，而每个时期都有不同的情况。改革开放三十年来，在方方面面的努力下，华文教育有了长足的发展。具体表现为：学科建设日趋成熟；师资和生源的数量和质量都有不同程度的提高；办学层次逐步完善，已经形成了从幼儿园到小学、初中、高中、大学本科及专科，直至研究生的较为全面的办学体系；办学规模和形式也越来越多样化，不断满足着各类学习者的不同需求。与此同时，我们还应清醒地意识到，在华文教育得到前所未有的大发展的今天，仍有很多困难和问题摆在我们面前。特别是进入新世纪以来，华文教育面临着新的形势和问题。

首先，海外华文教师队伍的数量和质量仍然是制约海外华文教育发展的瓶颈，在新形势下，这种矛盾更加凸显了。华文教育要上层次、上规模，但海外华文教师队伍数量不足和水平低下已经成为华文教育向前走、向高处走难以逾越的障碍。海外华文教师的来源复杂，专业性和稳定性差。比如，北美欧洲的教师大多是非专业的，流动性很强；东南亚地区由于华文教育没有纳入国民教育计划，教师来源也很不稳定。这些都是我们应长期关注的问题。我们要研究海外华文教师的特点和发展趋向，培养出一批数量充足、素质较高的华文教师，只有这样，海外华文教育才会有更好的发展。

其次，加强与华侨华人所在国政府教育部门的沟通与合作，取得其理解和支持，对海外华文教育的发展至关重要。随着中国综合国力和国际影响力的日益增强，华文教育的国际环境日渐宽松，但仍然存在诸多敏感因素。如何利用目前日渐宽松的环境条件，如何以有效的形式和谐地发展华文教育，

* 时任国侨办文教司副司长，现任中国华文教育基金会副理事长兼秘书长。

不断扩大和夯实华文教育的基础，是我们应该考虑和亟待付诸实践的。今后一个时期，国务院侨办将把改善与当地主流社会教育部门的关系、加强华文教育方面的沟通与合作作为一个重要的工作目标。2007年，国务院侨办与加拿大、印度尼西亚、澳大利亚、菲律宾等国的相关教育部门进行了接触和洽谈，并就在当地开展华文教育达成了多项共识。今后，国务院侨办将继续进行此类沟通，力争更多地取得当地政府的支持和理解，为海外华文教育创造更好的环境。

再次，华文教育要长期走下去，必须树立起华文教育是海外华人社会发展的根本内部需要的观念。当前，华文教育迎来了最好的时期，正处于不断上升的阶段。海外华文教育工作一定要发挥自主性，积极挖掘和发挥自身的优势，整合华人社会的各项资源，以团结、务实的新面貌在当地社会呈现，把发展华文教育作为华人社会自身求生存、谋发展的重要手段。

针对上述各点，我们必须明确工作重心，认真深入思考，并努力做好以下六个方面的工作：

第一，华文教育师资培养已纳入近期事业。我们应该加大力度，结合考核认证机制，大规模、规范化地培养海外华文教师，力争通过三到五年的时间，使海外各级各类的华文教师接受一次普遍的培训。从2009年起，国务院侨办将启动海外华文教师对外汉语专业或华文教育专业的学历培训，学习期满考试合格者授予学士学位。国务院侨办正组织力量编写统一规范的海外华文教师培训大纲，并将以此为标准，研究制定海外华文教师资格认证机制。培训内容主要有普通话正音培训、小学中文教学技能培训、汉语言文化知识培训、幼儿华文教师培训、多媒体中文教学培训等。

第二，如何加紧开发本土化教材、各类型教材是我们面临的新任务。今后我们将加大宣传力度，在各个华文学校普及中国海外交流协会组织编写的各种简体字版教材。目前，国务院侨办已经委托有能力的华文教育基地开发了《汉语》、《中文》、《幼儿汉语》等多套教材，希望能对本土化教材开发起到引导和提示的作用。这些努力只是开始，还需要海内外的华文教育工作者建立渠道、加强沟通，创造出一种合作共赢的开发模式。

第三，要创新针对华裔学生的教育工作模式。用内容更丰富，形式更活泼、更具吸引力的活动来吸引华裔青少年学习汉语和中华文化知识。用各种形式的寻根之旅、夏（冬）令营及征文比赛等活动来吸引学生，维系好海外华侨华人，特别是华裔青少年与祖籍国之间的情感纽带。自1999年以来，国务院侨办和中国海外交流协会已连续举办了六届“中国寻根之旅”夏令营，规模越来越大，内容越来越丰富。“中国寻根之旅”已成为国务院侨办和中国海外交流协会开展海外华文教育工作的知名品牌。一些其他类型的夏（冬）令营也相继举办，不同主题的夏（冬）令营在全国各地遍地开花，取得了丰硕的成果。

第四，在当前新形势下，网络等新技术手段的发展日新月异。如何将这些先进的教育技术手段更好地应用到华文教育中来，是值得华文教育工作者认真思考的问题。目前，我们建立了中国华文教育网，利用网络平台拓展延伸了华文教育。中国华文教育网是面向全球华文学校教师、华裔青少年学习中华语言和传统文化的服务平台，是华文教育专家、学者、教师和学生相互交流及分享经验心得的园地。

第五，为发挥海外优秀华文学校的示范和辐射作用，帮助海外华文学校提升办学层次和办学水平，国务院侨办将在华文学校比较集中的国家遴选、建设一批“华文教育示范学校”。国务院侨办将在教材提供、师资培训等方面对这些学校给予重点扶持。

第六，我们应该加大力度发掘新形势下新的办学模式。华文教育工作者可以将长期班、学历班、短期班、师资培训班等办学模式的优势特点综合考虑，取长补短，建立更适应当前的新形势、更有利于华文教育发展的办学模式。

希望华文教育工作者结合目前的新形势，整合力量，按照科学发展观的要求全力投身到华文教育的工作中来，从而更加有力地推动华文教育的发展。

欣逢北京华文学院《华文教学研究》出版，作为一名从事华文教育多年的工作者，我倍感欣慰。编委会邀我作序，谨以与五校同仁的交流讲话代之。

2008年11月

目　录

华文教育概观（一）

——华文教育的百年历史和发展规律

彭　俊

【提　要】华文教育生存于海外的多元文化环境，是具有第二语言教学特点的民族母语文化教育。本文梳理了华文教育的百年历史脉络，论述了华文教育生存和发展的必要社会环境条件，探讨了华文教育的基本形态和一般发展规律。文章认为，只有顺应发展规律、把握华文教育与华人社会及其所在国家的基本关系，各国的华文教育才能顺利发展。

【关键词】华文教育　民族母语文化教育　发展规律　学校教育

○ 引　言

世界华文教育源远流长，在1900年前后进入学校教育阶段，在当代发展成为一门独立的学科。作为一门具有独立性质和特点的学科，需要进行两个方面的研究：其一，要研究华文教育的社会关系，也就是研究华文教育的生存环境和历史变化，探讨其发展规律；其二，要研究华文教育的本体问题，也就是研究华文教育的基本教学要素，把握本体特点。研究的目的是，把握发展规律，认识学科性质和特点；整合教学资源，营造教学环境，全面提高教学效率。本文重点论述华文教育生存和发展的必要社会环境条件，梳理华文教育的百年历史脉络，探讨华文教育的一般发展规律。

一　华文教育与华人社会

1.1　世界华人的分布和华文教育的重点地区

有海水的地方就有华人，有华人社会的地方就有华文教育。根据《中国语言生活状况报告（2005）》的相关统计，海外华侨华人广泛分布于五大洲的143个国家，具体为：33个亚洲国家，26个欧洲国家，38个非洲国家，11个大洋洲国家，35个美洲国家。

华人人口排名前20位的国家为：

1. 印度尼西亚 7 261 984
2. 泰国 7 254 261
3. 马来西亚 6 114 900
4. 美国 2 909 636
5. 新加坡 2 505 400
6. 加拿大 1 413 952
7. 秘鲁 1 300 000
8. 越南 1 220 566
9. 菲律宾 1 096 169
10. 缅甸 1 018 074
11. 俄罗斯 998 000
12. 澳大利亚 573 468
13. 日本 487 570
14. 柬埔寨 321 180
15. 英国 243 258
16. 法国 227 497
17. 印度 180 984
18. 老挝 172 933
19. 巴西 146 180
20. 荷兰 140 182

通过了解世界华人人口的基本分布情况，我们可以知道，华文教育有一个遍布世界各地的华人社会基础。从各地区华人社会的历史和发展水平来看，华文教育的发祥地和重点地区是东南亚和欧美地区。最近二十多年来，其他地区的华文教育也在快速发展。

1.2　华人社会和华文教育的缘起

华人社会是一个基于血缘、文化和族裔利益的社会群体。作为一个重要的社会界别，我们暂且做出如下定义：华人社会是指凝聚于中华文化和族裔利益、形成族裔语言文化氛围，具有族裔社会组织、作为社会成员存在的华人族裔群体。一般来说，自觉而成熟的华人社会，以文化认同和利益共同为基础，以具有华人社团、华文学校、华文报刊（华文媒体）作为基本标志。简而言之，华人社会是凝聚于中华文化和族裔利益的社会群体。

中国人的移民史虽然可以上溯数千年，但华人社会的真正形成和发展是在19世纪中期以来的大规模移民之后。早期雏形的华人社团出现在17世纪初，但当时华人的数量、经济能力、文化构成及社会处境尚不足以形成影响较大的社会气候。华人社团和华文教育在各个国家产生了较大的社会影响，要从19世纪中期算起。19世纪中期至今，华人社会在曲折中不断发展壮大，最终确立了自己的经济基础和社会地位，形成了具有民族特征的华裔社会文化氛围，为华文教育提供了牢固的社会基础和广阔的发展空间。

中国人具有重视教育的文化传统，华文教育的起源和早期形式是私塾和义学。在华文学校建立之前，私塾、义学和学堂是世界各地华文教育的主要形式。课堂一般设在大户人家的家庭、会馆、祠堂或神庙里，主要的教学内容是三字经、百家姓、千字文、四书五经以及尺牍、珠算等。历史记载，今日的印度尼西亚首都雅加达，早在1690年就开办了“明诚书院”，至1899年，全印度尼西亚的义学已多达369所，学生达6 600余人。在华人早期的主要居住地，一般情况也大体如此。例如，1819年，马来亚槟榔屿华侨创办了五福书院；1829年，新加坡华侨创办了三所私塾；当时华人家庭并不算多的美国、加拿大也有私塾和义学。这种基本的、旧式的教育虽然具有局限性，但它们星罗棋布，在世界各地为提高华人社会的文化水平、增强华人社会的凝聚力做出了历史性的贡献，开创了华文教育的先河。

1.3 华文教育和华人社会的基本关系

伴随着日渐增强的族裔意识和文化自觉，在华人社会的共同关注和支持下，华文教育由自发的私塾教育逐步发展成为具有广泛社会意义的义学、学堂和学校教育，成为华人社会的文化基石和精神支柱。从起源来看，华文教育与华人社会的基本关系是同生共长的，华人社会需要华文教育，华文教育培育华裔后代和华人社会的未来。从发展来看，华人社会的繁荣壮大决定着华文教育的无限前景。

二 华文教育的学校教育阶段

1900年前后，华文教育进入了新的历史发展时期。东南亚和北美地区纷纷建立华文学校，标志着华文教育进入了正规的学校教育阶段。例如：

1888年：美国旧金山——中西学堂（现名美洲中华学校）；

1897年：日本横滨——中西学校（现名横滨山手中华学校）；

1901年：印度尼西亚雅加达——中华学校；

1904年：缅甸仰光——中华义学；

1905年：新加坡——养正学堂；

1906年：中国南京——暨南学堂（即现在广州的暨南大学）；

1907年：柬埔寨金边——端华学校（1918年现名）；

1908年：泰国曼谷——华益学堂。

华文学校的诞生，对华人社会和华文教育的发展具有多方面的重要意义：

第一，华文学校更新了教学内容，丰富了课程设置，使广大华人子弟开始接受正规教育，从而全面承担起教育华人后代的责任和义务，有效地维系了华人社会的文化传承。

第二，华文学校对它前后出现的各种华文教学形式都有引导、示范和推动作用，领导和代表着华文教育的百年主流。华文学校使华文教育走上了规范化发展的道路，它不仅提高了教学质量和效率，也为各国华文教学组织的建立和国际交流合作奠定了基础。

第三，华文学校的生存和发展为团结和发展华人社会提供了持久动力。华文学校的发展历史，是华人社会各界鼎力支持华文教育的奋斗历史，也是文化传统和民族精神发扬光大的历史。这段历史全面地揭示了华文教育赖以生存和发展的必要社会环境和条件，也全面展现了华文教育的社会功能和意义。

三　华文教育的百年分期和社会环境条件

一百年来，华文教育的发展可谓艰难曲折，几经兴衰起落。为汲取历史的经验教训，在世纪之交的第三届国际华文教育研讨会（1999 年，上海）、第三届（1999 年，马尼拉）和第四届（2001 年，曼谷）东南亚华文教学研讨会上，各国同仁从不同角度总结了本国的百年华文教育历史，比较清晰地再现了百年历史的基本脉络和多重社会历史原因。

3.1　东南亚同仁的研究举例

印度尼西亚："从 1901 年巴达维亚中华会馆学校成立，到 1965 年苏哈托新秩序政权下令封闭全印尼外籍华侨学校为止，是印尼现代华侨教育时期。这期间，华侨教育历经了六个阶段：①草创阶段（1901—1911）；②开拓发展阶段（1912—1941）；③停滞阶段（1942—1945）；④复兴阶段（1945—1950）；⑤发展鼎盛阶段（1951—1957）；⑥式微消亡阶段（1958—1965）。印尼华文教育可分为两个阶段，即低谷阶段（1965—1998）和复苏再发展阶段（1999 年至今）。在低谷阶段，苏哈托政权全面禁锢华校和侨团，厉行单一民族同化政策。"（徐敬能，2005）

菲律宾：创始阶段（1899—1912）；扩展阶段（1912—1941）；停顿阶段（1941—1945）；复兴阶段（1945—1955）；停滞阶段（1955—1973）；转变阶段（1973—1991，华校菲化）；新生阶段（1991 年至今）。

缅甸：第一所华侨学校创办于 1904 年，30 年代至"二战"前为缅甸华侨文化教育的第一个黄金时期；"二战"期间华侨学校均停办；"二战"后的 40 年代后期至 60 年代初期，是缅甸华文教育的第二个黄金时期（吴美玉，2001）；60 年代初至 70 年代是走下坡路的暗淡时期；70 年代至 80 年代又开始复苏；90 年代初期至世纪末，以第二语言为教学方针的新兴华文学校开始崛起。从此，华文教育又走上了百花齐放的康庄大道（李祖清，2005）。

泰国："泰国的华教发展，也和东南亚其他国家一样受到世界局势及国内政治的影响。泰国华教也经历过第二次世界大战的灾难，惨遭扼杀，全部被封闭。战后华校争相复办，像春笋萌芽，形势喜人。"但自 1932 年开始的"几十年来，由于各个时期的政治因素，泰国政府对华校采取各种形势的管制手段，华校一直处于风雨飘摇之中"。"到了 20 世纪 70 年代，中国实行改革开放政策，国力日强，推行'与邻为善，与邻为友'策略。世界各国，特别是东南亚国家对中国的政策也有了明显的转变，从警戒、防范改为信任、友善。1992 年，泰国政府对华教开始实行开放政策。"（丁身展，2001）

3.2 百年华文教育的五个时期

综合考察东南亚各国一百年来的华文教育历史，我们认为，客观上形成了五个时期：

1900—1937 年：1900 年至"二战"前的发展兴盛时期；

1937—1945 年："二战"中的衰落时期；

1945—1955 年："二战"后的再度兴盛时期；

1955—1985 年："冷战"衰落时期；

1985 年至今：当代华文教育时期。

其中，1937—1945 年和 1955—1985 年是"二战"和"冷战"迫使世界华文教育从高峰跌入低谷的两个时期。其他时期是世界华文教育的发展、兴盛时期。这个宏观分期是就总体情况而言的，各国具体情况自然有所不同。但在同受大环境气候的影响下，各国华文教育均经历了共同的起伏跌宕。

3.3 华文教育的社会环境条件

研究世界华文教育的历史，在于揭示各国华文教育历史的共同点。从百年历史来看，华文教育的生存发展受制于五大社会环境条件：

华人社会的发展水平——华人社会的经济、人数和凝聚力；

华人社会与所在国家的关系——华人社会在所在国的地位和影响；

所在国家与中国的关系——政治、经济、文化诸方面的交往联系；

中国的国际地位和影响力——综合国力和国际事务能力；

国际形势和时代潮流——战争对抗与和平合作。

这五大社会环境条件的共同作用，决定着华文教育的兴衰起落；它们在不同国家不同历史时期的具体情态，决定着各地华文教育的具体形态、特点及变化。不同地区和国家的华文教育的起落变化都可以从这五大社会环境和条件中找到历史的必然性。而且，这五大社会环境和条件还将继续影响华文教育的未来发展。

我们看到，在不同的国家，华文教育的社会环境条件是不同的，需要具体分析判断。但值得强调的是，无论具体的境况如何特殊，最重要的是把握住华文教育与华人社会及其所在国家的基本关系，传承民族母语文化，建设所在国家的多元文化，培养华人社会和所在国家的人才。华文教育只有适应华人社会和所在国的需求，推动华人社会和所在国家的发展进步，才能获得自身发展的动力和空间，发挥积极的社会功能和意义。

四　华文教育的基本形态和一般发展规律

一个事物的发展规律，即它与相关事物的必然联系和必然变化。所谓华文教育的发展规律，即华文教育在特定的社会环境条件下必然呈现的基本形态变化，亦即随着上述五大社会环境条件的综合变化，华文教育必然呈现的兴衰起落。

4.1　华文教育的基本形态

百年以来，各国的华文教育千姿百态，但基本的教学组织形式或基本的生存形态，从小到大无外乎以下五种：

家教和私塾；

各种语言学习班（中心）；

私立学校——个人创办；

新兴的周末制中文学校；

社团创办的传统全日制华文学校。

这五种形态存在于百年以来的各个历史时期，都是华文教育的基本形态。考察这五种形态的内在关系，可以认为，它们的功能是相对独立的，但更多的是互补，它们是同一事物的五个层级、同一事业的五种做法。

第一，华文学校（全日制华文学校和新兴的中文学校）是华文教育的中坚力量。全日制华文学校的作用无须赘言，20世纪80年代末发端于欧美地区的新兴中文学校开辟了华文教育的新天地，已经发展成为与全日制华文学校并驾齐驱的当代华文教育生力军。以美国为例，“社区中文教育（华文教育）成为美国社会中文教育的最大阵地，远远超过主流教育系统里学中文的总人数。其中又以普通话、汉语拼音、简化字为特点的中文学校发展最快”。据全美中文学校协会的统计：“1995年，新兴中文学校为3%，全日制华文学校为

68%，主流教育系统学校为 29%；2001 年则分别为 25%，49% 和 20%。”（郑良根）该协会会员学校从 1999 年的 160 所增加到 2005 年的 300 多所，遍布全美国 41 个洲所有华人相对密集的地区，大有后来居上之势。

第二，家教和私塾、各种语言学习班、私立学校，以其特有的针对性、实用性、适应性、灵活性等优势有效地满足了各类学习者的不同需求，从语言教育的社会性、普及性、多样性来看，可以说，它们撑起了华文教育的半壁江山。特别是家教和私塾、各种语言学习班，在逆境中坚持华文教育，在复苏阶段加速振兴华文教育，其意义重大。正是因为华文教育有五种教学形式，所以才具有广泛的社会适应性和顽强的生命力。例如，印度尼西亚的华文教育受禁锢最严厉，时间最长（1965—1998），但仍能快速复苏，原因何在？主要是因为家教等形式保留了一脉香火。

4.2 华文教育的发展规律

华文教育的发展规律具体表现为，五种基本形式对应五大社会环境条件的必然变化。

五大社会环境条件：国际形势和时代潮流；中国的国际地位和影响力；所在国家与中国的关系；华人社会与所在国家的关系；华人社会的发展水平。

五种基本形式：传统的全日制华文学校；新兴的周末制中文学校；私立学校；各种语言学习班；家教和私塾。

学校教育是华文教育的风向标和晴雨表。各个兴衰阶段的明显标志，主要是华文学校在数量和规模层次上的变化，其次是五种形式的互动演变。具体表现在以下三个方面：

第一，兴盛时期，从幼稚园、小学到中学、高中和师范教育全面发展，直至出现高等学府；衰落时期，华文学校数量减少，规模缩小，层次降低，难以为继。

第二，兴盛时期，各种形式的华文教学全面兴起，并趋向于向学校发展；衰落时期，各种形式的华文教学全面消沉，学校教育向各种形式的学习班降级，直至转为地下家教。

第三，兴盛时期，出现以学校为成员单位的全国性华教组织，国际间的交流合作广泛开展，华文教育的整体水平明显提高，学科理论建设也得到极大加强；反之，华文教育则日趋萧条。

试以第一个兴盛时期（1900—1937）为例：学校兴办至 1911 年，各地华侨学校达一百多所；辛亥革命的爆发激发了办学热潮，至“二战”前夕，家教和私塾、学习班、夜校遍及各地城乡，华文学校达三千余所；一些国家还建立了师范教育，成立地区和全国性的华文教育领导组织。例如：

1907 年：印度尼西亚爪哇学务总会；

1911 年：荷印华侨学务总会；

1913 年：马来亚华侨学务总会，缅甸华侨学务总会，菲律宾华侨教育总会；

1914 年：新加坡英属马来亚华侨学务总会。

历史上各个兴盛时期都有其共同特点：以学校教育为主，直至建立全国性的教育机构和开展国际交流与合作（1941 年 3 000 所；1954 年 4 376 所；目前，学校和各种教学机构超过 10 000 个，大多数国家都建立了全国性的华文教育领导组织）。华文教育界一致认为，今天的华文教育正处在新的发展和兴盛时期，这个判断主要是着眼于五大社会环境条件的综合性好转，以及多种教学形式全面发展。

五 结 语

从一百年来各个时期的情况来看，华文教育的五大基本教学组织形式，是华文教育体系的基本组织构成，它们各具功能和意义，共同肩负着华文教育的历史使命：在顺境下，百花齐放，学校等有规模的教学形式健康发展，共同对五大环境产生积极的社会影响；在逆境中，五种类型此消彼长、进退有序，应对着五大环境的消极变化。宏观上认识这种有规律的应对变化，既有利于全面把握华文教育的发展态势，制定不同阶段的发展策略，也有利于全面加强华文教育的体系建设。今天，我们进入了汉语国际化的新时代，华文教育的历史经验对实施汉语国际推广工程具有一定的参考借鉴意义。

参考文献

丁身展（2001）《泰国华教》，第一届国际华文教育研讨会论文集，中国对外交流协会文教部编，北京：华语教学出版社。

丁身展（2005）《略谈泰国华文教育发展现状》，第五届东南亚华文教育研讨会论文集，吉隆坡：马来西亚董教总教育中心出版社。

李祖清（2005）《新世纪缅甸华文教育发展现状》，第五届东南亚华文教学研讨会论文集，吉隆坡：马来西亚董教总教育中心出版社。

吴美玉（2001）《缅甸华文教育的历史和现状》，第二届国际华文教育研讨会论文集，北京：华语教学出版社。

徐敬能（2005）《印尼华文教育和华文教学的现状、机遇和挑战》，第五届东南亚华文教学研讨会论文集，吉隆坡：马来西亚董教总教育中心出版社。

郑良根（2002）《全美中文学校协会 2000—2002 协会工作报告》，全美中文学校协会第四次全国大会论文集。

华文教育概观（二）

——华文教育的学科性质和学科建设

彭 俊

【提 要】本文基于华文教育百年发展的基本事实和当代发展趋势，探讨了华文教育的学科性质和特点，提出了建设华文教育学科的教学体系和学科理论体系的基本思路。

【关键词】华文教育 学科性质 学科要素

〇 引 言

华文教育作为一门传承民族母语文化的应用型学科，生存于特定的社会语言文化环境，具有特定的教育目的、对象和性质，不能混同于中国国内的语文教育和对外汉语教学，有必要作为一门独立的学科来进行研究和建设。本文基于百年华文教育的基本事实和当代发展趋势，探讨华文教育的学科建设问题。

一 华文教育的基本事实和当代发展趋势

1.1 百年华文教育的基本事实

华文教育经历了不同阶段的变化，从早期私塾、家教、义学的教学形式和语文加简单算术的教学内容，到1900年前后发展为多科目的学校教育；20世纪七八十年代又经过学校改制——一些国家的华文学校归划为普通国民教育学校，只能开设有限的华语和中华文化课程，其他课程则改用当地法定语言教授。综观华文教育进入学校教育阶段后的百年历史，其基本事实是：华人在华校教华人子弟学华文。这句话虽然直白，但说明了华文教育是所在国家的一种民族文化生态：华文教育是华人社会为传承民族母语文化而兴办的教育；教育的主要对象是族裔子弟；教育的目的是培养具有中华文化气质的所在国家公民。根据这样的教育对象和目的，华文教育学科的主要教学内容，包括民族语言和民族文化两个方面，也就是说，华文教育的基本任务是培养族裔子弟的民族母语文化行为能力。这些基本事实表明，华文教育作为一门传承民族母语文化的应用型学科，生存于特定的社会语言文化环境，具有特定的目的、对象和性质，不能混同于中国国内的语文教育和对外汉语教学，有必要作为一门独立的学科来进行研究和建设。

1.2 当代华文教育的发展趋势

自20世纪80年代中后期至今的三十余年，是当代华文教育的发展时期。随着五大社会环境条件的综合好转，当代华文教育出现了新的发展趋势。具体表现如下：

其一，从单向性的族裔内部的传承教育，发展为多向性的包括族裔外部的传播教育；其二，以幼儿园、小学和中学为主的基础教育，发展为包括高等教育在内的多层级教育。总的趋势是，从面向族裔子弟的基础教育向包括友族子弟在内的中高等教育发展，从民间的社会力量办学向得到政府资助的国民教育发展和接轨。

这个总趋势的时代背景是中国的经济崛起，世界各国需要汉语，华文教育得到空前的宽松环境，这对其发展是十分有利的。但是，我们的华文教育是民族的母语文化教育，不同于汉语作为一门外语的教学；各国政府重视和开展汉语教学，是要获得汉语这个交际工具，不同于传承华人族裔的母语文化。要坚持华文教育的本质，要解决几千万华人的母语文化传承问题，还是要以华人社会的力量为主。具体而言，就是在各国的教育体制下，多方面发掘和争取资源和空间，保护和发展民族母语文化教育。从这个意义上讲，华文教育也有必要作为一门独立的学科来研究和建设。

二 当代华文教育的重大进展

近三十年来，各个国家和地区的华文教育社团和华文学校密切联系、携手合作，使当代华文教育取得空前进展。从学科建设的角度来看，我们认为，最值得称道的发展成就，一是业已形成学制完备的教学体系，二是初步形成了本学科的基本理论框架。这两大实践和理论成果为华文教育事业的规范化、专业化发展提供了基本条件，也为华文教育的学科建设奠定了基础。

2.1 华文教育学科已经形成资源共享的完备教学体系

华文教育在世界各地的发展呈现出各具特色的状态，但遵循着共同的发展规律，追寻着传承和传播民族语言文化的共同目标，在总体上形成了规模宏大、性质独立的体系。这个体系就是以遍布世界各地的华人社会为依托，以中华文化为纽带，以传承民族语言文化为根本目的的华文教育体系。

这个体系由学校教育和多种社会办学形式构成。从学校教育体系来看，包括中国在内的世界各国华文学校和教学机构已经涵盖了从幼儿园、小学、初中、高中到包括师范教育在内的高等教育的各个层面。凭借着当代发达的网络资讯和交通条件，当代华文教育已经告别"校自为政"的历史，各国同仁可以便利地相互交流与合作，各国学生可以便利地接受不同层次的华文教育。特别是众多国家建立了全国性的华文教育组织和统一领导机构，通过开放性的资源整合，发挥良性互动的整体优势，使世界华文教育更加成为一个资源共享的优化体系。

2.2 华文教育学科已经形成基本的学科理论框架

最近二十年，特别是首届东南亚华文教学研讨会召开以来，各国同仁的研究重心从关注华文教育的社会关系问题逐渐向研究学科的本体问题转移，建设学科理论的意识和信心不断增强。主要成果表现为在世纪交替之际，比较系统地总结了百年以来的历史经验教训，阐明了华文教育与华人社会及其所在国家的基本关系；基于当代华文教育的发展趋势，逐步明确了华文教育的基本理论问题，形成了一些意义重大的共识。例如：

（1）华文教育的定性：民族教育；

（2）华文教育的定位：传承和传播民族语言和文化；

（3）教育目的：培养华人社会和所在国家的人才；

（4）教学内容和课程设置：华文教育的语言课程和文化课程；

（5）教学法的改革：华语作为第二语言的母语教育和文化教学的生活化；

（6）与当地社会的主流教育接轨：走规范化、开放性的发展道路。

我们认为，上述共识为深入开展华文教育的学科研究和建设提供了基本的理论框架。

三　华文教育的学科性质和社会功能

基于这些共识，我们可以这样阐述华文教育学科的性质和特点，以及其社会功能和意义：

3.1 华文教育学科的性质和特点

华文教育是生存于多元文化环境（多元民族及其语言文化背景）的民族

母语文化教育学科，其基本性质是民族教育，其基本教学内容是族裔语言文化，其基本特点是适应多元文化环境，其教育目的是培养具有中华文化气质的所在国家公民，其社会功能是传承和传播中华民族的语言文化。简而言之，华文教育学科的性质和特点是，具有第二语言教学特点的民族母语文化教育。这样概括华文教育学科的性质和特点，既反映了当前大多数华裔子弟不谙华语的现实情况，也符合长期以来华文教育与华人社会及其所在国家的基本关系。

3.2　华文教育的社会功能和意义

华文教育与众多国家和地域不同时期的政治、经济、文化、宗教及民风习俗广泛交织，因而具有多层级的社会功能和文化意义：华文教育既是族裔社会的民族教育，也是所在国家的国民教育；既是传承族裔语言文化的教育，也是发展所在国家多元文化的教育；既具有保持族裔文化特质、提高族裔文化素质和生存能力的功能和意义，也具有增强所在国家的国际竞争能力、促进所在国家经济文化发展的功能和意义。

应该说，包括华文教育在内的任何国家或民族的母语文化教育，从来都具有丰富人类文化、促进共同发展的重要作用。在经济全球化、文化多元化，中国经济持续发展的时代背景下，华文教育的社会功能和意义得到了国际社会的广泛认同和赞许，因而比过去任何时候都更加突出和彰显。

四　华文教育的学科建设

学科建设，包括教学体系建设和学科理论建设两大方面。华文教育学科的核心问题是教学问题。学科理论建设的方向和目的是基于学科教学的实践需要，提供理论支持，提高教学效率。

4.1　学科建设的现实要求

自 20 世纪 50 年代中期起，由于“冷战”的国际性大气候，各国的华文教育以及华文报刊、华文文学均遭受了长达数十年的禁锢，致使华语成为大多数华裔后代的第二语言——不能自然习得，必须进课堂从简单的口语学起。但是，传统的语文课程及其教材教法根本无法适应第二语言教学的需要。始于 20 世纪 80 年代中期从语文教学向语言教学的转变，促使国内华文教育界萌发了学科建设的意识。大批新移民改变了传统华人社会的结构，各种华文教育形式大大发展，众多国家均出现全国性的专门华文教育组织，普遍关注师资培训、教材编写、教法改进等基本建设问题。新的实践需要促使华文教育理论的出现——引进第二语言教学的理论和方法，建立具有第二语言教学特点的民族母语文化教育学科。

4.2　学科建设的历史渊源

从历史上看，华文教育是否应该走自己的独立发展道路，自有华文学校起就初显端倪。为了适应远离母土的特殊环境，历代先贤做出了种种探索和努力。例如，1902年始日本即有海外学校自编的幼稚园、小学系列教材。1917年，荷印华侨学务总会在泗水召开教育研讨会，制定《南洋荷属华侨学校课程标准》，决定编写统一的新教材。专程调查华文教育情况的著名教育家黄炎培先生与会发表演讲，对此极表赞成。1926年的研讨会更是明确提出不宜照搬中国国内的教育方针办学，他们认为“本此宗旨办理侨校殊多不合”，“华侨远寄他邦，对于民族特性，祖国文化应发扬光大，然而处于不同的地位与特殊之环境，故办理侨校也应有特殊之方法，适当之宗旨，以应付不同之地位与特殊之环境”。“国内教材不适合南洋社会环境，致南洋侨校开办多年，成绩尚未显著。今欲改进，当由改编教材入手。”这些都是切中要害的真知灼见。

受制于当时的社会历史条件和教育的总体发展水平，传统的华文教育不可能超越历史的局限性。但是，华文教育应该避免落入传统语文教育的窠臼，建立自己的学科，这也是历史的必然。1991年，教学改革和学科建设的序幕在菲律宾正式拉开：“菲律宾华文教育研究中心”成立，同年11月，该中心邀请吕必松先生讲学，九场演讲结集出版了《华语教学讲习》一书。自此，华文教育的新理念引起了广泛关注，学科建设的探讨开始在海内外全面展开。

4.3　华文教育的学科要素

任何一门学科都有其基本的教学构成要素，相关教学要素的特殊性，形成一门学科区别于其他学科的独立性和本体特点。在多元文化环境中，华文教育的组织形式和教师队伍，以及教学对象、教学目标、教学内容、教学方式、教学媒介语、教学环境等无不具有国别特征及其多元文化的特色，各相关教学要素共同构成了华文教育学科的性质和特点。

我们认为，华文教育的学科教学要素主要包括教学目标、学生、教师、教材、教学方法、教学技术、教学环境、家庭环境、教学评估。这九个教学要素依次排列，使华文教育学科成为一个有序活动的结构系统。这些要素及由其组成的系统就是我们研究和建设华文教育学科的基本事实和着力点。

五 结 论

纵观华文教育的百年历史，是传承民族母语文化的教育目的和有别于中华本土的社会环境使之形成了独立的学科性质和特点。在汉语国际化的当今世界，华文教育进入了开放性的发展阶段，进入了专业化、规范化的学科建设阶段。如何适应时代需要、推进学科建设，从根本上讲，就是建设华文教育的教学体系和学科理论体系，必须立足于学科要素的深入研究。我们要想提高华文教育学科的教学效率，就必须重视各个教学要素的开发性研究，全面整合教学资源，形成实现教育目的的合力。

参考文献

戴庆厦（2004）《中国社会语言学概论》，北京：商务印书馆。
李泉（2006）《对外汉语教学理论研究》，北京：商务印书馆。
李宇明（2003）论母语，《世界汉语教学》第1期。
吕必松（1992）《华语教学讲习》，北京：北京语言学院出版社。

语言学理论在华文教学中的作用

侯　颖

【提　要】语言学理论和华文教学实践之间具有上下位关系，前者对后者具有指导作用，后者以前者为理论前提。这种上下位关系具体表现在两个方面：对华文教学的实践者——华文教师具有指导作用，对华文教学方法具有指导作用。此外，本文还对文化教学在华文教学中的地位做了阐释。

【关键词】语言学理论　华文教学　教学方法　指导作用

由于语言学理论与语言教学（对外汉语教学）的定位很不一样：语言学理论是一种基于语言本体的理论，而语言教学是一种基于语言应用的活动。因此，有人认为，既然语言教学中不能把语言学的一些理论知识直接传授给学生，语言学理论对语言教学不能发挥实际的功能，那么教学工作者就没有必要为了汉语教学而学习和掌握语言学理论。也正是由于这种观点，曾一度产生“是中国人就能教汉语”的错误说法。其实这是一种很深的误解，这种误解是由于没有搞清楚理论和实践、本体和运用的关系造成的。目前，汉语教学是一门独立的学科这一结论已经越来越多地为人们所接受，探索汉语教学的规律已经成为摆在教学工作者面前的重要任务。北京华文学院作为中国对外汉语教学学会的重要成员单位，是国内唯一一所专门从事华文教学的院校，不断探索华文教学的规律是我们广大华文教学工作者面临的艰巨任务。只有不断探索华文教学的规律和方法，才能更好地完成针对广大华侨华人和港澳同胞的汉语和中国文化教育的任务。本文认为，语言学理论与华文教学之间并非风马牛不相及，语言学理论是华文教学的基础，华文教学是对语言学理论的应用；没有语言学理论的指导，华文教学亦将成为无源之水、无本之木，同样，华文教学的实践也可以为语言理论的正确性提供一种可靠的验证手段。因此，语言学理论与华文教学实践之间具有一种上下位关系。

一 语言学理论对华文教师的指导作用

1.1 教学对象的特殊性

华文教学的教学对象主要是华人华侨和港澳同胞，他们的母语虽然是汉语，但他们的第一语言要么不是汉语，要么不是标准的普通话（粤语或其他）。因此，他们学习汉语的目标很明确，就是要在短期内迅速提高汉语的听说读写能力。华文教学中能否做到在短期内迅速提高学生的汉语综合水平是判断教学成败的最直接标准，教师作为华文课堂教学的组织者，理应把这当作衡量自己课堂教学效率高低的直接标准。

华文课堂教学作为一种语言教学，有其自身的特殊性，这种特殊性首先是由特殊的教学对象决定的。与针对第一语言是汉语的学生不同，华文教学的对象是第一语言非汉语的学生，因此，在教学中传授给他们的不是语言学的理论知识，而是把汉语作为一种交际技能来传授。华文教学的根本目的在于让学生在短时间内迅速掌握这种技能，从而全面提高学生的听说读写能力。传授技能重视的是实践，是实际的操练，这种课堂上的实际操练和教师在课堂上的讲解是汉语各种课型的两个基本任务，是汉语教学的两个最基本的环节。教师要想顺利完成课堂教学中的“精讲”任务，没有语言学理论的支撑是行不通的。例如，教师在教学过程中必须具有根据一些纷繁的语言现象总结语言规律的能力，试以“把”字句的教学为例。在教学中，我们会遇到各种各样的“把”字句（请把门关上；大风把树吹倒了；我把他打了一顿……），传统语法对“把”字句的语义解释是表示“处置”，这种句式的一般结构是“主语 S + 把 + 宾语 O + 动词结构 VP”，如果考虑到最典型的“把”字句，我们就会发现，这种句式的线形描述还不是最典型的。据崔希亮（1996）的研究，有 93.9% 的“把”字句动词结构是由动补结构组成的，因此，我们可以得出“把”字句的一种典型句式“主语 S + 把 + 宾语 O + 动词结构 VP + 补语 C”。在教学中，如果学生明白了“把”字句的这种原理，无疑会对他们的语言内化产生一种积极的推动作用。而这种对“把”字句句法语义规律的描述需要汉语教师具有扎实的语言学理论基础，需要汉语教师及时追踪汉语言研究才能得出一些结论。

当然，课堂教学中并不能提倡教师大量讲解这些语言知识，我们举“把”字句的例子在于说明，作为语言教师，应该掌握一些必要的语言学理论知识，虽然这些知识可能永远都不会跟学生讲。这些知识在潜意识中可以指导教师如何去把握具体的语言教学环节，可以让教师对某个教学环节的难点和重点提前做出预测。除了这种关于具体语言点的理论常识外，华文教师也应该关注其他方面的一些理论，如语音学的理论（教师应该明白汉语语音的发音原理，教会学生辨别不同发音的方法等）、语义学的理论（教师应该通晓各类句式的语法意义、各类词语的褒贬色彩、语体色彩等）、语用学的理论（教师应该掌握某一语言项目的使用场合，让学生明白不同语言项目在不同场合或环境中说出来可以有不同的含义等）。

笔者曾于2004年参加北京语言大学组织的“新世纪对外汉语教学——海内外的互动与互补”讨论会，美国普林斯顿大学周质平教授认为，汉语教师作为操练员有三个层次：不知而言、知而言、知而不言。他认为不知而言是汉语教师的最低层次，知而不言则是最高层次。这种概括或许过于绝对，但却是一个强调汉语教师应该具有扎实语言功底的例子。华文教学对象的特殊性，不允许授课教师在课堂上讲解过多的语言学的理论知识，但作为教学组织者，应该熟练掌握相关的语言学理论知识，以便更好地服务于教学。

1.2　华文教师的工作性质

教学对象的特殊性要求华文教师具有深厚的语言学功底，同时，华文教师工作的另一个性质也对华文教师提出了这方面的要求。华文教师不能只是教书匠，而更应该是集科研和教学于一身的双面手。我们在前面提到，汉语教学已经成为一门独立的学科，研究汉语教学的规律（教学规律和学生的学习规律）已经成为教学工作者的任务；同时我们也应该看到，汉语本体研究也面临着很大的挑战，华文教学中有一些老大难的问题其实是连汉语本体研究也没有搞清楚的问题，如汉语中的“了”、“的”等项目的教学。因此，以汉语作为母语或熟练语言的华文教师应该在具体教学中培养另一种能力——科研能力，对教学中遇到的实际问题提出具体的解决方案。而这种具体解决方案的提出需要一些语言学理论作前提，如在区别“以后”和“后来”这两个词语时可以从句法、语义和语用三个视角着眼。因此，一名合格的华文教师应该成为教学和科研的双面手，一方面要搞好教学，另一方面也要不断学习语言学的相关理论，把科研工作搞好，从而更好地服务于教学。从大的角度来看，教学和科研也是摆在所有高校教师面前的两大基本任务。

所以，无论从华文教学之教学对象的特殊性还是从华文教师工作的双重性来看，语言学理论都应该对华文教师具有一种指导作用；没有语言学的基本理论知识，华文教学就不能具体落到实处，没有语言学的基本理论知识，华文教师的科研工作也不可能搞好。

二　语言学理论对教学方法的指导作用

语言学理论不但对从事教学的华文教师具有指导作用，对教学方法的指导作用也是不容忽视的。历史上，每一种教学法的出现都与某种语言学理论的诞生有着千丝万缕的联系。

目前，学术界基本已经承认语言学研究形成了形式主义（formalism）、功能认知主义（functional-cognitivism）和类型学（linguistic typology）三分天下的格局，由于每一种流派语言观和理想信念的不同，不同流派的研究者在分析语言现象时所使用的方法和手段有时也迥然不同。这种语言观、理想信念和分析手段、方法的不同，成为不同教学方法产生的重要理据。换句话说，某种流派的语言学理论会对教学法产生直接的指导或促进作用。

现代语言学之父索绪尔是结构主义语言学的创始人，他认为语言是一种符号，符号之间靠“组合关系”和“聚合关系”得以运转。后期的布龙菲尔德则在此基础上强调对语言的结构系统进行全面的描写，并利用刺激——反应的行为主义心理学主张解释语言的产生和理解过程，认为语言是一种习惯。因此，结构主义语言学从诞生的那一天起就有着严重的重视语言结构而忽视语言意义的倾向。语言教学法中的直接法（direct method）和听说法（audiolingual method）（重视模仿操练，先听说后读写，以句子或句型为教学单位，排斥或限制使用母语教学，让学生形成习惯等）就是直接以这种语言学理论为基础形成的语言教学法。目前，我们在教学中还常常看到这两种教学法的影子。以 N. Chomsky 为代表的形式主义语言学一方面强烈批评结构主义语言学（认为结构主义不能解释“语言是什么”的问题，认为人类语言之所以不同是因为普遍语法之外的参数不同），另一方面则把结构主义语言学推到了极端（把语言的研究建立在严格的逻辑推导基础上，把语言研究限定在核心结构研究的范围内，从而认为人类语言的规则是一个有限的集合）。受这种学说影响产生的语言教学法是认知法（cognitive approach）。这种教学方法强调教学过程中学习者的智力作用，强调对语法规则的理解，以学生的学习和有意义的操练为主，注意培养学生的信心和积极性，反对有错必纠。这些做法都是形式主义语言学所持语言观的具体体现，而这些教学理念对华文教学具有十分重要的启发意义。

作为形式主义语言学的对立物出现的功能—认知主义语言学认为，研究语言不能只研究语言的形式和结构，而把语言的意义、使用和功能等排除在外。因此，功能—认知主义语言学强调语言的社会性和功能性，认为语言的基本功能是交际；语言研究中应该重视语言的使用、意义和功能、语言和社会的关系等问题。受这种语言观影响而产生的语言教学法是产生于20世纪70年代的交际法（communicative approach）。交际法强调教学过程的交际化，提出教学以培养学生的交际能力为主要目标，教学中以话语为基本教学单位。这种教学法的理念已经非常接近现代课堂教学的基本目标，在汉语教学中已经广为使用。作为交际法的继续发展，目前方兴未艾的“任务型”教学法（task-based language teaching）也是以功能—认知主义为语言学基础的。“任务型”教学法为了培养学生的实际交际能力，在课堂上让学生完成一定的交际任务。这种教学法在美国、马来西亚等国家的第二语言教学中已经被广泛使用（吴中伟，2004）。目前这种教学法在国内英语教学中使用广泛，但在汉语教学中还处于尝试阶段。华文教学应该把这种“崭新”的教学法吸收进来，进行大胆尝试。作为功能主义语言学的发展——认知语言学对华文教学的启示也是显而易见的。例如，认知语言学理论中的临摹性原则就可以具体运用到华文教学中，该原则认为汉语中的句子其实遵循着一种顺序性规律：“2008年8月22日”遵循从大到小排列的时间顺序原则；“我吃了饭再去打电话”遵循先后的时间顺序原则。根据这种时间顺序原则，在教学中我们就可以对“我上楼睡觉”能说而“我睡觉上楼”不能说做出简洁明了的解释，也能对“猴子在马背上跳”和“猴子跳在马背上”的不同做出通俗易懂的说明。关于认知语言学理论对华文教学的启示是一个很大的课题，我们打算另文讨论，这里就不再举例了。

语言类型学强调语言共性和个性之间的辩证关系，认为人类纷繁复杂的语言背后隐藏着一致性和共同性。例如，研究表明，绝大多数的语言都遵循S（主语）+V（动词）+O（宾语）语序（如汉语）或S（主语）+O（宾语）+V（动词）语序（如日语），这种研究成果对我们的汉语教学有着直接的指导意义。限于篇幅，这里不再详细说明。

因此，明确了语言学理论的历史沿革也就基本上弄清了各种教学法的基本理念，但语言学理论对教学方法的指导作用不是绝对的，任何一种教学方法都有其合理性和片面性，这就需要我们在具体教学中根据不同的需要进行选择，正所谓“教学有法而无定法”。（杨惠元，1996）

三　关于文化教学的地位

文化教学是汉语教学的一个重要环节，目前，各个学校都设有不同性质和不同名目的文化课程，出版的各类文化教材也比较繁多。强调语言学理论对华文教学的重要性，并不意味着排斥或轻视文化教学。虽然我们不能承认语言观上的文化决定论，但我们必须看到，汉语教学的本质是一种跨文化的语言教学。华文教学的教学对象大都长期生活在国外，有些甚至从来没有接触过汉语文化，因此，华文教学中的文化教学在整个教学中占有举足轻重的地位。

汉语教学要以培养学生以听说读写为中心的交际能力为目标，这种交际能力说到底是一种跨文化的交际能力，学生只学习语言本身是远远不够的。语言是文化的载体，语言的背后就是文化，二者是部分与整体的关系（刘珣，2000），因此，从某种程度上讲，成功的语言教学也是一种文化教学。华文教学要处理好语言的文化因素、国情文化和背景知识、专门性文化三种文化教学（刘珣，2000），特别是语言文化因素的教学。华文教师在语言学理论指导下进行汉语教学的过程中，应该让学生理解汉语这种语言的语言组织规则重"意合"的特点所体现出的汉民族特有的思维方式，让学生理解汉语言的语义系统、词汇中包含的文化含义（如"知青"、"红娘"、"旗袍"等），特别是语用上的一些文化常识（称呼、问候、感谢、谦虚、尊敬、表扬、隐私、禁忌等）更应该让学生熟练掌握和运用。

总之，我们在本文中强调语言学理论对华文教育的重要性并不意味着轻视或排斥文化教学。因为语言是文化的载体，所以华文教学应该分清轻重缓急，学生只有掌握好了语言技能，才谈得上对文化的掌握；华文教学中，语言教学是第一位的，文化教学是第二位的，是为语言教学服务的。弄清了语言教学和文化教学的关系，那么我们在本文中强调语言学理论对华文教学的重要性在理论上也是站得住脚的。

参考文献

程晓堂（2004）《任务型语言教学》，北京：高等教育出版社。

崔希亮（1996）"把"字句的若干句法语义问题，《世界汉语教学》第3期。

崔希亮（2001）《语言理解与认知》，北京：北京语言文化大学出版社。

侯　颖（2004）《说"以后"和"后来"》，《北京地区第三届对外汉语教学学术研讨会论文选》，北京：北京大学出版社。

李　泉（2005）《对外汉语教学理论思考》，北京：教育科学出版社。

李忆民（1993）课堂教学的内向和外向——试论中级汉语精读课课堂教学的交际化，《语言教学与研究》第3期。

刘　珣（2000）《对外汉语教育学引论》，北京：北京语言文化大学出版社。

魏永红（2004）《任务型外语教学研究：认知心理学视角》，上海：华东师范大学出版社。

吴中伟（2004）浅谈基于交际任务的教学法——兼论口语教学的新思路，《第七届国际汉语教学讨论会论文选》，北京：北京大学出版社。
赵金铭（2004）《对外汉语教学概论》，北京：商务印书馆。
周淑清（2004）《初中英语教学模式研究》，北京：北京语言大学出版社。
杨惠元（1996）论“教学有法而无定法”，《语言教学与研究》第3期。
杨惠元（2007）《课堂教学理论与实践》，北京：北京语言大学出版社。
Ellis，R.（2003）*Task-based language Learning and Teaching*，Oxford：Oxford University Press.

华文教育中学生管理工作的特殊规律探索

孔雪梅

【提　要】华文教育中的学生管理工作是按照既定的培养目标完成华文教育任务的组织保证和思想支持。因此，在思想教育上如何把握其特殊规律，在管理上如何科学地处理好多元关系，在自身修养上如何明确管理者的角色认知至关重要。本文试从以上诸多方面在理论和实践的结合上探索新形势下华文教育中学生管理工作的运行规律。

【关键词】华文教育　学生管理工作　特殊规律

在海外和中国大陆，以华侨华裔学生为教学对象的汉语教学称为“华文教育”，是侨务工作的一个组成部分。伴随着世界“汉语热”的日渐升温，以汉语教学为轴心的华文教育也日渐受到海内外的关注。华文教育学科建设的道路虽然很艰难，但其区别于国内语文教学和一般对外汉语教学的特殊性是不容置疑的。国内以华侨华裔学生为主要教育对象的华文院校中，教师同时也是侨务工作者，承担着汉语教学和学生管理的双重责任。面对大批海外华侨华裔学生到中国大陆学习汉语言文化的大好时势，华文教师在重视探索汉语教学特殊性的同时，对学生管理工作的特殊规律也必须进行必要的研究、探讨和总结。

一　在思想教育上，要把握好华文教育中的特殊规律

加强思想教育是搞好华文教育学生管理工作的根本。教育无国界，文化可共享，思想各有异。笔者认为，在全人类共建和谐社会、和平世界的新世纪，教育已成为各民族、各种族共有的文化资源，交流合作已成为主流的发展趋势。先进的人类文化应共建相互包容的大同境界，树立和谐相处的“世界大家庭”观念，而对新一代的文化教育和思想教育则应有健康向上的最基本的认同和共识。

华文教育的生源主要来自海外的华侨华裔学生以及少数外籍非华裔学生。

因此，华文教育既不同于国内普通院校一般学生的教育，也不同于对外籍非华裔学生的教育。作为华文教育主要对象的华侨华裔学生，可分为两种类型：一种是有目的的主动式求学，他们出于对汉语的主动需求和对中华文化的热爱而学习汉语，因而学习积极性较高，目的比较明确；一种是无目的的被动式学习，这种学生是少数，由于父母或祖辈的“血浓于水的祖籍国情怀”和对后代未来成才发展的期望，他们在父母的要求下来华学习，学习态度相对比较消极。加之华侨华裔学生的所在国国情、家庭背景、年龄、学历等情况不尽相同的复杂性，决定了对他们进行思想教育的科学性、多样性和灵活性。在实际教育过程中，要切实把握好以下四个特点和规律。

1.1 坚持主题性教育和多样性教育相结合，主要是抓好多样性教育

华侨华裔学生来源于多元方向，而且大部分都是具有大学以上学历的成年人，已经具备了较为完善的道德、伦理、人格等方面的修养。因此，对他们的思想教育显然不能像对国内学生那样明显地突出以爱国主义、集体主义、社会主义包括中国革命史为中心内容的主旋律教育，也不能过分彰显基本的道德品质教育。但是，我们也不能因此而犹疑、困惑、无奈和无所适从。华文教育的思想工作应该有先进的主题性、科学性和系统性。坚持主题性教育要主动，既不能操之过急、硬性灌输，也不能等待观望、无所作为。教育内容的主题性并不排斥教育形式的多样性，要动之以情、晓之以理，有计划、分步骤、多形式、讲方法地进行“信服”教育。在实际教学中，可通过学习中国历史和中国国情、中国民族文化和传统美德，参观历史名胜古迹，考察现代化建设成果等使他们逐渐从不了解中国，到认识、理解中国，再到认同和热爱中国，从而进一步提高他们对汉语言文化学习的自觉性。总之，对华侨华裔学生的教育不能搞“一刀切”，而要根据他们不同的国家来源、家庭背景和个人情况，采取多种灵活机动的方式方法，在适应和适从中求得最佳教育效果。譬如，对华侨华裔学生来讲，主要是对他们进行“认根”和“寻根”教育，把他们的家族在海外的苦难史、发展史和中国的解放史、建设史结合起来进行教育，使他们认识到，中国的强大有助于提高他们在海外的地位和树立他们在海外的形象，让他们意识到目前自己所拥有的一切都来之不易。对少数外籍非华裔学生来讲，主要是通过让他们了解中国的传统文化和建设成果来培养他们对中国的友好感情。

1.2 坚持集体性教育和个别性教育相结合，个别性教育卓有成效

集体教育是常规性教育，可通过学校和班级举办的各类活动进行，如晚

会、舞会、过生日、过节日、各类比赛和联谊等活动，以加强同学之间、师生之间及学生与学校之间的情感沟通，进行集体观念教育，解决一些共性问题。管理工作经验还证明，个别教育不容忽视，根据学生的不同情况，采取个别教育的形式，可以了解学生的深层心理，能取得良好的教育效果。譬如，有的学生第一次来到中国，也是第一次离开家，离开父母，加之语言交流的局限，在初到华文院校时会有不同程度的陌生感和挫折感。这时，通过老生对新生进行帮助，个别了解，及时沟通，让他们感到有人在关心自己，从而与管理者之间建立信任感，这样，他们就会放下思想包袱，全身心地投入学习之中。

1.3 坚持一贯性教育和阶段性教育相结合，阶段性教育尤为重要

来华学习的华侨华裔学生分班既有长期班，也有短期班，而长期班又有初、中、高级之分。诚然，对各类班型都不能放松教育，但对长期班尤其要做出规范性、计划性和系统性的教育实施方案。经验告诉我们，根据学生学习时间的长短和汉语程度的高低，应有不同的学习要求。一般来说，对初级班主要是进行认识教育，让学生认识和了解中国的国情和文化；对中级班主要是进行认知教育，让学生理解中国的国情和文化的内在底蕴；对高级班主要是进行必要的认同教育，让学生以友好的态度看待中国文化，从而热爱他们的祖籍国。

1.4 坚持汉语言专业性学习和校园文化辅助性学习相结合，校园文化建设不可忽视

首先，要认识到汉语言学习是对学生进行思想教育的主渠道，但它与国内一般院校的思想政治教育不能混为一谈，其教育的方式与方法也不能等同。汉语作为传播中国文化的载体，内容丰富，本身就具有不容置疑的魅力，课堂教学效果好，学生自然而然就会受到中国传统文化和传统美德的影响，从而有益于规范学生的言行。因此，首当其先的是主管学生教育工作的有关人员应和其他任课教师密切配合，利用好课堂教学这个主渠道，开发好汉语学习这块丰厚的教育资源。与其同时，对学生的思想教育还应做到课内外相结合，要重视校园文化建设，创造良好的教育环境，包括心理环境、物理环境和人际环境的整体和谐，以及优良学风、教风的形成，这些都能使学生于潜移默化中受到教育和熏陶。校外的参观、考察等也是校园文化的一个重要组成部分，是汉语言文化学习和对学生进行思想教育的开放式课堂。课堂教学重在寓教于学，校园文化重在寓教于乐，思想教育应重视二者的有机结合。

二　在学生管理上，要辩证地处理好华文教育中学生工作的多元关系

坚持科学管理是抓好华文教育学生管理工作的关键。华文院校学生的多元性、多层面、多意向等特点要求学生管理者必须全方位驾驭并善于科学地、辩证地处理好学生工作中以下四个方面的关系。

2.1　学生与管理者之间的关系

在接受华文教育的学生中，国籍意识是个很敏感的问题，教师在对学生进行管理时，面对多国籍生源，不论他们来自发达国家还是发展中国家，都要公平对待、一视同仁，尊重他们的国籍意识。应形成建设和谐社会、和谐世界的新理念和师生关系可以超越国界、超越制度的新观念，使学生在教师面前能获得亲和感、信任感、安全感和家庭般的温暖感。在以情相待的同时，还要有适度的理性控制和外事把握能力，既不能有失原则地崇外，也不应存在情感上的排斥，而要做到和而有则，亲而有距，不卑不亢，亲疏得体。特别是当两个国家之间的关系产生不愉快现象时，对所在国学生，包括华裔和非华裔学生，都应一如既往地友好相待，要与国际上外交关系的必要政策应对区别开来。但是，当他们的言行的确不友好时，要对其进行必要的、通情达理的教育。

2.2　学生之间的关系

接受华文教育的学生来自不同国家，他们的文化背景不同，年龄不同，受教育程度不同，宗教信仰不同，学习目的、学习水平、学习能力也不尽相同。他们同时来到一个新的环境，在同一所学校学习，从不认识到认识再到熟悉，可想而知，每个人都会有不同的感受，同学之间的陌生感也不同于国内初识的新生。作为学生管理者，应该想得到、做得细，正面引导学生加强团结，友好相处，把学校建设成为一个具有凝聚力的和谐大家庭。要善于发掘学生中潜在的优点，突显其亮点，引导其为学校的学生管理工作做出贡献；要及时发现学生之间存在的问题，将矛盾消弭在苗头阶段。

2.3　学习与生活的关系

两者是花与叶的关系，相得益彰。学习是目的，但是单纯抓学习反而会事与愿违；生活是保障，抓好了才有助于学习。这样一个管理原则对绝大多数学生来说是比较适合的，但是确有部分学生难以适从，这缘于他们来华的

学习动机、生活方式及情调追求的不同，要么为学习而学习，不讲究生活情趣，要么为玩乐而玩乐，荒废学业。对以上两种倾向性的表现，管理者都应予以足够的重视。对前者宜多方引导，使其认识到“乐”中有学；对后者应耐心教育，使其认识到“学”中有乐。总之，要针对不同对象，通过勤学教育、乐学教育，以快乐的教学法和教育法，建立一个富有生机的、学习与生活相互优化循环的绿色学习环境。

2.4 管理与服务相结合

加强学生管理是搞好学生工作的关键，对华裔学生也不能例外。在充分发扬民主、集思广益的基础上，建立必要的管理制度是搞好学生工作的前提。规章制度的制定要坚持“从学生中来，到学生中去”的原则，广泛讨论、充分酝酿，最后形成一个集民主性、制约性和可操作性于一体的学生守则。发扬民主，让学生共同制定规章制度是必要的，因为讨论的过程就是学生自我教育的过程，有助于提高他们接受学校管理、遵守规章制度的自觉性。至关重要的是，有了制度还要敢于坚持并善于坚持，其重点在于坚持以表扬为主，奖惩分明。更为重要的是，切记管理不能僵化、不能教条化、不能无度，要搞好人性化的管理服务。学生管理者坚持以人为本，深入研究学生心理，注意化解学生心理障碍的心理服务，将其放在首位；再者要搞好生活服务，体恤学生冷暖，配合有关部门解决好学生的衣食住行，包括伤病的及时医疗及学生过生日、过节日的安排等问题，寓教育于生活细节之处，寓管理于日常服务之中。

三　在自身素质上，华文教育中学生管理者要明确自己的角色认知

华文教育中的学生管理者包括辅导员、班主任和生活服务的有关责任人。较之普通院校，能否较好地搞好学生管理，优化对学生的思想教育，使其更好地完成学习任务，达到学习目标，对华文教育中学生管理者的角色定位、工作态度、工作能力、知识结构等综合素质均有着特殊的要求。

3.1 学生管理者要有明确的角色认知

学生管理者不仅承担着管理者、教育者和服务者的三重任务，又对学生肩负着教师、朋友和家长三位一体的职责，以上多重性的要求，决定了华文教育中学生管理者角色的多面性和职责负荷的特殊性。在北京华文学院，有不少学生在了解“班主任”这个词的形、音、义之前，把“班主任”说成或

写成“帮助人”。有的学生家长亲自把孩子送到国内学习，很重要的一件事就是和管理学生的老师见面谈心，希望自己的孩子能得到良好的教育和管理，有时还会给学校提出一些合理的意见和建议。由此可见，学生管理者在学生和家长心目中是一个可信赖的桥梁角色。

3.2 学生管理者要有良好的政治素质和道德修养

学生管理者要有侨务工作和外事工作的意识，在国格、人格上要有明确的是非观念，唯有如此才能较好地完成传播中国优秀文化、促进国家之间文化交流合作的任务，实现华文教育的培养目标。同时，学生管理者还应有高尚的道德修养，言传身教，以道德和人品的魅力为学生做出表率。

3.3 学生管理者要有完善的知识结构

一要有牢固的基础知识，主要是汉语言文化知识；二要有双重的专业知识，包括对对外汉语教学知识和学生管理理论的掌握；三要有较为全面的辅助知识，如文化学、教育学、心理学、哲学、史学、美学等都要有所涉猎。三重知识结构的优化组合是不断增强学生管理者整体素质、提高其工作能力和不断取得良好管理成果的有力保障。

3.4 学生管理者还应重视与其他任课教师的密切配合

学生管理工作是多方面的，其工作内容和工作方式也是多种多样的，在学生管理过程中，注意利用各课程的群体教育优势，会聚所有任课教师的创意和管理经验，做到管理者与任课教师齐抓共管，从而形成合力。

坚持和全面落实科学发展观为华文教育事业开拓创新和可持续发展指明了前进方向，而作为华文教育重要关节和层面的学生管理工作，只有坚持科学管理，准确把握其特殊规律，才能更好地配合汉语言文化教学，培养出具有“中国心”的华侨华裔学生，使华文教育工作不断登上新台阶、出新成果，从而提高到一个新的水平。

浅谈华文教学与华裔留学生民族归属感的培养

包小金

【提　要】本文从华裔留学生的三个特殊性——学习动机的多元性、浓厚的民族情结性、师生关系的融洽性出发，探讨了华裔留学生的民族归属感，以及这种归属感与华文教学之间的相互关系，提出华文教师必须重视华裔留学生的民族归属感，华文教学也应该结合现实培养学生的民族归属感。

【关键词】华文教学　华裔留学生　民族归属感

随着“汉语热”在全球的升温，每年来中国大陆学习汉语的人数也在逐年递增。在众多的来华留学生当中，有一个特殊的群体，即华裔留学生。这个群体既有普通留学生具有的特点，又在许多方面显现着自身的特殊性。随着对外汉语教学学科研究的不断深入，许多研究者也更多地注意到了这方面的相关问题。国务院侨务办公室刘泽彭副主任表示，语言的推广是中华文化走向世界的重要一环，华文教育是一项长期发展的工作，从事华文教育应有历史感和责任感（《华文教学通讯》，2005）。因此，如何更好地发展海外华文教育，传承中华文化，是海内外华人共同面对的一项课题。

本文拟以笔者所在学校——北京华文学院为例来探讨华文教学与培养华裔留学生民族归属感的问题。

一　华裔留学生教育的特殊性

1.1　华裔留学生的特殊性

1.1.1　学习动机的多元性

改革开放以后，来中国本土学习汉语的华裔留学生人数逐年增多，学生群体结构和学生自身的条件与以往相比也有了很大的改变。我们知道，早期的华裔留学生来大陆学习汉语大多是遵循父母的意愿，即作为中国人应该会讲汉语这个根本目的来学习汉语的。他们的学习时间较短，大多是半年或一年的时间，有了基本的汉语交际能力就回国了。回国之后，有的继续在国内上大学，有的帮助父母做生意，以后接触汉语的机会就不太多了。

改革开放之后，尤其是近十年以来，随着中国综合国力的提高，来华学习的华裔留学生的学习动机呈现出多元性。笔者对本校华裔留学生做了相关调查，大致可以分为以下几类：①遵从父母的要求，约 25%；②准备在中国读大学，约 25%；③准备从事对华贸易工作，约 20%；④为了方便在中国旅游，约 15%；⑤出自对汉语的兴趣，约 10%；⑥回国后准备继续学习汉语或者从事汉语教学工作，约 5%。与早期学习者的学习特点相比，现在的华裔留学生的学习具有学习时间延长、学习质量提高、学后应用范围拓宽等特点。

1.1.2 浓厚的民族情结性

与其他留学生群体相比，华裔留学生有着浓厚的民族情结。据我们了解，有些学生在其所在国内自称为中国人，只有来到中国之后，他们才说自己是“印度尼西亚人”、“菲律宾人”等。同时，其家庭成员大部分会讲普通话或者汉语方言。在他们来专门学习汉语之前，很多学生都曾经来过中国。因此，他们对中国语言及中国文化有着浓厚的民族情结。我们学校每年暑假都要接待许多东南亚华裔学生组成的夏令营团队，在带领学生观看电影时，很多小孩子对《西游记》、《哪吒》等中国的传统故事都非常熟悉和喜欢；在手工课上，他们对中国的手工工艺也非常感兴趣，尤其是对中国的传统艺术，如书法、国画等更是情有独钟。

1.1.3 师生关系的融洽性

与其他大学里的留学生不同，华裔学生和老师之间的关系非常融洽。这也许和中华民族所崇尚的“尊师”美德有直接的关系。作为一个具有较长历史的华侨学校，我们学院在师生关系方面具有优良的传统。在学习和生活中，老师兼具着家长、老师、朋友等多重角色。对于远在异国他乡的学生来说，老师是他们最信任的人。因此，师生之间的关系非常融洽，感情也非常深厚。

1.2 华侨学校的特殊性

作为华侨学校，不仅要培养学生的语言能力，同时也担负着传播中华传统文化、让华裔学生更加了解中国及培养华裔子弟爱国情感的重任，为大陆同胞和海外侨胞之间的沟通起着桥梁和纽带的作用。党中央也多次强调：“要充分发挥我们在中华文化和华文教育方面的优势。海外华侨、华人社会十分重视保持和发扬中华文化的优良传统，十分重视后代的华文教育。而在这方面，我们有着台湾方面所没有的优势。中华文化的根是在中国大陆。”“中国人不管走到哪里，总会不忘故土，有着热爱祖国的好传统。这是我们联系广大华侨华人，做好华侨华人工作的重要思想感情纽带。”（《江泽民论侨务》，2002）

二 民族归属感的内涵及时代性

2.1 民族归属感的内涵

人是社会的人，任何人都有自己的民族、自己的国家。人们与自己的民族和国家之间有着一条难以割舍的感情纽带。这个纽带连接的是个人的灵魂与民族的命运。因此，国家的兴衰荣辱会激荡起人们内心世界的情感波澜，这是民族和国家凝聚力的具体表现。而这种凝聚力是在一个人的成长过程中，在特定的家庭、社会等环境的影响下慢慢形成的一种民族共同心理状态。“这是一种民族意识，也是一种自我意识。民族意识的确立，就意味着一个人把对家庭的依恋和归属感扩展到对本民族的依恋和归属感。”（黄靖生，黄隆生，2000）生活在海外的华人，都有着浓厚的“根”的意识，无论生活在何处，都希望下一代有学习母语的机会，希望自己的后代不忘中华文化，他们注重鼓励孩子学习中文，了解中华文化（李宝贵，2005）。尤其是随着改革开放的逐渐深入，以及中国人对自己祖先的传统文化的了解的深入和发扬光大，更多侨胞认识到了华夏文明的博大与深厚，在感叹的同时，也增添了几分自豪。作为华侨子弟，华裔留学生也同样对中华文化有着深厚的情感，因此在其内心世界存在或多或少的对中华民族的归属感。

2.2 民族归属感的时代性

然而，土生土长于海外的华裔学生对民族的归属感既不同于其移民一代的前辈，更不同于生长在本土的中国人。移民一代华侨内心的民族归属感更强烈、更自然，因为他们的出生地就是自己的祖国，他们的第一语言（母语）就是汉语，因此他们更容易把自己看作是中国人。然而在别国他乡出生、成长的华裔，他们的民族归属感是在父辈们的熏陶和教育下形成的模糊状态。这种归属感对他们来说只是一个抽象的概念和一个美丽的想象。因此，我们看到很多华裔留学生，他们很愿意把自己当作中国人，他们喜欢到中国的各地旅游，喜欢中国的传统服饰，喜欢中国的电影，等等。然而，在他们的内心真的把自己当作炎黄子孙了吗？真正找寻到了民族的根吗？他们真正了解和接受中国的文化吗？其实并不尽然。

我们把华裔留学生对民族归属感表现出来的这两种状态称为显性的民族归属感和隐性的民族归属感，即对民族的事物表现出来的积极的、热情的状态为显性的，而在内心深处对民族的事物的思考及迷惘则是隐性的。对显性的因素我们可以进一步发扬，使其充分理解和认识；而对于隐性的因素，我们在培养其民族归属感的时候要注意不断挖掘和深入，使其认识更清楚，意志更强烈。

三　民族归属感的培养方式及途径

3.1　在语言课堂教学中培养华裔留学生的民族归属感

留学生在中国的学习主要是语言学习，因此，语言教学是学校教学的主要任务，同时也是教师与学生进行交流的重要媒介。所以，课堂教学是培养华裔留学生民族归属感的重要途径。我们知道，“要真正掌握一种第二语言，单学语言本身还不够，必须同时学习该语言所代表的文化”（刘珣，2000）。在语言教学中适当加入和引申文化方面的内容，不仅能激发学生学习语言的积极性，使得学生更好地理解和掌握语言，而且能达到传播中华文化的目的。比如，当课文内容涉及“去中国人家中做客”时，我们要介绍中国人“礼尚往来”的传统，以及奉送礼物时要注意的事项，比如不能给人家送“钟”等常识；当涉及节日的内容时，我们可以顺便介绍“年”的由来、“吃粽子”的历史故事等。

当然，我们不主张将汉语课全盘“文化课”化，只是建议适当引入相关的文化内容。同时，我们也应该注意，在对华裔留学生的教学中，我们可以选取更有民族特色的内容，比如他们在国内也过年，也有元宵节和中秋节等。也许过节的方式不同，但是只要涉及这些内容，学生就会非常感兴趣，可以给他们创造很多“说话”的机会。另外，他们从小受到父辈的影响，对有些历史故事有所了解，比如“牛郎织女”、“西游记”、“三国演义”等，这些都是华裔留学生较之其他留学生更感兴趣、更容易接受的文化内容。

因此，在语言课堂中适当引入文化内容，可以使语言课堂成为一个培养华裔留学生民族归属感的良好平台。

3.2　开设专门的文化课，培养华裔留学生的民族归属感

我们说民族归属感是对民族、对国家的一种情感，这种情感是建立在对民族的了解、认同及引以为豪的心理基础之上的。如果对一个事物不了解、

不认同，又谈什么情感呢。尤其是对于华裔留学生来说，只有在对中华民族的历史、文化有了深入的了解、亲身的感受之后，才能激发起他们对民族的依恋和自豪之情，才能使他们对中华民族产生一种归属感。所以，我们开设专门的文化课，让学生对中华民族的历史、文化有一个系统的、深入的认识。

中华文明博大精深，对留学生来说很难在较短的时间内对它有一个全面的认识，所以很多学校的文化课及各种文化课的教科书都有针对性地选取教学内容。我们认为，对华裔留学生文化课的教学内容和教学方法更应该有一些倾向性为好。

首先，内容要有吸引力。语言水平的不足限定了学生的阅读能力和理解能力，如果文化课的内容艰深难懂，且枯燥乏味，必然会引起学生的反感，从而很难达到教学目的。华裔留学生从小受到家庭氛围的影响，对中华文化有一定程度的了解，所以针对他们的文化课内容的选取要注意典型性和新奇性相结合。对于典型的文化内容他们多多少少有一些了解，因此能和他们的知识存储达到共鸣，能激发起他们的思维活动和语言表达欲望。教师对这些典型的内容进行深入讲解后，学生的知识结构就会更完整一些，他们一定乐于接受。比如，学生知道中国历史上有一个昏君商纣王，知道有一个“狐狸精”妃子，可是他们对于《封神榜》这样的文学作品很少接触，教师可以通过讲解这个故事，让他们对这个故事有一个全面的了解。较之干巴巴地讲授历史事件，这样的内容一定更能引起他们的兴趣。

其次，要融入爱国主义教育和民族自豪感的培养。我们的华文教育是侨务工作的一个重要部分，是联络海外华侨的一个重要渠道。对华裔子弟的教育也是一件功在当代、利在千秋的事。海外华侨的脉搏与祖国人民息息相连，同时，祖国的繁荣发展也离不开许多华侨对祖国各项事业做出的巨大贡献。祖国人民的心和广大海外华侨的心永远在一起，广大华侨深深热爱着他们的根——中国。同样，祖国母亲也永远牵挂着海外赤子，不论他们生活在哪里，这里永远是他们的家，是他们最强有力的精神支柱。当今中国的辉煌成就世界瞩目，中国人也为自己的祖国而骄傲。因此，在对华裔子弟的文化课教育中要有爱国主义倾向的教育内容，让华裔子弟感受到祖国大家庭的温暖，同时也让他们为自己是龙的传人而感到自豪。例如，我们可以在教学中及时加入一些时事的内容——“神六”成功发射等来激发学生的民族自豪感。

再次，教学形式要多样化。我们觉得，文化课的教育不能局限在书本当中，而是要利用一切有利的资源来达到教学目的。通过一些亲历的活动来激发他们对祖国的热爱。比如，可以通过旅游的形式让学生感受祖国的大好河山和欣欣向荣的发展前景，激发学生内心的情感。留学生的一个普遍的特点是喜欢旅行，感受自然。壮丽的景色最能陶冶人的情操，也最能震撼人的心灵。我们的国家土地辽阔，历史悠久，名胜古迹遍布大江南北。我们应该充分利用这些丰富的资源为华文教学服务。我们华文学院隔周一次的旅游教学及每学期一次的京外旅游切切实实地让学生体验到了祖国深厚的文化底蕴，以及社会美好的前景，从而激发起他们对祖国的热爱之情和自豪之感。

3.3　通过校园文化建设培养华裔留学生的民族归属感

校园文化建设是学校教育不可或缺的一个部分，良好的校园文化氛围，不仅有助于提高学生的汉语学习水平，更有助于教学工作的顺利进行。作为一个专门的华裔留学生教育的学校，我们的校园文化建设尤其注重培养学生的爱国、爱校、爱集体的精神。在爱国教育方面，我们学校每年元旦组织学生到天安门参加升旗仪式；组织学生参加纪念抗战胜利越野长跑活动；每年中秋举办大型的晚会等等。在爱校方面，学校虽小，但有自己的足球队；每年秋季举行有特色的运动会；定期组织学生参加校外活动，如到电视台录制节目等等。在爱集体方面，我们更是做得无微不至。每个学生过生日时，班主任都会亲自主持，买来蛋糕，送来祝福；业余时间，班主任老师带领学生进行有班级特色的课外活动，比如，和学生一起做中国菜，带学生回家包饺子等等。正是因为这种氛围，很多学生特别喜欢我们的学校，经常有老校友回来参观学校、拜访老师，还会带领自己的亲戚来我们学校学习汉语。

四　结　论

把华文教学与培养华裔留学生的民族归属感有机地结合起来，不仅是华文教学有别于其他对外汉语教学的重要方面，更是华文教学所肩负的重要责任，也是每一位华文教育工作者的历史使命。

参考文献

北京华文学院（2005）《华文教学通讯》总第120期。
国务院侨办侨务干部学校（2002）《江泽民论侨务》第12期。
黄靖生、黄隆生（2000）民族和国家凝聚力的社会心理探析，《广西民族师范学院学报》第3期。
李宝贵（2005）加拿大华裔中文教学现状分析，《世界汉语教学》第1期。
刘　珣（2000）《对外汉语教育学引论》，北京：北京语言大学出版社。

亲情在华文教学管理中的地位和作用

吴　钰

【提　要】拥有亲情是中华民族的传统美德，在海外华人社会更有着充分的表现，并成为华人文化的精髓之一。但是，随着时间的推移，以及后现代主义理论的出现，一些华人却对这种传统保持着淡漠的态度。华文教育者对此应有所警觉，在不走向“溺爱”极端的前提下，应成为这种传统传承的培育者；在华文教学管理工作中，应时时刻刻体现出我们的亲情关怀和教育。

【关键词】亲情　华文教育　地位作用　培养亲情

华文教育是指华侨华人子女接受中华民族语言文化的教育。华侨华人多少年前走出国门、走向世界，一代代努力创业、守业，并始终和祖国、中国文化紧密相连。尤其是进入21世纪以后，有更多的华侨华人回到祖国接受华文教育。作为华文教育者，在今天面对这样的学生，我们应该重新认识一下亲情，并在教学管理中给“她”以应有的地位，使“她”发挥更大的作用。

人口众多的中华民族、幅员广阔的中华故土、影响巨大的中国文明，使华人出国后有一个不同于其他移民族群的特点，这就是全球范围内中华儿女在民族和文化基础之上的一致认同性。当大家在国内（或原乡）时，体现出的是一种比较和谐而充实的生存状态，比如举国同庆神舟五号飞船升空、全国一致欢呼申奥成功等。当人们到国外时，则表现出一种精神的互相依托、支援及文化的念想。中国人的“家庭”观念根深蒂固，“家”是渗透到骨子里的意识，这也正是中国和西方诸多意识形态区别最大之处。中华民族自炎帝、黄帝到现在已有8 000多年的历史。在古代四大文明古国——古希腊、古印度、古埃及、古中国里，只有中华民族国家没有灭亡，主要原因之一应是祭奉祖先之礼在起作用。中国家族观念使中华民族家庭一直祭奉祖先。在祭奉祖先的时候，人们便认为过去和现在是一体的，便会产生血浓于水的亲情和历史事实。据美国《侨报》报道：“4月5日清明节即将到来，为教导年轻人要有中国人慎终追远的美德，纽约很多侨团从上周起就开始争相举办扫墓活动。目的是教导年轻人有中国人慎终追远的美德。”（中国侨网，2007）中华民族正是这样在祭祖中一代一代繁衍下去，一代一代将中华文明传承下去，一代一代将中华历史延续下来，而没有任何断裂。不管海外华人落户哪个国家，也不管离家几十年，或是几百年，甚至上千年，他们的心里都想着祭祖的事情。

海外华人无论什么身份、什么状态，他们永远的精神依托始终是中华文化的自觉意识。而家的概念更是中国传统文化中的一个敏感带，它如同一只无形的巨手始终影响着中国人的日常行为，归拢着中国传统的长幼亲情，形成一个民族共同的心理趋向。游子思归、落叶归根、衣锦还乡，是我们中国人骨子里最深切、最浓郁、最真挚的一种情结。正是这种恋家的情结，牵引着一代又一代海外华人思乡的神经。这就是乡土情结，它不因时间的悠远和空间的阻隔而褪色。也正因为如此，海外华侨华人的离乡之痛、思乡之苦往往会比其他族裔来得更为深远、绵长。

可见，“月是故乡明，人是故乡亲”的亲情观念早已化成深深的文化情结，植根于华夏儿女的骨髓之中。

海外华人身在海外，时时面对异质文化，在异质文化的包围中，他们一方面汲取西方文化的某些长处，对中国传统文化进行重新审视；另一方面，又在两种文化的对比和冲突中，更加鲜明地感受到民族文化传统的珍贵，从而在异域更加自觉地坚持、继承和弘扬中华文化传统。认同危机在某种程度上增强了海外华人对本民族文化的自觉认同和坚守。这一点，从唐人街的繁荣可以窥见一斑。只要有华人的地方就会有唐人街，在那里，从中国的建筑到中国式的乡情、友情、亲情和伦理氛围一如国内。这些理性的认识也促使他们尽可能地把子女送回国内，让他们更好地接受传统文化教育，接触感受最纯正的亲情。毕竟血浓于水，这些学生在学习汉语、了解中国的同时，还认识了自己、了解了自己。因为他们一生下来，汉语便与他（她）有着一种剪不断、理还乱的关系。当他们面对汉语、面对中国文化时，绝非纯粹的外国学生那样面对的是一种纯粹的外语。他们所面对的更是“文化”，感受到的更是一种亲情。

虽然亲情是中国文化最重要的特征之一，感受亲情是送子归来的最重要的目的，但是，在对华人学生的教育中，亲情教育却不像我们想象得那么容易和简单。

“美国华人教育工作者的一项最新研究发现：在美华人家庭抚养子女遭遇‘异化’——华人父母用钱‘堆’出来的华裔子女，正逐渐远离父母和中国文化，他们甚至讨厌与父母有情感交流。不少华人，特别是华裔二三代，西化程度很深，对祖籍国没有多少认识，甚至没有好感，因而在培育子女上采取听之任之的态度，既不教子女学中文，也不对子女讲中华传统；有人甚而全然西化，一边倒，刻意不让子女学中文、吃中餐，不让子女了解中华传统，以致子女们对祖籍国不了解，更谈不上有感情。”子女是父母的身影。古语说，“子不教，父之过”。身在海外的有些华人父母和长辈认为，是否了解中华传统文化乃至中国，对他们和他们子女的生存和发展无关紧要。他们虽然为了生存和生意的需要将子女送回来学汉语，但这种认识无疑会成为我们教学管理中的障碍。另外，在文化多元主义的冲击下，反辩证的后现代主义席卷而来，将各种绝对主义价值观冲得七零八落，相对主义风潮应运而生。而后现代主义作为相对主义的先锋，虽然同时打出各种不同的旗号，却团结在一个口号中，即“你怎么干都行”。当今世界，传统的家庭观已被后现代主义者所流放，后现代反对普及性的理论规范，认为所谓的“家庭理论”不外乎是为了父权体制下既得利益者权力的膨胀，因此对家庭理论关系提出质疑。这些直接影响了一代年轻人包括华人，使得他们的亲情观念已然淡漠。还有报道指出：“作为华人社会且富裕程度排在全球前列的香港，部分为人子女者将本来属于自己赡养父母的责任推给社会，有些人甚至从精神到肉体上虐待自己的父母。”（文汇报，2006）导致这种不尊重老人的现象的原因是多方面的，生活压力大、社会风气差等，但是不容忽视的是中华文化中亲情观念的日益式微。

所以，拥有亲情是在一定程度上需要重新建立培养的传统，不是生而有之，培养起来也不会一蹴而就，我们任重道远。现代华文教育者肩负着老一代华侨华人的希望，承载着传递中华文明的使命。华文教育工作者身上往往不由自主地显现出我们的文化特点，他们视学生如儿女如兄弟姐妹，他们在教学中甚至工作之余对学生嘘寒问暖，不厌其烦，有时可能学生们也不理解老师们为何如此敬业，他们或许不知我们有句古训：“一日为师，终身为父。”当我们如此工作时，不自觉地亲情已然成为其中最重要的内容，带着不可言说的信息在师生中形成了凝聚力。不自觉中的亲情传递固然珍贵，但是，我们更要充分地认识到，仅靠潜移默化是不够的，世界在前进，新一代华人华侨在成长，我们教育者如果对亲情有了更多理性的认识，并在此基础上改进工作方法，将离我们的教学目标更近。

对外汉语教学内容有语言要素和文化要素。在对文化要素的理解上，有这样的认识：“对外汉语教学的‘文化要素’一般认为有两层意思：①语言是文化的载体，汉语作为汉民族的语言文字，其本身就是汉文化的重要组成部分；②除汉语言文字之外的广义的汉文化，包括文学、历史、哲学、政治、经济等。与以‘老外’为对象的汉语教学不同的是，除以上两层意思外，华文教学的‘文化要素’还应该包括‘华人文化’。”（曹正国，2009）因此我们可知，在华文教育中，我们的目的是通过语言教学弘扬中华文化、培养友好之情，通过华侨华裔，促进中国与世界各国、各民族的友好往来。而文化的精髓之一——亲情也应该是我们教育的题中之意。

亲情在华文教育中特殊的、重要的地位如前文所述，那么，亲情在华文教学管理中该如何发挥更大的作用呢？笔者认为，亲情是以理性为基础的温暖大家庭氛围；亲情是教学管理中的以柔克刚的法宝之一。家庭氛围是可以创造的：在学习之外，一切设计布置都可以以家的概念来指导，比如宿舍、运动场、教室、校园等地的内外环境与家更贴近；在各项活动中，在迎来送往中强调建立一家人似的互助关爱关系；在师生关系中培养理性的尊师如父的感情，当然要摒弃过分“溺爱”以至于偏袒学生的做法。对于一些自我中心很强的学生，对于在家里受到家长溺爱的学生，对于惰性太大的学生，亲情教育将如水滴石穿，使他们感觉到一种新的生活观念和生活方式并反思自己，从而对中华文明有一些切身的感受。更多的学生，因为“血浓于水”，也许会对此感觉如坐春风。这样，在亲情中，我们生活、学习、工作；在学习、工作、生活中，我们享受浓浓的亲情，完成着我们华文教育者的使命。

参考文献

曹正国（2009）漫谈华文教学的性质、特点及编写华文教材的原则，中国侨网，6月16日。

聂传清（2006）赚钱更重要吗？美华人家庭抚养子女遭遇“异化”，《人民日报海外版》，12月22日。

叶永康（2007）教导青年要有慎终追远美德　纽约华团清明扫墓忙，中国侨网，4月4日。

文汇社评（2006）从道德和法律层面强化家庭伦理，《文汇报》，9月6日。

试论少儿学习汉语的优势

廖崇阳

【提　要】本文基于众多研究成果，着重分析了少儿作为世界汉语教学中一类特殊教学对象的特点，认为相对于成人来说，少儿学习第二语言时，在年龄、动机、情感、策略等方面具有自己的优势。作为第二语言的汉语，在语音、语法等方面存在一定的独特性和难度，因此，充分认识和利用少儿的这些优势，从少儿时期开始将汉语作为第二语言教学将十分有意义。

【关键词】少儿　生理年龄　学习动机　学习情感　学习策略

○ 引　言

世界少儿汉语教学是指针对少儿以汉语作为第二语言的教学。它包括在汉语环境中（主要是中国国内）将对少儿进行的汉语作为第二语言的教学，也包括将在非汉语环境中（世界其他地方）进行的汉语作为第二语言的少儿教学，还包括国外华人社会对华裔少儿进行的华文教学。各地少儿汉语教学虽然在教学环境等方面有很大的差别，但是其教学对象仍存在共同之处。

少儿是汉语作为第二语言的特殊学习群体，他们的特点会一直呈现在学习汉语的过程中，并产生重要的影响。我们只有充分了解他们与其他教学对象的差异，才有可能更好地从总体上把握少儿汉语教学的规律，从而全面地认识世界少儿汉语教学在整个世界汉语教学领域的地位和作用。

“教学对象的特点包括自然特征（年龄、文化程度等）、学习目的、学习起点、学习时限。”“语言习得的个体因素指第二语言学习者个体在习得过程中表现出的、对第二语言习得产生一定影响的生理、认知、情感等方面的特点。”Ellis（1994）对第二语言学习者的个体差异进行了较具体的研究，他将学习者个体差异分为两个方面：一方面是与学习者个体差异相关的一般因素，如学习者的年龄、动机及学能（learning aptitude）等；另一方面是学习者运用的策略。综合来看，研究者们的目光比较集中在第二语言教学对象的生理年龄、学习动机、学习情感和学习策略等方面。以下，笔者将重点从这几个方面来分析世界少儿汉语的教学对象（即汉语作为第二语言的少儿学习者）

的共同特点，尤其是这些特点可能呈现出的优势。

一　少儿学习第二语言的优势

1.1　少儿的生理年龄

首先，我们必须对世界少儿汉语教学中“少儿”这一名词进行明确的界定，我们所指的“少儿”应该是从跨过幼儿阶段到接近青春期的“少年儿童”这一年龄段，大约是6～14岁。就语言习得而言，这其实是一个非常特殊的生理阶段。人们早已普遍注意到儿童学习第二语言要比成人容易些、有效些，科学家们为证明这一假设进行了长期的研究。目前，国际上比较有影响的说法是，学习一种第二语言应从六岁（也有一部分人说四岁）至青春期到来之前进行，因为这期间可能存在一个关键期。

研究认为，儿童语言能力的发展是由先天遗传因素决定、受发音器官和大脑等神经机能制约的自然成熟过程。语言习得与大脑语言功能侧化过程有关。大脑侧化始于两岁左右、完成于青春期（十二三岁左右）。这一期间，只要受到外界适当条件的激活，潜在的与语言相关的生理机能就可转变为实际的语言能力，因而语言习得最为有效，过了这一关键期，人类获得语言的能力将大大降低。为了证明这一假设，许多理论学家和应用语言学家对年龄与第二语言习得的关系进行了大量的研究。Krashen（1982）等人在比较和区分了前人研究的基础上得出结论：年龄小的人在大多数关键的语言领域最终习得的效果都明显好于成人，并且只有在很小的时候开始学习第二语言，才有可能像本族语使用者一样没有母语口音。过了关键期的成年人学习第二语言就比儿童慢，成功率低，特别是难以克服母语口音。但短期的研究结果表明，年龄大的人习得的速度更快（成人比年龄大的儿童习得快，年龄大的儿童比年龄小的儿童习得快），然而这种习得速度上的优势被限定在某几个方面，比如在早期的词汇和句法习得方面，但是这种优势是暂时的，几个月之后，成人在大多数语言技能上的优势都会消失。总之，在这一点上，大家似乎达成共识，即年龄大的学习者最初在习得的速度上明显具有优势，但是，年龄大的学习者或成人学习者在第二语言的最终习得水平上，尤其是在语音方面不及关键期前开始习得第二语言的学习者。

1.2　少儿的学习动机

动机（motivation）是激励个体从事某种行为的内在动力，是个体为达到某种目的而付出努力的愿望。动机因素对成功的第二语言习得是非常重要的，学习者的动机与第二语言习得可以构成一种因果关系。动机可以来自于学习者的内部，如学习的兴趣及学习者的需求，也可以来自于外部因素的影响，如刺激学习者的物资鼓励。研究认为，学习动机的决定因素是学习者对目的语社团的态度，即学习者对目的语的态度是一种工具型还是一种融合型，这在很大程度上影响着学习者采取的学习行为及语言的习得水平。

成人学习第二语言大多是出于学习者的需求动机，即所谓的工具型，是因为它有利于某些“工具型”的目标，如寻找工作、阅读资料、通过考试等等。对于少儿来说，他们的动机则很大程度上反映的是家长的要求和期望，但很多时候也可反映在内在动机和外在动机两方面。内在动机中包含学习者的兴趣，由于少儿总是对外部世界充满好奇，愿意接触新鲜事物，第二语言对他们来说是一种全新的东西，极易引起他们的好奇心，从而激发他们的内在动机，所以，可以说，少儿学习第二语言的动机有时是无意识的自发动机，比如成人学习一个新的发音可能会从发音规则方面反复诵记，而当一个少儿遇到一个新鲜的发音时，他们会不自觉地把这个发音放在唇齿间反复把玩练习直到掌握，就像把玩一件新到手的玩具或者吟唱一首大街小巷流行的歌曲一样。少儿学习的外在动机则可能是为了获得老师和家长的表扬和奖励、同伴的羡慕、参加某种趣味比赛，这样的外部动机又会反过来促进他们内在动机中的兴趣，从而形成一个良性的循环。另外，由于少儿适应外部环境的能力强，他们对目的语社团的态度往往是开放的、融合的，他们愿意无意识地进入一个新的环境，接受新环境中一切新的东西，这样就有助于少儿在单纯的动机中轻松地习得第二语言。

1.3 少儿的学习情感

情感因素在第二语言学习中起着非常重要的作用，有的学者将其分为动机、焦虑、自尊、态度、性格等等。焦虑是第二语言学习过程中非常重要的情感因素，常常表现为交际焦虑、考试焦虑和对负面评价的焦虑等方面，过多的焦虑常常使学习者出现不安、受挫、怀疑、担心等表象，从而造成思想上很大的负担和压力，这可能会阻碍第二语言的学习。一般来说，成人作为有行为自主能力的个体，由于较多顾及社会影响、学习效果、工作压力，在学习第二语言时会不同程度地出现焦虑状况。对于少儿学习者来说，他们还处于天真烂漫、少年不识愁滋味的人生阶段，他们的功利性不强，心理压力很少，焦虑也很少，所以可以更轻松地学习第二语言。

另外，Krashen 的语言监控模式理论中的“情感过滤假设” （affective

filter）指出，情感因素在语言学习中发挥着巨大作用，他将其定义为一种内在的处理系统，在潜意识上以心理学家们称之为“情感”的因素阻止学习者对语言的吸收，情感变量对第二语言习得的成败起到直接作用，当一个人没有信心、非常焦虑、精神和身体状况不佳时，都会启动情感过滤。根据这个假设，即使在语言输入相同的环境中，学习者获得语言的程度大小也不一样。如果学习者处于情感过滤的变量状态（如焦虑），那么尽管他们能够处理一定的语言输入，但很难把它们内化为个人的语言能力；相反，低情感过滤就能极大地提高语言习得的广度和深度。少儿的生理、思维发展水平和社会经历决定了他们不善于从内部来控制和调节自己，他们在生活中的许多方面具有依赖性，而正是这种依赖性使他们在第二语言学习中得到好处，其情感状态处于开放状态，也就是说他们的输入情感过滤甚少，喜欢学习模仿别人的语言，所以习得第二语言也就相对容易得多。十几岁以后，这种情感状态将逐渐关闭。

1.4 少儿的学习策略

学习策略就是学习者用来促进学习，使学习更加迅速有效的方法或者行为。学习策略问题一直是心理学和教育学工作者都非常关心的研究课题。学习者在第二语言习得过程中常常会运用许多策略以提高其语言习得的效率。Ellis 认为，这些策略是有意识的或潜在的意识，也就是说，有些策略学习者是能够明确意识到的，而有些策略，学习者在运用时并不一定能够意识到。按照他的观点，学习者的策略可以分为三种：一种是“认知策略”，即学习者在习得过程中将新概念与已有的信息联系起来，如求解、推理、实践、记忆、监控；另外一种策略叫做“元认知策略（metacognitive strategy）”，即学习者刻意组织和运用的策略，如安排时间表以提高学习效率等；还有一种是所谓的社会策略，即学习者试图寻求与母语使用者谈话交流的机会，以提高第二语言的水平。

一般的研究认为，成人在学习第二语言时会主动采用很多的学习策略，针对自己的学习情况有目的地提高自己学习第二语言的效率。相对而言，少儿的学习目的性较弱，所以主动采用各种不同的学习策略的可能性要少。

但是，据心理学家研究，学习策略中有一个构成因素十分引人注意，即所谓“场独立（field independence）”和“场依存（field dependence）”（Myron H. Dembo，1988），这两个概念是从心理学的图形识别的研究中引入的，它们是用来衡量学习者学习过程中对外界的依赖程度的指标，个体的学习活动受环境背景影响大，则属于场依存性；相反则属于场独立性。场依存性的学习者具有较强的综合能力，非常注意社会场，受他人影响大；而场独立性的学习者则有较强的分析能力，对那些非人际的抽象的东西感兴趣。在第二语言学习中，由于场独立性的学习者分析能力强，能从一定的语境中把语言项目分离出来，长于在课堂教学中有意识地学习语言形式；而场依存性的学习者则长于在自然的语言环境中习得语言，他们关心别人，善于与别人交往，因而易于在交际活动中潜意识地习得语言。研究表明，少儿的场依存性倾向大，所以易于在自然语言环境中习得语言；成人的场独立性倾向大，适合在教学课堂上学习语言。

然而，Krashen（1981，1982）认为，只有自然吸收的语言才能转化为口头的熟练掌握，语言“习得”与“学习”不同，它是一种下意识的过程，学习者通常意识不到他们正在习得语言这一事实，但是能意识到他们正在用语言进行交际，因此，他把“习得”和“学习”两种方式分别用不同的术语“picking up a language”和“knowing about a language”加以区分。在他看来，“习得”是指在自然状态下潜意识地、非正式地学习语言，在这种状态下学习就好像随手采摘东西一样、毫不费力地获得第二语言。而“学习”是有意识地学习语言，学习者有意识地学习语言规则，这种“学习”相对于“习得”来说，需要耗费时力。这样看来，由于少儿学习第二语言更多的是场依存性的习得，他们能较轻松地学会一种第二语言，善于用来交际，活学活用，用中学习、学习中用。

二　少儿的优势与汉语学习

综上所述，少儿作为第二语言的学习者，在第二语言的教学中相对于成人来说有不少特点和优势，他们优越的生理年龄、单纯的学习动机、轻松的学习情感及倾向社会的学习策略都十分有利于第二语言的教与学，同样，作为世界汉语的教学，少儿的这些优势也显得十分重要。

汉语是典型的声调语言，声调的学习是第二语言学习者的难点和困惑之一，也是教学的难点。我们可以在课堂上发现，母语是非声调语言的学习者（如大部分欧美学习者、印度尼西亚学习者等）常常被汉语的55、35、214、51搞得一头雾水，就像五音不全的人唱歌时找不着调一样。例如，英语学习者往往会把汉语的声调和英语的语调相混，而母语有声调的学习者由于汉语的调类和调值与其母语不同，也感到很难正确掌握汉语声调，如泰国学生学习汉语声调时，他们的声调表现是第一声的声调不够高，第四声的声调过降过长。所以，这些学习者的中介语的最大特点就是洋腔洋调，而且这一过程会出现“化石化”现象，即停滞不前。尽管不是所有的学者都支持关键期的重要作用，但是，大家普遍认为，少儿的模仿能力强，其自发动机的一面让他们乐于接受新的东西，且学习更灵活，善于在一定的语言环境中自然习得语言，因此，在获得准确、地道的语音和流利的口语方面占有优势。所以，我们有理由认为，汉语作为一种在语音方面有很大特殊性和难度的语言，若要让学习者学得非常地道、正宗，在少儿时期打好语音基础至关重要。

汉语是一种意合型的语言，其重“意”而不重“形”，这体现了汉语以意合为主、隐性的语法关系非常复杂丰富、表意又十分灵活等特点。作为一种第二语言，汉语对那些外显性语法、规则较清楚的语言（如英语）来说，是比较难掌握的。汉语的语序和虚词是表达语法关系的主要手段，句法结构松散的主谓结构和大量的述补结构，还有“把”字句、无标记的被动句等都是汉语独特的语法现象，也是学习者的难点。语法学家们一直想对许多具有表现力的汉语语法现象的规则进行仔细的描写与解释，但是效果并不明显。在第二语言的课堂上对学习者讲解这些语法规则当然就更加不容易，那么唯一的办法就是精讲多练，在交际环境中教会学生运用，在这一点上，具有“场依存”特点的少儿学习者的优势就明显地体现出来了，他们可以更轻松地借助交际和环境超越对具体语法规则的学习和掌握，直接“pick up”这些包含特殊而复杂语法规则的汉语句子。

三 余 论

世界汉语教学在20世纪后半叶有了很大发展，很多国家和地区学习汉语的人数激增，海外汉语教学基地数量和来华学习汉语的学生数量都在不断增加，但这其中主要是以成人学习者为主，少儿学习汉语的人数除了在一些华裔地区较多以外，其他地区并不明显。我们认为，世界汉语的教学应该从少儿抓起，利用少儿学习第二语言时的种种优势，打好汉语基础，这样才会达到事半功倍的效果。

当然，我们强调少儿学习作为第二语言的汉语的优势，并不是否认成人学习汉语的可能；相反，成人也有很多自己的学习优势，比如学习目的的明确性使他们具有克服学习困难的毅力，同时，由于比少儿有着更成熟、更完善的认知能力，具备更丰富的学习经验和社会阅历，因此，他们会主动运用学习策略提高学习效果，等等。而少儿由于缺乏自主能力和控制能力，教学者必须学会在正确把握少儿优势的基础上因势利导，这一点也非常重要。

鉴于少儿与成人不同的学习特点和学习优势，世界少儿汉语教学应该多侧重于以听说为主的教学，给学生创造良好的汉语交际环境，这样才能为学习汉语打下坚实的语音基础，使学习者掌握句法和词法，并培养语感。而成人的汉语学习则应该是在已有的基础上进一步提高听说能力，并主要侧重于汉语读写能力的提高。

参考文献

冯小钉（1998）对 Ellis 第二语言习得理论框架的探讨，《山西师大学报》第 4 期。

高　霞（2001）儿童及成年人习得第二语言的优势探讨，《楚雄师专学报》第 6 期。

蒋剑云（2002）年龄与第二语言习得，《山东师大外国语学院学报》第 4 期。

江　新（2000）汉语作为第二语言学习策略初探，《语言教学与研究》第 1 期。

罗庆铭（1997）谈对华裔儿童的华语教学，《世界汉语教学》第 3 期。

刘　珣（2000）《对外汉语教育学引论》，北京：北京语言大学出版社。

吕必松（1996）《对外汉语教学概论（讲义）》，国家对外汉语教师资格审查委员会办公室。

田学红（1998）儿童认知策略的特征、构成及分类，《浙江师大学报》第 5 期。

徐敏慧（2003）情感因素与儿童的外语教学，《基础教育外语教学研究》第 10 期。

王建勤（2003）《第二语言习得研究的理论与方法》（讲义），北京语言大学内部资料。

Ellis（1994）*The Study of Second Language Acquisition*，London：Oxford University Press.

Krashen（1982）*Principles and Practice in Second Language Acquisition*，Oxford：Pergamon.

Myron，H. Dembo（1988）*Applying Education Psychology in Classroom*，Longman Inc.

对比法在成人第二语言教学中的运用*

王庆芳

【提　要】对于成人在掌握自己母语的语言规则和习惯的基础上如何更快更好地学习第二语言，目前的两种观点不是忽略了语言的个性就是忽略了语言的共性，都有其偏颇之处。对比法教学更适合成年人自身的学习特点，在教学中适当加以运用，能起到事半功倍的效果。对比法不仅适用于第二语言的语音教学，而且在第二语言的词汇、句法、文化等方面的教学中都可以发挥其重要作用。这也对从事第二语言教学的教师提出了更高的要求。

【关键词】第二语言　教学法

所谓第二语言是指人在掌握自己的母语后，由于志愿和职业的需要而学习的外语。例如，外国人学习汉语，他的本民族语是第一语言，汉语则是第二语言；同样，中国人学习外语，汉语是第一语言，所学的外语就是第二语言。而对比法是指通过两种语言的对比，找出它们的异同，然后总结成规律，以帮助学生学习，尤其是对比记忆的方法。

在第二语言的教学中，适当地运用对比法，可以促使学生学得快、学得好、记得牢，往往能取得事半功倍的效果。有人认为，所学语种的增多与所用时间在一定范围内是成几何比率递减的，即如果学第二语言用了四年的时间，那么学第三语言则只需用两年的时间，学第四语言只需用一年的时间……有的人一生中能够精通几十种语言，说明这种观点是有一定道理的。所学语种的增多与所用时间的反比关系表明，对比法在其中发挥了不可忽视的作用，这进一步说明了对比法在语言教学中的重要意义。

成年人是在已掌握了一套语言规则和习惯的基础上学习第二语言的，其母语势必对学习第二语言产生一定的影响。如何看待这种影响呢？一种观点认为，学生的母语与第二语言是完全不同的两种体系，进行课堂教学时应当要求学生忘掉母语，完全达到用第二语言进行思维和交际的目的。另一种观

* 本文曾发表于1991年2月《经济管理与干部教育》上，有修改补充。

点认为，世界上任何语言都有一定的共同点，课堂教学时用学生的母语去讲解第二语言，省时又省力，可以大大提高教学效率。

我认为，上述两种观点虽有其正确、合理的一面，但也有偏颇之处。任何事物都有共性，又有个性，二者是相互作用、相互影响的，语言也不例外。第一种观点强调了语言的个性，而忽略了语言的共性。在第二语言教学中，尤其是在初级阶段，提出让学生在课堂上忘掉母语，严禁教师使用和联系学生的母语的要求，是不现实的（当然，有了一定的第二语言基础后，可以而且应该提出这样的要求）。第二种观点强调了语言的共性，而忽略了学生母语和第二语言各自的个性。在第二语言教学中，如果频繁地使用学生的母语，表面上看既省时又省力，但实际效果却不会好。因为这样破坏了学生所渴望的第二语言环境，学生会很反感。

怎样才能正确处理学生母语与第二语言之间的关系呢？通过教学实践，我认为，对成年人运用对比法进行教学，省时省力，且能取得较好的教学效果。因为成年人学第二语言，已不能满足于简单的模仿、记忆，他们已有独立的思考、推理和判断的能力。因此，对比法教学更适合成年人自身的学习特点。

如何在教学中使用对比法呢？下面以外国人学习汉语为例。

教外国人学汉语，总是先从语音教学开始。对比学生母语语音与汉语普通话语音，一般可以得出下面三种情况：第一种，学生母语和汉语都有，而且二者有读音相当的字母、音节；第二种，汉语中有，而学生母语没有的字母、音节；第三种，汉语的读音和学生母语读音相近相似，而实际上，不相同的字母、音节这一部分最难学，容易混淆和读错。基于以上情况，在语音教学中，我们要注意对不同难点的处理。英语国家的学生，说汉语时总是有股“洋调”，这是因为他们在学汉语时常常把英语句子的升调、降调与汉字的声调混淆起来，甚至取代。所以在教他们学语音时，关键是要给他们分析并让他们练习汉字四个声调的读音。至于元音、辅音，只要了解汉语与其母语的对应关系就行了。英语国家的学生不但对汉字的读音感到困难，而且对汉字的书写更感到困难。即使是汉语说得很流利的外国人，写起汉字来也往往是“缺胳膊短腿”，错误百出。要教好汉字课，除了要对学生进行基本的笔画、笔顺练习外，还要向他们讲解汉字作为表意文字，其各个偏旁部首的来历及其含义，以及汉字的组织结构等。

比较而言，日本学生对汉字的书写就不会感到困难，因为日文中大量使用汉字，所以他们掌握生词较多较快。但是，有些日语的词义与汉语的词义毕竟有差别。一些日本学生没有注意到它们之间的差异，于是造出了下列一些不合汉语习惯的句子：

(1) 孙先生病了，颜色不好。

(2) 请您去买一份新闻。

(3) 从上海坐汽车去北京，一天一夜就到了。

(4) 这种洗衣机使用起来很便宜。

显然，上面几句中加点的词是使用不当的。如果用对比法，告诉学生日语的“颜色”相当于汉语的“脸色”，“新闻”相当于汉语的“报纸”，“汽车”相当于汉语的“火车”，“便宜”相当于汉语的“方便”，日本学生就有可能避免上述的错误。

俄语、英语等许多语言有着十分丰富的语法形态的变化，而汉语几乎没有形态变化，因而语序在语法结构中占有很重要的地位。“主——谓——宾”句子结构在许多语言中都存在，但汉语主语和谓语的关系非常灵活、松散。外国学生只会说“不吃饭了”，而不会说“饭不吃了”，为什么？因为学生不了解受动者可以作主语这个特点。在外语中，受动者作主语必须用被动语态，而汉语的主语既可以是施动者，又可以是受动者，非施非受的主语也很普通。正因为这样，汉语的表现力才更强、更简洁。学生掌握了这一特点，就可以类推，如“杯子打破了”，等等。英语的状语可以放在句首、句中或句尾，而汉语的状语则一般放在主语与谓语之间。当表示强调意义时，状语才放在句首。由此可见，汉语的句子结构既有其灵活的一面，更有其稳定性一面。

汉语的名词和形容词可以直接作句子的谓语。而母语是英语的学生，由于受母语的影响，容易在主语和名词谓语之间加上一个“是”字，如把“今天我的课”、“明天星期六”说成“今天是我的课”、“明天是星期六”。这样说既不影响语义，也不影响交际。但在形容词作谓语时，学生由于受母语的影响也在主语和形容词谓语中间加上一个“是”字，语义就变了，交际也受影响。如把“画儿很漂亮（描述）”说成“画儿是很漂亮（认可）”，“今天很热（陈述）”说成“今天是很热（强调）”。只要通过反复对比，让学生记住汉语和他们母语的不同之处，就可以防止学生母语对学习汉语的干扰。

除了上述语言现象的对比教学外，要学好第二语言，还要对比两个民族的人在运用语言进行交际时的文化背景。由于各民族的历史、文化传统、生活环境和风俗习惯等的不同，往往会造成语言交际的心理障碍。比如，中国人常用的打招呼的话是“你吃饭了吗？”“上哪儿去啊？”等等，但是，如果见了英、美等国的人这样问，他一定会感到奇怪，甚至误认为你干预他的私事。如果对一个中国妇女说“你胖了”，她可能会感到高兴，至少不会表示不满。但如果对一个西方妇女说“你胖了”，她就会感到这是对她的侮辱，因而可能会表示抗议。上述情况表明，不同的风俗习惯和心理上的差别会带来语言使用上的差别，如果不了解这些差别，在交际活动中就会闹笑话，甚至出乱子。

由于上述原因，在成人第二语言教学中不但要进行两种语言的对比，而且要进行两种文化背景知识的对比，因此，从事成人第二语言教学的教师不但要熟悉所教第二语言和学生母语的理论知识，还要熟悉不同民族的文化背景知识，这就对从事第二语言教学的教师提出了更高的要求。

参考文献

朱文俊（1990）语言与文化，《语言教学与研究》第2期、3期。

折敷濑兴、李行健（1990）日本人可以很快学会汉语吗？——一种新的教学方法的探索，《语言教学与研究》第3期。

初级汉语水平美国留学生普通话发音声调的个案分析

邹工成

【提　要】发音材料有三种：第一种是24个单音节词；第二种是64个常用双音节词或词组；第三种是三字组8个。调查结果显示：①单音节词声调的发音正确率明显高于双音节词和多音节词的正确率；②英语双音节词的音高模式对汉语普通话的学习具有负迁移；③美国英语语调对学习汉语普通话声调存在干扰。纠正方法：利用双音节词（短语）进行声调教学，在教学中加强阳阴、阳去、上阴的训练。

【关键词】声调　普通话　英语　发音

声调教学一直是汉语语音教学中的难点。现代汉语普通话共有21个声母、35个韵母、4个声调，由此可见，声调出现的频率最高，其承担的语音结构的任务也最重，辨义作用最明显。

对于现代汉语普通话的声调特性，陈明远、朱竹、刘骥（1983）认为可以作两种分析：一种是静态分析，即对汉语的单字调进行单独的测试和统计，暂且把各音节的声调当作是彼此孤立、互不相关的；一种是动态分析，即对口语连续语流中的声调及其变化、相互作用等，进行测试、统计和分析，以寻求其中的规律性。

英语是非声调语言之一，而且英汉语调模式的不同也会导致美国学生声调的错误，因此声调问题在美国学生身上表现得最为突出。

一　调查对象

2004年9—12月在北京师范大学汉语文化学院零起点班学习的一名美国学生，女性，大学毕业后直接来到北京，来北师大以前未学过汉语。主要学习方式是通过课堂学习。

二　调查材料

发音材料有三种：第一种是24个单音节词，第一、二、三、四声各为6个；第二种是64个常用双音节词或词组（下文统称为字组），16种可能有的声调组合各有4个（将轻声排除在外）；第三种是三字组8个，均为不同声调的随机搭配。以上材料大部分是从学生的读写课教材《实用汉语课本》Ⅰ中已学过的单词中选出来的，全部采取四声混合编排的形式，并注上汉语拼音。这样可以避免调查对象在发音时注意力集中在辨字而不是语音，而且在发音过程中，基本上可以排除学生语音知识上的错误（即误记了某个音节的声调）而影响统计结果。

三　调查方法

分别出示三种调查材料，要求调查对象按正常语速以自然方式说出，当场录音，共用时40分钟。

四　调查结果

4.1　单音节词的发音

24个单音节词中，只有1个词出现错误，误将第四声发成第二声。

4.2　双音节词的发音

为了较明显地表达出声调错误的比例及误听走向，我们将录音材料中的64个双音节词按声调列成下面的矩阵表格。纵栏是普通话双音节的16种声调组合，横栏是美国学生在录音测试中实际发出的声调。星号表示正确的声调发音，阿拉伯数字表示测试中的错误次数。

表 1

说成 应说	– –	– /	– V	– \	/ –	/ /	/ V	/ \	V –	V /	V V	V \	\ –	\ /	\ V	\ \
– –	*								1							
– /		*								1						
– V			*													
– \				*								1				
/ –		2			*	1										
/ /		1						3								
/ V							*									
/ \								*				2		1		
V –	1								*			1				
V /		2				2										
V V			2				*									
V \								4								
\ –					1								*			
\ /														*		1
\ V						1									*	
\ \																*

通过对表 1 中错误数字的统计，我们可以总结出四个声调出现在不同位置的正确率，见表 2：

表 2

声调 位置	阴平	阳平	上声	去声
首字	81.3%	62.5%	31.3%	87.5%
末字	75.0%	75.0%	93.7%	87.5%
平均	78.2%	68.8%	62.5%	87.5%

从表1、表2可以看出，阳平和上声作为首字时出现的错误较多。阳平主要是被读为调值与半上声相同的低平调，另外也有一些被读为调值与阴平相同的高平调。首字上声在起点较高的高平调和去声前多读为阳平，在起点较低的阳平和上声前多读为高平调。调查对象对阴平和去声的掌握程度要高于阳平和上声。

4.3　多音节词的发音

汉语的声调是通过音高表现出来的，汉语的语调主要也是通过音高来表现的，在语流中两种音高变化叠加在一起，后者对前者进行调节。由于英汉语调模式的不同，语调也成为美国学生学习汉语的难点之一，而语调的错误同样会引起声调的错误。下面是美国学生在发三个音节的词时的声调，从中可以看出这些是受了美国英语语调调型的影响之后产生的声调组合。星号表示正确的声调发音。

汉语	普通话	美国学生讲的汉语
很多人	∨ – /	– / /
十二个	/ \ \	– / /
留学生	/ / –	∨ \ \
高小姐	– ∨ ∨	*
一下儿	– \ /	\ \ \
不学习	\ / /	*
不吸烟	\ – –	*
语言学	∨ / /	– / /

由此可以看出，汉语声调的组合形式具有较大的灵活性，而美国学生则倾向于将邻近的音节都读成升调或降调。

五　分析原因

5.1　单音节词声调的发音正确率明显高于双音节词和多音节词的正确率

调查对象在发单音节词时，只出现了一个错误，将第四声“去”误发成第二声，提醒后马上改正过来。可见，调查对象在初学汉语时形成了良好的发音定势，能够较好地掌握单字调，而在语流中出现的声调错误和单字调的发音没有关系。因此，许多语音学家认为应该通过“语流”而不是“字流”来进行语音教学，这就是说，应该在理论和实践上都着重于声调的动态分析而不是静态分析，这样才能真正打破“以字音教学为主”的旧框框，才容易发现和解决实质问题。这对于以汉语普通话作为第二语言的教学和研究都是有利的。

5.2 英语双音节词音高模式的负迁移

在英语的双音节词中，两个音节必是一重一轻或一轻一重。音高是英语重音重要的声学关联物，重音音节的音高明显高于非重音音节（Liberman，1960），反过来说，高调往往被母语是英语的人听成重音（Fry，1958）。所以在学习汉语时，学生有可能将音高与重音联系在一起。由于首字阳平的起点不高，而末字阴平和去声的起点都很高，学生容易把这种字组的音高处理成英语中重音在第二个音节的词的音高模式，即前低后高，这样阳平就被念成了低平调。

5.3 美国英语语调对美国学生学习汉语普通话声调的干扰

美国英语语调对学习普通话声调的干扰很大程度上受美国英语所使用的音高定位模型的影响。根据美国语言学家 Kenneth. L. Pike 的建议，美国英语语调中的音高可划分为 5 个音阶，用数字 1、2、3、4、5 来表示，1 是最高的音阶，5 是最低的音阶。在正常的讲话中，最基本的音阶是 3，音高在言语片段中保持不变，直到言语片段结束时才会改变。一般来说，表示陈述和特殊疑问语气用的是 3－2－4 调型，如：I' m fine.（3 2 4）表示一般疑问语气，用 3－2 调型，如：Are you feeling better?（3 2）如果这种调型需在句中改变，那么只能使用 3－2调型或者 2－4 调型，如数数时，One，two，three，four，five，six（3 2，3 2，3 2，3 2，3 2，2 4），或者 One，two，three，four，five，six（2 4，2 4，2 4，2 4，2 4，2 4）。

因此，当邻近的声调不同时，美国学生倾向于将该声调变成同一调值而不顾原来的不同，如：文章（／－）说成（／／），很多人（∨－／）说成（－／／）；为了词尾或词组末尾的调型与英语语调调型相一致，最后那个音节的声调总是趋向于用升调或用降调，如：留学生（／／－）说成（∨＼＼），国家（／－）说成（－／），毛巾（／－）说成（－／）；在一个句子层次上，调型／＋＼会被重复地使用在每组相邻的两个音节上，这反映出一种由两个词组成的词组的英语降调调型，如：民族（／／）说成（／＼），想到（∨＼）说成（／＼）。

六 纠正方法——利用双音节词（短语）进行声调教学

在普通话语音流中，声调组合的基本单位是双音结构。这是因为：从语音节奏方面来说，双音节化是现代汉语的主要节奏倾向；从变调规律方面来说，连读变调主要是指双音连读时前一声调受后一声调的逆向作用而产生了调值的变化。充分利用双音节词进行声调教学，可以排除因母语词重音干扰带来的声调错误，还有利于根据唯一性区别便于认识的原则进行声调的对比听辨练习。

6.1 在教学中加强阳阴和阳去组合的训练

如前文所述，阳平的错误与音节位置和声调环境有关，首字的主要问题是容易被末字高起点的声调异化而变为低调，因此要多多练习这方面的发音，有利于培养学生的汉语语音的语感，如对比：文章（／－）和文化（／＼），国家（／－）和国策（／＼），这种结合了词义的声调语音特征的对比，便于学生记忆。

6.2 在教学中加强上阴的训练

对于美国学生来说，发低调并不困难，因为英语中非重音音节的音高就较低，所以在教三声时可以从半上声入手。而且在实际语流中，半上声占第三声音节总数的82.4%，出现频率很高，理应成为教学中的重点。

将调型为低平的半上与调型为高平的阴平放在一起教，便于学生认识这两个声调的特征，不仅有利于半上调的教学，同时也有利于纠正美国学生阴平调不够高的倾向。

附　录

实验字表

1. 单字调

说 常 女 去 教 来 对 买 男 班 笔 作 三 给 信 和 旧 有 国 多 人 点 慢 一

2. 双字调

11	12	13	14
书包	中国	多少	工作
公司	丁云	英语	商店
香蕉	今年	工厂	真正
吸烟	欢迎	风景	吃饭
21	22	23	24
牙膏	民族	词典	白菜
国家	完全	牛奶	文化
文章	邮局	如果	邮票
毛巾	德国	啤酒	学校
31	32	33	34
老师	法国	你好	果酱
北京	美国	厂长	两个
古巴	主席	手表	想到
广播	朗读	选举	感谢
41	42	43	44
汽车	地图	日本	宿舍
地方	半年	外语	画报
面包	坐船	厕所	现在
电灯	一年	汉语	介绍

3. 多字调（见正文）

参考文献

陈明远、朱竹、刘骥（1983）第三声的性质及其教学，《对外汉语教学论文集》，北京：北京语言学院出版社。

[美] 桂明超著，杨吉春译（2000）美国英语语调对美国学生学习汉语普通话声调的干扰，《世界汉语教学》第1期。

马燕华（1994）初级汉语水平留学生的普通话声调误区，《北京师范大学学报》第3期。

马燕华（2000）初级汉语水平留学生的第三声听辨分析，《北京师范大学学报》第6期。

沈晓楠（1989）关于美国人学习汉语声调，《世界汉语教学》第3期。

王韫佳（1995）也谈美国人学习汉语声调，《语言教学与研究》第3期。

华裔法国学生鼻韵母偏误浅析

周丽君

【提　要】华裔法国学生发音的主要问题——前后鼻音混淆的原因主要是受母语的影响，对此可采取相应的纠音办法。

【关键词】前后鼻音　母语　相似性　偏误　纠音

前后鼻音语音混淆是将汉语作为第二语言学习者中较为普遍存在的问题。本文通过对华裔法国留学生的调查，试图找出法国学生产生该问题的根源，并采取适当有针对性的解决办法。

一　法语的语音系统

法语中有16个元音，其中有12个口腔元音，4个鼻腔元音；17个辅音和3个半元音。法语音节的特点表现在三个方面：

1.1　以元音为主的音节占大多数。绝大多数音节包含一个元音，而且这个元音往往就是构成音节的主要因素。单词中有几个元音，就有几个音节。

1.2　现代法语中没有二合以上的元音组合，相邻的两个或两个以上元音分属前后两个音节的单元音。

1.3　法语中没有纯粹用辅音构成的音节，法语是以开音节（元音结尾）为主的语言。

二　有关调查结果

本文对本校初级（上）的华裔法国学生进行了听写及发音情况的调查。

听写结果显示，他们后鼻韵母总错误率为56%，前鼻韵母总错误率为31%。反映出的问题有，将后鼻韵母听成前鼻韵母，或介乎前后鼻韵母之间的音，或其他非鼻韵母的较为普遍。其中，又以居前音节的问题最多。in 和 ing 误听的比例大大高于其他，其次是 iɑng 音误听。

发音调查显示，后鼻韵母共21个错误，总错误率49%；前鼻韵母共19

个错误，总错误率42%。

由此可以确定，无论是听还是说，后鼻韵母都是法国学生的难点，尤以处在前一音节的更难；前鼻韵母，尤其是在前音节的，发音错误也不容忽视，in、ing在听写中的错误较为突出。

三　病因分析

3.1　显然，这是受其母语影响的结果。其母语中没有ng，但是有类似的鼻腔元音，便以此来替代近似的ng。“语音知觉是一个复杂的、动态的、变化的过程，知觉语音要受到上下文关系、重音和韵律、语流的速度和质量、语音的相似性及噪音背景等多种因素的影响。”本次调查结果反映出的法国学生学习汉语中的前后鼻韵母偏误主要是受“语音相似性”影响，这个“相似性”来自两种语言不同的语音系统。

汉语韵母系统中不仅有单韵母，还有复韵母、鼻韵母。汉语鼻韵母的发音特点是由元音状态逐渐向鼻辅音过渡，最后发音部位闭塞，形成鼻辅音。而法语中只有单元音，虽然也有鼻腔元音（4个），但没有ng，发音方法与汉语的鼻韵母不同，其鼻腔元音是纯粹的口鼻兼音——鼻化音，从发音开始一直到终结，始终保持软腭下垂，使气流同时从口腔和鼻腔中流出。法语的鼻化音位置较汉语前鼻音靠后，后鼻音靠前，听起来是介乎汉语前后鼻音之间的音。在发音练习中，14个三合后鼻韵母，容易造成这样模糊读音的有11个，占79%。由此可见，学生是取近似音来代替，因而产生似是而非的结果。同时也可以说明，对法国学生来说，前后鼻音属于同一范畴。因为“语音是以范畴的形式知觉的，也就是说，人们在识别语音时，对于不同范畴的语音是很容易识别的，表现出‘非此即彼’的特点，而对同一范畴中语音刺激的一些变化却不易觉察”。

3.2　我们注意到，在听辨调查中，后鼻音的问题均匀地分布在除了iong之外的其他韵母上。其中，iang音错误率远远领先：8个iang音错7个，占88%。发音调查显示，前鼻韵母的错误率有所上升，后鼻韵母的错误率虽有所下降，但仍保持领先，而iang音错6个，占75%，uang音则全错，说明有介音的后鼻音是法国学生难中之难。这可能与汉语三合元音的特点有关。

吴宗济谈汉语复韵母时说：“从频谱图上看，普通话复韵母的共振峰模式表现出明显的动态性，即各共振峰的频率都处于连续不断的变化之中，从一个音位向另一个音位变动。”“在三合元音里，后两个音位之间的相互影响较大，而它们与第一个音位，即介音之间的相互影响较小。”在时长分配上，三合元音的韵头轻而短，“有时鼻尾的时长甚至会超过元音部分的时长”。

在法语语音系统中，没有二合以上元音，元音都是单元音，因此，在发三合的，又是后鼻韵母的，如 iang、uang、ueng 等音时，可能会给他们带来更大的困难，掌握不好韵头元音的时长，将韵头时长加长，而后面主要元音和辅音的时长被缩短，成为介乎前后鼻韵母之间的音或前鼻音或其他非鼻音，有了前面的分析，出现这种现象也就不足为怪了。

3.3 关于 in 和 ing 错误率较高的问题，应该说主要是这两个音本身的差别不大造成的。实验显示，其他后鼻音的共振峰均低于前鼻音，说明其发音部位明显靠后，而这两个音的共振峰没有差别，从而造成听辨上的困难。

3.4 后鼻韵母无论是在听辨还是发音的双音节练习中都是双音节中前面一个音节的错误率高于后一音节，这种现象可能与汉语双音节词除了一部分轻声音节为“重轻”结构外，大多为“中重”结构。也就是说，前一音节比后一音节读得轻，受鼻尾脱落的影响，造成他们在听辨上的偏误；而在发音中后鼻韵母读得既要轻些，又要靠后，还要保证足够的时长。他们掌握得不好，为了读得轻些，便将发音部位往前提，将时长相对缩短，所以造成偏误。

四 纠音办法

4.1 明确汉语的后鼻韵母 ng 是个舌根音，不同于法语的鼻化音，发音时应尽量靠后。

4.2 汉语三合元音的韵头只表示发音的起始位置，发音轻而短，要求学生尽量缩短韵头的发音时长，给主要元音及后鼻尾以足够的时长。

4.3 设计一些有关的练习加强这方面的训练。我们知道汉语鼻韵母在语流中有脱落现象，但其影响已施加给前面的主要元音。n 和 ng 发音部位不同，它们给前面主要元音的影响也会有所不同。如 xiànxiàng 中的 xiàng 鼻尾怎么脱落，与 xiàn 也是不同的，不会影响我们听辨。所以，对前后鼻韵母作严格训练和要求是必要的。

针对考察结果显示的处于前一音节的鼻韵母错误率高于后一音节的特点，以及法语是以开音节为主的语言，学生发开音节词困难不大，设计一组以开音节与鼻韵母音节组合的双音节词，以鼻尾音节处于后一音节为主。同时考虑到在“去声音节里的鼻尾容易脱落”的特点，前鼻音以去声为主，以缩短时长，减少因时长较长而发成后鼻音的可能。后鼻音以阴平、阳平、上声为主，以增加时长，尽量避免因时长缩短使后鼻音发不到位，让学生在比较练习中逐步掌握后鼻韵母的正确发音。

参考文献

陈定民（1979）《基础法语》，北京：北京对外贸易学院出版社。
桂诗春（1985）《心理语言学》，上海：上海外语教育出版社。
彭聃龄（1992）《语言心理学》，北京：北京师范大学出版社。
吴宗济、林茂灿（1989）《实验语音学纲要》，北京：高等教育出版社。

初级汉语水平印尼华裔留学生汉语语音声、韵母发音障碍及教学对策

杨可千

【提　要】本文通过对印尼华裔留学生发音偏误的调查与分析，旨在找出这些学生在学习汉语过程中出现的普遍的发音难点并提出解决的方法。

【关键词】声母　韵母　发音障碍　原因　教学对策

北京华文学院的前身华侨补习学校是国务院侨办创办的一所旨在为海外华人、华裔学习中国语言文化，增进他们对祖籍国感情的学校。该校自1982年复办以来，吸引了很多华裔、华侨子弟前来就读，而印尼华裔留学生就是他们当中为数不少的一个群体。

由于受第二语言规律和母语的影响，印尼学生在汉语语音发音上既有外国留学生常见的偏误，又有与别国学生不一样的偏误规律，而且特点十分突出。通过调查分析印尼学生在汉语声、韵母发音上存在的问题发现，在教学过程中可以预测难点，从而为我们调整教学内容、科学地安排时间提供可靠而有价值的依据。

一　发音调查情况介绍

第一，调查材料：我在北京华文学院用了将近四个月的时间对八位在本校学习汉语的印尼华裔留学生进行了汉语语音发音的跟踪调查。他们全部是初级水平的学生，在一个教学班学习。发音材料分为双音节词、多音节词、句子、短文四种材料。这四种发音材料是按时间记录的，每一种材料既能反映学生在这种材料上的发音问题，又能与其他材料相联系，在时间的轴线上反映出学生在发音上的难点的出现、持续和变化。前三种材料反映了学生从学习拼音到语音复习阶段结束的发音情况。第四种材料反映了学生经过两个星期的语言实践和一个星期的期中考试之后，开始进入课文学习直到学期结束的发音偏误情况。四种发音材料包括96个双音节词、32个多音节词组、26

个句子及 12 段短文，共 2 100 个音节。

第二，调查方法：双音节词、多音节词组、句子的发音材料都以拼音形式出现，短文发音材料以汉字形式出现。让被调查者读出拼音或汉字，并用磁带录下发音。

第三，调查结果：

1.1 声母

根据四种材料发音偏误的统计结果制作了这张声母发音偏误走向总表：

<table>
<tr><td rowspan="2">种类
细目</td><td colspan="2">发音部位相同</td><td colspan="2">发音部位不同</td><td rowspan="2">发音方法不同发音部位相同音的混淆</td><td rowspan="2" colspan="2">发音方法相同发音部位不同音的混淆</td><td rowspan="2">发音方法、发音部位都不同音的混淆</td><td rowspan="2">其他</td></tr>
<tr><td>送气音发成不送气音</td><td>不送气音发成送气音</td><td>送气音发成不送气音</td><td>不送气音发成送气音</td></tr>
<tr><td>错发音</td><td>t－d(22)
q－j(39)
ch－zh(19)
k－g(7)
p－b(5)
c－z(6)</td><td>g－k(7)
b－p①
zh－ch(2)
z－c(2)</td><td>0</td><td>zh－c(7)</td><td>j－x①
k－h①
ch－sh①
z－ch①</td><td>z－[tʃ]86
z－zh 61
sh－s 83
sh－[ʃ]27
c－ch 38
c－[tʃ‘] 16
z－j (2)</td><td>s－sh 14
s－[ʃ] 13
ch－c 22
ch－[tʃ‘] 7
zh－[tʃ] 12
zh－z 13
j－z 2</td><td>p－f (2)
q－z (2)
z－q①</td><td>x－0①</td></tr>
<tr><td rowspan="2">次数</td><td>88</td><td>14</td><td>0</td><td>7</td><td rowspan="2">4</td><td rowspan="2" colspan="2">396</td><td rowspan="2">5</td><td rowspan="2">1</td></tr>
<tr><td colspan="4">109</td></tr>
<tr><td>百分比</td><td colspan="4">21.2%</td><td>0.8%</td><td colspan="2">76.9%</td><td>0.9%</td><td>0.2%</td></tr>
</table>

由此表我们可以清楚地看到，印尼学生声母发音最大的两个问题是送气音与不送气音的混淆和发音方法相同发音部位不同音（主要是舌尖前音 z、c、s 与舌尖后音 zh、ch、sh 的混淆以及舌尖前音、舌尖后音与舌叶音）的混淆。在送气音与不送气音的混淆中，送气音误发为不送气音的情况占绝大多数（送气音误发为不送气音占 86.27%）。

具体来看（按每个声母偏误的次数累计排序）：

双音节词发音材料偏误排在前五位的是 z、q、sh、ch、zh。

多音节词发音材料偏误排在前五位的是 z、sh、q、ch、zh、c。

句子发音材料偏误排在前五位的是 z、c、ch、sh、q。

短文发音材料偏误排在前五位的是 sh 、z、c、ch、s、t。

声母的难音按顺序排列如下表所示：

排序	1	2	3	4	5	6	7	8
字母	z	sh	c	ch	q	zh	s	t
占全部声母错误总数的百分比	29.0%	21.7%	11.4%	9.8%	7.8%	6.5%	4.4%	4.3%

我又将每个声母的偏误总次数除以这个声母在全部发音材料中出现的总次数，得到另一组数据。

说话材料中出错率较高的声母如下表所示：

项目＼次序	1	2	3	4	5	6	7	8	9	10	11
声母	c	z	s	sh	zh	ch	p	q	t	k	g
出错次数	60	152	25	114	34	50	7	41	22	8	7
出错百分比	37.5%	31.2%	14.2%	11.4%	8.0%	7.6%	4.8%	4.11%	2.7%	2.4%	2.3%

结论：声母发音比较难的是 z、sh、ch、s、c、q、zh、t、p。

1.2 韵母

（1）韵母发音偏误四种材料的调查结果（按每个韵母出错的总次数累计排序）：

双音节词韵母发音出错率排在前五位的是 ü、[ʅ]、üe、uo、ui。

多音节词韵母发音出错率排在前五位的是 ü、[ʅ]、üe、e、uo、ui。

句子韵母发音出错率排在前五位的是 ü、e、[ʅ]、uo、üe、in。

短文韵母发音出错率排在前五位的是 [ʅ]、ü、e、üe、ou。

（2）前五位偏误综合分析：

①ü 的问题。

a. ü 作为主要元音，其误读率占全部韵母错误的 28.5%，是所有韵母误读最多的音，107 次误读中有 102 次误读成 i（占 95.3%）；ü 与 i 的误读不是对等的，i 误读成 ü 只有四次。

b. 以 ü 为介音的复韵母 üe，误读率占全部韵母错误的 12.8%，48 次误读中有 44 次误读成 ie（占 91.7%）。

② [ʅ] 与 e [ɣ]，在 [ʅ] 的 87 次误读中（与之搭配的声母 zh \ ch \ sh \ r)，发成 e 的占 85 次（占 97.7%），[ʅ] 误读率占全部韵母错误的 23.2%；在 e [ɣ] 的 50 次误读中，读成 [ʅ] 的占 47 次（占 94%），e [ɣ] 的误读率占全部韵母错误的 15.96%（与之搭配的声母是 zh \ ch \ sh)，这是一对互为误读的难音。

③其他。

a. ou 的误读只在第四种材料的发音中。9 次误读中错成 uo 共 8 次（占 88.9%）；而出现在短文材料的发音 uo 的 8 次误读中，错成 ou 也有 6 次（占 75%）。虽然 uo 的出错率在短文材料的发音中只排在第六位，而且在前三种材料中不算难音，但因为它与 ou 是一对，所以我就把它们列为一对较难的音。

b. ui 在双音节词发音中出错率排在第五位，在多音节词发音中出错率排在第六位，ui 在这两种材料的发音中一共读错了五次，其中误读为 üe 四次，误读为 ü 一次。在句子和短文材料的发音中，就消失了，应算较难的音。

c. in 和 i 的混淆只出现了一两次，应算容易的音。

(3) 将每个韵母的偏误总次数除以这个韵母在全部发音材料中出现的总次数，得到另一组数据。

说话材料中出错率较高的韵母如下表所示：

项目 次序	韵母	出错 次数	出错 百分比	项目 次序	韵母	出错 次数	出错 百分比
1	e	60	30%	8	[ʅ]	6	3.3%
2	ü	107	17.6%	9	ui	5	2.8%
3	üan	5	15.6%	10	in	3	1.5%
4	üe	43	15.4%	11	ie	3	1.04%
5	[ʅ]	77	10.6%	12	i	5	0.5%
6	uo	23	6.2%	13	ang	3	0.5%
7	ou	9	5.1%				

(4) 结论。

①韵母发音较难的是 ü、üe、[ʅ]、e、ui、uo、ou。

②印尼华裔留学生的韵母发音最主要的问题有两点：一是 ü 及以 ü 为介音的复韵母；二是 [ʅ] 与 e 的发音。

二　发音偏误原因分析

下表中 zh、ch、sh 的汉语的发音国际音标写为 [tʂ] [tʂ‘] [ʂ]，r 的汉语发音写为 [ʐ]。

字母	a	o	e	i	u	ü	b	p	m	f	d	t	n	l
汉语的发音	[a]	[o]	[γ]	[i] [ι] [ɿ]	[u]	[y]	[p]	[p]	[m]	[f]	[t]	[t‘]	[n]	[l]
印尼语的发音	[a]	[o]	[ə] [e]	[i]	[u]	无	[b]	[p]	[m]	[f]	[d]	[t]	[n]	[ʅ]

字母	g	k	h	j	q	x	z	c	s	zh	ch	sh	r
汉语的发音	[k]	[k]	[x]	[tɕ]	[tɕ‘]	[ɕ]	[ts]	[ts‘]	[s]	[tʂ]	[tʂ‘]	[ʂ]	[γ]
印尼语的发音	[g]	[k]	[h]	[dz]	[k]	[ks] [s]	[dz]	[tʃ]	[s]	无	无	无	[r]

2.1　首先，比较一下汉语拼音与印尼语音系统

由上表我们发现：第一，印尼语中只有清、浊音的对立，没有送气音；第二，印尼语中没有舌尖后音、舌尖前音、舌面音；第三，印尼语中没有 ü、[ʅ]、[ɿ]、[γ]。印尼学生发音问题中较多的声、韵母，大部分是他们母语中没有的那些音。

2.2　偏误原因主要是用母语的语音代替汉语的语音

(1) 相似替代。“用母语的语音规律代替目的语的语音规律，是中介语最直接的表现。”在一开始接触汉语时，印尼学生由于印尼语中没有送气清辅

音，因此，分不清送气音与不送气音，学生发音时会不自觉地用母语中的不送气音代替汉语中的送气音。在送气音与不送气音的误读中，86.3%是送气音误读为不送气音。在发音中最难的是发音方法相同和发音部位不同的音的混淆。其中，在舌叶音代替舌尖前音或舌尖后音的误读中，用母语［tʃ］代替 zh、z 比用［ʃ］代替 sh、s 和［tʃ‘］代替 ch、c 的次数多得多（占63.6%），另外两个音的代替只有36.4%。在舌尖前音与舌尖后音的误读中，s 代替 sh 的次数是 99 次（占 83.9%），sh 代替 s 的次数只有 19 次（占16.1%），因为印尼语中有 s，学生更容易用它代替 sh。

（2）其他替代。“有时，当学生试图发汉语的某个音时，不是用母语中的近似音来代替（因为母语中没有近似音），而是发成源于母语的其他音。”

ü 是印尼语中没有的韵母，所以学生总爱用母语中的 i 代替它，在 109 次 ü 的错读中有 103 次是 ü 发成了 i；üe 的 49 次读音错误中，也有 44 次是错发成 ie；还有 5 次是 üɑn 错发成 iɑn。由于母语中没有 ü，所以学生发音时就会产生用 i 代替 ü、用有 i 韵头的韵母代替有 ü 韵头的韵母的错误。i 代替 ü 是印尼学生发音非常突出的一个问题。

［ʅ］与 e［ɣ］在印尼语中也是没有的，［ʅ］误读成 e 的占其他总误读数的97.7%；e［ɣ］误读成［ʅ］的占其他总误读数的94%，为什么学生会在发音时将它们混淆呢？参看以下“普通话元音音位的共振峰频率目标值表”，会更清楚一些。

	/ɩ/	/ɿ/	/ʅ/	/y/	/u/	/e/	/ə/	/ɣ/	/o/	/ʌ/	/r/
F1	270	280	280	300	350	600	600	600	550	900	600
F2	2 400	1 400	1 700	2 250	650	1 950	1 550	1 200	900	1 300	1 200
F3	3 200	3 050	1 900	2 500	2 500	2 800	2 700	2 600	2 500	2 600	1 800

［ʅ］在这些元音中舌体是最卷的，印尼学生发不出，就用母语中与［ʅ］舌位前后差不多的［ə］来代替它，听起来很像是 zh \ ch \ sh \ r 加上韵母 e［ɣ］；韵母 e［ʅ］的舌位高低与印尼语中的［ə］一样，唇形也差不多，只是舌位要靠后，而开口度是由小到大变化的。学生发音时没有将舌位靠后，将 e［ɣ］发成了［ə］，于是在发音时，特别是在读句子和短文材料时，由于舌头没到位，又没有注意开口度的变化，听起来就是 zh \ ch \ sh 加上韵母［ʅ］。［ʅ］与 e［ɣ］混淆也是印尼学生发音上的一个非常突出的难点。

ui 在双音节词与多音节词发音材料中的出错率分别排在第五位、第六位，

ui 在句子和短文材料的发音中就消失了。因为学生在一开始学 zh、ch、sh、z、c、s 和 j、q、x 时，由于分不清舌尖前音、舌尖后音与舌面音，会把舌尖音与 ui 相拼的音同舌面音与 ü 韵母相并的音混淆，造成错误。但在这些声母搞清楚以后，ui 的发音错误也就随着消失了。

三　教学对策

在教学实践中，我们发现送气音的发音情况随着学习时间的增加而逐步改善；而发音方法相同、发音部位不同的发音情况却不易改善；ü、［ʅ］、［ɣ］的错误也很顽固。然而，事实上，汉语中的这些音大部分学生是能够正确发出来的，只是这样发音太费劲，他会不自觉地以他感觉轻松的方式去发目的语的音，从而产生偏误。所以，教师要不厌其烦地耐心纠正，特别是在刚学习拼音时，要严格训练，因为不良的发音习惯一经形成，就更加难改。以下就上述难音的发音要领作具体说明。

3.1　声母

（1）注意发音的时长，发好送气音。

普通话各组清辅音在长度方面的比例（数值表示 ms）：

不送气音塞音 10 < 不送气音塞擦音 80 < 送气音塞音 100 < 送气音塞擦音 180 < 擦音（18）200

送气音与不送气音最大的区别在于时长，在教学中强调送气与不送气的同时，也要强调时长会有助于学生发出、发好送气音。

（2）讲清发音的部位，发好舌尖前音、舌尖后音和舌面音。

zh、ch、sh、z、c、j、q、x 是印尼学生易混淆的音，76.9% 的声母错误是将某个声母发成了与它发音方法相同而发音部位不同的音，在教学实践中，教师要以各种方法给学生讲清每个音发音的准确部位，如用图片（舌位图）配上媒介语或学生母语的解释，有教学用的发音动画片当然最好，因为教师在示范时，学生无法直观地了解和判断舌位。学生在发音时要将舌头放到正确的位置，这是发好这些音的关键。

3.2　韵母

（1）注意唇形的变化，发好韵母 ü 及以 ü 为韵头的复韵母。

“这个音在发音上与 i 很接近，唯一不同的是，ü 是一个圆唇音。”讲清楚这一点，学生都能发出这个音，但如果不强调，学生又会不自觉地用 i 代替它。为此，教师要抓住圆唇音的要领，不厌其烦地进行纠正，让学生养成一个良好的目的语语音的发音习惯。

（2）注意舌尖的位置，发好 e［ɣ］。

让学生在发［ɣ］时，“舌尖上举接近硬腭前缘”。定会与其他区别开来。

（3）注意开口度的变化，发好单韵母 e［ɣ］和复韵母 ou、uo。

“［ɣ］不是一个稳态的元音，发音时开口度是由小到大变化的。”我们注意到，学生对于 e 的错误发音只发生在它与 zh、ch、sh、r 相拼时，因为在发 zh、ch、sh、r 时，会带一个尾音［ʅ］，由它过渡到 e［ɣ］开口度需要有一个很大的变化。学生发音时发成［ə］，是因为没张嘴，只要张嘴，e［ɣ］一定会发好。另外，发 ou 时开口度是由大变小的，发 uo 时开口度是由小变大的。

总之，只要我们认真总结经验，从细微之处做起，不断实践，就一定能够提高印尼华裔留学生的发声水平，帮助他们克服发音障碍，学好汉语。

参考文献

吴宗济（1989）《实验语音学概要》，北京：高等教育出版社。

鲁健骥（1999）中介语理论与外国人学习汉语语音偏误分析，《对外汉语教学思考集》，北京：北京语言文化大学出版社。

杨顺安（1991）从声学语音学的角度对普通话元音音位系统的初步研究，《语文研究》第 2 期。

从第二语言学习者外在因素看普北班的语言教学

侯　芳

【提　要】学习者的外在因素在第二语言习得的过程中起着重要的作用，本文试着从二语学习者的外在因素角度探讨普北班语言教学的特点，以期发现其对二语教学的启示和意义。

【关键词】外在因素　社会环境　语言输入　互动环境　社会因素　普北班

2006 年 6 月至 8 月，我参加了“普利斯顿大学在北京”（简称“普北班”）的语言项目，任二年级的老师。普北班有 15 年的历史，15 年来，普林斯顿大学每年暑假都在全美及欧洲（主要是美国）选拔优秀学生到北京师范大学进行为期八周的语言强化训练，在这种全汉语的语言环境中，学生的汉语水平提高很快。该语言项目在世界第二语言教学领域拥有很高的声誉和地位，对第二语言教学做出了很大的贡献。本文试从第二语言学习者外在因素角度来分析普北班的语言教学，作为该语言项目经验的介绍和总结。

学习者的“外在因素”是就第二语言学习者语言习得发生的环境而言的。环境主要包括两个方面：一是社会环境；二是语言输入与互动环境（input and interaction）。

一　社会环境

社会环境包括第二语言习得发生的自然环境与教学环境。

自然环境：D'Anglejan（1978）认为，在自然环境发生的语言习得与在教学环境下发生的语言习得是完全不同的。究竟有多大的不同，这主要取决于学习者所处的特定环境的性质。例如，英语作为学习者的第二语言，在美国是大多数人的母语；在尼日利亚和印度作为官方语言；在国际交往的环境则是国际语言。

教学环境包括以下三种：

（1）“隔离式”（segregation）教学环境：学习者学习的第二语言，也是教学语言。第二语言学习者的教学与大多数人是分开的。

(2)"沉浸式"(immersion)教学环境：学习者的课堂教学通常是由双语教师通过第二语言来进行的。第二语言不作为一个单独的课程来教授。学习者在运用中学习第二语言。

(3)"半沉浸式"(submersion)教学环境：教师主要用学习者的母语进行教学。

外语课堂教学与前面几种教学环境不同。比如，学习者在本国学习目的语，主要是交际环境和教学方法不同。

由于这些社会环境和教学环境类型的差别，学习者的第二语言水平也会有很大的差别。

我们先来看普北班为学生提供的自然环境：在普北班，学生周一至周五上课，周一至周四下午每个学生有50分钟的个别谈话；每周二、周四两天与中国老师一起去附近饭馆吃饭；周末一般安排出游，有中国老师陪同。以上三种安排为学生提供了与母语是汉语的老师接触的最大可能。周末如果没有安排集体出游，学生可以自己出游，去游览北京，接触老师以外的中国人，以便更好地了解中国文化。可以说，普北班设在北京，为学生提供了最好的学习汉语的自然环境。在这样的自然环境中，学生可以更好地习得汉语或者把课堂上学习的语言转化为习得的语言。

我们再来看普北班的教学环境：我个人觉得普北班不属于以上所说的任何一种教学环境的类型，比较接近"沉浸式"(immersion)教学环境。但在"沉浸式"(immersion)教学环境中，第二语言不作为一个单独的课程来教授，学习者用二语来学习其他课程，而普北班则是完全用汉语来教授汉语。

普北班的课堂教学分大班、小班，大班着重依照课文讲解重要语法点(普北班的特点是很少特别讲解语法，学生都有专门配合教材的语法书，一般来说，需要讲解的语法不是语法书没有相关介绍或者介绍不够详尽，就是跟以往学过的语法点易发生混淆)，小班着重操练句型和生词。普北班的规定是，教师课堂上每次串讲的时间不得超过30秒，尽量简短地串引，留最多的时间给学生说话。学生说话的时候，老师负责指出学生发音及语法语用的问题并帮助其改正。这样的教学环境其实是最大限度地还原自然环境。因为知识的介绍少之又少，绝大部分时间都是老师为学生创造语境，让其用刚刚学过的句型和生词说话，通过大量的操练、反复的刺激将句型和生词内化成学生习得的东西。

另外值得一提的是，普北班的大班人数是8人，小班是4人，这样的班级规模极有利于学生对第二语言的学习及习得。

二 语言输入与互动环境的研究

语言输入与互动环境是指学习者的语言输入环境及获得语言输入的方式。语言输入包括口语和书面语；语言输入方式包括非交互式环境与互动环境两种语言获得方式。

普北班的语言输入既有口语又有书面语，口语是课堂上及下午个别谈话中老师的领读和提问，书面语是教材及语法书上的内容。

输入方式则既有非交互环境，即自己预习课文及语法书上的语言点，又有交互环境，即课堂上个别谈话中、中文桌子答疑时间及周末出游等。

输入假设：Krashen（1982）认为，第二语言习得有赖于为学习者提供"可理解输入"（comprehensible input）。"可理解输入"是指为学习者提供的输入信息应该略微超过学习者现有的习得水平，用 i +1 来表示。i 表示现有习得水平，1 表示略微超过的部分。Krashen 认为，可理解输入必须是由"i +1"构成。这是第二语言习得产生的必要条件。如果学习者可以理解略微超过其现有水平的语言规则，第二语言的习得才能发生。当学习者进行富有意义的交际时，这种习得过程便会自动产生。

普北班的教学理念充分应用了"可理解输入"理论，并证实了该理论的正确性与可行性。

普北班的观念是课堂上绝对不能出现当天课文以外的生词，鼓励学生用尽量多的以前学过的生词。这是"i +1"理论最忠实的应用，有非常好的教学效果。学生可以温故而知新，所学的知识好像滚雪球一样越攒越多，当发现自己的汉语水平真的有所提高时，他们的学习兴趣也会越来越高。

这种方法也有它的问题。以我教的二年级为例，刚开始学习的时候，学生的生词量非常小，用有限的生词练习句型时难免会重复，尤其还有大班小班两个老师四节课，好在那时学生的发音大都存在很大的问题可以多纠音，不然学生会感到枯燥。

语言输入与互动环境的研究主要涉及 foreigner talk 和 teacher talk 的研究。

"Foreigner talk"是指操持母语者与外国人谈话所使用的话语。所以 foreigner talk 不是 foreigner's talk，而是 the talk to foreigners。当操持母语者与第二语言学习者谈话时，常常对正常的话语进行某些调整，以便学习者理解。这些话语有时甚至是不合语法的。

"teacher talk"指的是第二语言教师在语言教学的课堂上对第二语言学习者所使用的语言。

第二语言教师为了便于学生理解和完成课堂交际，对其所使用的语言在形式和功能等方面进行调整。这种教师语言就是"teacher talk"。

Furgson 的研究主要是描写 foreigner talk 在语言形式上的调整 。这种调整包括语言形式的调整，如语音、语调、放慢语速、使用简单的词汇和语法结构等。Hatch（1978）从话语分析的角度分析 foreigner talk 的结构。Michael Long（1981，1983）发现，母语使用者在与学习者交谈时，不仅会进行语言形式上的调整，而且会从话语的结构和功能上进行调整。统计分析表明，仅仅是语言形式的调整并不能为学习者提供"可理解输入"。只有话语结构或功能得到调整后才可以为学习者提供可理解输入，才能有助于语言习得。

但在普北班一般来说不存在"foreigner talk"和"teacher talk"，因为我们说的句子一定是正常的现在通用的汉语，只是刚开始时在语速上会作一些调整，但不会在形式和功能上调整，这也是普北班创办人周质平老师一再强调的，教给学生的必须是正确的句子，不是正确的说都不能说。

三　社会因素对第二语言习得的影响

Shumann（1978）提出的"文化适应"（acculturation）的理论假设，旨在阐明社会因素与第二语言习得的关系。对于第二语言学习者来说，文化适应就是指对目的语文化及文化环境的适应过程。

文化适应模式的基本假设：第二语言习得仅仅是文化适应的一个方面。学习者适应目的语群体文化的程度将制约学习者获得第二语言习得的程度。

但是，Shumann（1986）事实上将文化适应分成两种类型：同化与非同化。前者希望吸收目的语社团的生活方式，后者则不然。Shumann 认为，二者对促进 L2（第二语言）习得具有同等效应。这个假设与其 1978 年的假设不同。

Shumann 认为，文化适应程度主要取决于学习者与目的语群体的"社会距离"和"心理距离"。所谓"社会距离"是指学习者与目的语文化群体相互接触的程度而言的。所谓"心理距离"是指 L2 学习者与目的语群体由于情感因素造成的距离，其中社会因素起主要作用。当社会因素不起决定作用时，心理因素才起作用。

Shumann 认为，学习者的社会距离和心理距离对第二语言习得的影响主要取决于学习者与目的语群体接触的程度及对语言输入的开放程度；如果学习者由于社会距离的因素而远离目的语群体，他们能够得到的语言输入就少。如果他们与目的语群体的心理距离越大，他们就无法将所获得的语言输入、吸收并内化。

普北班的学生一般来说来自美国及欧洲顶尖大学，他们学习汉语的动机很强，对中国文化有着很浓厚的兴趣，他们与中国人的“社会距离”和“心理距离”可以说比较小。

四　外部环境与SLA的关系

（1）行为主义认为，习得过程是刺激反应的过程，通过外部环境提供的言语输入刺激，强化训练，最终形成新的学习行为。

（2）心灵学派认为，外部的言语输入不足以为学习者提供获得语言能力的数据。他们强调学习者内在的语言习得机制的重要性。

（3）认知学派，包括Torane和Long等环境学派，则强调外在因素与内在因素的交互作用。

也许有很多人说普北班采用的是行为主义的教学理念，我却觉得不尽如此。

普北班每年都很重视其学生的选择，来北京学习的学生都有很强的学习汉语的动机，对中国及中国文化充满兴趣，愿意努力学习，他们的学习策略也很成功，应该说，普北班的成功与学生自身的努力是分不开的。

另外，普北班的教学法虽然很重视实际操练，但也考虑到了学习者内在的学习机制，比如在备课时，一些语法点因为中英文存在很大差异而被老师着重提出来，大家仔细讨论，在讲课时反复操练。这是注意到普遍语法“原则和参数”理论的体现。人类语言存在普遍原则，而不同语言又有不同的参数，学习二语就是一个“参数”重设的过程。普北班注意到了中英文参数不同这一事实，并假设这可能给学生学习二语带来困难，即所谓母语的“负迁移”，而多准备多操练，并把教学的结果及时反馈，确定哪个“参数”不同真的带来了学习的困难。这是很好地运用“对比分析理论”的表现。

总之，我觉得普北班一方面有良好的外部环境的言语输入刺激，这是外在因素；另一方面充分考虑到了学习者的内在因素，真正做到了外部环境和内部环境的交互作用。它的确是第二语言教学的一个成功范例。

参考文献

王建勤（2006）《第二语言习得研究的理论与方法》讲义，北京语言大学对外汉语研究中心。

D'Anglejan（1978）*Language Learning in and out of Classrooms.* London：Oxford University

Press.
Krashen, S. (1982) *Principles and Practice in Second Language Acquisition.* Oxford: Pergoman.
Schumann, J. H. (1978) The acculturation model for second-language acquisition. In R. C. Gingras (ed.), *Second Language Acquisition and Foreign Language Teaching*. Washington, DC: Center for Applied Linguistics.
Schumann, J. H. (1986) Research on the Acculturation Model for Second Language Acquisition. *Journal of Multilingual and Multicultural Development*, 7 (5).

关于当前华语教材建设的几个问题①

李嘉郁

【提　要】教材问题是当前海外华文教育面临的主要困难之一。本文回顾了近二十年来大陆华语教材编写和发行的基本情况，分析教材建设方面所存在的不足及其产生的原因，并对今后的华语教材编写提出相应的意见与建议。
【关键词】华语教材　问题　建议

在汉语热的大背景下，华文教育发展迅速，但其所面临的困境也是显而易见的。国内方面认为，师资、教材和教学法是海外华文教育的三大问题（李嘉郁，2004）；国外亦有三大问题之说，即师资、教材、资金。而教材在任何学科的发展和建设中都起着至关重要的标志性的作用，尤其是在师资问题不可能短期内解决的情况下，完善教材就成为规范课堂教学、提高教学效率的有效途径。本文主要回顾了近二十年来大陆华语教材编写和发行的基本情况，分析教材建设方面存在的不足及其产生的原因，并对今后的华语教材编写提出相应的意见与建议。

一　华语教材编写及其在海外使用的基本情况

20世纪80年代以来，海外华文教育界开始推行传统的语文教学向汉语第二语言教学的变革。教材方面，在继续使用原有教材的同时，开始参考使用中国大陆的幼儿园和中小学教材。也就是从这个时期开始，来自大陆的语言教材开始大规模进入海外华文教育系统。人民教育出版社、北京语言大学出版社、华语教学出版社、暨南大学出版社等纷纷推出自己的有针对性的教材，其中尤以国侨办组织编写的华语系列教材使用最广、影响最大。

20世纪80年代，国侨办组织编写了《初级中国语文》、《中级中国语文》、《幼儿唱游》、《童话》等教材和教辅读物。考虑到华文教学的传统，这些教材和读物多配备繁简两种字体。自1995年起，随着供周末中文学校使用的《中文》和供全日制中文学校使用的《汉语》的出版和大范围的发行，结束了海外华文学校过去二三十年间简体字和拼音教材“少得可怜，质量差得可怜”的局面（李宝贵，2004）；其后推出的《幼儿中文》及《中国文化常识》、《中国历史常识》、《中国地理常识》则在很大程度上弥补了新型华语教材在纵横两个层面的缺失。

这些教材适应了新时期海外华文教学的实际需要，为海外中文学校的汉语和文化教学提供了依据，也有效地促进了海外华文教育的地区拓展，过去一些华文教育的空白区如加纳、莫桑比克、乌拉圭等国家也出现了使用国侨办教材的华文学校。国侨办系列教材的推广，改变了过去台湾地区教材一统天下的局面，并在推广普通话、简化字、汉语拼音方面起到了积极作用。有相当数量的亲台华校也逐渐尝试使用国侨办的教材，尤其是汉语拼音类教材，这些教材已超越了政治的界限，受到海外华文学校的广泛关注。据不完全统计，国侨办系列教材已被多个国家的千余所中文学校所采用。

20 世纪 90 年代以来，海外华文教育界出现分国别建设华语教材及与中国合作编写华语教材的高潮，较有代表性的是：1994 年，泰国华文民校联谊会与中国海外交流协会签署教材编写项目协议书，合作编写适用于泰国华文学校幼稚班及小学的成套华文主体教材，这套华文教材的编写和出版，基本上完成了 90 年代泰国华文教材建设的主体工程；中国教育部、外交部与印尼文教部签署协议，由两国汉语教育专家合作编写教材，这套教材成为在印尼使用的统一规范的汉语教材，等等。

不过，因为华裔学生汉语学习的特殊性、教师的非专业性及各国华文教育的业余性等种种因素，即使是注明针对某国华文教育的教材，在实际使用中，仍然会存有这样那样的缺陷，在国外的很多中文学校，教师感觉最为“顺手”的是以一种或几种已有教材为蓝本而进行加工和改造后形成的教材。

二　华语教材建设上存在的问题及其原因

在 3 000 万海外汉语学习者中，华裔占有相当大的比重，这已是不争的事实，但是长期以来，大陆方面，针对华裔的教学研究和教材编写似与此并不相称。一份对海外华文教育界的调查显示，“从事中文教学第一线的教师体会最深的是缺乏实用、统一规范的教材”（崔建新，2005）。无论从质量、数量，还是从满足教学需要和教材体系诸方面来衡量，华语教材的建设显然都还不同程度地存在着不够科学、不够完备的问题。其主要表现为：

（1）内容上脱离当地华人的具体生活状况，也较少考虑到学生的兴趣和需要，成人化、幼稚化、中国化都是现有教材或多或少存在的问题。成人化的教材，少年儿童缺乏相应的生活体验和背景知识，因而对其中的很多内容难以理解；相反，有的内容过于幼稚，反而不能吸引少年学生的兴趣；内容的中国化增加了学生语言学习和文化理解两方面的难度，如“扫除”、“值日”等，对于习惯了由工友清洁课室的海外学童而言，其不仅仅是“生词”，更是极为新鲜的需要特别加以解说的“中国现象”。

（2）政治倾向性。有些教材表现出不适合当地社会的宣教目的，容易引发社会敏感问题。

（3）娱乐性和趣味性不及国外的同类少儿外语教材，不利于教师贯彻寓教于乐、鼓励当先的教学原则。

（4）未考虑到某些地区汉语教学的特殊情况，如在印尼需强化拼音和语法，而对一些老侨校则需要加强汉语拼音和简化字的训练，等等。

（5）没有考虑到海外华校教学的具体情况，主要表现为：①教材的弹性问题。海外中文学校的课程设置变动很大，课时也不是很固定，教师常常会根据学生的学习情况和现实生活的实际需要不断对教材进行调整，这都与正规院校的汉语教学不同。而教材的编写者则一般自己先确认一个课时，课文内容紧密而连贯，这就造成了“教学变动性很大，而教材确定性很强”的被动局面。②近年来，全日制中文学校的汉语总课时一般呈递减趋势，而周末中文学校不仅课时少而且授课间隔时间长，故“温故”与自学应在内容的安排上有充分的体现，而这一点在我们的教材中并没有做到。③汉语与其他课程的关系。汉语课与其他课程之间无法形成相互巩固、相互渗透的关系，这在全日制中文学校中较为突出。例如，汉语教材和史地教材的编写缺乏沟通，导致其内容互不相干，本可打通的语言和文化点却各行其道，史地教材的语言难度反而远远高出汉语教材的情况比比皆是。④教材与教师的关系。总体说来，海外华文教师数量不足，专业素质不够，而现有教材基本上立足于受过一定中文或师范教育的教师使用。

（6）关于教材的衔接问题。起点太低而又过于艰深，不适合海外华裔儿童原有的汉语水平和学习能力，这在国内对外汉语教学界编写的华语教材中表现得尤为突出。

（7）形式问题。国内出版的教材惯于铺陈大量文字，这与国外少儿教材的多图片而以文字为辅的形式有较大差异，欧美地区的学生对此尤为不适。

（8）其他。如现有教材以汉英对照者多，而在一些国家如蒙古和日本，很多华裔学生并不通英文。

总体来看，国内编写的华语教材的最大问题仍在于缺乏针对性，简言之，是教材没有符合教材使用者的需求和语言习得规律，华裔学生的生活环境、语言背景、年龄特点、特殊的学习目的及海外华文教学的特殊性未得到应有的体现，而针对性正是教材的特色和生命力之所在。

不过，即使是存在以上种种问题的教材，其种类也十分有限，海外华文学校选择教材的范围很小。

华语教材编写中出现的种种缺陷不是孤立的现象，这与华文教育学科发展的阶段性密切相关，有关教材编写的基础性研究工作，诸如海外华语研究、华裔汉语教学和习得理论研究、文化研究等还很不充分，在一系列基本问题均未得到解决的情况下，不可能有教材建设的繁荣。这些问题可归纳为以下五点：

（1）基础建设问题。对于任何一种教学，“教什么”都是最重要的，各种大纲则是“教什么”的量化标准的具体体现。因此，“树立大纲意识，在编写教材时，自觉地按照各种要求进行，是教材质量得以保证的基本条件之一”（李扬，1999）。对外汉语教学所依循的《汉语水平词汇和汉字等级大纲》以及《汉语等级标准与语法等级大纲》等固然也是华语教材应该参照的，但是，对外汉语的各类大纲是针对外国成年人而言的，而华文教育的主要对象是华裔青少年，所以，华语教材还“应该结合海外华人的具体生活中的高频词、常用语法点、常现语言情境和文化现象进行教材的编写”（陈珺、万莹，2002）。问题是，这些“高频”、“常用”、“常现”者具体内容怎样，如何排列，这显然是一个“纲”的问题。对外汉语大纲并不完全适合华文教学，华文教学应有自己的大纲，对此，业内已有不同程度的认可，然而，目前这项基础建设还是空白。

（2）基础调查与基础理论研究。一部教材是否实用，在于它能否真正解决学生所面临的最迫切的问题，对外汉语专家赵金铭亦曾指出：教材编写应从侧重于如何教转向更多地考虑学习者如何学，也就是说，要对即将使用该教材的学习者进行“需求分析”。而我们对于华裔学生“学习需求”的调查与研究，以及华裔特殊的汉语习得过程和教学过程的观察与分析至多只能说是刚刚起步。我们只能大概地知道，华裔学生有一定的汉语基础和语言环境，语、文水平失衡，学习目的不一；与非华裔相比，其汉语学习的性质不同、汉语学习的经历与经验不同、汉语言技能的获得过程不同，等等。而这必然关系到对教学进度和难点的安排，但我们显然对此缺乏全面而细致的调查统计与分析。例如学习目的，外国人学习汉语，大多带有工具性目的，取融合性学习目的者，不能说没有，但微乎其微，所以对外汉语教材的编写要注意人类文化通感（赵金铭，1998）。而最近的一项调查表明，华裔与非华裔学生学习目的上的本质差别主要表现在“融入性”上，比如，满足父母、朋友的要求，想使自己成为一名中国人，想使自己像中国人一样思考和做事，满足自己的自尊心等与华裔所处的文化和生活背景分不开（王志刚等，2004）。有没有这样的调查分析以及是否吸纳相关的科研成果，将直接影响到华文教材的文化取向及相应的内容编排。又如趣味性，这是我们非常明确并一再提到的编教原则，但是，在关乎“趣味”的问题上，华裔青少年自有其独特的理解与表现。比如较热心于一些时髦的物品或活动，如手机、短信、流行歌曲、网络游戏等；小学生喜欢谈论身边发生的事，而中学生则偏重探讨价值观问题等，这些都是我们关注不够、调研不够的，我们所努力表现的趣味性在学生眼里往往流于幼稚。至于与华语教材编写密切相关的情况，如当地主流教育的基本模式、学生的学习兴趣与学习习惯等，甚至还没有进入我们的调研视域。例如，在斐济的中文学校，小学部一到八年级，主要以游戏形式进行授课，围绕学生感兴趣的内容，注重的是培养学生的华文语感和掌握基本词汇。这显然与我们一贯的教材编写思路有较大的差异。种种缺失，使得华文教材编写中的无以为据成为难以避免的缺失，其必然极大地削弱教材的针对性。

（3）华文教学特有的复杂性与不确定性，客观上也给教材编写造成一定的似乎是难以逾越的困境。教材的编写“必须与某种教学目标相结合，必须以经过验证的现行的行之有效的教学计划、课程大纲为依据，而教材不过是保证了教学计划有效实施的措施之一。教材必须有针对性，为谁而编，为什么样的目的而编，要明有所指”（赵金铭，1998）。而关于华文教学的定位与教学目标，似乎不易界定明白。例如，关于华文教育中汉语教学的性质。有学者曾特别从国外使用者的角度提到，教材编写要注意学生母语与汉语的关系（佟秉正，1991）。虽然这里的母语我们不妨理解为第一语言，但是华裔学生的第一语言与汉语的关系是相当微妙且多样化的，华文教学是“从语文教学转化而来的语言教学”（彭俊，2000），或“含有母语基因的非母语教学”（李方，2000），抑或“华语作为第二语言的族裔母语教学”（丘进，1995），等等，众说不一，虽然多数人理论上可以接受华文教学“是介于第一语言与第二语言之间的一种语言教学”的观点，但这同样是一个模糊的概念。又如教学目标。其他外国人学习汉语，目的比较明确、比较单纯，相应地，对外汉语的教学目标就是“在尽可能短的时间里让外国学生尽快学好汉语”（陆俭明，2000）。而对华裔的汉语教学则情况要复杂得多，其既要达到语言教学的目的，又要实现部分语文教学的目标（如需教授相应的语言知识和文化知识，以及在识字和写作方面的特别要求等），甚至同时担负着进行思想教育、文化熏陶及思维训练等多种使命。实际上，华文教学是在应用第二语言教学的同时兼及语文教学的理论与方法，尤其是，往往需要在语言教学中完成原来主要借语文教学来实施的品德修养方面的教育及文化传承的任务。不够明确的或曰较多重的定位必然给教学目标的确立及教学理论和教学法的选择造成困扰，同时，各华文学校对华文教学的理解和期待也不尽一致，教材编写中的顾此失彼现象也就在所难免。

（4）世界各地的华文教育状况千差万别且变化不断，也往往使得一部教材在“适用性”上大打折扣。例如，同样是针对“华裔”的拼音教材，中国和新加坡编写的就基本不适合印度尼西亚学生使用；周末学校每周授课2~6小时，相差三倍的课时足以使那些“供周末学校使用”的教材陷入窘境；面对同一本教材，专业的汉语教师与业余兼职者的感受是完全不同的；此外，即使是专门“针对某国华裔”的教材，仍然无法将汉语基础不同的学生照应周全，其中可能有土生儿童，也可能有在国内已读过数年小学的新移民，等等。

（5）教材的编写者与使用者严重脱节。目前，海外使用的华文教材仍主要来自中国大陆和台湾地区，但问题是，“国内对外汉语教学界所编写的教材更适合来华学习的外国学生，台湾地区编写的教材则更倾向于母语学习”，海外使用者感到最适用的还是“本地华教界自己编写的教材”（杨石泉，2000）。而受当地教师的专业素质和时间、精力及资金来源等因素的制约，一般中文学校和华文教学组织都无力自行编写教材。编写一部好教材，要求编者“对本专业的教学内容有广泛的了解和深入的研究，要有较深的教学理论修养，还要有丰富的教学经验”（刘珣，2000）。而在华语教材的编写中恰恰就大量存在着这种“广泛的了解”、“深入的研究”与“丰富的教学经验”、“较深的教学理论修养”的严重分离。

三　对于华语教材编写的几点建议

海外华语教材的建设，是一项浩大的系统工程，对此，既要有长远规划以保证教材本身的科学性和系统的完备性，又要用当前的措施来解决华文学校面临的现实问题。一些主要的基础性工作，如各种大纲的制定，需要大量的调查与细致的统计分析，此属长远规划类；至于目前的措施，可考虑从以下几方面着手。

（1）有重点地对现有教材进行改编与完善。海外中文学校使用的教材中，国侨办组织编写的《中文》和《汉语》占有很大的份额。发行十余年来，海外反馈意见与有关科研成果的积累已达相当数量，有必要也有条件开展教材的修订与配套工作。至于配套，主要是指多媒体教材的开发、繁体字注音符号版本的匹配、更加细化更具操作性的教师手册的编订等。

（2）完备各类教材，使之初具规模与体系。目前的华文教材体系，不是理想与否的问题，而是有没有的问题，应着眼于海外最迫切的需要，从填补空缺开始，进而初步形成多种层次、多种类型、可以基本满足多种需求的教材体系，即首先解决温饱问题。至于“最迫切的需要”，从海外的反映来看，是中学教材、文化教材和课外读物及教师用书。

（3）要注意教材的本土化。我们一再谈到的华语教材的针对性和适用性问题，其实是个教材的本土化问题。就华文教材而言，本土化包括当地的语言环境、教学目标、学生的语言基础、文化取向、教师整体的专业水准、繁体字和方言等多方面的因素。这里，我们特别提出教材内容的本土化问题。一项调查表明，海外地区的华文学校，使用北京编写的通用型教材，与使用自己编写的、充满当地实际生活内容的教材相比较，后者比前者的教学收效可提高20%（何子铨，1995）。而目前所使用的外来教材暂不论其他，仅从课文情景的设计来看，就往往严重脱离学生的生活实况，如“手帕”、“割草”等。因循“本土化”原则编写的课外读物会大量选用华裔日常生活及当地常见华文报刊的素材和语言，这无疑有利于学生更好地适应作为华裔的当地人的生活。内容的“本土化”不仅是激发学生学习兴趣的手段，同时也是语言教学实效的需要。

（4）教材编写中要对中外合作予以特别的重视。供国外使用的教材，要充分考虑其文化特点、学生的生活环境和学校的教学特色，只有如此，才谈得上教材的针对性，才会有更好的适用性和更高的实效性。编写华文教材，需要吸纳当地教师的参与，这是保证其针对性、适应性的前提之一。已有研究比较详细地指出了合编的基本模式：我方在汉语本体系统、教学法原则、文化因素蕴涵及背景知识等方面起主导作用，外方在语言对比、文化对比、学习心理及学习过程等方面提供咨询（赵金铭，1998）。不过鉴于华文教学的特殊性与复杂性，外方所能提供的咨询犹不止于此，诸如师资状况、语言环境、当地华社的倾向等因素皆应在列。

较之对外汉语教材，华语教材的编写更有其特殊的困难，例如，基础研究的缺失，教材体系的庞大，教材编写队伍的不稳定等。这些皆成为制约华语教材发展的因素，且这些问题均不可能在短期内得到解决；而华文教育本身具有复杂性，如方言、繁体字、注音符号与普通话、简体字、汉语拼音的关系；作为非正规教育体系的华文教育界与中国进行合作时在人员、资金方面存在的困难等，都是在教材编写过程中需要重视并加以妥善处理的。华语教材的建设有待教学、科研、政府机构多方的努力与协调。

附　注

①关于“华语”、“汉语”、“华文”、“中文”等概念的界定，学者已有诸多论说。本文以“华语教材”指称海外中文学校使用的用以进行汉语语言教学、语文教学、文化教学和数理化教学的汉语版教材，以之区别于对外汉语教学界所说的“汉语教材”。

参考文献

陈　珺、万　莹（2002）华文教材编写的四原则，《海外华文教育》第1期。
崔建新（2005）从加拿大汉语教学现状看海外汉语教学，《汉语学习》第6期。
何子铨（1995）华裔学生汉语学习特点浅析，中国海外交流协会文教部，《海外华文教育文集》，广州：暨南大学出版社。
李宝贵（2004）对当前加拿大华裔中文教育现状的思考，《海外华文教育》第3期。
李　方（2000）含有母语基因的非母语教学，张德鑫，《回眸与思考》，北京：外语教学与研究出版社。
李嘉郁（2004）华文教育五题，陆俭明，《第七届国际汉语教学讨论会论文集》，北京：北京大学出版社。
李　扬（1999）面向新世纪：关于对外汉语本科系列教材，胡明扬，《第六届国际汉语教学讨论会论文选》，北京：北京大学出版社。
刘　珣（2000）《对外汉语教育学引论》，北京：北京语言大学出版社。
陆俭明（2000）汉语言文字应用面面观，《语言文字应用》第2期。
彭　俊（2000）浅谈华文教学的改革——从语文教学向语言教学转变，任启亮，《华文教学论文集》，广州：暨南大学出版社。
丘　进（1995）海外华文教育浅见，中国海外交流协会文教部，《海外华文教育文集》，广州：暨南大学出版社。
佟秉正（1991）初级汉语教材的编写问题，《世界汉语教学》第1期。
王志刚、倪传斌、王际平、孟姜（2004）外国留学生汉语学习目的研究，《世界汉语教学》第3期。
杨石泉（2000）编写华语教材的几个问题，《海外华文教育》第1期。
赵金铭（1998）论对外汉语教材评估，《语言教学与研究》第3期。

《汉语》修订版的修订思路与汉字教学线索

康晓娟

【提　要】汉字教学是汉语教学中的难点。华文教育的观点认为，汉字不仅是汉语和中华文化的载体，其本身还是中华文化的基本组成部分。因此，华文教学不仅不能回避汉字教学，而且应该把汉字教学作为华文教学的精髓之一。然而，在实际的教学过程中，无法做到真正的"语、文并进"是华文教学领域不争的事实。汉字教学无法与口语教学过程实现完全的对应，而是有其独特的规律和顺序。如何在教材中体现汉字教学的规律，同时又不干扰语言教学的进度，是《汉语》修订版努力探讨的内容。在修订版中，隐含着一条相对完整的汉字教学线索。从这条线索中，可以看出该套教材汉字教学方法上的改进。

【关键词】华文教学　汉字教学　教材

《汉语》系列教材是中国海外交流协会委托北京华文学院（原中国语言文化学校）为海外华侨、华人学生学习汉语而编写的，供海外全日制华文学校小学一至六年级使用，也可供其他学制的学校选用。该套教材首次出版于1998年10月。近十年来，被世界数十个国家的华文学校广泛使用，是一部具有深远影响的华文教材。随着时代的发展，教材的使用者——广大海外华文师生反映，原教材的一些知识、体例、结构已经不再适用，需进行调整和修订。在这个背景下，自2005年起，中国海外交流协会委托北京华文学院对《汉语》系列教材（全套36册）进行重新修订，以最大限度地满足海外华文教学的需求。

一　《汉语》系列教材修订版的基本组成

《汉语》系列教材修订版分为课本、练习册和教师手册三个组成部分。

《汉语·课本》是系列教材中的主体教材，是教师教学和学生学习的主要材料，也是练习册和教师手册的编写依据。

课本共12册，每册15课，每五课为一个教学单元，共计180课，供全日制华文学校一至六年级使用，计划每学年完成两册。根据学生的年龄特点和接受能力，我们将12册课本划分为三个阶段，每个阶段实现不同的教学目标：

第一册至第四册对应小学一、二年级。这个时期的小学生处在低幼年级，课本以功能为纲，设计情景，为学生营造交际环境，这一阶段的主要教学目标是，要求学生掌握日常生活交际用语，能正确地认读和书写汉字，逐步培养学习汉语的兴趣。

第五册至第八册对应小学三、四年级。课本在编排上逐步过渡到以结构为主，用生活的真实语句呈现汉语中较为复杂的句式和语言点，让学生通过掌握这些句子来用汉语正确地表达思想。

第九册至第十二册对应五、六年级。学生在高年级时，可以掌握比较复杂的句式和语言点，并通过掌握语言去了解更多的信息，有一定的课外阅读能力，能流利地表达思想。在写作方面，要求学生从句子到段落，逐渐完成命题作文。

课本在教学内容和形式上，也根据以上三个阶段的不同目标进行了阶梯式设计，以保证课本编排能体现循序渐进、由浅入深的习得顺序。

二　《汉语》修订版对原教材的保留和优化

2.1　原教材以结构为主线，参照当时国内外语教学的基本编写思路，开篇学习的第一个语法点为“是”。

这是爸爸。
那是妈妈。
他是弟弟。
她是妹妹。

原教材注重语言点教学，强调语法概念的完整性。修订版则考虑到语言学习的交际性目的，用句子来展现语言的真实面貌，采用了功能与结构相结合的编排方法，将语言点融入句子中。在修订版第一册第一课中，学生第一天接触汉语的时候，教给学生一些日常生活用语、礼貌用语，如：“你好!”“谢谢!”“不客气!”“再见!”通过这样做，学生能迅速进入交际环境、掌握交际的语言，从而达到用学到的汉语与人交际的目的，提高学生的开口率，激发学生的学习兴趣。

为了更好地创造交际情景，修订版强化了原教材中的主线人物，以主人公——华裔小学生“王小华”为中心，引出他周围的人物，向学生们呈现了一个个华人家庭的生活和学习场景。随着人物之间的交流需要，对话相应展开。在充分调动了学生学习的兴趣之后，慢慢融入汉语的结构，创造更多的交际可能。

2.2　原教材从字词教学入手，用词汇扩展成句子，进而组成篇章。修订版则采用“句本位”的教学思想，即用真实的语料使学生在第二语言的习得过程中形成对语言的整体印象，提高交际效率。学生通过掌握真实的语料——句子，反复诵读，形成语感，也能起到示范作用。课文则是这些句子的组合和运用。

2.3　原版是干净清晰的语言教学课本，华文教育要求的是语、文并进。语言是承载了文化的语言，文化必然蕴涵在语言中。华文教育是针对族裔子弟实施的民族母语和民族文化教育，从华文教育强调文化传承的学科性质来看，华语教材在内容和方法上，都必须融合民族文化教学的要求。华语教材要突出民族母语作为第二语言教学的语言教学特点，同时要体现母语教学不同于外语教学的文化特色。考虑到华语教学的特点，即民族母语作为第二语言的习得特点，我们有意加大了文化的力度。在课文中添加了各种中华文化的内容，如成语、俗语、历史、地理、文化遗产、名胜古迹、绘画、书法、工艺美术等。在课文内容、文化知识点、阅读篇目及各种教学游戏中，尽量从中华文化宝库中取材。

为了使文化内容自然而然地融入教材，既能突出文化内容的地位，又不干扰语言教学，我们对课本的体例结构进行了重新调整，以“板块”为基本单位，设计了不同板块的教学功能：《学句子》、《读课文》、《记生词》等栏目为语言教学板块，而《玩游戏》、《长知识》、《学文化》等栏目是文化兴趣板块。在文化兴趣板块的呈现形式上，尽量采用符合少儿心理特点的形式，动手与动脑想结合，帮助教师活跃课堂气氛，调节课堂节奏。

三　《汉语》修订版对识字问题的解决方案

3.1　识字教学是华文教学的重要内容之一。就语言学习来说，一般的顺序是“听说领先，读写跟进”。与其他拼音文字不同的是，汉字学习一直是汉语学习中的难点。一些教材在编辑时采取了有意回避汉字的态度。而华文教育的观点认为，汉字是汉语的载体、中华文化的载体，其本身就是中华文化的基本组成部分。因此，华文教学不仅不能回避汉字教学，而且应该把汉字教学作为华文教学的精髓之一。

3.2　然而，在实际的教学过程中，无法做到真正的“语、文并进”是华文教学领域不争的现实。汉字教学无法与口语教学过程实现完全的对应，而是有其独特的规律和顺序。如何在教材中体现汉字教学的规律，同时又不干扰语言教学的进度，是《汉语》修订版努力探讨的内容。

3.3　在修订版中，隐含着一条相对完整的汉字教学线索。从这条线索中，可以看出该套教材汉字教学方法上的改进。

（1）汉字是表意文字，按照汉字的结构特点，《汉语》修订版采取“笔画——部件——整字”的顺序，展开汉字教学。第一册至第四册，有一个独立的栏目——“写汉字”。在这个栏目中，从直笔到曲笔再到折笔，呈现了36个汉字的基本笔画。选择例字时应以本课出现的汉字为主。

图 1

为了学生书写方便，《汉语·练习册》里继续保留了汉字笔顺示范书写，并留出适当的位置供学生练习。但是在笔顺拆分时，修订版教材改变了传统的一笔一画示范笔顺的方法，采用“部件拆分法”。

目前，国内对汉字“部件”的理解上存在一些分歧。主要有：一是单笔画是否属于部件。有观点认为单笔画也可能作为部件，“有的笔画在一定条件下，可以成为部件，这时笔画和部件所指相同。最明显的是‘一’和‘乙’。这两个字都是由单部件构成的独体字，‘一’和‘乙’是部件，也是笔画。除了‘一’和‘乙’之外，处于分离状态的横、竖、撇、折，也单独构成部件”（苏培成，1994）。“从现代汉字字形的实际出发，把在字形中占有相对独立地位的单一笔画也定为可以切分的部件，不妨称之为‘单笔部件’。”（费锦昌，1996）然而，也有人认为“部件是构成合体字的最小笔画结构单位，其下限必须大于基本笔画，上限小于复合偏旁”（傅永和，1991）。

二是部件是否有层次性。很多学者认为部件有不同的层级，“部件是对汉字进行一次或多次分解后得到的基本结构单位”。但也有学者认为部件的“上限小于复合偏旁”，这样就把小于整字的部件组合排除在外。

三是部件是否独立成字。有学者认为应当是成字的。但大多数学者认为部件中除了成字的部件外，还应当包括大量非成字的部件。

综合以上意见，我们认为，“从其存在的形式来看，汉字的部件应当是一个独立的书写单位，是相对独立的笔画结构块，一般来说，它应当大于基本笔画，即由两个以上（含两笔）笔画组合而成；从其功能来看，部件具有组配汉字的能力，但并不一定都具有音、义，成字的部件固然有音义，一些不成字的部件，包括特殊部件（构字率是1的部件），如‘临’字的右下角，‘所’字的左偏旁，‘伞’字的下半部分，等等；从部件切分的方式来看，存在着平面切分和层次切分两种情况：平面切分是指一次切分出基础部件，层次切分是指逐层切分，最后得到基础部件”。依照这个原则，练习册笔顺示范的每个汉字被拆分为不多于八个部件，使学生在临写时形成对汉字相对稳固、整体的印象。

进入中年级，在课本中汉字板块的展示以整字的形态出现，同时注重形近字、同音字的比较。

zhè xiē hàn zì zhǐ chà yì diǎn bù yào xiě cuò le
这些汉字只差一“点”，不要写错了！

乌——鸟
万——方
免——兔

大——太——犬
王——主——玉

图2

在高年级，汉字书写与写作紧密结合，写作的过程同时也成为汉字书写的强化与延伸。

（2）从认知顺序来看，《汉语》修订版在低年级阶段降低了教学目标的要求，从识别、认读开始，逐渐过渡到记忆和书写。

传统的汉字教学目标，往往以国内小学教育为参照，要求“语、文”的绝对并进，而忽视了海外儿童学习华语是“民族母语”，而不是真正意义上的母语这一特点，在设定具体的学习目标时，应参照第二语言学习的规律。学生和家长都觉得汉语“难学”、“难写”，费很大力气学习了几个汉字，只要一放下，立刻就忘光了。而很多家长和老师习惯使用传统的教学方法，让学生一遍一遍地抄写、默写大量生字，错了还要罚写……久而久之，学生的挫折感不断加深，对写汉字的畏难情绪增加，继而影响到学习汉语的兴趣和信心。很多海外的华文教师反映，现在华文学校的生源之所以流失很大，与汉字的教学目标定得过高有很大关系。

鉴于此，修订版教材在教师手册上进行了详细的说明，明确提出了不同阶段汉字教学的不同目标。低幼年级以认读为主，适量书写；中高年级则是在理解的基础上强化书写。

（3）从形式来看，修订版教材尽量选取符合儿童接受心理特征的形式，如汉字游戏、图形展示、汉字故事等。

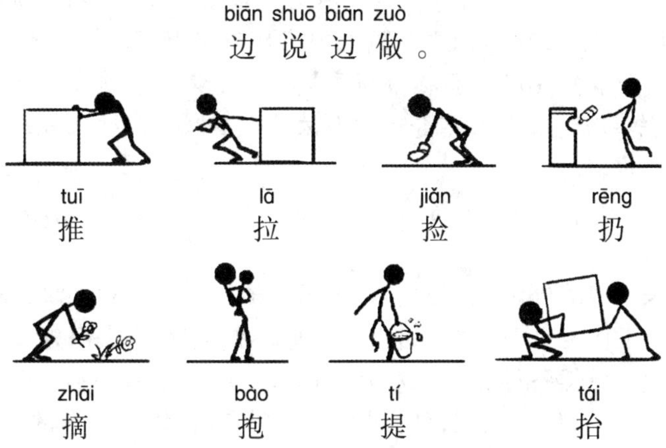

图 3

内容和形式的改变，体现了教学法的转换。修订版教材在汉字教学的处理上，打破了传统汉字教学“学什么内容就写什么汉字”的局面，这一方面体现了汉字的习得规律，另一方面降低了学习的难度，从而帮助学生克服畏难情绪，把学生重新吸引到学习汉语的课堂上来。

参考文献

朱智贤（1979）《儿童心理学》，北京：北京师范大学出版社。
沙宗元（2006）汉字研究中的一组术语，《语言文字应用》第 3 期。

《世界少儿汉语教材·教师用书》编写的几点想法

付　钢

【提　要】本文以《世界少儿汉语教材·教师用书》（以下简称《教师用书》）的编写为题，在编写原则、编写内容及《教师用书》如何与《世界少儿汉语教材·课本》（以下简称《课本》）、《世界少儿汉语教材·练习册》（以下简称《练习册》）衔接组合等方面做了一些探讨，对《教师用书》的编写提出了自己的设想。

【关键词】教师用书　编写原则　主要内容　少儿汉语教学

随着越来越多的外国人开始喜欢汉语、学习汉语，对外汉语教学所使用的教材的编写工作也日益受到相关部门的重视。在对广大海外及来华留学生的汉语教学中，虽然各种各样的对外汉语教材层出不穷，不同课程、不同对象、不同阶段的教材内容也日新月异，但对与教材相关配套的《教师用书》的编写工作重视程度还不够，《教师用书》在对外汉语教学中的作用尚未得到充分的发挥。因此，笔者在编写《世界少儿汉语教材》之际，总结以往的编教经验，就《教师用书》的编写工作提出几点看法。

一　《教师用书》的编写原则

作为对外汉语教材编写的一个重要环节，《教师用书》的作用是显而易见的。虽然并不是所有的对外汉语教材都配有《教师用书》，但其对教师的课堂教学是有非常明显的指导意义和规范作用的，它能指导教师在教学大纲的指导下科学地、严谨地、有效地、有目的地控制课堂教学内容与秩序，同时还可以帮助学生达到很好的学习效果。

《教师用书》对广大从事对外汉语教学的教师而言，是一个非常好的教学助手，尤其是对某些教师群体，如广大的海外华文教师，在他们的华文教学中，会受到师资、教材、生源等各种各样的汉语教学环境的局限或条件的限制，在对外汉语教学中会碰到很多想象不到的难题，因而也不同程度地存在着一些教学不规范的现象，《教师用书》能很好地帮助他们解决这方面的问题，发挥非常重要的作用。

如果说教材的内容重在体现编教的宗旨和原则，那么《教师用书》则重在指导教师根据这些宗旨和原则，把教学的内容很好地体现在教法中和课堂上。在《教师用书》的编写中，我们应该遵循以下一些重要原则：

1.1 指导性原则

在《教师用书》的编写过程中，我们应根据语言规律、语言学习规律、语言认知规律对学习对象及其特定的学习需求加以分析，对教材的编写大纲进行科学的分析，根据语言课本的内容来认真编写，同时也要对进行教学的教师进行客观和科学的分析，因为教师是《教师用书》的直接使用者。教师在上课前要精心地备课，在准备教案的过程中分析、处理教材是一个很复杂的过程，《教师用书》的出现正好帮助广大的教师解决了这一难题，它既可帮助广大教师明确教学的重点与难点，也可对教学过程提出建议，提供比较明确的教学计划或步骤，同时还可以完善和提高教师的教学理论水平。《教师用书》还是一种教学规范，它可以提供相关的课程规范和样课，引领教师按照正确的方法和途径进行教学活动。

1.2 针对性原则

针对性原则包含两个方面：一方面是指学生，另一方面则是对老师。来自不同国家、不同年龄、不同语言背景的学生的汉语学习动机和需求不同，因而决定了他们的学习方式、学习特点和学习规律也存在着很大的不同。面对这样复杂的情况，如何进行教学活动，对老师提出了很高的要求。如果我们能在《教师用书》中根据他们各自的特点有针对性地进行分析、补充和教学指导，那么对教学的促进作用无疑将是巨大的。所以，曾有专家提出，《教师用书》可否根据地区或国别分类编写？当然，这个问题我们目前暂不作讨论，在《教师用书》的编写工作中，我们应该针对少儿的语言认知规律、华裔和非华裔的学习特点及海外学习和来华学习的特殊方式等有针对性地编写出对学生和教师都合适的用书。另外，《教师用书》是为广大的华文教师服务的。对不同的教师群体，如海外或国内的、专业性或非专业性的、长期或短期的、老教师或新教师等不同背景和特点的教师都应该有针对性地提出不同的教学要求和建议。对国内的对外汉语教师而言，应侧重指导教师提高教学理论水平，精心设计教学环节，努力提高教学水平；对广大的海外华文教师而言，如何丰富自身的汉语语言知识，学习科学而有效的教学方法和技巧，正确地安排教学步骤，加强课堂的趣味性等方面才是最重要的内容。

1.3 对比性原则

在语言学习中，“语言对比”是一种很好的学习方式。不同国家和地区的学生在学习汉语的过程中出现的语言偏误不同，如果能根据他们经常出现的、有代表性的语言偏误有针对性地进行指导，将汉语和其本国语言进行对比并加以分析，找出相似点或不同之处，将会对学生加深学习汉语的印象、提高学习效率有很大的好处。当然，这种编写方式对《教师用书》的编写者提出了很高的要求，不仅要求教师有很高的理论水平，还要有丰富的外语知识。国内的对外汉语教师普遍掌握一门到两门外语，不可能对各种复杂语言背景下学生的语言偏误都有明确的认识，因此在语言理论的分析方面存在缺陷。如果《教师用书》能在语法上的某些关键处做出明确、科学、有针对性的解释，对教师将是十分有益的。在这一方面，海外华文教师有着很大的优势，他们大都熟练掌握了当地所用的语言或某种方言，与学生沟通很方便，便于掌握学生的偏误，但在总结分析上却十分欠缺，《教师用书》应该帮助他们及时分析、总结和归纳其经常出现的问题，从教学理论的高度对学生加以指导，使他们的教学工作更上一层楼。

1.4 趣味性原则

我们认为，《课本》作为对外汉语教学的主干教材形式要严谨而简明，内容要科学而系统，不可能涵盖过多的内容，形式上也不能过于轻松和简单，但对学生而言，学习过程中如果内容过于枯燥，形式过于严谨，将不利于教学的进行。在对外汉语教学活动中，很大一部分教学对象是少年儿童。少儿在第二语言的学习过程中，由于本身母语学习、认知能力的特点，课堂上要集中注意力也是很困难的事情，因而游戏在课堂教学中就能起到至关重要的作用。结合主要教学内容，增加趣味性的内容，这一部分工作将由《教师用书》来承担。趣味性是指在学生的课堂学习活动中能激发学生的学习兴趣，缓解学习疲劳的内容，它可体现在各种各样的语言游戏和语言活动等方面，如绕口令、猜词、连句、背诵诗歌、学唱中文歌曲、学说相声、进行汉语表演、举行汉语演讲比赛等等。这些趣味性的游戏与内容是以中国文化为依托的，在学生学习汉语的同时，将中国文化的内容以趣味性的方式加入进去，能起到事半功倍的效果。《教师用书》可多方选取一些趣味性的内容，汉语教师可任意地选取作为教学的参考和帮助。

1.5　可操作性原则

“实用性”在对外汉语教材的编写工作中是十分重要的原则，尤其是在《课本》的编写工作中，与之相对的《教师用书》的编写工作则不能缺少“可操作性”这个重要原则。针对学生的学习需求编写出适合学生的学习内容，《课本》对学生而言，“实用”是至关重要的；而教师在备课时，作为教学参考和依据的《教师用书》，虽不能说是万能的帮手，但也应该是一件很好操作的工具。有些《教师用书》的理论水平虽然较高，但由于对使用《教师用书》的教师群体没有做好调研，用于语法和术语解释的篇幅很长，尽管非常详尽，但操作性不强。我们认为，《教师用书》应先对教师群体做出客观的分析，明确他们具体的教学需求，在教学建议、要求等方面言简意赅，简明扼要；教学步骤等方面应明确、详尽、多样化；尽量给教师提供多种教学方式、教法的选择；语法和术语的解释要有针对性，提供一些可供教学用的例句和练习；同时，对《练习册》中的练习要有明确的要求。

二　《教师用书》的主要内容

在《世界少儿汉语教材》的编写过程中，我们也对以往的一些《教师用书》的编写内容做了相关研究，总结出《教师用书》应具备的一些内容。

2.1　教学要求

有的教材也将其称为教学计划或教学重点，内容主要包括每一课的教学内容、教学重点与难点、需要掌握的重点句型和语法项目等。这一部分的编写特点一般是简明扼要，重点突出。

2.2　教学建议

有的教材也将其称为教学安排或教学提示，内容主要包括对每一课教学内容的建议与安排，对教学重点与难点提出切实可行的教学指导性建议，对课堂教学的程序或节奏做出具体的安排。这一部分的编写特点是内容详细丰富，主次分明。

2.3　语法解释

有的教材也将其称为语法分析或补充说明，内容主要包括对每一课出现的语法术语的解释、说明和分析，基本以现代汉语语法为主体，对课本中出现的具体语法或功能的项目加以理论的分析和说明。这一部分的编写特点是理论性强，内容丰富详尽。

2.4 课外补充材料

有的教材也将其称为背景资料或参考资料等，内容主要包括与每一课教学内容密切相关的汉语语言知识、文化知识等材料，如汉字知识、人物介绍、中国书画知识、传统节日介绍等。这一部分内容大大丰富了教师的汉语语言知识和文化知识，在教学实践中，教师可选用其中一些有意思的内容丰富课堂。它的编写特点是具体实用，操作性强。

2.5 娱乐与游戏的内容

有的教材也将其称为补充练习，内容主要包括与每一课教学内容相关的一些娱乐性的内容，如诗歌、绕口令、小语言游戏、歌曲等等。由于教学对象不同，学习环境不同，教师，尤其是海外华文教师，对课堂教学的掌握情形千差万别。在课堂教学过程中，娱乐性的内容和游戏能有效地提高教学效率，缓解学生学习的疲劳感，活跃课堂气氛，提高学习效率。如果能在《教师用书》中给教师提供一些可供操作的游戏内容，则可以减轻教师备课的负担。它的编写特点是形式多样，轻松有趣。

在我们对海外教师的师资培训工作中，一些教师曾提出，由于海外汉语学习和考试资料有限，希望在《教师用书》中增加一些用于平时进行测验、考试的教学资料（包括考试内容和题型）及一些 HSK 考试资料等，我们认为这一要求也是十分合理的。同时，有些教师指出，随着中国国力的增强，中国在世界政治、经济地位上的提高，当今中国在政治、经济、文化等多方面都有了很大的变化，他们希望能在《教师用书》中增加对这些内容的介绍，以便于学生了解中国，增强华裔学生对祖籍国的感情，促进非华裔学生对中国的了解。

二 《教师用书》在教材中的定位

按照一般的编写惯例，一套教材的编写大都分为《课本》、《学生练习册》、《教师用书》三个部分。这三个部分有机结合，但各有侧重。作为一套教材的龙头，《课本》起着最关键的作用，它要严格遵循编写大纲的要求科学地组织出教材的主要内容与项目；《学生练习册》则针对课本给出的内容组织丰富的练习形式和题目，对要求掌握的知识加以巩固和提高。那么，《教师用书》呢？在这三者之间，《教师用书》应该如何定位呢？

首先，《教师用书》虽然在三者中处于一种辅助地位，但它的重要作用是不能忽略的，作为教师教学的指导和助手，《教师用书》对教师的重要作用如同《课本》对学生的作用，所以《教师用书》的编写工作也是一项非常重要的工作。《教师用书》的编写原则和内容应该以教材的编教原则和《课本》为本，围绕《课本》内容进行，但在某些内容上也可适当超出编写大纲的范围，为教师的教学方案提供多种选择。

其次，很多编者为了方便教师运用《教师用书》，大都在《教师用书》的编写中增加了汉语语言知识、汉语教学技巧方面的内容，这些对提高教师的教学理论水平、教学效率都是十分有益的。但是值得注意的是，《教师用书》毕竟是为《课本》而服务的，所以它所涉及的内容一定是以《课本》为本、为主线的，一定要重点突出、主次分明。

再次，《教师用书》对《学生练习册》有明确的指导作用，对在何时、何种情况下做何种练习都应该有明确的指示和要求，对某一种练习形式要达到的训练目的都应有明确的说明，同时还要丰富练习册的练习形式，对教师在练习、测验、考试中采取的题型和方式要做出指示和解释。

四 《世界少儿汉语教材·教师用书》的编写

《世界少儿汉语教材》是一套供世界上适龄的华裔和非华裔少儿学生学习汉语的教材，用作小学1~6年级的课本。这套教材由北京语言大学的李润新教授主编，集中了来自北京语言大学、北京华文学院、北京芳草地小学国际部的多位教学经验丰富的专家和学者共同编撰。

《世界少儿汉语教材》编写的宗旨中明确指出，首先要以中国国家汉办即将颁布的《汉语水平考试（少儿）［HSK（少儿）］》文件的要求为依据，针对华裔和非华裔少年儿童学生习得、学习汉语的特点和小学汉语教学的实际情况，制定出编教大纲，教材的编写也是遵循以掌握和运用汉语为导向，以培养语言交际能力为基本目标的原则，要有科学性、趣味性、实用性和针对性。

根据这套教材的编写宗旨，对于《教师用书》的编写工作，我们提出了以下四点设想：

第一，在《教师用书》的编写工作中除了具备第一部分所讨论的那些重要的编写原则以外，要更加突出针对性、趣味性和可操作性原则，针对少儿的语言学习特点配合《课本》的内容来科学、系统地编排；

第二，编写的内容中要多增加一些语言训练游戏、中国传统文化介绍、当今中国社会热门话题讨论等内容，以激发学生的学习兴趣，并向学生介绍当代中国日新月异的变化；

第三，在语法和术语解释上要从学生出发，指导教师运用句型学习的方式和技巧来教学生语法，适当增加一些替换和扩展练习和例句，并利用汉外对比的方法突出教学重点；

第四，在语音、语法、汉字等教学中指导教师融合运用语文教学和第二语言教学的方法和技巧，选取适当的教学方式和方法，并可加入古诗背诵、汉字集中认读等资料来丰富《教师用书》。

同时，华裔学生作为汉语学习的一个特殊群体，是广大海外汉语学习者的中坚力量，他们的汉语学习特点不可忽视。《世界少儿汉语教材》的使用对象中大部分是华裔少年儿童，他们在汉语学习的过程中与非华裔学生还存在着不少的不同之处，如在语音学习方面的负迁移现象较为突出，而语法学习中因其相关的汉语方言背景则比外籍留学生轻松，汉字学习中还存在着很严重的两极分化现象，等等。笔者曾对华裔留学生的汉语学习特点做过系统的研究，发现在语音、语法和汉字的学习中他们都不同程度地具有自己的特点，学习的难点与非华裔学生也有所不同。对于这个特殊的学习群体，《教师用书》应针对他们的学习特点，对教学提出有益的建议和教学策略。

综上所述，《教师用书》的编写是一项非常重要而艰巨的工作。作为教材编写中的重要环节，对《教师用书》的研究也将会随着对对外汉语教材的深入研究而更加科学和系统。

参考文献

付　钢（2004）语言背景与环境在华裔学生汉语学习中的作用，《第七届国际汉语教学讨论会论文集》，北京：北京大学出版社。

金振邦（2003）《华文教师手册》，泰华通讯记者协会。

李润新（2005）《〈世界少儿汉语教材〉编写大纲》。

吕文华等（1981）《〈基础汉语课本教师〉手册》，北京：外文出版社。

时　序等（1995）《〈汉语〉教师手册》，广州：暨南大学出版社。

徐颖颖（1995）《海外华文教材编写浅说》，《海外华文教育文集》，广州：暨南大学出版社。

郑　蕊（2001）《对外汉语教材练习编写的偏差与应遵循的原则》，《对外汉语教学与教材研究论文集》，北京：华语教学出版社。

针对 HSK（旅游）的网络电子教材编写

李旖旎

【提 要】随着中国旅游市场的不断扩大和汉语的不断升温，HSK（旅游）专项考试应运而生。该考试旨在检验国际汉语导游从业者及对导游职业感兴趣的学习者在旅游汉语方面的水平。本文通过分析现有旅游汉语教材的弊端和电子教材的优势，提出了开发针对 HSK（旅游）的网络旅游汉语电子教材的必要性，以及教材编写的原则，并对本教材的模块及其功能做了详细的阐述。

【关键词】电子教材　旅游汉语　HSK（旅游）　网络　华文教育

一　建立针对 HSK（旅游）的电子教材的必要性

"旅游汉语"教学应该成为对外汉语教学中一个有机的组成部分。（石慧敏，2001）随着时间的推移，中国出境旅游业快速发展，大批国外汉语导游的需求量不断增加，旅游汉语在世界各地开始得到重视，很多国家汉语导游人才紧缺，于是 HSK（旅游）考试应运而生了。HSK（旅游）是国家级的汉语水平考试，它是在主干 HSK 考试研发成功近二十年之后新研制的一种专项考试，属于职业汉语水平考试。

1.1　现有旅游汉语教材综述

目前，旅游汉语教材版本众多，可谓琳琅满目，也各有各的优势。按照媒质划分，主要分为纸质教材和多媒体教材，其中以纸质教材为主。多媒体教材多数是电视教学片，少数以光盘为介质，用 flash 的形式表现课文中的人物对话。按教学目的分，主要分为两个方面：一个是以留学生在中国游学的过程为主线，其内容包括订机票、点菜等日常对话，当然也涉及旅游，绝大多数教材注重的是留学生在中国参观游览过程中所涉及的对话，并不具备旅游方面的专业知识，其教学目的和定位也只是让留学生掌握到中国游学过程中经常遇到的句子和词汇，例如，《旅游汉语》（北京语言大学出版社）、《旅游汉语速成》（北京大学出版社）、《实用综合旅游汉语》（北京大学出版社）

和正在制作并在CCTV播出的《大山旅游汉语》。前三本教材主要是为了帮助来中国旅行的外国留学生解决语言沟通的困难，顺利完成中国之行，主要教学内容是各种场合的基本用语。《大山旅游汉语》是一部电视系列教学片，以从美国来中国的三口之家为主人公，展现他们在中国两年的生活和旅游经历。

还有一类教材是专门涉及旅游景点的，适合立志于从事汉语导游工作的学生使用。这类教材分为两种，其一是以导游或者节目主持的口吻介绍各地风土人情的教材，例如，《中国全景旅游汉语·九州行》（语文出版社），该教材属于高级汉语教材，是为已经学过基础现代汉语语法、掌握2 500个以上汉语词汇、对中国的历史、地理、文化有一定兴趣的朋友编写的。《快乐学汉语》则是中国中央电视台国际频道开办的唯一一档向全球播出的汉语教学栏目。它通过双语教学的方式，全方位展示汉语言文化的魅力，将汉语学习融入中国传统文化情愫之中。其二是以旅游地介绍和背景文化说明的阅读材料为主的教材，此类教材近年较少出版，有些明显的弊端，如超纲词汇多，缺乏系统性，单纯以旅游景点为纲，一课就是一个景点，在实际的华文旅游汉语教学中并不能起到很好的效果。

不难看出，现有的旅游汉语教材并不能完全满足HSK（旅游）专项考试的需要，不适合全面系统地对华人学生进行旅游汉语听、说、读、写、译各方面技能的培训，需要教师在华文旅游汉语教学中搜集各种资料，编写会话课文，介绍文化背景，训练听、说、读、写、译等题目，从而达到真正意义上针对HSK（旅游）专项考试训练的目的。

1.2　华文旅游汉语教学的特殊性

（1）教学对象。

华文教育的教学对象是华人华侨，生源主要来自东南亚地区。这些学生对中国的历史文化背景非常感兴趣，在旅游汉语课程中，旅游文化教学应该占有非常大的比重。旅游汉语在华文教育中有着不同寻常的意义，与对外汉语教学相比，有着很大程度的不同。而HSK（旅游）专项考试考生主要来自华裔华侨。华裔子女能够成为汉语导游，无论是带领祖籍国的游客到所在国还是带领所在国游客到祖籍国旅游，都是很有意义的事情。根据笔者的调查，超过64%的学生有当汉语兼职导游的愿望。因此，这部分人是国际汉语导游队伍中的潜在生力军。

（2）教学目标。

在华文教学中，旅游汉语课程的教学目标除了导游语言能力的培养以外，更重要的是文化修养的熏陶。单纯的语言对话类教材已经无法满足学生中华文化知识的培养；同样，单纯的文化知识和景点介绍类教材也无法提高学生运用汉语进行交际的能力，无法提高口语水平，也不能实现当导游的梦想。

（3）教学方法。

华文教学历来重视寓教于“游”，以北京华文学院为代表的华文学校展开了丰富多彩的旅游实践活动，周末的北京市内游、春季的四川九寨沟游、冬季的哈尔滨游，都为旅游汉语课的课外实践奠定了良好的基础，同时也提出了更高的要求，现有的教材并不能够完全与旅游实践活动相配合，这大大降低了教学效果。

从教学对象的角度来看，现有的教材更加无法满足因材施教的教学需要。华文教育中的学习者有别于其他外国留学生，我们必须因地制宜地选择适合于他们的教学材料，适当调配旅游会话和文化背景知识之间的比例。经过教学实践，笔者总结出课堂教学的用时比例应该是1∶1，主课文会话部分应以口语教学为主，因为在HSK（旅游）考试中，口语占有一定的比重，而且教学的最终目的也是让学习者可以进行汉语导游的工作。还有一部分是文化背景知识，这部分同样重要，教师需要自己做PPT，搜集各种相关资料来对主课文会话中出现的文化、习俗进行讲解，提高学习者对中华文化的领悟力和培养他们的文化素养。

1.3　子教材的优势

（1）电子教材以超文本形式把课程内容所有知识点按层次和网状的逻辑结构有机地联系起来，能够真实清晰地反映出各知识点之间的联系，而传统教材则以一维线性方式展现各知识点。

因为在传统教材的文本中，知识与信息只能按线性顺序结构排列，这样不仅制约了阅读和检索的速度，而且也给理解造成一定障碍，难于从整体上把握知识的全貌。电子教材是以超文本方式阅读，大大提高了阅读和检索的效率。

（2）电子教材采用了超媒体技术。

其中的阅读对象也从单一的文字形式扩展为声音、图形、三维动画及视频等多种媒体，彻底打破了传统的知识表达方式，超媒体与超文本这种跨越时空限制、直观生动地再现知识的方式十分有助于提高读者的阅读兴趣，使其准确完整地理解所学内容。

（3）实时交互性是电子教材的又一显著特性。

由于电子教材表达的灵活性及Web的动态和分布计算功能，使得一些在传统教材中无法单纯用文字来表达的内容也能展示出来，部分实现了教师的讲解职能，例如，可以提问、答疑、解释、说明等。在这个意义上可以说，电子教材是教师与教材的结合，是课堂现场的“讲义”。

（4）内容的广泛性与形式的多样性使电子教材具有一定的智能性。

例如，对于思考题或习题可根据学生的反馈信息判定对错，并能提供帮助，引导学生正确解题；还可以针对某些问题、重点与难点进行讨论、对比、分析、总结和综合。传统教材主要以文本形式表示、展现知识，电子教材不仅可以用不同的媒体形式再现学习内容，甚至可直接链接到其他 Web 服务器及本地 Web 服务器中的各种学习材料和相关的电子书籍。事实上，电子教材是把教学大纲、学习指导、习题与实验操作、可视材料、参考资料等有机结合起来，构成一个所有教学材料的集合。

（5）电子教材移植性强。

可以以图片、文字，或者视频文件素材逐一提取出来，作为课件的积件，形成具有独特风格的新课件，并且可以放入网络资源库，进行网络教学，还可以刻成光盘形式，易于携带保存。

二　旅游汉语电子教材编写原则

2.1　以《HSK（旅游）功能大纲》为依据

旅游汉语电子教材的编写应严格按照功能大纲的功能项目选择命题材料，不选与旅游功能项目无关或关系不密切的材料。功能大纲是通过细致周密的工作分析得来的。根据工作分析的结果，教材的选材应偏重于工作语言，即从事旅游工作所使用的语言，而非生活语言。

2.2　突出专项考试的特点

HSK（旅游）这一专项考试重在对考生进行职业汉语能力的考查和测试，所选取的材料应该是旅游从业人员在工作中经常使用的材料，这样才能突出这一主旨。

2.3　信息量充足

在选取命题材料时也要充分考虑这一点。以听力材料为例，材料的信息量如果太小的话，学生还来不及反应，材料就已经播放完了，难以在考生头脑中形成一个相对完整的映射，使学生难以完成对材料的组织、整理、分析、归纳、推理等工作，最终影响练习的效果。

2.4 情节性和趣味性

材料不宜选取太多数字、统计、报告之类的文字。在旅游工作、旅游过程中有很多事件，作为旅游从业人员，需要处理很多事情，因此，材料的选取范围是十分广泛的。在选取或改写材料的时候应当适当提高趣味性、可读性，从而避免使学生产生厌烦情绪。

2.5 命题要求定位准确

以写作题为例，要求游客写感谢信、投诉信、表扬信等不是旅游从业人员需要写的，而是他们需要阅读的。因此，这方面的材料放在阅读理解部分还可以，放在写作部分就不合适。旅游从业人员需要写的材料包括通知、计划、合同等，写作部分的应用文命题可以就这方面多作考虑。

此外，在选取材料时还需要避免三个问题：一是避免全部从网上选取材料，应适当从书上或报纸、杂志上选取部分材料；二是避免全部从新闻报道里选取材料，应去旅游的实践工作中找材料，密切结合旅游从业人员的实际工作；三是避免总是从中国的角度出发选材料。要注意考生是国外的旅游从业人员，工作的很大一部分内容是在国外接待出国旅游的中国游客，所以应该选一些“国外景点介绍”之类的材料。

三　旅游汉语课程教学内容设计

根据我们总结出的教材编写原则，我们把旅游汉语教材分为三个模块：

3.1 情境会话模块

情境会话模块下包括视频、课文、生词、注释、课后练习等六个子模块。这一部分我们将以旅游活动为线，创设情境对话。

旅游活动包括食、住、行、游、购、娱六大块，任何一次旅游活动都离不开这六个方面。在编写过程中要注重内容生动活泼，语言规范，轻松易学，简单有效，结合模块，从实际出发。通过在不同场景中进行导游活动的示范和演练，避免烦琐枯燥，使教材生动有趣，激发学生的学习乐趣。

依照旅游流程这条线，我们将旅游教学内容划分为七个部分：

（1）入境。

旅客到了国外，一切都是陌生的，加上语言的障碍，作为导游要帮助其过好入境关。入境时，手续烦琐，如海关检查时要护照、健康证明、行李的纳税申报，另外，机场对乘客携带的行李有具体的规定。为此，可创设情境：抵达目的地、在海关、海关检查、在机场和去旅馆途中，分别以对话形式表现出来。

（2）在宾馆。

主要通过创设在宾馆发生的一切情景，例如，预订房间、在接待处、办理住宿登记、问讯、寄存贵重物品、客房服务、投诉等，分别以对话形式进行训练，从而达到会话目的。

（3）在餐馆。

到国外玩，品尝当地美食是行程的重头戏之一，到异国品尝美食，可说是旅游的乐趣之一，然而语言不通，就难以品尝到餐厅最好的特色菜。所以作为导游，要熟悉并训练相关情景的对话，例如，中国食物、地方特色菜、点菜、向侍者提出要求、提意见、付账等。

（4）购物。

游客到了中国，总希望能带些有意义的礼品回国作为纪念。作为导游，要善于利用这个环节加强文化的交流与介绍，从游客的利益出发，进行善意的导购。可创设以下情境，例如，询问购物信息、在超市、在百货商店等。

（5）游览目的地。

这是旅游最重要的环节之一，也是文化宣传的重点。每个景点都有其特色，而且各景点往往有人文景观，例如传说，有的甚至带有神秘色彩，如抢婚习俗、坐花轿习俗等。这就要求导游非常熟悉中国的风土人情。有的景观还需要了解中国的历史和文化，如万里长城、颐和园等著名景点。

（6）娱乐。

娱乐中可以了解更多的民族文化，尤其是少数民族地区，他们往往有自己特别的节日和文化礼仪。可创设对话情境：参加音乐会、在卡拉OK厅、看电影、傣族泼水节等。

（7）离境。

游客马上要离开目的地返回自己的家乡，这时，对于中国游客到外国旅游，所在国汉语导游必须致汉语送别辞。此时导游的解说、言辞会给游客留下直接而深刻的印象，例如，通过对话和道别等情境创设会话交流。

另外，我们还打算以区域为纲，以其旅游产品为依托来弘扬中国文化。以北京地区为例，从饮食民俗、娱乐民俗、景点介绍、土特产介绍几个方面编写。旅游汉语教材分模块编写，使教材条理清晰有序，方便学生系统地学习与训练口语；分区域编写，使教材具有浓厚的地方特色和文化色彩，使教材生动、活泼、实用。

3.2 旅游专业知识模块

根据情境会话中涉及的旅游景点，具体介绍旅游目的地及旅游商品、风俗民情、饭店广告语宣传及餐饮等。具体包括视频介绍、PPT、阅读材料、补充生词等子模块。

3.3 技能训练模块

旅游汉语是专项汉语，但汉语综合技能是学好该课程的基础。同时汉语又是导游活动中的交流工具。因此，在学习该课程的过程中要继续深化汉语技能训练，特别是听、说、读、写、译的能力。根据旅游汉语教学的特点，要求在教学过程中以应用为目的，突出实用性和针对性。课堂讲授应结合实际强化训练，并借助现代教学手段进行实践模拟教学，以激发学生学习兴趣；同时，还应注意培养学生学习的主动性和积极性。

技能训练模块包括以下五个子模块：

（1）听力能力训练。

对学生进行听懂一般旅游活动中正常语速对话的训练，如机场接团、入住酒店、旅游参观等，并能结合具体语言环境，把握说话者的态度和意图。

（2）阅读能力培养。

培养学生读懂中等难度的旅游汉语文章的能力，阅读速度为每分钟 70 ~ 80 个单词，理解准确率在 75% 以上。

（3）口语能力训练。

训练学生能够用汉语介绍相关旅游景点及背景知识、风土人情等，与中国游客进行熟练的沟通和交流，语音语调正确，语言连贯流畅，表达基本得体。

（4）写作能力训练。

训练学生能够用汉语模拟套写应用文，包括客房预订单、住宿登记单、洗衣单、通告、广告、投诉信回复、个人简历等。要做到中心思想明确，结构合理，语言得体。

（5）翻译能力训练。

训练学生能够翻译一般性的有关旅游的文章，在旅游活动中能够进行口译。

四 基于 Web 的旅游汉语电子教材的实现

电子教材建设依赖于计算机软硬件平台和 CAI 教学环境。单机版装在个人机上，供单机用户使用；网络版通常采用客户/服务器方式，在网络方式下供多用户使用。基于 Web 的电子教材使用超文本和超媒体形式，在校园网或 Intranet 环境下，可采用分布计算与集中处理相结合的方式，动态表示和展示知识点及其网状结构，为学生提供了一个极好的学习环境，具有传统教材无法比拟的优势。以电子教材为基础，综合采用多种 CAI 技术，可在局域网上或 Intranet 上实现虚拟教室，完成传统课堂的教学任务。基于 Web 浏览器的电子教材是一种软件系统，网络（Intranet）环境是实现本软件的基本前提，在此前提具备的条件下，可按以下步骤建设基于 Web 浏览器的电子教材。

第一，制定教学大纲，分解知识点，剖析重点、难点，完成知识点链接的逻辑关系图（包括前导课程）设计。

第二，在教育理论和程序教学思想指导下，结合行为主义和建构主义两种学习理论，根据本文前面“二”与“三”中所述的编写原则和内容模块，编写文字脚本，确定必要的参考材料，进行系统设计与功能设计。

第三，设计系统的数据结构、逻辑模块、接口和超连点。

第四，用动态网页、分布处理和网络数据库等技术实现本系统。

第五，调试纠错与发布。

需要注意的是，电子教材的实现要充分考虑可扩充性、可维护性和人机接口这几个问题。电子教材的可扩充性和可维护性对其实用性和生命周期有极大影响，唯有很好的可扩充性和可维护性才能使系统不断完善提高，使其易于二次开发，才更实用、更有价值。电子教材本身作为软件，实时交互性由人机接口来实现。一般应该有两类人机接口：一是学生接口，主要用于操控学习；二是教师接口，用于进行教学监控，与学生以广播方式或交谈方式会话。网络环境的交互设计可以采用 CGI 界面等技术实现。

五 结论与展望

开发针对 HSK（旅游）的网络电子教材已经势在必行，本教材的开发具有开拓性，必将极大地推动华文教育中旅游汉语教学的发展。当然，本教材的开发还需要制订详细的旅游汉语课程设计方案，包括教学目标、教学内容、教学方法、教学原则，以及所需课时等。此项目需要一线教师提供 PPT 课件，同时需要网络技术人员的技术支持。目前，HSK（旅游）考试大纲已经颁布，基于大纲，我们可以选择适合华人华侨学生的材料，从网络、报纸、杂志、旅游心得和导游词中进行筛选，优化教材组合，在总体把握、宏观控制的同时，注意其中的细节。相信本教材一定会为整个华文教育的发展和旅游汉语的推广及世界汉语导游人才的培养贡献出一份力量。

参考文献

陈　健（2006）电子教材和课件的有效性及其制作程序，《青岛大学医学院学报》第1期。
刘慧清、张素玲（2006）HSK（旅游）命题材料选取原则，《云南师范大学学报》第3期。
那英志、杜小平（2007）基于“任务教学法”的旅游汉语教学流程和操作策略，《青岛职业技术学院学报》第1期。
戚常林、马慧彬、于占龙（2002）基于WEB的电子教材建设研究，《信息技术》第9期。
石慧敏（2001）“旅游汉语”教学——对外汉语教学的一个重要课题，《暨南大学华文学院学报》第4期。

海外华文教师培训问题研究①

李嘉郁

【提　要】师资问题是目前制约海外华文教育发展的三大因素之一。本文考察了海外华文师资队伍的组成及其业务培训的现状，分析了培训问题之所在，探求海外华文教师培训的特点，并据此提出相应的建议。笔者认为，目前的华文教师培训在内容、方式、组织协调等方面还有待改进。海外华文教师的培训应有其特定内容，遵循特殊原则，通过多种渠道进行。培训应有长远的规划，以师资培训促进教学的规范化及华文教育特色和优势的保持。

【关键词】海外华文教育　教师培训　现状　特点　建议

近二十年来，汉语工具性的增强及随之而来的华人社会对教学质量的要求使得华文教育师资匮乏和专业素质不高的问题愈益突出。作为世界汉语教学中心、华文教师的祖籍国和来源地，中国对海外华文教师的业务培训不断拓展，有关的研究也不断深化。但是，“两教一资（教师、教材和资金）”仍然是目前海外华文教育所面临的最现实和最迫切的问题。

本文即从海外华文教师队伍的构成分析华文教师的培训需求，通过对教师自身的学习需要与目前既设的培训目标和培训实践的比较，考察目前培训中存在的问题及困难。在此基础上，探讨海外华文教师培训的特点和对策。

为使本文的论述更有根据，我们分析了2004年以来的14个华文教师培训班的调查问卷、85份受训教师的学习总结（涉及亚、欧、美、澳洲华文教师376人），以及培训承办单位的八份反馈材料。

一　海外华文教师队伍的构成及其培训需求

海外华文师资的构成具有区域性，移民较多的发达国家与非移民国家往往面临不同的问题。即使是同一地区的师资，也会依学校的不同组建背景而有较明显的差异。东南亚和欧美的状况具有典型的代表性。

1.1　师资匮乏、年龄老化和后继乏人是东南亚各国华文教育界面临的基本问题，形势严峻且短期内难以解决。或学历偏低，或缺乏中文和师范教育背景，或二者兼而有之，都是在职华文教师中比较普遍的现象。教师队伍不稳定，教师（主要指全日制学校的教师）的兼职现象也很常见，这显然不符合教育的职业化要求，不利于教师专业水平的提高。在欧美地区，周末中文学校在数量上占有绝对优势，来自港澳台和大陆的移民构成教师队伍的主体，这与东南亚地区以本土教师为主的情况有显著的差异。各国技术移民的政策决定了这些中文教师的整体素质，他们大多受过高等教育，但对于汉语教学，他们同样缺乏专业背景，尤其是教学技能欠缺。

1.2　对海外华文教师进行业务培训的必要性已毋庸赘言，同时我们也不难看出这样三个问题：

（1）从职业要求来说，师资培训的主要内容无疑应是汉语作为第二语言教学的方法，其次是必要的汉语知识和文化知识。

（2）师资培训的重点应是面向在职教师的短期培训。对一般学科来说，以专业培养的方式解决师资来源是一项根本性的措施，但华文教育界的情况与之不同。除了目前教学困境亟须缓解外，教师队伍的不稳定也是必须考虑的因素。

（3）相对于国内对外汉语教师和国外正规院校的汉语教师培训，华文教师的培训具有可见的难度。

华文教师来源复杂，又多非专任，因而教师之间的业务水平存在较大差异。各国华人所处的汉语和中华文化环境各异，问题不一。各华校性质不同（全日制和周末制、民间办学和国民学校等），对汉语教学的定位（语言抑或语文教学或介于二者之间）和教学目标的设定也有一定的甚至相当大的差别。诸多方面的“参差不齐”给教师之间的交流和培训带来客观上的困难。

另一个问题与华文教师的岗位要求有关。根据吕必松先生的观点，教师可分成各种类型各种层次。吕先生进而指出：“教学规模越大的单位，教师分工越细……在教学规模较小而教学类型和课程门类又较多的单位，教师的分工就不能很细，一般都要能够承担多种教学任务。”（吕必松，1987）而绝大多数海外华文学校恰恰就是这种“规模较小而教学类型和课程门类又较多的单位”，客观上要求教师“能够承担多种教学任务”。此外，华文学校普遍开设文化课，频繁开展文化活动及与华人社会关系密切等实际情况也要求教师在才艺方面和组织沟通方面具有相当的能力。较高的岗位要求与较低的专业素质和有限的学习投入有着较大的落差，华文教师对培训的期待或者说培训应该达到的目标与实际可能达到的效果存在比较大的差距。

二　华文教师培训的现状

2.1　常见的培训主要有以下四种形式：①开展远程函授教育。暨南大学、厦门大学、华侨大学等开办的远程学历教育还得到国侨办和中国华文教育基金会的资助。②以提供奖学金的方式资助海外华裔青年和在职教师来华进行学历教育或1～4年的系统培训。至2005年，仅国侨办系统内，就已有近500名教师接受了这样的培训。同年，国侨办正式推出专项奖学金计划，每年为海外培养至少50名华文教育本科专业学生。③派有汉语教学经验的教师深入海外中文学校，帮助教师解决教学中遇到的实际问题，海外称之为督导。④派国内有关专家赴海外巡回讲学，或邀请华文教师来中国内地进行短期培训，一般为两至三周。

总体来看，海外华文教师培训在形式上已初步形成了长期与短期、学历与非学历、面授与函授相结合的框架。短期专项培训，即"走出去"和"请进来"是目前最为常见的海外华文教师培训形式。从2004年起，每年的受训人次都在6 000以上。

2.2　这种以"走出去"和"请进来"为主要形式的对海外在职华文教师的短期培训，呈现出以下特点或趋势：

第一，可以满足海外华文教师的基本需求，得到他们的广泛认同。在普通培训中，对于培训目标和课程设置，国内各承办单位和赴海外讲师团的认识和做法是一致的。培训目标主要有三点：使学员具有较系统的汉语理论知识；掌握一定的语言教学理论和方法；具有一定的中国文化、文学知识。[②]调查显示，学员对课程设置的满意率在90%以上。

第二，在着眼于解决汉语第二语言教学诸问题的同时，注意到了华文教学的特殊性，这表现在普通培训班的课程设置、教学活动的安排与特色类型班和技能班的开设等方面。

（1）在我们现有的八份普通培训班课程表上可以看到，除了上面提到的常规课程之外，每个班都开设了一些特色课程，如中小学语文教学法、儿童教育学、韵律朗读、个别教学与小组教学等，此外，才艺培训如书画入门、初级武术及剪纸结绳等在所有的来华培训班和部分赴海外培训团中都有设置。这些显然是考虑到了海外华文教学非完全意义上的第二语言教学和部分地区仍然在进行语文教学，华文教学以儿童和青少年为主要教育对象，在某些地区如印尼的华文教学多为家庭教育，以及中文学校常设置才艺课且多才艺演出等实际情况。即使是常见于汉语教师培训的课程在华文教师培训班中也具有较明确的针对性，如心理学，从学员的反馈可以看出，其偏重于讲授儿童心理与课堂教学的组织和实施之间的关系，而非外语教学法理论中的心理学基础。

（2）来华培训班的文化考察活动普遍安排得比较繁密，若将周末计算在内，则平均每周超过三天。这些活动包括游览名胜古迹、了解城市建设新成就、与社区民众进行交流等。学员和组办方并未以单纯的旅游观光视之，它的作用和意义在学员的学习总结中屡屡被这样表述：使自己“重新感受中华文化的伟大”、“为祖国的欣欣向荣感到高兴”、“作为华人的自豪”，以及要“把在这里的所见所闻所感告诉学生”的心情。不妨认为，文化考察是华文教育的教育目的、培养目标在师资培训中的具体体现。

（3）关于特殊类型班，这是专为海外华文教育界某些特定群体开设的培训班，典型者有华文学校校长班和幼儿教师班。

邀请海外华文学校管理层来华访问学习，其事久已有之，早期称为“海外华文学校主事人培训”，其活动以参观考察和交流为主。近年来，校长团呈现出组团频次高、人员规模大、业务培训比重不断增加的显著趋势。以近三年为例，2004 年，国侨办邀请 80 余位华文学校校长和教导主任来华接受培训；2005 年增加到 200 多人；2006 年更增至 18 个国家的近 300 人，期间在京举办了规模盛大的“海外华校校长论坛”活动，使近年来海外华校管理层的培训达到一个高潮。

华文教育本以 4～16 岁的少年儿童为主要的教学对象，华文学校往往附设幼儿园，而学生的低龄化更是近二十年来海外华文教育的普遍现象。国侨办幼儿华文教师进修班的开设便是对这一形势的因应。规模较大者如广州幼儿师范学院、湖南师范大学和暨南大学等华文教育基地承办此类培训已成定例，各基地每年有数十至百余名不等的幼儿教师前来进修。

（4）特殊技能培训如普通话等级证书班、HSK 班和才艺培训班等也极具特色。

在普通话、简体字和拼音已成汉语教学重点的背景下，教师的普通话水平受到华文教育界的高度重视。国侨办因此多次举办针对海外华文教师的“普通话等级证书班”，鼓励他们参加普通话水平测试。HSK 成绩在某些国家为获取汉语教师资格所必需，华文教师 HSK 辅导班即因此而设。至于才艺专项培训，从 2002 年起，国侨办开始邀请海外中文学校和社团文艺骨干回国进行民族舞蹈、音乐、武术、手工制作等较系统的培训，每年参加人数都在百人以上。特殊类型班和专项技能班的显著增加，使华文教师的培训呈现出多样化、多层次的特点。

第三，师资培训的渠道不断拓宽，人员配置更加合理。

自2001年起，国侨办开始逐步实现外派教师任务与功能的转变，将外派教师的一般性教学逐步调整为对当地华校教师开展示范性教学和对周边地区其他华文学校开展师资培训，以发挥其“工作母机”的作用。在此背景下，2002年，于印度尼西亚泗水任教的两位教师，除完成常规教学任务外，还在当地华人社团的协助下，在东、西爪哇地区开展了长期和较大规模的师资培训活动，累计培训教师近千人次。较之来华进修的高成本和巡回讲座的仓促，这种相对从容的“就地培训”具有显著的优势。另外，某一国家或地区的华人往往有比较集中的祖籍地，从这个祖籍地派出的培训教师会更加了解当地华人汉语学习的重点与难点，在培训中也更容易做到有的放矢。国侨办在外派教师时对此已有考虑，近年来多从其遍布全国侨乡的华文教育基地中拔擢对应的授课教师，例如，云南——缅甸，广西——老挝，福建——菲律宾、印度尼西亚等。这些来自主办方的改革措施扩大了培训的受益面，使时效性得到加强。

第四，各类培训逐渐走向规范化、科学化。无论是国侨办、国家汉办还是各院校组办的华文教师培训，都已逐步实行了结业考核和证书颁发制度。尽管考核的内容、形式和标准不尽统一，证书的颁发也不是十分严格，但从中可以看出，海外华文教师培训的质量和效率受到格外的关注，并且愈来愈多地被加以量化。

主办方和承办方对培训需求和培训效果的调研更加深入、具体；开展培训较多的单位如暨南大学、厦门大学等致力于经验总结与理论提升，产生了不少颇有价值的研究成果；有关部门对于华文教师培训问题亦给予足够的关注和投入。2004年，国侨办首次组织华文教育专项课题攻关，七个项目中有三项以华文教师培训为研究重点。海外华文教师培训大纲和教材也已完成招标，目前正在编写进程中。

三　问题与思考

在多方共举的形势下，海外华文教师培训规模不断扩大，频次更加密集，形式与内容不断丰富。十余年来，持续拓展的培训已在华文教师中普及基本的业务知识方面发挥了显著的效用，如在“走出去”、“请进来”开展得较为频繁的印度尼西亚，估计70%以上的华文教师已得到相关的业务培训。（宗世海、王妍丹，2006）同时，培训中存在的一些问题也亟待解决，师资培训本身，亦需进行必要的总结、调整与提高。

3.1　关于组织协调。

举办这种培训的单位并非出自一家，相互之间缺乏必要的沟通，未顾及内容的点面结合和程度的循序渐进，不利于教师培训的持续有效进行。

3.2　关于培训体系的充实与完善。

（1）海外华文教师培训的覆盖面已经很大，有条件者大都已接受过基本培训，目前需要的是培训的深化和细化，近年兴办的类型班和特殊技能班受到广泛好评即为证明。深入考察海外华文教育的现实状况，发现和满足这种需要应是今后师资培训的一个方向，即在目前普及性培训已有良好成绩的基础上，增加专门对象培训、专门领域培训和专项技能培训。

（2）至于普通培训，则需要从两个方面进行局部调整：由现在的一般性培训转为集中主题培训；对学员进行必要的分类、分层、分班培训。

短期培训不是系统的汉语知识和教学方法的强化训练，即使是海外十分需要的教学法，掌握起来也是十分复杂的。48.2%的华文教师提出，“希望集中解决几个方面的问题”，近40%的培训单位也提出类似的建议。应由资深专家或受训者提出需要解决的典型问题，以此确立培训的主题。目前，华文教师需求较集中的培训项目有语法教学、正音与拼音、写作教学、多媒体教学等。

关于学员的分类分层，这个问题在请进来的培训中显得尤为突出，有42.8%的学员提出分班的要求。对于学员的划分，建议考虑这样几个因素：①汉语水平尤其是普通话水平。②地区和国别。③教师的职业化程度和发展方向。全日制学校的专职教师和周末学校的业余教师看待教学工作的角度不同，对培训的期待不同。④其他，如家庭教师与学校教师的区分等。

3.3　急用先学原则与培训的内容。目前所开展的海外华文教师培训以短期速成式为主，对于很多华文教师来说，因专业背景、培训经费以及工作流动等方面的原因，往往没有时间、精力甚至没有接受系统培训的基础和必要，因而华文教师的培训要将重心放在解决教学中的实际问题，同时兼及师资队伍建设的长远需要方面。建议在目前的师资培训课程中增加或改进如下八个方面的内容：

（1）对于目前已得到学员基本认可的课程，在深入了解海外华文教育具体环境的基础上，强化其针对性，立足于能够快速有效地解决实际问题。例如，针对儿童的教育心理学虽为海外华文教师所急需，但在某些单位的培训中，授课教师似乎很少注意到中西社会背景和教育理念之间的差异，一次对中国教师可能很有用的教育心理学讲座，在海外学员中反应可能并不理想。

（2）关于文化教学。文化教学在短期师资培训中一般以专题讲座的形式出现，仅就我们现有的几份材料来看，“文化讲座”下面就有“汉语交际文化”、“中国传统思想文化”、“中国园林”、“中国古典诗词欣赏”及地方历史文化介绍等数种细目。虽有如此之大的差别，但其各自受欢迎的程度却超出我们的预料。在事先设计的调查表格中，没有安排对文化课的专项评价，但是在学员的“其他意见”部分及培训总结中，屡屡见到这样的表述：“增加了我们的历史文化知识，非常好”，“感到中国文化的美妙”，“对教学是否有益还不知道，但是本人大有收益”，甚至还有人用了“美不胜收，令人流连忘返”这样的形容。尽管没有精确的统计数字，但这并不妨碍我们得出一个带有导向性的结论，即学员们对文化课的设置及其效果是一致认可的，而文化课内容的较大差异则表现了培训单位对于文化教学定性、定量把握的不确定性。另外，文化活动如手工、武术、歌舞及文化考察等在培训组办方也同样被当作文化教学的一部分。在深入调研的基础上，对文化教学进行整体规划，在教学目标、内容、形式等方面有所规范，无疑是师资培训中文化教学必须解决的问题。

（3）对现有教材、教辅材料、参考书的介绍与评估。海外教师反映感觉最为“好用”的教材是以一种或几种已有教材为蓝本而进行加工改造后的教材。调查中，要求介绍教材、教辅材料、参考书的比例高达67.8%。帮助华文教师了解和分析现有教材，使之能够甄选出适合本校的那一部分，并在此基础上，逐步培养他们编写、改编教材的能力。

（4）对海外华文教师的培训应适当加入语文教学方面的内容。正如有关学者已经指出的，“海外华人社会的汉语教学就总体而言是一种语文教育”。（郭熙，2004年）从众多国家的华文教材看，大多也设定了接近中国中小学语文教学的目标取向。

（5）关于华文教育的“本体”教育。培训应使教师了解华文教育的性质、特点、任务，以及历史、现状等，以对自己所从事的工作形成正确的认识，树立使命感和奉献精神，培养自己应对各种变化的良好心态和能力。这不同于一般的爱岗敬业教育，而是华文教育达致其特殊的教育目的及在各种复杂的、不利的形势下能够薪火相传的基本保证。

（6）华文教学中的很多问题是难以或短时期内难以经学术研究得以解决的，诸如如何使没有学习动力的孩子喜欢中文学校，如何与学生家长沟通以取得其配合等，凡此种种，对于这些细微却很现实的问题，海外华文教师积累了很多好的经验和方法，虽未经论证和发表，但实践证明是行之有效的。由于华教界缺乏沟通的现状，教师间缺少了解和学习借鉴的渠道，故在培训中要注意安排介绍和推广这些经验与做法。“今天于此端见诸文字的经验、思

路、办法，明日便可能于彼端发生直接的效益。”（丘进，1995）

（7）近年来，海外华文教育界的业务研讨日趋活跃，从一些会议的议题中，我们不难窥见其所关注的热点和所面临的问题。试举几个近期的例子：2006年7月，美东中文学校协会举办“2006年度大纽约地区海外华文教师研习会”，主讲题目是“华语文创意思考与语文活动”、“童玩教具制作”、“游戏中学华语”等；2006年10月，海外华校校长论坛在北京举办，主题为：华人社会在推动华文教育中的功能与作用，家庭在推动华文教育中的责任，华文学校教学管理模式探讨；2007年6月，加拿大华裔语言文化中心和西门菲莎大学教育系共同主办的“2007年加拿大国际语言和教育全国会议”以华文教育为主要内容，会议重点讨论了“多元社会里的中国语言文化教育”、“传媒与祖裔语言教育的关系”等议题。不难看出，目前仍有不少海外华文教育界非常关注和亟待解决的问题在研修中没有体现，甚至还没有进入国内研究者的视域，故需要对海外华教动态进行紧密跟踪和深入分析，以便及时补充应予研修的内容。

（8）关于华文教师的科研意识和科研能力的培养。关于华文教学，目前的基本情况是，教学实践和一线教师在海外，研究者则主要在国内，而在海外从事华文教育所遇到的许多特殊问题和困难，是身处国内的研究者难以想象的。多年来，华文教育研究特色不够鲜明，对教学的指导意义不强及华文教育学科发展停滞，与海外一线华文教师科研工作的缺失有着直接的关系，因而需要有目的地提高海外华文教师的科研意识和科研能力。但在我们现有的全部调查材料中，只有一位学员在建议华文教师进行分层培训时提出，“对较高水平的教师应培养他们科学研究的能力”，从比例上看，赞成这一观点者尚不足0.3%。

3.4　关于实践性原则与培训的策略。

培训策略是一直以来受训学员反映最多的问题之一。目前的培训仍以大学教师的专题讲座为主，偏重理论而较少涉及教学具体问题的讲座并不受青睐，学员们更喜欢形象直观可以现学现用的教法演示。63.4%的学员提到，希望教师在授课中增加示例和示范，尤其希望多观摩教学，直观地接触、借鉴各种教学和组织方法。这种类似于对外汉语教师早期培训的师傅带徒弟或是经过观察然后依样画葫芦的“传统工艺式”的培训，固然有其理论性、系统性和标准性差等种种缺陷，但快速有效。

至于以上问题的产生，除本文第一部分提到的种种客观因素外，也与授课教师对海外华文教育的隔膜及华文教育学科发展的阶段性密切相关。

培训班的任课教师以大学对外汉语教师居多，因而在对华文教师的培训中多少会不自觉地持以对外汉语教师培训的理念和类似的标准。在我们的调查中，有36.6%的学员提出，希望国内的汉语教师能够多与海外华教界进行交流和研讨。虽然这条建议的提出有多重背景，但是对海外华文教育和华文教师群体缺乏实际的感受和调研，必然会在不同方面、不同程度地影响到培训的质量和效果。

对授课教师进行可能的培训，开班前做好沟通与协调工作，培训中注意交流与调整，是目前有条件做到且比较简捷有效的疏解途径。此外，前任授课教师的体会、经验乃至教训，也应经固定的渠道有所反馈，使之能为下一任所借鉴。

四　海外华文师资培训的远景

4.1　建立华文教师培训的领导组织机构和实施机构。

就国内而言，组织开展海外华文教师培训工作的政府部门及各院校应加强沟通与协作，在此基础上，形成统一的领导统筹机构，以及相对固定的培训承办单位和授课人员，并逐步建立起海内外华文教师培训和研究基地。领导机构和培训基地应具备如下职能：制定师资培训的近期计划与长远规划并统一组织实施；在人员、数量、地区分布及频次上合理安排授课教师和邀请的学员；大致界定授课的内容、形式与考核标准；开展对海外华文教育、华文教师状况的调查，以使授课教师心中有数、有的放矢；分析、汇总有关信息，研究海外华文教师培训的特点与规律等，以保证师资培训的稳定性、延续性，逐步实现海外华文师资培训的规范化和科学化。

4.2　在对与教师培训有关的华文教育基本问题进行较充分研究的基础上，制定华文教师培训的标准和大纲，并逐步实行海外华文教师执教资格的认证。

任何一种教师培训，首先都应考虑其依照什么标准、采用什么模式，而长期以来，华文教学界在教学、教师等方面均无固定的标准，国内华文教师的业务标准基本等同于对外汉语教师，海外教师则很重视所在国汉语教师的岗位标准，但二者显然都不太切合华文教师行业所特有的职业要求。近年来，一些华文学校和华文教育组织已在局部试行华文教师资格认证，例如在美国，颇具规模的华夏中文学校于2004年起，给具有一定资格的教师颁发“华夏中文学校教育证书”。至于作为一个特定群体的华文教师，应具备什么样的业务素质，是关系到华文教师队伍建设乃至华文教育发展方向的大问题。在2004年召开的第四届世界华文教学研讨会上，很多国外代表提出，有必要根据华文教育自身的特点，制定华文教师的执教标准；他们还根据海外华文教师各方面的具体情况，提出师资培训层次性的设想，以及将证书分成不同类型不同等级等。应即时启动华文教师的素质和执教标准的研发，以之作为华文教师培养、培训、考核和认证的标准性文件。

4.3 与当地有关部门沟通，争取使我们的华文教师培训资历得到当地教育系统的认可，从而更加充分地调动华文教师参与培训的积极性，使之能够持久、深入、有效地开展下去。

4.4 发展网上远程培训和函授培训。对于大部分的华文教师来说，完全离岗培训有相当的难度，甚至是不可能的，而短期培训因时间的限制，培训的内容不够全面，已经培训的内容也常常难以得到深化和扩展，故应重视发展远程教学。国侨办更大规模的网上在职教育已于近期开通。关于函授教学，海外尤其希望能在当地设置函授点，并派人亲临指导，以便使受训教师能够在实践中学习。

华文教育有其自身的特点和需求，华文教师的培训不同于国内对外汉语教师和国外正规院校汉语教师的培训，应有其特定的目标、渠道、原则、内容及策略。华文教师的培训问题也往往仅非业务部门所能解决，尚需各国政府、华人社团及教育部门的共同协调与合作。

附　注

①这里的“华文教师”主要指执教于海外华文学校的教师，不包括其他正规大、中、小学的汉语教师，其中不少人士虽具华裔背景，但是不宜以“华文教师”视之。不过大陆及台湾地区方面开展的此类培训一般名为“海外汉语教师培训”或“海外华文师资培训”，常有正规教育系统的中小学汉语教师参与其中，但本文仍立足于对“华文教师”这个特定群体的论说。

②参见周健（1998）、杨子菁（2003）、徐子亮（2002）、彭俊（2006）等的有关论述。

参考文献

崔建新（2005）从加拿大汉语教学现状看海外汉语教学，《汉语学习》第6期。

郭　熙（2004）海外华人社会中汉语（华语）教学的若干问题，《世界汉语教学》第3期。

李嘉郁（2004）华文教育五题，陆俭明，《第七届国际汉语教学讨论会论文集》，北京：北京大学出版社。

刘晓雨（1999）对对外汉语教师业务培训的思考，《北京大学学报（哲学社会科学版）》第4期。

刘　珣（1996）关于汉语教师培训的几个问题，《世界汉语教学》第2期。

吕必松（1987）试论对外汉语教学的性质和特点，见《对外汉语教学探索》，北京：华语教学出版社。
彭家法（2006）对菲律宾华语教师培训原则的思考，《海外华文教育》第1期。
彭　俊（2006）华文教育的学科建设研究，国务院侨务办公室内部资料《侨务课题研究论文集》。
丘　进（1995）海外华文教育浅见，中国海外交流协会文教部，《海外华文教育文集》，广州：暨南大学出版社。
徐　茗（2005）菲律宾华文教师对华文教育态度的调查研究，《世界汉语教学》第4期。
徐子亮（2002）略议菲律宾华教的师资培训——兼谈华文教材的编写，《海外华文教育》第4期。
杨子菁（2003）关于东南亚华文师资培训工作的思考，《海外华文教育》第1期。
周　健（1998）浅议东南亚华文教师的培训，《暨南大学华文学院学报》第4期。
宗世海、王妍丹（2006）当前印尼华文师资瓶颈问题解决对策，《暨南大学华文学院学报》第2期。
Light, Timothy（1988）*Chinese Language Training for New Sinologist*, the Wilson Center Conference.

泰国华文师资培训的问题及思考

张宝成

【提　要】近年来，随着中国国际地位与影响的日益提高和扩大，中国与泰国之间的经济合作空前繁荣，华文作为重要的语言工具早已为泰国各界所重视，这些都促使泰国的华文教育得以迅猛发展。学校设置中文课程，各类华文补习学校林立，大家都以能说几句中文而感到骄傲。

泰国的华文教育虽然发展很快，但是始终停留在同一个水平上，没有出现较大的跨越。制约泰国华文发展的因素很多，但最主要的是华文教师水平较差，帮助华文教师提高水平的师资培训也存在着不足，亟须完善。

本文就泰国华文发展的困难、泰国教师培训存在的一些问题和对现有培训政策的评析和探讨，提出了对于如何更好地办好师资培训的建议。

【关键词】华文师资　培训　困难　对策

一　教师是提高教学质量的关键

众所周知，教育教学离不开教材和教师。相对来说，教师的综合素质与知识素养又显得更重要一些，因为教师水平的高低直接影响着教学质量：教学目的能否达到，教学任务能否完成，学生的知识能否掌握、能力能否得到提高，这些都离不开教师在课堂中每一个教学环节的设计、知识的讲授、课堂活动的安排和课后作业的设计。

固然，教材也很重要，但任何一套教材，它面向的是大多数学生，不是也不可能量体裁衣地针对每个人。这样就给了每一个老师面对学生、依据教材施展自己智慧和才能的机会与空间。

学生来自千万个家庭，到学校学习的同时也带来了各个家庭的文化背景、生活环境、教育情况、日常习惯和在这种情况下形成的各种各样的性格和习惯，教师要面对每一个个体，依据自己的学识、智慧、经验，灵活地运用适合不同学生的多种方法，深入浅出地把知识传授给学生，以达到教育的最终目的。

所以说，提高教师的水平是提高教学质量的关键。

二　华教面临的困难

现在汉语已经成为一种重要的语言，在商业、政治等领域有了更广泛的使用。可以说，汉语正在升值，谁掌握了汉语，谁就对未来掌握了一份主动权。对于这一点，大家都有共识。泰国学习汉语的热潮一浪高过一浪。泰国政府已经把汉语列为与英语同等位置的第一外语，泰华各界也积极响应，学校增设了中文课，各类中文补习学校丛生，可以说是“百花齐放，形势喜人”。但是由于历史的原因，造成了中文的断层。面对这股学汉语的热潮，泰国华文教育界，无论是硬件还是软件，都缺乏必要的准备。有些还成为制约华文教育发展的瓶颈，其中的师资问题首当其冲。

2.1　师资资源缺乏

据报载：2006 年 1 月 11、12 日，泰国教育部举行大会，决定将中文列为第一外语，并在 2008 年前将汉语课程全面纳入泰国两千多所中、小学，并使中文与英文平起平坐。

这一消息相当振奋人心，但另据数据显示：现在全泰国有 115 所华校，25 000 名学生，教师约 1 800 人；另有 76 所难民学校、近百所文化学院和几所中文国际学校。

全泰国有 4 000 余所大学、大专和中小学，在校生约有 1 500 万名。泰国教育部普通教育厅辖下的中学有 2 594 所，开设中国汉语课程的有百余所；国立 15 所大学及 5 所大专学院，私立 18 所大学及 17 所大专学院已有十余所开办汉语主修课、选修课和专业课；全泰国 36 所师范大专学院中约有 15 所开办了汉语专业；50 所技艺大专学院也有 10 多所开办了汉语专业。

泰国教育部民校厅下属正规学院有 112 所，目前都已开设了汉语班。曼谷市政府下辖的 431 所学校已有 37 所开办汉语班，北榄坡市政府下辖的 8 所学校都已开办汉语班，泰北山区边境 72 个难民村学校，现已开办了 76 所华文学校。

曼谷及外地有条件的华文学校已相继扩办中学班；日、晚班授课的语言学院如雨后春笋般在曼谷几个府蓬勃发展。就现在汉语在泰国的发展趋势估算，每年将有 300 ~400 所要开设汉语课程的学校，如果每校需要一位汉语老师，每年即必须提供 300 ~400 多名汉语老师。所以泰国对中文教师的需要之多，缺口之大，可想而知。

2.2 教师结构老化

2.2.1 观念有待更新

这里指的是教学观念的更新问题。在泰国，如何把汉语当作一种相对不完全的外语来教，怎样以对外汉语教学的观念和理论来指导教学，怎样运用教育心理学和儿童心理学的知识分析、使用教材，怎样根据学生的年龄特点、心理特点来设计教案、安排教学活动等，对相当多的老师来说还是很陌生的。虽然有些老师对此有些了解，但操作起来还很不熟练。笔者在泰国工作期间到几所华文学校走访，听了几堂小学生的华语课，四十分钟里，除了有几句提问以外，大部分时间是老师在台上讲，学生在底下说，老师忙着维持课堂秩序，没有一点老师设计的学习活动。这样的课不但单调、枯燥，也很容易挫伤学生学习的积极性，不是老师不努力，而是观念不对，从而导致方法不对。

2.2.2 教学方法老化

现有的泰国华文老师，接受过高等教育特别是师范教育的很少，他们大多是从过去的华文学校中毕业的，还有些是跟着家教或者父母、亲戚学出来的，他们的知识和教学方法是从他们的老师那里得到的。而这些方法又是他们的老师从中国带过去的，那是一种把华语当母语的教学方法，是教授第一语言的方法。在授课中，如果现在的老师硬性地模仿照搬过去老师的方法，必然是讲得多，练得少，活动少。方法比较单一，教学水平不高。一些华文老师的课堂中，基本上就是老师读，学生念，老师眼睛离开课本的时候很少，缺少灵活的方法；老师和学生之间永远有一段距离，不能产生互动。

三　对现有政策的评析

3.1 有关师资短缺的对策

3.1.1 从中国聘请老师

华文教师短缺的问题，早已引起泰国教育部、各界侨团和对华文教育的热心人士的关注，在他们大力的奔走和努力下，现在基本上形成了由官方和民间从中国聘请老师的两个管道。

现在的一些学校通过与中国侨办、中国海外交流协会、中国汉办等机构联系，聘请一些中文教师。海外交流协会与国务院侨办或者委托云南、四川、广西等地方侨办，每年要向泰国选派几十名教师到泰国各地帮助传播中文；

中国国家汉办每年也要向泰国选送近百名青年志愿者，让这些有学识、有精力的青年教师深入泰国华教的第一线施展才华、增长才干；还有就是通过私人的关系，直接从中国聘请退休中文老师。

3.1.2 联系教师进行交流，选送部分教师去中国学习

泰国的有些大学与中国的云南、广西、四川等中国内地大学联系，就教师培训方面进行合作。具体的操作方法是，先在泰国招中文教师，经过泰方大学短时间的预先培训，然后选拔 20 ~ 30 名教师到中国接受培训一个月左右。这两种方法对泰国的华文教学事业的发展都很有帮助。

但相对来说，这种办法的经济成本比较高。光机票一项就要用去普通华文老师两个多月的工资，中国方面为此也要担负学员们的饮食、住宿、学习的费用，双方付出费用都高，相对来说得到培训的老师却很有限。

如果请一位中国老师来任教，以志愿者为例，每月除大概 300 美元的薪水外，学校还要担负住房、伙食、水电等，这也是一笔不小的费用。一般的政府学校和华校负担起来有相当的困难，更不用说请一些年纪大的有经验的老师了，因为这样费用会相对更高些。

3.2 关于当地师资培训的几种形式

3.2.1 中国专家到泰国帮助培训教师

多年来，中国国务院侨办、海外交流协会多次组织专家海外培训团到泰国进行教师培训。这些培训团就汉语的语音、语法、词汇、教学法和中国文化等方面知识，给了泰国老师不少的帮助和启示，在一定程度上提高了这些老师的汉语水平和教学能力，但也存在着一些缺憾。笔者在泰国工作期间，曾作为学员参加了两次培训，觉得教师培训确实存在着一些问题，亟须总结和完善。

第一，培训时间短。一般的“专家海外教师培训团”在泰国培训时间为半个月到三个星期左右，讲授的内容涉及方方面面，老师生怕有的知识漏掉，对不起学员，尽量讲深讲全。学员生怕有的知识没学到，尽量多记多写，简直是狼吞虎咽。多而杂的内容使学员不能消化，专家们往往刚刚发现学员们的问题，还没来得及调整培训内容和授课方式，学员们对老师讲的东西还没领会，培训就该结束了。

第二，培训内容重复率高。由于主办方和承办方对教师们在知识上有哪些不足、工作中有哪些困难的情况不太了解，对泰国教师需要什么心中没底，更主要的是每次师资培训后缺乏信息互通，培训内容的安排也就按照惯例去“想当然了”，致使每次教师培训的内容都大体相同。这不但造成了大量的人

力、物力和时间上的浪费，而且会使一些老师对教师培训产生偏见和误解。

第三，针对性不强。这里说的“针对性不强”是指对双方面的，有不少学员学习热情很高，每次师资培训的时候大多能见到他们的身影，可在培训课上，常常看到他们并不专心，有时候还随便说话，问其原因，一些学员说觉得太容易：“次次培训内容就那么几样，老师讲得差不多，反复听了几次了”；一些学员说觉得太难：“老师讲得太深，很多词听不懂”。本来是好材好料，却隔靴搔痒，没有解决到实处。授课老师对此也无可奈何。本来大家都抱着很大的希望而来，但彼此收获都不太大。出现这种“两无奈”情况的原因是没有强调针对性，没有一个统筹规划，这样就不能保持知识的循序渐进的连贯性，以及各个知识点的连续性，从而使培训效果大打折扣。

3.2.2 安排教师团去中国接受短期培训

每年中国侨办、海外友好协会和一些大学都会邀请泰国华教教师团去北京、上海、云南、广西、青岛等地接受培训，为期大多一个月左右。这种培训时间相对较长，最重要的是地点在中国，周围是汉语的氛围，对学员们的听、说都有很大的帮助，而且有利于学员们更好地了解中国。但是由于气候和饮食的不习惯，影响了大家的学习；还有些地方，为了热情地招待这些学员，尽量把行程安排得丰富多彩，学员们也想趁培训的机会多了解中国的情况，活动安排得过多，有时反而会削弱培训的效果。

3.3 泰国民间在师资培训上的努力

3.3.1 民间华教机构对教师的培训

泰国民间自办、合办了多次的师资培训，对此，侨团、侨领们起着很大的作用。最早、影响最大的当属1994年在泰国佛丕光中举办的师资培训班。

当时华文教育刚刚在泰国复苏。佛丕光中校董会主席、侨领卢森兴先生看到了泰国大多数华校所处的境地，深深地为华文教育的发展前景忧虑，他首先倡议在光中举办“泰国首届汉语短期师资培训班”。佛丕七侨团的各位侨领们也纷纷响应，出资捐款，在佛丕光中办起了全泰国内第一个汉语短期师资培训班，所设课程有“汉语语音与发音方法”、“汉语语法”、“汉语教学法”、“书法与汉字”、“中国歌舞”等，共有一百多位老师接受了培训。随后，泰北华教的重镇南邦育华学校也相继举办了两届教师培训班，都取得了很大的成功。

这三次培训的意义是，来自泰国各地的老师们第一次比较系统地接触了汉语语音、汉语拼音、语法、汉语教学法。这为以后的教学工作奠定了基础；这也是第一次以侨团、侨领自发捐资捐款创办的师资培训形式，开创了由清一色的中国老师授课的师资培训的先河，为后来的教师培训树立了样板。

后来，“泰国教师工会”、“泰国华文民校联谊协会”等华教机构与中国有关机构联系多次组织教师去北京、广州、四川、台湾等地进修。

3.3.2　报纸、杂志为教师自修敞开方便大门

泰国的中文报纸、杂志也为泰国教师自修提供了方便，泰国第一本公开发行的《汉泰杂志》，开辟了《泰汉翻译广场》、《汉语水平测试》等专栏，通过《翻译有奖》、《读者译作》、《学汉语》、《识汉字》等栏目讲述汉语小故事，为老师们自学、自练，完成自我提高提供了一个良好的平台。

3.3.3　一些大学对教师的培训

泰国的一些大学利用自身的优势开办教师培训班。如北京语言大学曼谷分院与泰华通讯记者协会合作，举办了三次教师培训、一次专题讲座，收效很好；泰国皇太后大学请到汉办派来的、在泰国任教的中国教授帮助培训教师。这两种培训方式都高效地利用了有效资源，节省了老师们的开支。

四　几点建议

4.1　关于师资短缺

4.1.1　鼓励公派教师续聘，发挥其优势

公派到泰国工作的教师，一般任期只有一年。这些老师有很丰富的经验和知识，但是初到泰国，要有一个从语言、气候到饮食、环境的适应过程，有一个对学生的了解、对教材的筛选、对教法的选用尝试及对教学观念校正的过程。当把这些整合到位，准备全身心地投入到教学中去的时候，归期将至，时间已经所剩无几了，这势必造成很大的浪费。所以，当地应该力争挽留这些老师，可以请他们教学，还可以帮助培训教师。当然，老师能否续聘，是由多种因素决定的，只要尽量照顾好他们的生活，完善各方面的工作，续聘还是可能的。

4.1.2　变“输血”为“造血”

在泰国开办两年制、三年制的封闭式师范学校，分别以授“幼儿、小学、中学、大学”为级分班，并聘请中国有关专家教授来泰国对其进行系统的封闭式的教学，教授专项专业课程和相关知识，毕业后可直接到校任教。

这样的培训在泰国可行吗？笔者利用业余时间到过“美思乐”、清迈、清莱、南邦等地，和那里的初中、高中生交谈过，感到他们的中文基本功比较扎实，水平比较高。据了解，泰南的一些华校水平也不低，生源应该不成问

题。如果泰国教育部与中国侨办联手，分别设泰北和泰南的某个华校为培训点，设立华文师资培训部，招收有志于华文教育的青年，建立总体规划，作长远打算，而不做短期的，突击、填鸭式的培训。这种自身培养师资的“造血”方式，可节省学员们的经费开支，使其所学知识系统连贯，而且能针对泰国的区域特点，加强实际的操作性；同时学员们又具有本国的语言优势，能够与学会的华文相互融会贯通。在学习方法和运用上有一些独到的体验，在授课时会使学生更容易理解和接受。这样就改变了以前“输血”的培训模式，变为“造血”，笔者觉得这是一种投资少、见效快、效果好的培训形式，利在千秋。

4.2 关于师资培训的建议

4.2.1 加强沟通，强调针对性

主办和承办单位应加强信息交流，在专家培训团赴泰之前，主办方要把泰国的教学发展现状和培训对象的情况尽可能详尽地告诉对方，让专家们事先多一些了解，才能找准症结对症下药，做好“解渴”工作。授课的专家也应避免或者少用一些概念术语，尽可能地用浅显的语言和生动的例子讲述，让学员们理解明白。

4.2.2 一个主题，各有侧重

教师培训工作是一个长期艰苦的工作，因为培训时间短，涉及的知识面广，稍不注意很容易造成蜻蜓点水、雨过地皮湿的结果。如果进行统筹安排，每次培训都有一个侧重点，把事情做深做透，效果可能会好一些。例如，此次培训的重点是“语音”，那培训期间除了专家的讲授，配上大量的练习帮助学员消化外，还应及时地结合学员们在实际中遇到的困难进行演练，帮助学员们掌握具体的操作技能，做到“深挖井，不处处挖坑”，这样既提高了培训的针对性，也提高了培训质量。

4.2.3 完善培训规划

做好教师培训工作，不是一朝一夕的事情，需要制订一个长期的计划，要一个一个步骤地走，一环连接一环地循序渐进地进行，前一个专家团的教授内容和课程安排特点、培训的总结报告要传递给下一个专家培训团，做好前后衔接和侧重点的安排，从而制订相适应的培训计划。避免前一次讲过的，此次又讲一遍；前一次没讲到的，此次又漏掉了等情况。

4.2.4 帮助建立一个学术研讨组织

泰国华文教师大多分散教学，没有一个可供大家一起交流心得体会的平台。要提高自己的教学水平，依靠专家的培训是一个方面，但是在教学中不

断自我完善、丰富更是一个重要方面。曼谷吞武里第三区，以“拉差翁洛寺学校”为基地组织了几次研讨，在这里，老师们交流各自的教学体会和经验，讨论教学中出现的问题。这样的研讨能够为教师们提供一个交流的平台，有助于他们互相学习、相互提高，因而值得推广。

4.2.5 创建网络培训的模式

现在信息化技术已经遍布世界的各个角落，华文教师培训也应与时俱进。如果泰国官方与民间侨团侨领连手，创建一个针对泰国华文教师网络培训系统，既可以长期授课，又可以针对他们在工作中出现的困难，帮助出谋划策、解决问题，这样会节省很多的人力、物力、财力和宝贵的时间，最终使华文教师培训工作落到实处。

本文就泰国华教的困难说到了教师培训，从三个方面对华文教师的状况、当前华文教师培训的政策分析及对华文教师培训的一些想法进行了论述。希望通过论述提出一些建议，提高师资培训的水平，让泰国华文教育得到更好的发展。

老挝华文师资培训策略探讨

杨　俐

【提　要】本文依据对老挝华校汉语师资培训课程（万象，2005）所做的评估报告（《世界汉语教学》2006 年第 4 期），对老挝华校汉语师资培训策略进行了探讨，并由此提出老挝乃至东南亚国家华校（中小学）汉语师资培训的策略方向。

【关键词】老挝　汉语师资　培训策略

目前，老挝开设汉语课程的学校共八所，包括三所大学和五所中小学。这五所中小学全部为华校。老挝华校由华侨华人出资建设并管理，属私立学校性质。其中，万象寮都公学为东南亚第二大华校。

2005 年 7 月，由中国海外交流协会举办的老挝华校（中小学）汉语师资培训是老挝历史上第一次华校汉语师资的集中培训。此次培训针对老挝华校汉语师资特点，在培训目标、课程设置、培训策略等方面进行了有益的探讨。本文拟重点就此次课程所涉及的师资培训策略问题，从以下三个方面进行研讨：①老挝华文师资培训策略需求分析；②老挝华文师资培训策略与手段；③华文师资发展中的培训策略改革。

一　老挝华文师资培训策略需求分析

老挝华文师资培训策略的选择具有其现阶段的特定需求和背景。培训课程评估结果（杨俐，2006）显示，尽管很多教学一线的教师深感学校现有教学目标、课程设置、教学方法等与学习者需求已经产生了很大差距，尽管大部分学员渴望学习新知识和新教法，尽管大部分学员作为各华校的教学骨干，具有较为丰富的课堂教学经验，但多数学员的汉语教学仍停留在母语教育阶段，其整体教学素质并不乐观。具体表现在：①培训班学员的汉语水平和学历水平差异较大，总体职业资质偏低；②大部分学员的汉语书面语（阅读和写作）能力较其口语（听和说）能力逊色；③除自身汉语语言技能（听说读写）水平不高、汉语语文修养较低外，大部分学员还面临着教学素质的匮乏。

据统计，86%的学员在教学素质调查中倾向于传统的教学思路和教学行为。正如周健（2005：260~276）所指出的，针对东南亚华校的汉语师资培训应旨在提高师资的汉语语文修养与汉语教学能力，培训教师在进行培训策略的选择时也应该对这些因素加以考虑。由于受到学历水平、汉语水平，特别是汉语书面语能力的局限，多数学员不可能消化成套系统的教学理论。因此，培训策略须在理论的“实用性”和“教学体验”上下工夫。

除具体的课堂教学策略以外，学员们在需求调查中反馈出的一些问题也值得培训实施者注意。第一，学员们所普遍理解的“教学法”实为课堂教学中具体的教学策略和技巧（teaching strategies，skills），而非对于具体教学进行指导的教学法理论（approaches，methods）。他们没有意识到，技巧容易学到，但教学策略和技巧的选择和使用却是在教师教学信念（教学法理论）的影响下做出的。由于教学理论背景不开阔，很多学员的教学视野狭窄，教学手段单一。因此，提高第二语言教学理论水平和研究个人教学的能力才是学员们真正需要的。第二，通过访谈表明，部分华校领导和中老年教师对于教学改革有抵触情绪，认为“任务法”就是在传统“读写法”或者“三 P 法”之外增加的一些教学游戏，虽然可能有助于提高学生的学习兴趣，但也会增加教师的备课负担，教学效果也不一定比强化记忆的传统法好，“甚至会影响正常的教学进度”。探究这种认识的原因，其一是不理解“交际语言教学”的真正内涵和实施目的。其二，出于种种原因，喜欢因袭原有的教学模式，害怕变革。因此，对于培训班教师来讲，老挝师资培训绝非仅仅是单纯的如何教授（或学习）新教学法的策略问题，也面临着如何使对方接受新教学法的挑战。这一点也是在进行培训策略选择时应该特别加以注意的地方。

二　老挝华文师资培训策略

成功的师资培训策略，不仅可以有效落实培训课程目标，更重要的是可以提供一些具体而生动的教学模式，供学员在今后的个人教学中模仿和借鉴。这对于推动老挝汉语课堂教学改革，进而推动华校整体汉语课程改革都是有益的。针对老挝及东南亚国家华校汉语师资的现状，建议参考和选择以下培训策略和手段。

2.1　挖掘学员已有学科知识和教学经验，进行系统化和理论化提升

陈冠英（Richards & Nunan，2000：16）指出，长期以来，在职华文教师的培养大多是以“知识”为中心，注重教师知识结构的系统化和更新，即对

某一学科内容的掌握；而对于教学综合技能，即教学方法和教学（理论）素质的培训却相对滞后。Nunan 认为，在职教师教育的首要目标应是传授教师探讨个人课堂教学的方法，并鼓励教师致力于课程的开发和研究（Richards & Nunan，2000：25）。刘润清（Richards & Nunan，2000：7）也指出，师资培训“不是培训教书匠，而是培训善于思考的教师和研究者”。“学习语言教学理论，就是把你的信念理论化。”只有这样，一个教师教学决策的制定才不是盲目的。这也是教师应该具备的一种自我反思和自我纠正机制。

在老挝汉语师资培训中，一个重要的教学策略就是要帮助学员研究自己和自己的教学行为：即挖掘自身知识、教学特点和教学经验，并进行理论的验证和提升。请参阅下列教学案例研讨内容：

【教学案例之一】

影响口语教学法选择的因素之一

——老挝汉语口语课教学内容的选择

研讨题：

(1) 根据你的教学经验，在汉语口语课上老挝学生喜欢什么样的话题（可分类归纳）?

(2) 儿童、青少年口语课教学内容和成年人的有什么不同?

(3) 老挝少年儿童所喜欢的学习内容与中国少年儿童会有哪些不同（现在我们使用的多数是中国国内编写的儿童汉语教材）?

(4) 就教学内容来讲，根据你的教学经验，你认为应该如何对你校现用的口语教材进行改编和使用？如果你校还没有开设口语课，应该如何使用现有汉语教材来教授汉语口语课?

(5) 在口语课（或汉语课）的教学中，你有哪些成功（得意）之处？又经常遇到哪些困难?

研讨方法：

(1) 分小组讨论（按具体情况，每组分配题目）。

(2) 每组发放一两张大纸，把小组讨论意见写在上面，之后用彩笔标示出小组的主要观点。

(3) 每组派一两个人（轮流）代表小组上台讲解纸张内容。

(4) 其他组可提问，小组代表须回答，小组其他成员可以补充回答。

(5) 教师打分和评价（交际语言教学法——学习的内容应是学生熟悉的、喜欢的、有用的）。

研讨结果：

老挝学生喜爱的口语课话题（或功能）（投影展示）：

①家庭生活话题；②校园生活话题；③同辈人生活话题；④熟悉的社会生活话题；⑤科学知识（包括自然知识）话题；⑥带有老挝文化特色的话题；⑦带有中国文化特色的话题；⑧（高年级）学生感兴趣的世界焦点、热点话题；⑨（高年级）学生感兴趣的未来升学或就业话题等。

结论：

现代语言教学理念（投影展示）。

学生是课堂的主人，教材的内容应该是他们感兴趣，而不是教师感兴趣的。没有一种教学方法是万能的，正所谓教学有法而无定法。在实际的课堂教学中，每位教师都会自觉或不自觉地根据学生的实际情况，对既定的教学大纲，包括教学内容进行修改。教师是学生与教材的连接者，是课程计划的最终执行者，也是课程改革的主要力量。

因此，教师应该被赋予权利，参与学校的课程设计、教材选编、教法的选择等教学决策；教师自己也应该积极努力成为教学的研究者。总之，要站在主人翁的高度对待自己的职业，教师不再仅仅是传统意义上被动的教书匠。分析上述教案，其中包含以下三点内容：①挖掘学员个人教学优势，例如，双语优势，熟悉当地生活和文化，熟悉学生的特点和需求，平日课堂教学中的成功案例等。这些优势可以帮助教师有效编写或选择适合学生的教学内容和教学方法。②用教学理论来验证个人经验的正确性，或把个人经验在理论系统中进行定位，找出其理论依据。③帮助学员们找出个人教学上的弱项或不足及解决策略。

2.2 点拨式、体验式、互动式、激励型的第二语言教学理论传授

根据老挝学员的特定背景因素，包括汉语水平的局限性，第二语言教学法理论的输入不能完全依靠培训教师系统的口头讲解来完成，应该采用“点拨”、“体验”、“互动”和“激励”的策略方式。如下列教案所设计的教学策略：

【教学案例之二】

口语教学策略选择与华文教学最终目标

教学体验训练（一）：请告诉我……

水平：初级以上

时间：15 分钟

教具：纸条/胶带

教学环节：

(1) 给每个学员发一张纸条（事先写好内容），并贴（或者用其他办法）在他（她）的后背。不允许学员看自己后背上的纸条。

(2) 要求学员离开座位，自由活动，寻找谈话对象，并按照对方后背的纸条提示说一段话。

(3) 纸条内容如下：

请告诉我，我有哪些优点值得表扬？

请告诉我，我今天的衣着哪些地方很漂亮？请告诉我，我的汉语学习的哪些地方值得表扬？

请告诉我，我的哪些爱好是你也喜欢的？

请告诉我，我们班同学都有哪些优点？

请告诉我，……？（改编自 Hadfield，1998）

教学体验训练（二）：我记得他（她），因为……

水平：初级以上

时间：15～20 分钟

教具：纸条

教学环节：

(1) 向每个学员分发小纸条。

(2) 教师在黑板上写下："我记得他（她），因为……"

(3) 要求学员回忆师资培训班开办以来，培训班中真实的好人好事或难忘的人和事，用几句话写在纸条上。

(4) 教师收起所有的纸条，打乱次序后，重新分发给学员，让每个学员都有一张他人所写的纸条。

(5) 找同伴分享自己和他人的纸条上的内容。

(6) 继续写，增加自己纸条的内容（还可以向教师要另外的空白纸条）。

(7) 全班随意走动，交换纸条，分享纸条内容。

(8) 教师收回纸条，分发给纸条内容的当事人，留作纪念。（改编自 Hadfield，1998）

（以上两种"任务型"教学活动，由学员亲自制作教具，并分工扮演教师和学生角色）思考并回答下列问题（投影展示）：

培训课教师：老师们，做完这两个游戏后，大家高兴吗？学生们也会很高兴的，因为谁都喜欢被表扬。所以请不要小气，利用教汉语的机会多多表扬我们的学生吧！

(1) 以上两个案例的语言教学项目（生字、生词、语法点等）是什么？对你的学生来讲，这个教学案例的内容和方法可行吗？他们会喜欢吗？

(2) 就学生的素质教育来讲，完成这个任务后，哪些学生会心情愉快？哪些学生会反省自己？

(3) 根据以上两点的分析，你认为其中一个教学任务设计的目的和目标分别是什么？（a. 汉语语言技能方面的；b. 汉语语言交际能力方面的；c. 素质培养方面的）

(4) 当学生口头发言（成段表达）出现错误时，你是否能够迅速而及时地予以纠正？理由是什么？

(5) 你所喜欢的好学生是什么样的？

(6) 我们从事的汉语作为第二语言教学的最终目标，要培养什么样的人才？我们的课堂教学应当怎样为此服务？

研讨方法：

(1) 学员分小组讨论（各组题目数量视学员分组情况而定）。

(2) 边讨论边在纸条上做记录，之后用彩色笔标示出小组的主要观点。

(3) 由一两个人代表小组上台，展示其所书写的内容，并对内容进行讲解。

(4) 小组代表回答其他小组的提问，本组组员可进行补充。

(5) 教师打分和评价（如中文教学应成为人文教育；教师不只是教书匠，更应成为教育家）。

研讨结果：现代中文教育理念（投影展示）

每一位教师的每一种教学决策（包括教学策略的选择）都体现着这位教师的教学信仰（尽管有时候他自己并没有意识到）。中文教育到底要培养什么样的学生？教师的课堂教学应该怎样为此而努力？换句话说，第二语言课堂教学的每一个小小的教学技巧的设计和实施，都应该体现着教师对于学生人文素质教育目标的明确定位。

与其他第二语言教育一样，中文（作为第二语言）教学的最终目标是要培养积极向上、具有自我价值感和合作精神、满怀信心走上社会的“人”。这种价值感和自信心来自于平日教师们课内课外点点滴滴的表扬和激励，来自于每一次“任务”完成过程中的合作与互动，更来自于学生们对于能够掌握一种语言技能，从而在未来社会中具有更大的竞争优势和自豪感。

在这个教案中，教师评价和投影内容就是“点拨式”策略的应用。它是指在具体教学策略的介绍和演练之中进行的相关教学理论的揭示和介绍。从表面来看，学员接触到的是单独教学案例的演练和剖析。实际上，各案例却是由教师以一定的教学法理论为依据，按照一定的理论系统排列的。

“体验式”策略是指在教学策略的演练中由学员亲自扮演师生角色，亲自体验策略的设计和实施过程。这是第二语言教学“操练性”原则的具体体现。

“互动式”策略是指学员以小组或班级为单位进行的旨在“提高教学意识”的研讨活动和其他交际性学习活动。这种交际性培训策略的应用，不仅能够使学员们在真实的交流中受到启发、学会合作，更重要的是让他们体验到“交际语言教学”的实质意义，从而有益于他们在今后的个人教学中模仿实施。

“激励型”策略是指培训教师对于学员的激励意识和激励方式。在每一次教学案例演练或小组讨论之后，教师都要给予每个小组一个评价等级和评价分析。其目的，一是继续“点拨”教学理论；二是激发起学员们学习和表现的欲望和信心；三是激发起他们把新理论运用到个人教学实践中去的冲动与激情。

2.3 寻找传统与现代语言教学法的融合点

Ellis（Richards & Nunan，2000：22）指出，教师培训应分为“积累经验型”和“提高意识型”。前者注重教学经验的积累和系统化；后者强调第二语言教学原则及教学策略在不同教学环境中的运用。二者可以兼容并蓄，并不相互排斥。因此，尽管我们强调老挝的汉语教师和教学领导一定要有教学法改革的意识，但是，对于传统教学法也不应该一概否定。毕竟，因材施教是第二语言教学永远的准则：老挝教师最了解自己的学生，最了解自己的学生所适合的教学法。而培训团的责任则应是为他们提供更为丰富的可供选择的教学法资源，并培养他们在何种情况下使用何种教学法的“教学法意识”。况且，任何教学改革都应该具有一定的宽容度，尤其是中老年华裔教师需要一定的时间来适应新的变化。正确的做法应当是：

（1）帮助学员分析教学法选择所依据的因素。例如，①老挝学生的学习兴趣、学习风格、学习环境；②教材的内容、语言项目、教学法；③教师个人的教学类型、教学能力等。

（2）了解第二语言主流教学法（如传统法、三 P 法和任务法等）各自的长短之处及其适用的教学内容、教学对象和教学环境等。

（3）提供大量精选的、具有实用价值的第二语言课堂教学策略和技巧实例。不仅仅局限于对外汉语教学策略，还可介绍世界第二语言教学策略的精华（可采用复印方式发放下去）。

（4）利用具体教学案例的演练和剖析，强化学员根据具体教学情况综合考虑、选择和运用教学策略的“教学意识”。请参阅下列教学案例：

【教学案例之三】

第二语言教学法综合评价和运用研讨内容

开学第一天，第一节口语课教学内容及教案设计。

语言功能：新班集体成员自我介绍和相互认识。

研讨方式：学员动手制作教具并体验策略实施过程；小组讨论并展示；教师评价。

研讨目的：体验教学过程，总结升华教学理论，讨论案例在个人教学中应用的可行性。

教学体验训练：猜猜我的名字。

汉语水平：初级（开学第一天，新班集体）

时间：5～10 分钟

教具：纸条

教学环节：

（1）发给每个学生一张纸，要求（使用 L1）其使用汉语（可查阅词典或问教师和同学）写出自己的名字，并写出一两个自己的特征（如性别、短头发、黑裤子、喜欢笑、说话声音大等，可注拼音）。

（2）教师收上纸条后，让学生围成圆圈坐下，每人发一张（互盯错开）纸条，给他们几分钟（视汉语水平而定）时间，猜测纸条上的人是谁。

（3）让第一个学生大声读出纸条上的名字，指出可能是谁，并说出理由（L1 也可以）。

（4）本人确认是否属实。

（5）以此类推（改编自 Hadfield，1998）。

（6）教师板书学生们所提出的在交际中遇到的汉语生字、生词、语法点等，使用传统读写法或 3P 法进行“读写”技能的教学。

研讨题：

（1）这堂课学生们要学习的语言项目（生字、生词、语法点）有哪些？语言功能有哪些？

(2) 这些语言项目是教师（或者教材）提前指定的，还是学生们在交际中遇到后自己想要学习的？

(3) 在这节课上，“听说读写”四项语言技能训练的顺序是什么？这与汉语为第一语言的中国小学生的语言技能训练顺序一样吗？教案设计者这样安排的目的是什么？

(4) 教案设计者对于学生语言能力的要求（教学目标）是什么？仅仅是掌握生字、生词、语法点吗？

(5) 任务法与传统法最大的区别在哪里？

(6) 在这个学习任务中，教案设计者设定的人文素质教育目标是什么？

(7) 学生在课堂上扮演的角色与传统教学法有什么不同？教师的角色有什么变化？

研讨方式：同前。

研讨结果：第二语言主流教学法的综合运用（投影展示）

——传统读写法、三 P 教学法和任务型教学法的比较

1. 传统读写法

以语言内容（语言结构、语言项目）为中心组织教学，强调识字、写字和阅读能力训练，常用于新字、新词、新语法点的强化教学中，或者针对听说能力较强而读写技能欠缺的华裔汉语学习者。

2. 三 P 教学法

教学程序：理解语言内容——练习——模拟运用。以语言内容（语言结构、语言项目）为中心，常用于对新词语和句子（不关注前后语言环境）的训练中。增强学习者听说读写能力的综合训练。但是，学习者只能被动地学习和练习提前设定好的语言项目。

3. 任务型教学法

以学生自主学习为中心，设定一个难题的解疑活动，让学生在活动中自己发现想要学习的语言项目内容，并且在活动中完成语言项目的学习和运用。常运用于语篇（段落，有语言环境）的学习，偏重于（L2）语言的运用和语言交际能力的训练。任务型教学法的本质特点为：

学生→主角、主动（明线）

教师→参谋、辅导（暗线）

教材→关于功能、话题的语篇（有语言环境）教学，而不只是简单的字、词、句教学，也是学生学习时的助手和资料库。

4. 读写法、三 P 法和任务法的综合运用

长处互补，根据具体教学需求选择使用或综合使用。例如，针对汉语作

为第二语言的老挝学生的特点，在课堂教学中，应该把听说训练放在读写之前（即听说领先原则），这符合人类语言的习得规律。

2.4　帮助学员挖掘（自身的、学生的、教材的、课堂之外的）汉语教学资源，拓宽教学视野

如前所述，教师的教学视野狭窄是阻碍老挝华校汉语教学质量提高的一个重要因素。因此，除提高教学理论素养外，下面这些“提高教学意识”的教学策略也许更具有针对性的帮助：

第一，把某一语言项目（如生字、生词、句子、语篇）的教学放在宏观的汉语知识体系和语言交际体系大背景下进行综合考虑。换句话说，不能课本给什么就教什么，而要考虑到“为什么教”的问题。

第二，挖掘教师、学生、教材三者之中对于课堂教学有价值的教学资源。例如，某个学生曾到过台湾，他可能可以帮助教师向学生们讲解教材中某个有关台湾地理的生词的意思。又如，把教材中的生词表当作学生课堂自主性学习（完成“任务”）的工具和资源库。

第三，寻找课堂之外的汉语教学和学习资源。例如，学生家庭、社区环境（华人商店、华人工厂、华人学校等）、成功的华人榜样、华人移民史、华人传统节日和风俗、在当地工作或学习的中国人、各级各类图书馆中文资源、网上中文资源、中文报纸杂志等。

第四，把课堂教学与课外教学资源结合起来。采用“请进来”、“走出去”的方式，让学生的汉语学习与他们的人生经验或未来前途发生联系，使课堂上的汉语学习变成一种有意图的、有意义的学习活动。例如，鼓励学生以研究性学习的形式调研家庭或家族移民史等。换言之，“挖掘当地汉语教学资源”，其目的就是要把语言和它的有意义的使用功能结合起来；把语言这种课堂上的知识和令人望而生畏的考试内容变成最实用的人类交际工具（Grabe & Kaplan，1996：104～105）。这也正是交际语言教学的本质所在。

2.5　华文师资培训的组织策略

2.5.1　确定教学组织形式

可以采用任务型策略，即为学员划分出学习和研讨小组并选出组长。分组原则是打破学校、男女、年龄及地区界限，目的是促进各华校间教学交流与沟通。

2.5.2　确定培训作业内容及形式

例如，为你的学生编写一篇汉语口语课课文，并设计出相关教案：

（1）课文的内容应该是你的学生熟悉、喜爱、实用的，并且图文并茂。

（2）设计出此课的教案（教学目的、目标、内容、环节步骤、方法策略及课堂和课外练习等）。

（3）设计出课堂教学用具。

（4）设计出课外作业。

学习使用网络（Internet）教学资源及电脑功能来丰富教案的内容和形式，并鼓励在力所能及的情况下，制作出电子教案（课件）。此作业将伴随学员完整的培训过程。随着学习的不断深入，学员被要求使用培训中学到的新教学理论和教学方法，并反复修改它、完善它，直至培训结束。这个作业的评判得分将成为学员最终的培训成绩。

2.5.3　确定培训过程的监控（评估）方式

在一个完整的培训过程中应该至少进行两次形成性评估，即除培训前的需求调查分析和结束时的结果评估外，在培训进程中使用事先准备好的评估表格就课程内容、培训方法等进行教学信息的反馈（次数视具体课程长短而定），以利于授课教师及时修正和调整个人教学，从而使培训取得最大效益。

2.5.4　确定培训结果展示平台

根据过程教学法理论，一个完整的课程设置应该具有标志性的结束阶段，而培训课程的结业典礼就是一个很好的成果展示平台。在这个平台上，可以展示学员们的汉语教学作业，包括教案（纸质文字教案和电子教案）及教具设计，也可以展示学员们的其他教学才艺，例如，朗诵、歌唱、舞蹈、剪纸、书法等。

三　师资发展需求背景下的海外华校师资培训策略改革

任何一种师资培训策略都是特定需求背景的产物。随着老挝及其他海外华校师资发展（teacher development）的逐步正规化、制度化，华校汉语师资培训策略也需要不断革新与发展。

目前，针对东南亚国家华校的汉语师资培训，其重心放在了提高师资汉语语文修养与汉语教学能力上。这一点从很多此类培训课程的设置就可以看出。然而，随着华校师资的年轻化及学历水平、职业素养的不断提高，系统的第二语言教学理论的学习、第二语言教学法的补充、语言测试及其他现代语言学习评估手段（如真实评估等）的应用、课堂教学行为研究、教材选编与评估、双语（bilingual，包括 heritage learner，即母语传承学习者）教育理论及实践、学校整体课程设置与评估等更高层次的语言教师职业进修内容势必将逐步扩大需求规模。海外华校汉语师资培训策略的改革与发展也应该紧跟这种需求的变化，不断学习、借鉴和探索新型的第二语言师资培训策略，借此提升华文师资培训的质量与效益。

参考文献

崔永华、杨寄洲（1997）《对外汉语课堂教学技巧》，北京：北京语言大学出版社。

老挝万象寮都公学简报，2004—2005 年第 1 期。

李叔飞（2005）《关于“寮都公学华语教学状况分析及今后教学改革方向建议”的报告》，华侨大学对外汉语专业硕士学位论文。

刘学惠（2005）外语教师教育研究综述，《外语教学与研究》第 3 期。

罗少茜（2003）《英语课堂教学形成性评价研究》，北京：外语教学与研究出版社。

王笃勤（2003）《英语教学策略论》，北京：外语教学与研究出版社。

杨　俐（2006）老挝中小学汉语师资培训研究，《世界汉语教学》第 4 期。

周　健（2004）《对外汉语课堂教学技巧与游戏》，北京：北京语言大学出版社。

周　健（2005）《对外汉语语感教学探索》，杭州：浙江大学出版社。

Genesee, Fred&Upshur, Johna, A. (2001) *Classroom-Based Evaluation in Second Language Education*，北京：外语教学与研究出版社、人民教育出版社、剑桥大学出版社。

Hadfield, J. (1998) *Classroom Dynamics*，上海：华东师范大学出版社、牛津大学出版社。

Markee, Numa (1997) *Managing Curricular Innovation*, Cambridge: Cambridge University Press.

Nunan, David (2000) *Designing Tasks for the Communicative Classroom*，北京：人民教育出版社、外语教学与研究出版社、剑桥大学出版社。

Richards, J. C. & Nunan, David (2000) *Second Language Teacher Education*，北京：外语教学与研究出版社、人民教育出版社、剑桥大学出版社。

Richards, J. C. & Lockhard, C. (1994) *Reflective Teaching in Second Language Classroom*, Cambridge: Cambridge University Press.

Weir, C. & Roberts, J. (1994) *Evaluation in ELF*, Oxford: Blackwell.

Grabe, Wim & Kaplan, Robert, B. (1996) *Theory and Practice of Writing 9: An Applied Linguistics Perspective*, New York: Longman.

基于校园网的多媒体华文视听说教学

芦 洁

【提 要】 视听说课程是华文教学中的一门主要课程，由于种种原因，华文视听说教学仍存在一些问题。多媒体技术和网络的迅速发展，以及其在教育领域的广泛使用，为华文教学带来了新的机遇和广阔的发展空间。本文具体分析了华文视听说教学的现状，提出了一种基于校园网的多媒体华文视听说教学模式，并探讨了该模式的优势、特点和应用。

【关键词】 校园网 多媒体 视听说课程 华文教学

21 世纪是网络化的时代，这是大办教育和办大教育的一个重要方向，因而开展网络化多媒体华文教学已经是势在必行。现代华文教育要求教育信息的数字化、教学的多媒体化和网络化及信息传输的宽带化，宽带网逐渐进入校园，Internet 的普及、Web 数据库技术和交互式技术的不断发展使基于校园网进行多媒体教学成了现实。原有的教学理念、教学形式和教学手段已经发生了根本性的变化。与传统的教学方法相比，多媒体教学手段在许多方面具有不可取代的优势，它弥补了许多传统教学手段的不足之处，在华文视听说教学中起到了重要的作用。结合华文视听说教学的特点，教师在教学中要充分利用校园网丰富的信息资源，把现有教学和多媒体教学网络有机地结合起来，注重培养学生获取新知识的能力，切实提高学生的听说水平和语言的实际应用能力。随着校园网的不断发展及多媒体技术在教学中应用的广泛深入，必将对华文教学的内容、模式和方法产生深刻的影响，也会对推动华文教学的深层次改革产生深远的意义。所以，我们必须把握机遇，迎接挑战，紧跟时代的步伐，顺应时代的潮流，适应不断的变化和创新，为华文教学注入时代的气息，保持华文教育旺盛的生命力。

一 传统华文视听说教学及其媒体

视听说教学是华文教育的技能课程之一，其教学目的是培养学生对真实交际场合中各种视听材料的理解能力和表达能力，以提高学生语言的实际使用能力和交际能力，从而更好地认识和理解我国的政治、经济、文化、社会背景等方面的知识，而教学目的的实现依赖于视听说教学中教师与学生之间及学生与学生之间信息、知识的交流和思想、感情的沟通。

视——研究结果表明，“视觉支持能提高听力理解的程序，说话者的非语言线索和环境线索能帮助学生理解所听到的内容”；听——教学中要注重培养学生听懂说话者的真实意图、态度、所表达的内容以及相关背景知识的能力；说——英语视听教学材料大多要求学生对所听到的或所看到的信息做出及时的、恰当的反应。

华文视听说教学的目标是培养学生的语言能力和语言交际能力。要想实现这个目标，就必须有计划、有步骤地组织学生进行交际性练习。在传统的课堂教学条件下，唯一的交际训练场所是教室，教师无法为学生提供真正的语言交际环境，只能通过口头假想一个场景，使学生被动地进入角色进行操练，需要他们一边借助想象一边生硬地遣词造句，或者一字不差地死记硬背书上的原句。这只是让学生为了说话而说话，并没有从真正意义上调动学生主动参与的积极性，唤起他们自觉主动地运用汉语交际的意识和愿望，因而就不可能切实有效地达到提高学生言语交际能力的目的。

学习汉语的学生来自世界各地，其汉语水平千差万别。汉语测试是分班的唯一依据，但测试并不能从听说读写四个方面全方位、准确地考查学生的真实水平。而学习者个体的听说读写能力也很不均衡，各有所偏，再加之每个人的学习目的不同，即使在同一个班级中，教师也很难完全根据学习者的需求因材施教。“以学生为中心”的教学原则很难真正得以体现。个体不同的实际需要与教学的整体性一直是不可调和的矛盾。教师与学生始终是“一对多”的关系，而以学习者为中心的“一对一”的关系在传统的课堂教学中成为不可实现的目标。

由于受原有教学方式的影响和视听设备功能的局限性，华文视听说教学大多以教师为中心，教师只是设备的操纵者，播放录音、录像，做些简单的解释或提问，再校对答案，学生则是被动的接受者。教学方法的选择、教学步骤的安排、语法点的讲解、文化的渗透、教材的解释、教学进程的把握、交际性练习的组织及课堂气氛的调控等都离不开教师，教师与学生、学生与学生的互动很难进行，教师不能进行个性化教学，不能因材施教，学生几乎没有机会直接参与课堂教学活动，其学习积极性不能很好地发挥。因此，教学效果显著与否很大程度上取决于教师个人的知识水平和授课能力。传统的教学模式不可避免人为所致的不规范现象，因此，在教学中，如何减少对教师的依赖性，提高课堂教学的高度规范和统一是我们亟待解决的问题。

另外，教材相对单一、陈旧，内容跟不上知识的更新，从而影响课堂教学质量。课堂教学以教为主，教师板书和讲解、学生记笔记占去了课堂大量的时间，授课信息量因而大大受到限制。由于时间的浪费，本应用来让学生亲自实践、操练实际语言交际能力的时间就相对减少，使学生失去了很多真正进行交际训练的机会，降低了教学效率。

二 基于校园网的多媒体华文教学网络

传统的多媒体教室配有电视机、录音机、录像机、投影仪等视听设备，但这些媒体都是单向媒体，只能传递教学信息，不能接收学生信息，教师无法了解学生对所得到信息的理解和掌握情况，不了解学生的学习能力、知识背景和学习过程，不能分析学生产生错误的原因，不能提供学生的反馈信息，交互性差，更不能进行个性化教学。计算机是双向媒体教学设备，既能传递教学信息，又能接收学生信息，能进行交互式的个性化教学，有效地控制整个教学过程。由视听媒体和多媒体计算机结合而成的多媒体视听教学网络能显示多种媒体的教学信息，既具有交互性，又集文字、图形、图像、动画、声音等于一体。教师可通过多媒体计算机，利用各种精彩的画面和图形、优美的音乐、VCD、DVD、丰富的多媒体教学软件等进行视听说教学，能及时了解最新知识和科学技术的发展，拓宽对外交流学习的渠道，充分利用 Internet 极为丰富的信息资源。

校园宽带网能快速、实时地传送多媒体信息，如数据、声音、图像、视频等，主要采用 TCP/IP 网络协议与 Internet 联网，而基于校园宽带网的多媒体教学网络则把计算机技术、信息技术、多媒体技术、网络技术和现代教学方法融为一体，是开放式的教学硬件平台，具有集成化、数字化、网络化、在线教学等特点。教师通过网络进行交互式的现代化教学共享网络资源、互相交流信息，大大地丰富了教学内容、教学形式和教学手段。多媒体教学网络系统能和校园宽带网、Internet 连接，在功能上体现“以人为本”的理念，集成了多种功能，如数码录音、VCD、外部 AV、文件传输、电子白板等，界面设计友好，支持双监视器，教师在进行教学的同时又能有效控制教学过程，非常适合华文视听说教学。

基于校园宽带网的多媒体教学网络结合宽带网和多媒体视听设备进行汉语视听说教学，具有现代教学的优势，主要体现在教学内容、教学形式、教学主导和主体三方面。

2.1 教学内容

基于校园宽带网的多媒体教学网络弥补了华文教学中视听说教材单一、陈旧的不足，提供了极为丰富的、时效性强的教学材料，除录音、录像、CD-ROM和DVD外，还有利用计算机应用程序制作而成的CAI课件、各种教学软件及Internet上知识面极广的集数字、图形、声音、图像、动画等多媒体信息为一体的教学资源。这些教学资源内容集新颖性、趣味性、知识性、全面性、多元性、参与性于一体，更新及时，突出了网络化多媒体视听说教学的特色优势，即时间空间上的多维性，这是其他方式的教学内容所无法比拟的。

2.2 教学形式

基于校园宽带网的多媒体教学网络的主要特征是实时性、交互性及个性化教学。教师可通过校园宽带网实时播放Internet上的教学信息，同步传递给学生，学生的提问和对所得到信息的理解与掌握情况能够及时反馈给教师，教师进行答疑或示范，也可以安排学生就某个话题进行分组讨论，监听或监看学生的讨论情况，甚至参加某一组的讨论，促使教师和学生之间、学生与学生之间的互动，提供交互式的教学环境，活跃课堂氛围。此外，教师可根据学生的知识水平、学习能力的差异，给学生提供更多的自主学习的机会，对学习能力相对较弱的学生进行个性化教学或个别辅导，解决难点和重点问题，以满足不同层次学生的需要，有效地加快教学进度，提高课堂教学效率，培养学生的视听说能力。

2.3 教学主导和主体

基于校园宽带网的多媒体汉语视听说教学以学生为主体、教师为主导，激发学生的学习兴趣，调动学生的学习积极性，让学生积极参与课堂教学。教师是教学的主导，教师应能充分发挥其主导作用，积极从事创造性的教学活动，利用Internet和Web开放式技术，在Web服务器上制作自己的页面，介绍本课程的教学要求、教学进度、本次课要达到的目的、重点、难点，以及要讨论的话题、要回答的问题，还可把讲课内容或相应的文字材料做成Web页面，方便学生课后访问，巩固课堂教学效果。课前，教师利用多媒体课件系统制作的课件可在宽带网上任一终端进行预览、预听，为充分准备课堂教学提供了方便。课堂上，教师根据内容的难度和学生的接受能力，把较为抽象的、较难理解的内容变得具体化，使学生易于接受。学生的学习是在网络上与多媒体计算机的交流和对话中完成的，多媒体计算机能把学生的学习情况保存起来，课后教师可检查学生对教学内容的掌握情况和存在的问题，了解课堂教学效果，适当调整、补充教学内容，控制教学进度。学生是教学的主体，基于校园宽带网的多媒体教学网络能进一步满足学生不同的学习心理和个性心理特征，丰富多样的教学材料。形象生动的画面、优美动听的音乐、真实自然的语言环境大大地激发了学生的兴趣，调动了学生学习的积极性，使学生积极主动地参与教学活动，和教师、同学进行交流讨论并相互提问，由被动学习转为主动学习，从而培养学生的视觉能力、听觉能力、口头表达能力及注意力和想象力。

综上所述，基于校园网及多媒体技术的华文视听说教学，充分发挥了网络化多媒体语言实验室和计算机多媒体设备的综合效益与视听说技能的整合利用，极大地丰富了华文视听说教学的方式和结构，多层次地展现课堂教学内容，有效地激发了学生的兴趣，真正体现了“以教师为主导，以学生为主体”的双主教学原则，培养了学生的自主性、独立性、能动性和创造性，使学生置身于真实的汉语学习环境中，从而培养他们的视听说能力。

三　基于校园宽带网的多媒体教学网络对教师的要求

教师要正确认识多媒体教学网络与现有教学方式和手段的关系，学会操作使用多媒体设备，经常上网了解最新学术动态，精选、搜集网上适合教学的信息资源作为教学的有效补充，增加教学信息量，尽可能多地利用多媒体课件系统制作课件，编制视听说教材及其补充材料，积极开发新的教学资源。充分发挥教师的主导作用，丰富教学内容的表现形式，进行形象化的教学，采用灵活多样的教学方式，优化课堂教学结构，培养学生学习的自主性、独立性和同学间互助合作的学习精神。教师要不断丰富、更新自己的学科知识，具备获取相关学科知识的能力，注重学习研究现代教育学、心理学和现代教育技术，改变原有的知识结构，提高自身业务素质和综合能力，以适应现代教育技术的发展和现代教育的需要。同时，要注意教师角色的转变，改变过去以教师为中心的教学模式，教师应由讲授者转为研究者、启发者、引导者、课堂活动的设计者、参与者、表演者或观众，鼓励、带动学生参与教学的全过程，公平地对待每一个学生，以朋友的身份和学生相处，保持融洽的师生关系，顺利进行教学活动，保证教学目标的实现。

四 结 论

基于校园网的多媒体华文视听说教学并非要为语言教学提供什么特别的方法。按照认知心理学的观点，只是使学习者通过电脑对互联网上的课文和其他多媒体语料进行解码和建构，并在新的语言环境中得到运用，也就是将人机交流最终转化为人和人的交流。

时代在发展，社会在进步，我们的华文教学模式也必将产生巨大的转变。在校园网及多媒体技术的支持下，华文视听说教学的前景是广阔的，它的发展将带来华文教学的一场空前革命，从真正意义上把汉语带到每个学生的学习中，营造纯正的汉语学习氛围，满足广大学生学习汉语的迫切需要。

但任何新兴事物的发展都不可能一帆风顺，基于校园网的多媒体华文视听说教学，尚有很多问题有待研究和解决，它的真正实施还会面临一定的困难，例如，学校网络化教学硬件不足，部分教师运用 Internet 的能力有待提高，学生适应网络化能力不强，学校的教学管理跟不上等问题。但无论如何，我们仍要大胆涉足网络化多媒体教学，更好地为华文教学服务。相信在全体教师的共同努力下，我国的华文教学将从真正意义上走向世界。

参考文献

吕必松（1996）《对外汉语教学概论（讲义）》，国家对外汉语教师资格审查委员会办公室。

冯　锐（1998）论多媒体技术对教学过程的影响，《外语电化教学》第 4 期。

郑艳群（2006）《对外汉语计算机辅助教学的实践研究》，北京：商务印书馆。

中高级阶段多媒体文化课程的设计与构想

廖崇阳

【提　要】 文化教学在华文教育中占有不可或缺的分量，但目前仍处于探索阶段。本文将以中高级阶段华裔学生的文化教学为例，围绕教材编写、课堂教学等方面谈一谈多媒体文化课程的一种设计方案，旨在为文化教学的规范性、科学性和开拓性作一些尝试。

【关键词】 中高级　多媒体　文化　教材编写　课堂教学

作为独立于对外汉语教学之外的华文教育，其“文化教学”与对外汉语教学中的“文化因素教学”迥然不同。华文教育从一开始就把“语言教学”和“文化教学”看作两个并重的内容，这是因为，华文教育的教学对象大都是在海外长大的华侨、华裔，他们自小所接受的是所在国的语言与文化教育，而对祖籍国的文化缺乏必要的了解和认同，因而，华文教育的一个非常重要的责任就是对这些海外的华裔学生加强必要的文化教育，使他们具有正确的民族意识和民族归属感。

目前的华文教育一般都开展了多种形式的文化教学活动，如课堂上开设专门的中国历史文化、旅游地理课；举行一些校外社会实践和旅游活动，即“游教”（旅游教学），把旅游观光、语言教学、文化教学结合在一起；同时，在校园内进行摄影展览、演讲比赛、文艺演出等校园文化活动，这些不同的活动形式都在文化教学方面取得了一定的成绩。

然而，由于这种文化教学活动一直还处于探索过程中，缺乏必要的规范性，因而其中也存在一些问题，例如，缺少系统权威的课堂教材，市场上的相关教材五花八门，但并不一定真正适合学习者的需求；初、中、高不同的教学阶段缺乏教学内容和方法上的层次性、承接性和延续性；旅游教学活动“流于游而失于教”，等等，这些都直接影响了华文教学的质量和效果。

所以，为了更好地发挥文化教学在华文教育中的作用，有必要对其作一些系统规范的整理。本文将以中高级阶段的华裔学生的文化教学为例，谈一谈多媒体文化课程的一种设计方案，旨在为华文教育文化教学的规范性、科学性和开拓性作一些探索和尝试。

“多媒体”一词目前已经使用得很频繁，它译自英文“Multimedia”。所谓媒体（medium），是指传递信息的载体，如数字、文字、声音、图形等，我们又把它译成“介质”。从字面上看，多媒体就是由单媒体复合而成的。多媒体文化教学把影像和声光等现代化手段综合地应用于文化教学，是对传统的“黑板、粉笔、课本、讲台”的教学方式的革新和超越。

本文所指的中高级阶段的学生，是指汉语水平达到中级以上的来华学习的华裔学生（在国外学过两年初级汉语，或者在中国学过一年初级汉语，或者已经通过 HSK 四级）。这些学生已经具备了一定的汉语水平，掌握了汉语的基本语法知识，有了一定的汉语词汇量积累。这有助于他们更理性、更全面、更深刻地感触中国的历史文化和社会生活，所以文化教学的内容、教学的深度和广度，以及相应的教材和方法都会与那些具有初级汉语水平的学生不同。

一　教材编写

长期以来，华文教育的文化课没有系统的教材，很多时候都是授课教师临时搜集资料作为授课材料，现买现卖，学生也只能偶尔从教师手上得到一些零散的复印资料，这种教学方式显得很不正规。

“教材是课堂教学的基础和主要依据，要提高课堂教学的质量，就必须有理想的教材。对理想教材的最基本的要求是能够激发学生的学习兴趣和学习热情，易学易教。”一本好的教材就是好的教学的开始，没有好教材的教学就好像没有罗盘的远航。下面我们将从三个方面来谈谈文化教材的编写。

1.1　教材形式

文化教学不同于语言教学，其内容可能牵涉到很多历史的、文化的东西，这些对在海外生活长大的华裔学生来说是很陌生、很深奥的，如果让他们一整堂课都面对他们不太熟悉的文字材料，他们肯定会觉得单调枯燥，从而会失去学习中国文化的信心和兴趣。所以，文化教材应该采用先进的现代化多媒体手段，借助多媒体的影像和声光手段，向学生们鲜活生动地展现教学内容，如运用精美图片、Power Point 幻灯片、Flash 动画及各种影视资料，这样会达到一点即通的效果，从而极大地激发他们的学习兴趣和学习热情。

1.2　教材内容

中华文化辉煌灿烂、博大精深，我们只能从中选取部分适合华裔学生的内容。在中国旅游、过节和看电影是学生们喜欢的活动形式，我们不妨从这三个方面着手来引导学生比较深入地了解中国的文化和社会生活，而我们的教材也可以包括这三个板块。

第一个板块，“旅游”。在中国960万平方公里的土地上，有高山大海、湖泊河流、平原陆地、草原森林和许许多多的古代建筑艺术。北京的故宫长城、西安的秦始皇陵、苏州的园林、杭州的西湖、四川的九寨沟等名胜古迹都蕴涵着丰富的历史和文化内容。我们可以从中选取一些有代表性的名胜古迹，例如，反映中国皇权社会的故宫，反映古代建筑奇迹的长城和西安秦始皇陵，反映当代中国经济发展的上海，以及中国迷人自然风光的代表四川九寨沟，江南水乡文化的代表杭州西湖、苏州园林和浙江乌镇，等等。考虑到学生已具备中高级的汉语水平，这些材料的编写应当尽量详细且有一定的内涵，有了文字材料以后再根据文字材料制作配套的Power Point幻灯片或Flash动画，将每一个地方的介绍配以生动的风光照片或历史资料图片，或者从影视节目中节选相关音像资料作为辅助。

第二个板块，“节日”。中国的传统节日形式多样、内容丰富，是中华文化的一个重要组成部分，具有深远的历史意义。在漫长的历史文化中，很多的文人、诗人为一个个节日写下了许多千古名篇，使这些节日充满深厚的文化气息。一些传统的节日在国外的华人区也有过，但是这些节日对华裔学生来说，含义很少。比如，在他们眼里，中秋节可能只是“吃某种饼干的日子”。华裔学生来到中国以后，能够亲身体会中国的传统节日气氛，那么在教材中编写这一部分就会让他们对中国的节日有一些理性的认识和了解，让他们在中国过节串门、送礼物和吃东西的同时，了解到中国节日中所蕴涵的文化。在这个部分，我们可以介绍中国最有影响的传统节日，例如，春节、元宵节、清明节、端午节、中秋节、重阳节。这些文字材料也应该有Power Point幻灯片展示形式，或者配上一些中国影视作品中过节的热闹喜庆场面和相关传说的电影。

第三个板块，“电影”。中国电影在一百年的发展历史中，从中国的传统文化中吸收了很多宝贵的东西，也产生了很多反映中国历史、文化和中国人思想和生活的优秀电影。汉语能力到了中级以上水平，学生们都有了看懂一般的中国电影的汉语基础，但是，他们大多喜欢看一些港台明星主演的娱乐商业片，不太喜欢中国内地的意义太深的电影，更不用说主旋律电影，对他们来说，看电影只是为了休闲娱乐和追明星。所以，教材中编写电影部分，就应该分不同主题来引导学生透过电影看中国。通过经典的中国影视作品，让学生了解中国的社会文化生活，比如乡情、亲情、婚恋、饮食、京剧、民族、教育、经济等多方面，而反映这方面情况的电影很多，其中不少是在国内外获过大奖的、雅俗共赏的作品，如反映中国人乡情和乡土观念的《台湾往事》，反映中国人亲情观的《我的兄弟姐妹》，反映中国京剧文化和中国历史的《霸王别姬》等，都很有震撼力，只要引导得当，都能够让学生在娱乐中感受中国，在感动中体验中国。

1.3 教材体例

教材可根据以上选定的三方面内容来分为三大块。每一块的具体体例也可有些不同。如分为正课文、附阅读课文、思考题等。另外，由于教材以文化教学为主，课文不必设生词注解，教师在适当的时候可通过幻灯片中的图片或电影中的画面对学生不太熟悉的生词进行形象的解释（我们在汉语课中也常常有利用实物和图片讲解生词的方法）。

在“旅游”板块，先是正文介绍旅游地的主要情况，附课文让学生作为课外阅读，内容是与这些地方相关的文化资料，学生能通过这些简单的材料了解每一个地方背后的文化和历史。例如，在《故宫》这一课的课后介绍故宫中的重要人物和他们的奇闻逸事，《琉璃厂》一课的阅读则介绍一下中国独有的文房四宝，《西安秦始皇陵》的课后介绍中国第一位皇帝秦始皇，等等。通过阅读这些简单易懂又有意思的材料，学生们就更能够知道这些凝固的建筑古迹后面所承载的鲜活的历史和文化，然后在课后再附上一些简单的思考题，让学生去主动思考学过的内容，以加强教学效果。

“节日”板块的正文是对节日的基本介绍，课后的阅读短文是与这些节日相关的文化和历史，如端午节，我们可以让学生简单了解屈原和中国文学，中秋节和七夕节可以让他们知道中国美丽动人的古代爱情传说：后羿和嫦娥、牛郎和织女。同时，附上一些关于节日的古代诗词中优美的名言佳句：“但愿人长久，千里共婵娟”、“每逢佳节倍思亲”、“清明时节雨纷纷”、“举头望明月，低头思故乡”、“人约黄昏后，月上柳梢头”……让学生们在实际生活中初步体会中国文学的韵味。

“电影”板块的正文是对中国历史文化和社会生活的专题介绍，第二部分看电影，是与正文内容相关的中国经典电影，如正文部分介绍中国的京剧，电影部分则看电影《霸王别姬》，在欣赏精彩的电影故事的同时，学生可以了解京剧演员的生活和命运，理解中国京剧的独特魅力，这可能远比让他们直接去看一场漫长的京剧演出更有作用、有效果；第三部分是电影中的一些经典台词欣赏，等等。

好的教材能够很好地指导教学，文化课如果有针对性地分为旅游、过节、中国电影等部分，并结合多媒体教学方式进行教学内容的展示，深入浅出，就可能让学生全方位地了解到中国文化的真正内涵。

二　课堂教学

“课堂教学是帮助学生学习和掌握课堂内容的主要手段，学校的有计划、有组织的教学活动、教材中所涉及的主要内容，都只有在课堂上才能得以实施。”不可否认，多媒体文化教学的教材编写和课前多媒体资料的准备对教师来说是重点和难点，但是，这并不是说教材和多媒体材料准备好以后授课教师就可以一劳永逸了。

在实际操作中，多媒体课堂教学很可能会走进一些误区。比如，“满堂灌”现象：在进行多媒体授课时，教师变成幻灯片播放者，学生把注意力集中在不断变化的电脑屏幕上，根本来不及思考理解重要的知识点，更来不及提问；“电影院”现象：很多多媒体教室里安置的是投影仪，拉上窗帘后，教室里便是漆黑一片，教师在授课时端坐于计算机前操纵鼠标，学生只能看大屏幕，听教师的声音。这两种现象都是教师让位于多媒体，师生各自面对“冷冰冰”的计算机屏幕，这样的教学缺少师生之间“活生生”的交流和互动，是违背课堂教学的根本宗旨的。

其实，文化课是最有可能上得生动活泼的一门课，因为这里面包含有丰富多彩的形式和内容及课外实践活动。所以，为了达到好的教学效果，多媒体文化教学有必要把课上课下的活动紧密地结合起来，这样才有可能调动起学生的积极性和主动性，才会让师生互动起来，也才能达到最佳的课堂教学效果。以下是我们关于课堂教学的一些想法。

2.1　旅游

如前所述，目前的旅游活动存在的最主要的问题就是，学生大多把旅游教学活动看作简单的旅游，只是为了照相、看风景和买东西，我们常常看到一些学生在旅游地点根本不听带队老师和导游的讲解，只是忘情地摆 pose 照相，照完后也不知道拍下来的背景是什么，只知道“好看”。所以，正规的文化课教材就应该成为课堂教学的一个重要的指导框架，而课堂教学就有责任把“游”和“教”真正地连为一体。

所以，我们建议在进行课外旅游之前，教师先采用教材文字内容和课件向学生展示所要参观旅游的地方，给他们一个理性的印象，然后叫他们去在实践中发现课堂上没有讲到的或不太明白的东西，并用数码相机或摄像机记录下一手的声像材料，实践活动结束后，再让他们在课堂上演示这些材料，并进行必要的解释和说明，鼓励他们说出在实践中的发现和感想。通过这种教学小课堂的理性材料和社会大课堂的感性材料的结合，从理性到感性再到理性，从而使教学达到最佳效果。

2.2 节日

教师在上课之前，可以让学生先介绍他们所了解的关于节日的情况和经历，也可以介绍他们国家类似的节日，进行文化习俗方面的比较和说明，然后教师再一边展示教学内容，一边与学生进行讨论。同样，课后，让学生用相机或摄像机去捕捉中国人的节日情况。适当的时候，教师可以带学生进入家庭一起过节，包粽子、包饺子、吃月饼，给他们以家的温暖，让他们体会地地道道的中国习俗和中国亲情。这种课内外结合的方式，既温馨又活泼，能给华裔学生们最强烈的中国文化熏陶。

2.3 电影

这一部分比较类似于现在对外汉语教学中的影视课教学，丰富多样的影视材料所提供的语言形式和社会文化语境可以培养学生理解中国文化的能力，可以把汉语语言学习与中国文化学习有机地结合起来，从而更深入地学习并真正掌握汉语。但是对外汉语中的影视课以语言教学为主、文化教学为辅，而我们谈到的这个部分更应该侧重于文化的教学。

我们的教学形式可以是欣赏和研讨、“乐”和“教”相结合。具体可以分为以下四个步骤：①教师在电影播放前就内容、人物特性、演员背景作一些简短介绍，并对电影中可能出现的社会文化现象作一些提示和提问，让学生带着问题去看，中间应尽量不要打断观看，这样能让学生大量完整地获取语言文化信息、感受故事情节。②电影结束后，再让学生回到教材，看其中的文化介绍，让学生自己边读边理解，有了电影的形象直观的效果，他们会比较轻松地理解课文中介绍的中国文化和社会。③组织学生就电影中的事件及其反映的中国社会和文化现象进行研讨，及时调动学生参与的欲望，积极引导他们表达出自己对片中人物、内容、文化的寓意的感受。④如果时间充裕，还可以让学生做电影中一些精彩台词的表演，这也是调动学生积极性和兴趣的一种很好的方法。

只有这样，电影情节的形象吸引、画面陪衬和音响烘托与观后师生间的交流互动才能真正实现寓教于乐的理想效果，使可能枯燥陌生的文化学习变得轻松活泼、趣味盎然。

随着华文教育逐步走向科学性和系统性，研究和设计专门的华文教材和课堂教学形式已成为必然。得益于科技的发展，现代化多媒体的教材编写形式和课堂展示形式渐渐成为一种十分优秀的教学辅助手段。华文教育中的文化教学具有丰富多彩的教学内容，它理应成为多媒体教学手段的先行者和受益者。我们也希望，多媒体文化教学可以尽最大的能量为华文教育事业做出自己的贡献。

参考文献

吕必松（1996）《对外汉语教学概论（讲义）》，国家对外汉语教师资格审查委员会办公室。

李晓琪（2006）《对外汉语文化教学研究》，北京：商务印书馆。

郑艳群（2006）《对外汉语计算机辅助教学的理论研究》，北京：商务印书馆。

贾益民（1998）华文教育学学科建设刍议——再论华文教育学是一门科学，《暨南学报》第4期。

李嘉郁（2004）多媒体技术在文化教学中的应用，《暨南大学华文学院学报》第2期。

李嘉郁（2003）浅谈文化实践活动在华文教育中的地位和作用，《八桂侨刊》第4期。

初级（下）视听课教学模式探讨

王 侠

【提 要】我院初级（下）视听课课时少，缺乏固定教材，在教学上一直没能引起足够的重视。本文通过对课程的重新定位，提出了教学内容的选择原则及具体实践它们的措施。希望能够抛砖引玉，引起更多人对初级（下）视听课的关注，从而推动本学科的发展。

【关键词】初级（下） 视听课 教学模式 探讨

一 初级（下）视听课课程的设置、特点及现状

一直以来，视听课是我院教学的一个特色。我们分别为初级（下）、中级的学生开设了视听课。初级（下）视听课的一个特点就是课时少，每周两个课时，所以它在学生心目中的分量自然不可与汉语、口语、听力这些主课相比，很难受到学生足够的重视。此外，与中级视听教学不同，到目前为止，初级（下）的视听课没有固定教材，虽然任课教师的备课量很大，但教学效果却很难尽如人意。因为从客观上讲，尽管我们的教师不乏专业素养，也颇有敬业精神，但教学内容选择的随意性，很可能会导致学科的系统性、科学性等方面多少打些折扣。所以，作为一个急需解决的教学难题，它应当引起我们足够的重视。

二 初级（下）视听课的课程定位

本学期我正在从事初级（下）视听课的教学工作。说实话，从接受教学任务起，我一直在思索，怎么才能上好初级（下）的视听课？从一开始，我就清醒地意识到，一定要对本课程有一个清晰的定位。一方面，我们不能无视本课程课时少的事实，不能强迫它去完成主课所应承担的教学任务，不能让学生对它有过高的期望值，这一点在学期开始就让学生有所了解，非常重要。另一方面，我们要想办法充分调动学生的积极性，让他们在有限的时间内确实有所收获，我想，这才是能够让学生喜欢上视听课的根本原因。

那么，初级（下）的视听课究竟应该是什么样子的呢？随着教学的逐步展开，现在大致有了一个印象。首先，它不应该游离于我们日常的语言课教学，相反，它应该是语言课的延伸，是对语言课所学内容的强化和补充。其次，它应该全方位、多角度地展示博大精深的中国历史、地理、文化、风俗，让学生在语言课之外，有机会一次次陶醉在中华民族丰富的精神世界之中。最后，具体到我院的实际情况，它应该对我们的游教活动有所帮助。我们认为，如果能够做到以上三点，就很接近笔者理想中的试听课了。本学期的教学过程似乎有着一种魔力，牢牢地吸引着我，让我无法不遵循它的轨迹去实践我的教学。

三　初级（下）视听课教学内容的选择

有了清晰的课程定位后，我们就可以有目的地选择教学内容。笔者认为，它应该遵循以下三个原则：为语言课教学服务；为游教活动服务；趣味性。那如何具体实践它们呢？下面，我们分而述之。

3.1　为语言教学服务

3.1.1　复现、操练语言课上所学习的词汇、语法

初级（下）这个阶段，我们常常会听到任课教师抱怨综合课上所学的大量词汇、语法无法及时得到操练。在教学过程中，我们也很容易发现，学生对所学内容的掌握确实也差强人意。很多学生不会，甚至在潜意识里害怕、拒绝尝试新词汇、新语法。笔者认为，视听课作为语言课的延伸，应该有义务帮助学生操练综合课上所学的大量词汇、语法。

例如，在《过春节》这个单元中，我们为学生选择了一个电视短片，是介绍“贴春联”这个风俗的。有的学生可能从来就没有见过“春联”。所以，当镜头出现“春联”的时候，任课教师可以提问，什么是春联，要求他们用汉语表达出来。学生们跃跃欲试，但他们都在用以前学过的语法，而汉语课上已经学过了“动词＋着”这个语法。那教师就不妨引导学生试着用“动词＋着”回答上述问题，如“门上贴着两张红纸，红纸上写着两句话”等。这样，刚学过的语法得到了及时操练，何乐而不为呢？

“把”字句是初级（下）的一个教学难点，同时也是一个教学重点。所以，在处理《绝活》这个单元的时候，我们要求学生在看懂魔术后，用自己的语言把它复述出来，强调一定要用上“把”字句。虽然对学生来说，这有一定的难度，但看得出来，他们对此很感兴趣。有的同学还把它写成一个小短文，文章中出现了“把一个硬币放在手里”、“把另一个硬币快速推下去”

诸如此类的句子，从而强化了“把”字句的操练，颇有收获。

初级（下）语言课上出现了大量的词汇和语法，显然，由于课时的限制，视听课上不可能操练语言课上学过的所有词汇和语法。但重要的是，任课教师一定要有这种意识，要尽可能地抓住并且创造操练的机会。例如，在处理“骑马送牛奶”这则新闻时，我们给学生设置了一个小问题：李大爷骑的马是什么颜色的？答案是：枣红色。因为学生刚刚学过“枣”这个词，所以我们就要强化它。相信只要任课教师具备了这种意识，并且把它真正地贯彻到自己的教学中，长此以往，学生一定会有不同程度的进步。

3.1.2　帮助学生培养成段表达的能力

北大版的《初级汉语口语》下册要求学生，“在学习初级口语常用句式、简单对话的同时，就开始进行成段表达的训练”。因为成段表达的能力属初级口语教学中所要达到的最高标准，它是思索、排列、储存、记忆、表达等的复杂过程，但“在言语交际过程中，一句一句地问答并不难做到，当学生需要连续叙述一段情况时就感到较难”。事实的确如此。在课堂上或生活中跟学生交流的时候，教师们不难发现，有相当一部分学生很难准确地表达出自己的意思，他们很习惯“蹦”出一个又一个的词，而不是一个完整的句子，更不用说一个完整的段落。由于口语课的操练时间有限，那么在视听课上，任课教师也应当注意培养学生成句成段表达的能力，当学生回答问题或者展开一个话题的时候，教师一定要贪婪地向他们索取句子，除了句子，还是句子。这样做，从一开始就可为培养学生用汉语进行思维打下基础，并为他们尽快掌握符合中国人表达习惯的自然、得体的汉语口语创造条件，学生一定会受益匪浅的。

3.1.3　教会学生如何听懂新闻

到了初级（下）的阶段，听力教师会要求学生课外多听新闻。听新闻的好处我们都很清楚，但广播、电视中的新闻内容庞杂、语速过快，很多学生抱着极大的兴趣去听，可听了以后，往往一头雾水，自信心严重受挫。因此，视听课上我们要教会学生如何听懂新闻。首先，我们要为学生选择适合的语言素材。新闻具有很强的时效性，但受条件所限，很多时候任课教师很难直接找到合适的语料。好在如今网络相当发达，我们不妨在网上下载一些内容来充实我们的教学内容。比如，处理《女人节》这个单元的时候，我们在网上下载了一则新闻“男女平等指示灯”，其中讨论到男女平等问题，时间大约3分钟，涉及的词汇不是很难，授课的时候恰巧又是妇女节，所以非常合适。课后学生的反应很不错。但必须承认，在网上下载语料，的确会加大任课教师的备课量。其次，我们要授之以渔，教给学生一些听新闻的技巧、方法。

例如，上述新闻中出现了“造价”这个词，学生之前没有学过，但相信有些学生完全可以从“造价不太高”这个句子中得出“这种灯不贵”的结论，从而大概了解“造价”这个词的含义。我们就是要有意识地培养学生的猜词能力，进而减弱他们长期以来形成的对词典的依赖性。再比如说，上述新闻中的三个被采访者都表达了各自的观点，第一个人说，“太棒了”，第二个人说“糟糕透了”，这两种回答都不难理解。到了第三个人的时候，答案就有了分歧，有的学生说他“喜欢这种灯”，原因是他听到“我觉得这主意不错”。但事实是这样吗？我们提示学生注意一下说话者的语气，“是要完全平等吗”，“那不如把小孩和女人都加进来吧”，答案就会柳暗花明。对语气判断题型的关注，有助于学生理解话语的真正含义，对他们日后参加 HSK 考试也会有很大的帮助。

3.2 为游教活动服务

游教是我院教学的一大特色。视听课的定位决定了它要密切配合学院的游教活动，争取游教和日常语言教学的双赢。我院的游教活动分两部分，我们不妨称之为“周末北京游”、“假期外地游”。前者为了照顾大部分新生，每学期只是略有调整，初级（下）的学生多为老生，对他们来说，兴趣自然不可能太大。那后者就成了初级（下）游教活动的重头戏，理所当然也成为我们视听课教学的一个重要内容。以本学期为例，绝大多数初级（下）的学生都参加了此次游教，所以我们任课教师有意策划了一次游教汇报活动，给他们一定的时间在课下准备，再抽出一两节课的时间让他们各抒己见，畅聊旅途中的所见、所闻、所感、所思。学生们又一次陶醉在祖籍国秀美的名山大川之中，又一次回忆起与老师、学生相处的点点滴滴，也借此锻炼了自己的口头与书面表达能力。稍后，学院陆续会有“学生摄影展”、“中高级演讲比赛”、“学生习作集”等活动，而我们视听课上的游教汇报正好是一个很好的铺垫，丰富了我们的校园文化建设。

3.3 趣味性

中国的语言文化博大精深。初级（下）视听课课时少，所以它的教学内容一方面要适合学生的汉语水平，另一方面一定要丰富多彩、妙趣横生。俗话说，兴趣是最好的老师。首先，学生感兴趣的内容，自然能在最大程度上吸引他们的眼球。所以，在有配套教材前，每学期初，任课教师不妨和学生开诚布公地交流一下，尝试着了解他们希望了解什么样的内容，这对我们的备课具有很强的指导意义。

这学期，我所教的2006级大专班的学生在学期初就及时反馈了他们的想法。学生们的想法五花八门，有的想了解中国历史上一些著名的人物、事件，如秦始皇、三国鼎立，有的对某些颇为敏感的地方很好奇，如台湾、西藏，有的甚至想学气功、学京剧、学川剧变脸。总之，祖籍国对他们有着无穷无尽的魅力，他们很想揭开那层神秘的面纱。众所周知，华文教育不同于传统的第二语言教学。在教学过程中，教师自然更不能为教汉语而教汉语，而应当通过对汉语本体知识的学习和操练，让我们的华裔学生在熟练掌握汉语的同时，对祖籍国的历史和现实有一个客观公正的认识，对祖籍国的语言、文化、精神气质产生一种发自内心的认同，这也是我们的一个教学目标，我想，它本身更具有非凡的意义。当然，任课教师对此类教学内容的把握要有一个度。例如，我们可以通过“孟母三迁”让学生对孟子有一个感性的认识，但具体到一些深层次的问题，比如说“孟子的学说是什么”、“孟子的学说对后世产生了什么样的影响”、“他的学说跟孔子的学说有何异同”，即使有学生问到，我想也不要轻易涉及为好。原因是由于学生汉语水平有限，继续深入只会挫伤他们的积极性，在汉语学习的层面上很难有所收获。我们能做的只是抛砖引玉，如果有学生在课下继续用母语去研读孟子的专著，那我们将甚感欣慰。

其次，教学的趣味性来源于多种多样的教学方式。比如说课件。近年来，课件在第二语言教学中的应用已经相当成熟，深受学生喜爱。但对视听课而言，它致命的缺点是很少有课件带声音，没有声音就无法给学生创造语言环境，这对语言学习来说极其不利。视频文件可以在很大程度上弥补课件这一缺陷，做到形声兼备。实践证明，它确实更受学生欢迎。关于视频文件的获取，至少有三种途径，第一，去书店购买。这样做，省时省力，但花费大，利用率不太高，因为很多音像制品是成套的，课堂上可能只是选取其中的一小部分。第二，用DV自拍。它的好处是所拍摄内容均为生活场景的真实再现，可以为学生创造一个真实的语言环境。但可惜的是，拍摄题材会受到很大的限制。第三，在网上下载。如今网络上的内容包罗万象，取之不尽。相信在熟练掌握相关下载方法后，我们不难找到自己所需要的教学内容。至于具体的下载方法，下面的章节中将专门介绍。此外，课堂上有时候可以教师讲解为主，有时候又不妨以学生讨论为主，教学方式很多，不一而足，但灵活多变的教学方式无疑会增加教学的趣味性，这是我们最希望看到的。

四　关于教学视频下载

由于视听课教学资源有限，而网络上有着丰富的资源可以利用。我在这里介绍一个简单的保存网络资源的方法，希望对大家有所帮助。

首先，在搜索引擎中搜索所需要的素材视频，比如输入“春节习俗　庙会　视频”，将会出现许多相关搜索结果，点击相关链接选择自己需要的视频。待视频下载完毕后（即视频已经下载至系统缓存中），点击“收藏”中“添加到收藏夹”，在弹出的窗口中选择“允许脱机使用”，点击“确定”即可。如图 1 所示。

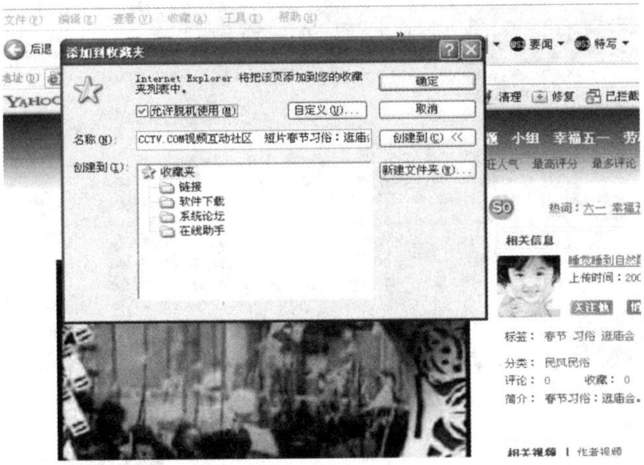

图 1

系统会自动“开始同步”，待将相关文件拷贝至系统内后就会显示“同步成功”，如图 2 所示。

图 2

在这个过程中，Windows 会将视频文件保存在相关文件夹中。这个文件夹是“C：\Documents and Settings\Administrator\Local Settings\Temporary Internet Files”，如图 3 中后缀为“. flv”的文件即系统保存的文件。

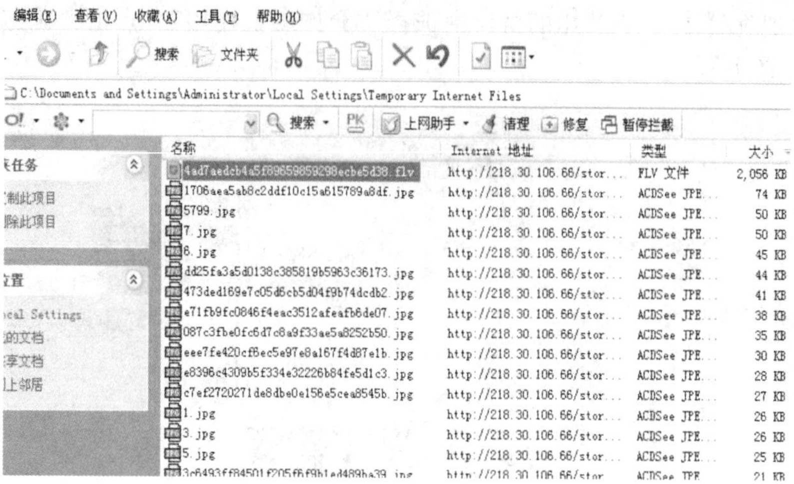

图 3

将该文件拷贝到任意文件夹，用 flvplayer 即可播放（网络上可以免费下载），如图 4 所示。

图 4

一般此类文件会有三种形式：＊. flv 文件、＊. wmv 文件、＊. asf 文件。＊. flv 文件需要用 flvplayer 播放（网络上可以免费下载）；＊. wmv 文件和＊. asf文件可以使用 MS Windows 自带的 Windows Media Player 播放。

总之，本文旨在通过对初级（下）视听课的重新定位，提出教学内容选择的原则及具体实践它们的措施。希望能够抛砖引玉，引起更多人对本课程的关注，从而推动本学科的发展。由于我从事初级（下）视听课教学工作的时间不长，只有一个学期，经验不足，希望得到大家的批评指正。

浅谈多媒体教学方式在商贸汉语课中的应用

付　钢

【提　要】作为一种新的教学模式，多媒体商贸汉语课拉近了教师与学生的距离，加强了教学活动中的互动性，突出了商贸汉语课的专业特点，增强了教学效果。本文着重从教学目标、教学原则、练习测试、需要解决的问题等几个方面探讨多媒体教学方式在商贸汉语课中的运用。

【关键词】多媒体教学方式　商贸汉语课　教材　师资

当电脑进入大众的日常生活，我们进入数字时代的同时，多媒体教学方式也以一种不可阻挡的方式迅速地进入我们的汉语教学活动中。北京华文学院从 1996 年的多媒体小组尝试，发展到今天的多种多媒体教学课程，经历了几个不同的阶段。

1996—1997 学年度，我们尝试在初、中、高级班开设多媒体教学课程，初级班侧重汉语听说教学，中级班侧重商贸、写作教学，教学方式采用在专门的电化教室中建立一个拥有 26 台电脑的小型局域网，由老师在主机上掌控教学的进行，教学的资源大多采用录像带、CD、扫描资料等，从某种意义上来讲，这应该是一种视听说方式。

1999 年，我院建立了新的多媒体教学教室，建立了 40 台电脑局域网，教师可采用 CD、DVD、扫描资料、网上资源等进行教学，可谓真正意义上的多媒体教学方式，开设的课程也扩展到影视等课程。

2003 年，我院根据华文教学实际，设置了多媒体游教课程、中国国情课、中国文化课、影视欣赏课，教师用 PPT 的方式设计了大量课件进行教学，多媒体教学成为一种为教学服务的授课模式，综合了听、说、读、写等综合训练，具有互动性、直观性、时效性等特点，教师、学生可实现资源共享，沟通方便快捷。学生也觉得这种学习方式生动有趣，既新颖又有挑战性，在课堂上的表现也十分积极主动，学习积极性有了很大提高；同时，多媒体的教学方式拉近了学生和教师之间的距离，学生随时可以提出自己的问题并迅速得到满意的解答。

我在十年的商贸汉语课教学中不断摸索，将多媒体教学方式应用于商贸汉语课的教学，突出了商贸汉语课的专业特点，受到了学生们的欢迎。

一 课堂教学目标

随着中国加入世界贸易组织（WTO），中外经济文化交流日益频繁，很多外国留学生，特别是华裔留学生学习商业汉语知识的要求与愿望特别强烈，所以商贸汉语课的开设得到了众多学生的一致欢迎。商贸汉语课的内容丰富，但商贸汉语课的专业词汇对没有学过 BBA 的学生而言还是有一定的难度，多媒体教学方式可将那些较为枯燥的经济知识和难以理解的抽象词汇转换为生动的画面和准确的语言，突出语言的直观性、生动性和针对性，在理解上和运用上容易被学生接受。

针对商贸汉语课的这些特点，我们根据现有的一些教学资料及相应软件先后选定了《商务汉语》（黄为之编著，对外经济贸易大学出版社出版）、《商贸汉语教程》（北京语言大学出版社，大学四年级教材）作为中级下程度和高级班学生多媒体商贸汉语课的教材，并配以一些有关商贸活动的光盘材料。

多媒体商贸汉语课的教学目的是让学生在掌握所学汉语知识的基础上，在多媒体教学方式与设备的辅助下，有针对性地学习商业汉语词汇和用语；熟悉在中国经商的环节等系统知识，使其更好地学有所用；同时更多地了解中国的投资开发环境及中国文化，促进中外经济文化的交流。除了学习商业汉语知识以外，还可利用设备锻炼学生的商业口语成段表达能力，提高学生的商务公文写作能力。在教学中，我们还把单纯的中文文字输入操作转化为一种学习知识的手段，将中文排版、编辑的知识传授给学生。

这门课我们在教学方法上利用网络的优势，采取听、看、想、说、写的综合方法训练学生。教学步骤是：①学生课前预习生词；②教师用温故而知新的方式引入新课；③通过电脑拼打等方式检查已学过的商贸词汇的掌握情况；④看课文光盘，分段讲解课文，每一次都要求学生带着问题看；⑤分别采取回答问题、做正误练习、复述对话等方式巩固和检查；⑥全部课文看完之后要求学生用复述、讨论、表演、给磁带配音等方式进行练习。教学的中心环节是理解、会话和写作，并配以一些听力、阅读的练习。如教师在课前从网上下载一些经济新闻让学生阅读，或用 MP3 录下一些经济新闻给学生听。每一课课文后都有一个英文的中国经济特区城市的介绍，任课教师将其译成中文，并在画面上配以中文录音，然后让学生做视听练习或测试。商贸汉语课的教学进度为每四节上一课书，前两节以学习课文为主，后两节加视听材料、新闻理解和课堂练习及讨论等。

二　课堂教学的有关原则

2.1　实践性原则

多媒体商贸汉语课是在留学生中、高级阶段开设的一门课，所以，我们的教学原则应该与中、高级阶段的整体教学原则一致，那就是强调实践性。李培元先生曾经指出：留学生从不会汉语到掌握汉语要经过大量的、不断的语言实践，离开实践是不可能的。根据这一原则，我们在多媒体商贸汉语课的教学中做到了以下几点：在多媒体教学课堂，学生是主体，教学的一切活动全部围绕学生进行。学生将所学到的商贸知识马上运用于课堂实践中，通过商贸的会话、写作、讨论、模拟谈判等巩固所学知识，又马上从这些实践活动中反馈出问题，教师给予仔细的解释，使学生的汉语能力得到较大的提高。教师则是一个指挥者，指挥着先进的电脑设备和网络系统为学生的学习服务，根据课前精心准备好的教案进行教学。教师是一条暗线，而学生是一条明线。首先，教师要在课前对教学环节与步骤进行精心的策划与翔实的准备，否则不会取得良好的教学效果。其次，我们强调在课堂上要“精讲多练”，尽可能地在有限的时间内提高学生的开口率。在多媒体教学课堂上，教师和学生同处于一个语言学习的网络中，每个人的发言机会是很多的，而且可分别采取说、写的方式，一个人说、两三个人对话、分组说、一起说等，写则可以一人写大家看，或分别写大家看，或你写一句，我写一句，这样，学生在堂上练习和实践的机会就增多了。比如，我们学过外贸谈判的内容后，要求学生学以致用，分组根据不同的专题组织谈判，有的以说的方式，有的以写的方式，你来我往，课堂上气氛十分活跃，而且学生的问题及时反馈给教师，使教师在教学中能够有的放矢。

在加强课堂教学的同时，我们也强调课外的实践活动，如组织学生进行有关商贸专题的调查。我曾组织学生做过“最佳投资环境城市”、“最合适投资项目”、“最佳促销方式”、“银行服务质量调查”、“奥运会将为我们带来什么”等方面的调查，学生们积极参与各项活动，取得了很好的效果。另外，我还组织学生外出参观中国的证券交易所、CBD、中关村高科技开发区，学生们对经济的繁荣表现出了很大的兴趣。

2.2 交际性原则

语言专家指出，学生基本掌握一种语言，大致可分为三个阶段，即初级阶段：言语系统发动，基本言语能力形成；中级阶段，交际能力的熟练；高级阶段，语言成为言语习惯、言语行为。多媒体商贸汉语课也同样遵循中、高级对外汉语教学的语言学习规律，在多媒体商贸汉语课的教学中强调交际性原则。

在多媒体商贸汉语课课堂教学中，任课教师可充分利用网络的先进优势传送真实而生动的声像图文信息，使学生在真实的语境中进行商贸方面的交际活动。商务汉语课的教材、光盘及有关文章通过网络提供给学生交际的场景、内容和话题，特定商务活动中人物的表情、语言（包括语音语调等）、手势等都传递给了学生，学生从而可学会理解人物的心理和掌握合适得当的语言。商贸语言是一种特殊语体，学生应当在特定的语境中对其进行学习并掌握。学习一段时间后，当学生发现自己也可以在较简单的商务活动中交际的时候，比如外出购物时的讨价还价、参加商务展览、参与商业促销活动，帮助在中国开公司的朋友书写商业传真和信件，参加一些简单的谈判或从事一些商贸翻译、导游等活动，他们的心情是可想而知的。所以，我们的多媒体课十分重视交际与实践。

多媒体商贸汉语课的交际活动可将语言的“习得”和“学习”很好地结合起来，学生学习可达到事半功倍的效果。语言的学习有系统性，较正式；语言的习得注重言语，但没有计划性。多媒体商贸汉语课的课堂教学中，可以把教师的讲解和学生的听、看、说、写、练两种方式的好处融为一体，又可避免它们的缺憾，可谓“一举两得”。

我们在多媒体商贸汉语课教学中渗入了文化的因素，文化在言语交际能力训练中是十分重要的内容。我们让学生在学习商贸汉语知识的同时，学习中国人在经商活动中的观念和心理，以避免将来他们在中外商贸活动中因文化背景的差异而引起文化上的碰撞，造成经济方面的损失。比如，学生对中国人在商贸洽谈时为何说那么多的寒暄套话不太理解，教师就可以从中国是一个礼仪之邦，中华民族具有谦虚礼让的优秀传统这一文化背景出发予以解释，学生很快就理解了，还尝试用这些话去和别人交际，收到了良好的效果。

2.3 综合性和针对性原则

我认为多媒体商贸汉语课是一门有关商贸活动的综合技能训练课，我们对这门课的总体设计、课堂教学和测试等都是从综合的角度出发，中心是听、看、理解、会话、写作。同时，多媒体商贸汉语课还应遵循针对性原则。它虽然是一门综合训练课，但都是有关商贸汉语方面的传授，所以这门课既要有综合性又要有针对性。在进行听、说、看、读、写等综合和技能训练的同时，要针对商贸词汇、用语、常用句式的掌握等组织教学。

在我们的课堂教学中，词汇教学注重商贸词汇的理解、记忆、掌握和运用，其他词汇则在文选课中学过的一带而过，没学过的也只采取理解和初步记忆的教学要求，因为这些词汇学生还会在文选课中陆续学到，因而它们不是多媒体商贸课教学的重点；语法点教学也要遵循针对性的原则，力求避免抽象地讲解语法，而注重商贸句式的练习和套用，通过句型的练习达到掌握的目的。词汇和语法教学也具有针对性，可以节约出时间，使课堂教学有大量的时间用于学生的成段表达和书写练习，成段表达也着重商贸会话、书信等的表达，针对商贸用语中准确、干练而不烦琐的特点进行教学，让学生学会使用得体的商贸语体与人交流。此外，文化点项的自理也要从商贸出发，有针对性地讲解，为提高商贸汉语课的教学目的服务。

三　练习与测试

多媒体商贸汉语课的练习要突出网络和电脑教学的特点，练习可分为课堂练习和课后练习。课堂上的练习注重言语技能的训练，从听、说、读、写几个方面考虑，比如听，教师可采取录音听、视听、读听等办法让学生加以练习，内容有会话、活动描述、谈判、中国经贸活动介绍等；说可采用视后说、听后说、读后说、写后说、讨论说等练习，内容上有对课文问题的回答、复述、录音还原等同听的内容相一致的练习；读的方面可借助多媒体光盘和扫描仪读取进电脑再传送给学生的方式，分别对语句、语段、语篇进行读的训练和练习；写的方式也很多，如听后写、读后写、看后写、讨论或辩论后写等。有一次，我在班上给学生看了一个电视节目，是关于中国入世问题的讨论，学生不仅看懂了，全班还进行了讨论，讨论过后学生各自用电脑写出了自己的心得，收到了良好的效果。当然电脑本身的文字处理也是一种写的训练。写的练习内容可根据课堂需要加以选择，如商业会话、传真、报价书、合同、书信等，还可以是一般的心得、故事编写等，它实际上也是中、高级写作课的一种延伸。

吕必松先生曾经指出，测试是一种检验教学的手段，既可检验学生的学习成绩和水平，又可检验包括测试在内的全部教学活动是否科学。我们的测试全部在课堂上，可分为几种：对商贸词汇的检查（听写、用电脑拼写）测试，对课文的理解测试（判断测试），单元练习测试，期中、期末考试测试等。测试的方式也采取了笔试、口试、搜集网上资料写论文、主题演讲等方式，通过测试，学生的问题以及我们在教学中的疏漏和不足之处能很好地反映出来，给教师的课堂教学提供了很好的依据。在多年的教学评估中，学生对商贸汉语课的评估都很高，学生对多种测试方式也比较满意。

四　问题与思考

在将近十年的商贸汉语课的教学中，通过和学生的交流、调查和访问，我觉得有以下三个问题亟待解决：

4.1　教师的培养

在华文教学的领域，大多数的教师都是语言学、教育学专业出身，专门学 BBA、MBA 的教师是非常少的。作为商贸汉语课的教师，应具备语言学、汉语教学、商贸专业、翻译、电脑知识等多方面的知识和对当今经济的持续关注、敏锐把握等，这样的要求对普通的对外汉语教学教师而言是有一定难度的。所以，在商贸汉语课教学中也出现了教师青黄不接的现象。本人认为应加强这方面的师资培训，培养商贸汉语教学人才。

4.2　商贸汉语课教材的编写

在日益增多的各种商贸教材中，有两种侧重，一种是将商贸词汇翻译成中文，重在商贸知识的学习；另一种是重在汉语语言技能的训练，将商贸词汇作为一种特殊的语体出现。反映在教学上，前者比较注重翻译和知识的学习；后者注重听说交际，都不是太全面。我认为应该对商贸汉语课教材作专题研究，以综合训练的方式将商贸知识融于其中，教材中应设有主课文（商贸及汉语知识的学习）、副课文（听说训练）、公文写作、经贸新闻或中国经济情况简介等，这是我的一个设想。

4.3　多媒体方式的运用

越来越多的教师认同了多媒体教学的方式，在汉语教学中反复地使用这种能提高教学效率的方式，但随着教学的深入，这种教学方式也反映出了一些问题：多媒体教学课要求教师课前要准备大量的课件，设计上课流程，精心安排，对教师的要求很高，有些教师上课时顾此失彼、自顾不暇，教学效果反而不如黑板式课堂；多媒体教学课要严格控制教学时间和流程，否则非常容易偏离主题，导致课堂教学重点不突出，浪费有效教学时间；在教学的评估方面，学生提出多媒体教学方式生动有趣，他们很喜欢，但教学内容的掌握上不够扎实，形式好，但练习量不够。我认为不是每一种课型、每一节课都适合用多媒体教学方式，比如听力课，加入了看的内容，实际上是降低了学习难度，对学生提高汉语听力水平并非有利。所以，多媒体教学方式应该应用有度、有序。

基于以上论述，多媒体商贸汉语课是一门新兴的商贸汉语综合训练课，目前已列为我院重点课程。这里所写的也只是我几年来通过开设这门多媒体商贸汉语课，在具体的教学实践中摸索出的一些粗浅的想法和认识，尚有许多需要改进之处，敬请各位专家和老师不吝赐教，批评指正。

参考文献

李　扬（1993）《中高级对外汉语教学论》，北京：北京大学出版社。

靳洪刚（1997）《语言获得理论研究》，北京：中国社会科学出版社。

王魁京（1998）《第二语言学习理论研究》，北京：北京师范大学出版社。

程世禄、张国扬（1996）《ESP 的理论与实践》，桂林：广西教育出版社。

梁　镛、钱敏汝（1991）专业语研究中的几个主要理论问题，《国外语言学》第 1 期。

欧阳汝颖（2004）商贸汉语测试的设计初探，《第七届国际汉语教学讨论会论文选》，北京：北京大学出版社。

李蕴娜（2004）让学生投入商业中文的写作环境——商业中文的思想训练，《第七届国际汉语教学讨论会论文选》，北京：北京大学出版社。

张　红（2004）试论在商务汉语教学中实施“绩效管理”的必要性，《第七届国际汉语教学讨论会论文选》，北京：北京大学出版社。

刘　织（2004）商贸类汉语教材的简要分析，《第七届国际汉语教学讨论会论文选》，北京：北京大学出版社。

董　谨（2004）《再论经贸汉语教材》，《第七届国际汉语教学讨论会论文选》，北京：北京大学出版社。

张晓慧（2004）试论商务汉语教学的定性、定位、定量问题，《第七届国际汉语教学讨论会论文选》，北京：北京大学出版社。

汉语外贸口语的特点、教学原则和方法

李旖旎

【提　要】汉语外贸口语是比较正式的汉语口语，其使用场合严肃、语言精练、结构紧凑、逻辑性强，有别于一般的日常口语。本文分析了汉语外贸口语在句法结构、交际功能、语体风格等方面的特点，并归纳出了其规范性、谈判性及策略性等独特之处。在这些特点的基础上，总结出汉语外贸口语教学的原则，探讨其对教学的启示，尝试找出适合汉语外贸口语的教学方法。

【关键词】华文教学　口语教学　汉语　外贸口语

一　汉语外贸口语的基本特点

1.1　句法结构

外贸口语的语法结构和一般的日常口语比较起来，会有一定的量的差别（张犁，1992）。外贸口语较大量地使用结构复杂的长句子。如果对一个句子最高一级的主、宾、定、状等成分进行层次分析，这些成分中至少有一个可以切分出两个以上的结构层次，那么这个句子就可以看作是长句子。按照这样的标准，笔者现在使用的《汉语外贸口语 30 课》（张静贤，1991）中，长句子在课文中所占的比例大约为 40%，而普通口语教材中的长句子只占不到 20%。这就要求在课堂教学中运用分化复句、抽取主干、逐步扩展的教学法，一定要以语言表达为前提。

1.2　交际功能

国际贸易的各种业务活动和各个环节基本构成了一个交际的话题和场景。这些活动与日常口语会话相比是很有限的。每个活动所包含的环节也是固定的。反映到语言上，交际话题、场景和功能的种类基本上是封闭的。这样就可以把每一课、每一个洽谈的话题都细分成一个个功能意念项目，然后在每一项目下归纳出相应的表达形式。先单独练习，最后综合成大的话题。前提是要让学生“进入角色”，清楚自己要做什么。

1.3 语体风格

外贸口语表达具有庄重性，其交际活动经常是在正式的场合和比较庄重的气氛中进行。说话的风格类似外交语言，比较庄重、文雅甚至书面化。培养学生口语表达的得体性和庄重性已经写入了外贸口语的教学大纲，成为外贸口语课的基本任务之一。进行课堂教学时，教师可以重点找出这种风格语体的句子，比如："欢迎诸位的光临!"在测验和考试中把得体性和庄重性作为评分的标准之一，鼓励说庄重语体。

1.4 其他特点

1.4.1 规范性

在语言的发展变化中，"约定俗成"的规律起着重要的作用，外贸汉语遵循这约定俗成规律，逐渐形成了一系列具有独特风格的规范化的习惯用语及专业术语，并且在外贸活动中，人们常遵循着一定的程序进行贸易洽谈。

例如，在外贸活动中，除了常用的礼貌用语外，还包括交涉用语、讨价还价用语、妥协让步用语以及涉及保险、仲裁等法规用语等。笔者在教学中所用的教材是张静贤编写的《汉语外贸口语30课》，书中列举了有关询价、磋商价格、付款装运、包装、保险、索赔、代理以及签署合同等外贸业务活动各个环节的洽谈磋商实例30篇。每课以会话组成，后面都附有常用的表达方式及重点句型。另外，在外贸活动中通常运用术语行话。人们已习惯于使用规范化的行业术语，如CIF——到岸价，CFR——成本加运费，FOB——离岸价格，等等。此外，正常的外贸活动，一般遵循一定的程序，如会面、明示要求、妥协让步、达成协议。当然，各个环节运作的程序既有普遍性，又有各自的特殊性，其语言表达方式也随之有不同的变化，但总体上是按照这一程序进行。

1.4.2 谈判性

在外贸活动中，常涉及两国的经贸合作，这直接关系国家及个人的切身利益，因此，双方都会以各自的利益为出发点，采取谈判的形式进行洽谈，以便谈判朝着有利于自己的方向发展。

下面是商务贸易洽谈中关于价格谈判的一个例子：

A：现在请你报实盘吧！B：好。这是我们的报价：每吨38欧元，马赛船上交货。A：我们的出价是30欧元。B：太低了。您知道，我销售的不是食盐，而是化肥，是吧？A：比尔先生，您是知道的，我们国内也能生产同类产品。

如果价格没有竞争力，我们是不会进口的。B：我们最多降2欧元，这个价格有竞争力吧？A：还是太高，34欧元怎么样？B：不行，36欧元。A：我再加1欧元，35欧元，我不能出更多的钱了。B：嗯——好吧，就按35欧元一吨的价格成交。

从上例不难看出，A方要求降低价格，B方坚持自己的价格有理，因此，双方都列举了事实和理由，据理力争，说服对方接受自己的要求，说理有进有退，论辩有攻有守，都努力达到各自的目的，很明显地表现出汉语外贸口语的谈判性这一特点。

1.4.3 策略性

商务谈判的复杂性和艰巨性，决定了谈判语言的策略性。谈判的语言策略是为实现预期的谈判目标而灵活运用的语言表达方式、方法、手段和技巧。例如，在谈判中一方就对方提出的某一问题不能立即回答时，常采用回避策略。例如，“我马上给公司打个长途，然后就给您回信儿”。这样就可进可退，留下了必要的回旋余地。在谈判中的表达还可采用中国俗语。例如，“不怕不识货，就怕货比货”。当由于价格等种种原因没有做成生意时，可以用“买卖不成仁义在”来挽留住客户，表达出一方对另一方观点的不赞同，既礼貌又含蓄、委婉，从而避免了直言造成的气氛过分紧张。在对方犹豫不决时采用承诺式语言，例如，“尽管货源有点儿紧张，但我们想办法一定按时发出”，可以使对方对某项合作增强合作信心。

二　汉语外贸口语课的教学原则

课堂教学有声有色、生动活泼，每个学生要积极参与口语活动，还得靠教师的主导作用，需要教师在教学方法上不断探索、不断耕耘、不断更新和调整。下面几个方面是必须特别注意的：

2.1 以学生为主体，教师为主导的原则

2.2 坚持“精讲多练”的原则，重新认识“教”与“学”的位置，重新调整时间比例

有些教师习惯于你讲我听，我教你学，还有些教师则习惯于沿用传统汉语课的教学方法，解释词汇、讲解句型、举例子，花去了学生自己练习的许多时间。正确的课堂教学方法要以学生自己练习、实践为主。

2.3 注重交际原则，通过小组活动培养交际能力

跟一般口语课一样，尽快培养学生用英语进行口头交际的能力，仍然是教学生学好外贸口语的重要途径。然而，交际不是自言自语，不是独白，而是对话、会话。要把他们放到小组中去进行。要化整为零，把全班分成若干小组。小组的划分可由教师统一安排，也可以自由组合，找自己的伙伴。可两人一组，也可以三人一组。让学生在小组中培养主动、积极的参与意识。

要提高小组活动的质量，教师可结合每次所学内容出若干会话题目，或事先设想若干可能情况，在课堂上提供情节材料，让学生讨论。比如，在学习“还盘（还价）”这一专题时，笔者事先准备了诸如以下的一些题目：①价格偏高（对进口商）；②价格偏低（对出口商）；③差距太大——谢绝还盘；④砍价；⑤进口商订购数量太少；⑥商品的竞争力；⑦要求早日装运；⑧说服出口商接受承兑交单或付款交单支付而不是信用证支付。

学生自然要紧密结合准提纲学过的外贸词汇、专业术语及现成的表达方法，进行临场发挥。这对锻炼他们的积极思维和说话的条理性、逻辑性和策略性很有帮助。

2.4 讲究评论艺术

教师对学生课堂上的会话练习，总要不时地加以评论。学生每次练习以后，也总希望听听老师的评价。这里的评论或评价是要讲究一下艺术的，尤其是在开始阶段，教师的评论对学生的影响很大。我们需要坚持鼓励表扬为主的原则，这也不是说批评纠正不可行，只是要在学生敢大胆讲以后，而不是在此之前。批评是要掌握火候和分寸的，要有一定的策略。不论任何时候，评论要以表扬为主。

2.5 创造语言气氛和环境

外贸口语课教材都是以情景功能为纲的，每一课都是一个话题，比如价格、支付、包装、运输、海关、保险等。这样的话题设置更加符合口语课的特点，可以让学生沉浸在外贸交易的情景中。情景性和角色代入是外贸口语课跟一般口语课最大的不同之处。口语课是以日常生活会话为主线的，课堂上创造生活化的场景需要教师充分利用多媒体技术让学生感受到当时的情景，说出合适的话语。外贸口语课的情景比较特殊，从开始上课起，教师就应该让学生明白，学生在外贸口语的课堂上应该把自己的角色定位为与中国做外贸生意的公司的一名外贸业务员，这样在课堂上学生才会记住自己的角色，

从而很容易地融入情景中。这样不仅学习目的明确，而且教学效果也很好。

三　汉语外贸口语课的教学方法

外贸口语课是从“会话”的角度来训练和提高学生的汉语思维和口头表达能力，达到与对方沟通和交流思想的目的。想要达到这个目标，除了要有较为理想的教材以外，还必须有灵活多样的教学方法作保证。

3.1　模仿与背诵

模仿与背诵是学生改进其语音语调、增加词汇量、迅速提高其口语水平的有效办法。在大专班外贸口语选修课上，我们采用的是《汉语外贸口语30课》，因为这本教材采用的课文较短，而且有课文录音。由于课文的语言地道，简练上口，学生容易模仿和背诵。学生通过听录音，对课文进行反复的模仿和背诵，可在较短的时间里习得中国人的标准语音语调和正常谈话速度，并会逐渐使自己的口语变得流利自然。随着教学内容的逐步加深，学生的脑海就如同电脑一样储存了数量可观的词汇、短语、句型和各种情景下的表达方法，逐步养成用汉语思维和表达自己思想的能力和习惯。因此，在开课的初期，教师要求学生模仿和背诵一定的学习材料是颇为重要的。

3.2　情景对话

情景对话是模拟外贸业务活动中的各种情景，使之在课堂上再现，从而缩短课堂与社会距离的一种教学方法。这种方法可为学生创造一种较为真实的语言环境，使学生感觉到犹如真正在进行贸易谈判。在这种对话练习中，学生可以充分发挥并淋漓尽致地表达其语言才能。由于情景教学的直观性、形象性，可以最大限度地调动学生参与的积极性，因此在外贸口语课上有必要结合教材，为学生创设语言环境，如模拟外贸谈判、陪同外宾参观游览等。这种模拟场景进行汉语实践课教学的方法就是情景教学法。

我们在教学中把情景对话划分为以下两种：

3.2.1　有准备的情景对话

下课之前，教师给学生布置课后作业，设计1~2个情景，让学生任选其一，利用已学过的知识编写一个对话，下次上课时，教师用一定时间对学生的对话进行检查。学生进行情景对话时，教师应做必要的记录，记下其主要错误，但不能中断对话去纠正错误，否则会干扰学生的思路，不利于其语言才能的发挥。

3.2.2 即席情景对话

在课堂上教师设计1~2个情景，让学生两人一组在限定的时间内构思和完成一篇对话，然后请他们当场进行对话。这种即席情景对话可以培养学生随机应变和即时发挥其应付突发事件的语言能力，难度较大，应在学生对“有准备的情景对话”有了一定功底之后，再进入这一学习的阶段。

我们可以通过如下的方式进行情景教学：

（1）观看多媒体教学录像。

认知心理学的研究表明，人类通过视觉和听觉获得的信息占所有信息的比例高达94%，将传统的教学转换成鲜明立体的视觉形象教学，可最大限度地调动学生的感官参与，使学生形象地感知与理解，从而增强记忆。在组织学生观看教学录像的同时，教师还进行适当的讲解、演示，视听与讲解相结合，不仅直观形象，更有利于学生理解记忆。

（2）根据教学录像模拟配音。

将录像中关于商务知识等对话让学生进行模拟配音，这样便创造了真实的场景，既增加了学生对外贸知识的进一步把握和理解，也强化了学生运用汉语语言的流畅性，从而极大地调动了学生参与的积极性。

（3）结合教学录像模拟操练。

在实践教学中，最重要的是能够准确运用语言进行适当的交流。因此，在外贸口语教学中还应当增加模拟操练这一重要环节，即根据教学录像中的剧情虚拟场景，经过适当的加工、整合形成适合华裔学生自身水平的外贸场景。

3.3 即席翻译

很多华裔学生由于家庭和所在国的因素，常常从事外贸口译工作。因此，外贸口语课不妨安排适量的口译练习——即席翻译。做这一练习之前，教师应首先向学生讲解一些必要的口译知识、技巧和注意事项，以使他们在较短时间内掌握这一技能。教师应该事先准备好适合口译的英文材料，分好段落，给出必要的生词和短语供学生口译时参考。课堂上教师可以扮演演讲人，由学生扮演也可，然后让学生轮流口译。

3.4 课堂讨论

课堂讨论是一种刺激学生积极思考，进行逻辑推理，有条理地表达自己的思想，从而有效地提高他们的口语表达能力和辩论能力的教学方法。课堂讨论教学法要求学生具有较高的汉语思维能力和口头表达能力，主要在中高级班阶段使用。老师在讲完这些内容以后，可有意识地提出1~2个学生共同感兴趣、辩论性较强的题目供他们讨论。教师在指导学生进行这种讨论时，应该事先做些准备工作，如事先公布讨论题目，说明讨论的方式、步骤和所要达到的目的，并列出一些必要的词汇和句型供学生在讨论中使用。

3.5 交易会实习

除了课堂教学以外，在真实情景下的语言实践对学生的帮助更加明显。每学期利用当地资源安排学生参加与外贸有关的国际贸易博览会。例如，北京国际博览会、春秋两季广交会，等等，将课堂中学到的交际功能实际运用到现实中去，让学生真正身临其境地感受汉语外贸口语的作用。

四 结论与展望

随着中国经济地位的不断提升，世界对华贸易的步伐逐渐加大。东南亚华人经济团体更加重视对华贸易这个方面，华裔子女学习中文的目的除了认祖归宗，很大程度上是为了帮助父母和中国做生意。在这样的大背景下，华文教学中的汉语外贸口语课的地位更加突出，学习本课程的华裔学生人数日渐增加。不难看出，对华文教学中汉语外贸口语教学的研究已成为当务之急。目前，国内外贸口语方面的教材在内容上已经有些不合时宜，我们迫切需要编写出一套适合华裔学生特点的汉语外贸口语教材。针对华人的汉语外贸口语教学任重道远，需要华文教育同仁们共同努力。

参考文献

陈良旋（1994）关于外贸口语课教学的几点看法，《广州大学学报》（社会科学版）第3期。
伏双全（2007）对外汉语口语教学中的几条原则，《牡丹江教育学院学报》第3期。
刘乃华（1998）商贸汉语中洽谈语言的特性及其教学，《南京大学学报》第3期。
路志英（2006）商贸类汉语教材编写和研究的基本情况述评，《云南师范大学学报》（对外汉语教学与研究版）第2期。
汤　玲（2006）论商贸汉语口语的词汇教学，《中山大学学报论丛》第10期。
徐子亮（1999）外国学生汉语学习策略的认知心理分析，《世界汉语教学》第4期。
张静贤（1991）《汉语外贸口语30课》，北京：北京语言大学出版社。
张　犁（1992）外贸口语的特点与教学，《世界汉语教学》第4期。
朱黎航（2003）商务汉语的特点及其教学，《暨南大学华文学院学报》第3期。

华文教学写作课问题探析

张树权

【提　要】对于语言学习，听、说、读、写四大技能，写是最难的。写作更是一种能力，它不但是一种文字书写能力，更是一种文字应用驾驭能力。在华文教学法中，写作由何时开始，写作课何时进入课程设计，写作课教材应如何编写和使用，这些都是值得探讨的问题。本文只探讨汉语学习的高级阶段作为写作教学的重要阶段，就教学、教材、学习对象存在的问题加以分析和探讨，提出研究对策。

【关键词】高级阶段　写作教学　教学屏障　教学策略

对外汉语教学的高级阶段，是指HSK考试达到六级（含六级）以上，写作水平具有两小时内能写出700字以上命题作文的能力。本文主要探析目前华文教学高级阶段写作中存在的一些问题，抛砖引玉，以期寻求解决问题的良策。

一　对写作课应有的两个基本共识

1.1　高级阶段写作课的意义重大

高级阶段是写作教学的重点阶段。调查显示，随着汉语程度逐步提高，学生对写作的需求增加，写作教学的重要性突显出来。写作课的重要意义在于高级阶段写作课的课型特征比较符合高级阶段学生的学习特点，能较好地满足高级阶段教学的需求。首先，学生的言语表达活动一般要经历“词→词组→单句→复句→语段→语篇”这样一个循序渐进的学习过程。“词→词组→单句→复句”属于初、中级教学阶段学习的内容，而高级阶段是“复句→语段→语篇”训练和应用的阶段。目前，前阶段的问题解决得较好，教学理论较成熟，教学方法多样，学生学习效果好。而后者因缺乏相关理论的有效指导，没有形成具体、有效、规范的训练手段，许多教学手段和方法还处于摸索中，阻滞了学生汉语水平向高层次推进。其次，高级阶段的学生已具有相当程度的汉语言基础知识和文化知识，具备了一定的语言应用能力，具备了“输出”与“创造”的先决条件。写作课是“输出性、创造型”的课程，它能真实地反映和检验学生所学的词汇、语法等基础知识水平，不但可以考查学生汉语的综合水平，而且在教学中容易及时发现学生的问题。

综上所述，以高级阶段学生为研究对象的写作课的研究意义和价值很大，高级阶段写作课程的地位应当得到加强和提升，写作课应该列为高级阶段的重点课型而被重视起来。

1.2 用第二语言写作困难重重

用第二语言写作比母语写作更复杂。第二语言写作要求写作者不但要具备一定的目的语的词汇、语法等语言基础知识，还应该按照目的语的思维方式和表达方法进行写作，即要求掌握目的语的格式标点、段落结构、谋篇布局等写作知识和技巧。另外，写作能力与说话能力不同，写作能力的个体差异比说话能力的个体差异要大得多，话语交际对识字与不识字的人来说都可以顺畅完成，但不识字的人是不可能写作的。写作能力强的人可能说话能力也强，但说话能力的强弱未必与写作能力的强弱有关。写作能力只有通过训练才能提高，因为“写”与“说”虽同属语言的输出形式，但“说”是人类的普遍行为，既可“习得”，也可通过“学习”掌握；“写”则不然，它必须以文字形式表现，必须通过“学习”掌握。作为“写”的高级表现形式——写作，它是书面性质的言语表达活动，是写作者把要表达的思想内容形之于词、句、篇章的活动。写作作品应当语言准确、结构严密、观点鲜明、信息集中。写出好的作品不但要有文字的书写能力，还要有安排文字“优美化”的能力，要通过“学习”才能实现，绝非轻而易举、一蹴而就。

此外，高级阶段与初、中级阶段相比，学生的学习偏好不但使其自身的汉语单项技能不平衡（通常“听、说、读”的能力普遍高于“写”的能力），而且同级同班学生相互之间汉语水平的实际差距也拉大了。加上学生的学习目的、写作兴趣、第一语言写作能力、是否来自汉字圈国家乃至本人受教育程度等诸多因素的影响，高级阶段写作教学的难度大大地增加了。无论多难，掌握汉语基础知识和“听、说、读、写”基本技能是汉语作为第二语言教学最直接、最根本的教学目的，四项言语技能的均衡训练十分重要，学生因写作能力欠缺而成为“瘸腿”，就不能算是合格的汉语人才。

二　目前写作课教学中存在的几个主要问题

2.1　学习者的信心不足问题

将汉语作为第二语言学习的学生面临汉语表达能力与汉语思维的双重问题，不但要解决词汇不足、语法不熟、文化知识薄弱等问题，还要解决因汉语思维习惯不同带来的不同表达方式等问题，需要重新学习掌握汉语的写作知识和技巧。一个母语写作能力很强的学生（甚至是作家）用汉语去写作，会因汉语词汇量不够或语法知识欠缺而有“茶壶里煮饺子——有货倒不出”的感觉，或者写出来的东西读起来令人感到不“地道”或格式“乱七八糟”。由此看来，是写作本身的困难性挫伤了学生学习的热情与积极性，产生畏难情绪，丧失了写作的信心，甚至知难而退，而不是学生不重视这门课，学习不积极，因此，教师应如何引导和鼓励学生去写作是我们必须解决的问题。

2.2　学界对写作教学的研究不够

对外汉语教学在教学法方面的研究成果已不少，可研究的“不平衡性”明显存在，即针对听力、口语、阅读方面的研究多，写作教学研究则明显滞后。辛平通过统计分析留学生作文中出现的偏误，考察留学生写作中的偏误类型及出现比例；吴平谈了对外汉语教学写作的学习策略；何立荣从篇章语言学的角度分析了汉语写作中的篇章失误；王莉运用话语衔接的知识分析了留学生话语不连贯的主要原因。虽然廖秋忠比较系统地罗列了汉语的篇章连接成分，张宝林对汉语语段组合方式进行了考查，刘月华对叙述体连接问题进行了研究。但这些研究性论文的阐述大多集中在篇章、偏误、学习策略等具体侧面，缺乏对教学理论与方法的全方位探讨。20 世纪 90 年代出版的两本具有代表性的对外汉语教学法专著《对外汉语教材教法论》（赵贤洲、李卫民）和《中高级对外汉语教学论》（李扬）中，都没有对写作教学法进行系统的介绍和分析。汉语作为第二语言的写作教学应当运用何种理论，如何实施具体的教学步骤及实施效果如何，写作教学中如何综合运用汉语言语技能，如何安排课堂训练的时间和形式，选择什么样的范文，如何扩展和延伸学生的课外知识，如何组织课堂活动，如何处理学生写作中出现的错误，如何讲评，如何讲解才有别于一般的阅读课、精读课，选择命题作文还是给定一个范围更好，是严格纠错还是宽容对待，以及如何使学生有读者意识等问题，都需要我们深入探讨并予以回答。

2.3 写作教材的问题

虽然近年来对外汉语教材出版工作成绩斐然，但写作教材缺乏的问题还是比较突出，不同理论支撑下的不同风格教材的缺乏及教材缺乏特色和新意的现状尚未改变，特别是中、高级阶段“教材单一，教法单一”的局面一直没有改变。

从总体上看，初、中阶段的教材编写、出版情况比高级阶段好，但屈指可数。乔惠芳、赵建华编写的《外国留学生汉语写作指导》和祝秉耀编写的《留学生写作指导》都是通过对学生习作的改写、点评和语病的分析改正，指导学生进行写作实践，适宜供高年级学生写作课课外学习、阅读运用。

罗青松编写的《汉语写作教程》是为具有中级汉语水平（2~3 年级，起点为 HSK3~6 级）的外国人编写的教材，编写体例体现了“以学生为中心”的教学主导思想和原则，有一定的特色，但是缺少高级本。目前，选用该教材的对外汉语教学单位较多，甚至连高级阶段的写作教学也“低就”而选用该教材。另一套分初、中、高三个级别，每个级别又分 A、B、C 三种课本共计九本书的《汉语写作教程》正在编写中。目前已经出版的只有中级 A 种本（鹿士义、王洁编著）。该教材针对不断扩大和多元化的教学对象，注意体现“结构、功能、文化相结合”的原则，具有“通用性、组合型、滚动式”的特点，给人耳目一新的感觉，但高级本尚未出版。高级阶段使用的是赵洪琴、吕文珍编写的《外贸写作》，它属专业写作教材，不属于通用教材之列，使用范围不广，大多数院校并不设此课。

目前，高级阶段对外汉语写作教学唯一一本可以使用的教材是 1994 年北京语言出版社出版的由吴振邦、吕文珍编写的《汉语写作（供三年级用）》（与之配套的中级本是赵洪琴、付艺芳主编的《汉语写作（供二年级用）》）。该教材的基本体例是：①文体说明。②例文。每文有简析、释词、举例和旁批。③文选。如果照此施教，其步骤为：解词释句、分析范文，供学生模仿；列出重点句式、词汇，要求学生套用；学生按要求“照猫画虎”地独立完成某一体裁的写作任务；教师修改、讲评。

显然，这与汉语精读课或阅读课教学有诸多相似之处，难以体现出写作课教学的特点，学生缺少如何成段组句等方面的具体指导，缺乏语段训练的操作。另外，把汉语写作常识、修辞等基础知识编成专门一章进行介绍，难免显得简单、粗略，教师很难将其与教学内容有机地糅合到一起，学生难以在“学”的过程中领悟。

总之，目前正式出版的高级阶段使用的写作通用教材，种类极其有限，且不能推陈出新，教师几乎没有选择教材的余地，这与其他课程的教材出版状况反差很大，也说明了写作教学的滞后。许多院校给高级阶段的学生开课却选用中级教材，但学生并无异议，这主要说明了两个问题：

一是说明了高级阶段学生“写”的水平远低于他们的“听、说、读”的水平；二是说明了高级阶段的教材不好用，教师不愿选用。为了应对这样的现实情况，有些院校甚至让教师有针对性地自行安排写作课的内容，这种做法缺乏写作训练的系统性和全面性，增加了随意性，是对外汉语教学总体设计中的一个严重失误。

吕必松先生曾指出“教什么和怎么教，是语言教学中两个最基本的问题，教什么是教学内容的问题，怎么教是教学法的问题，这两个问题都要体现在教材中”。教材对教学方法起着规定、指导作用，教法的优劣直接影响课堂教学效果，没有合适的教材，难找合适的教法，没有合适的教法，就难保优质的教学效果。

2.4 对写作的测评问题

目前，对外汉语教学中、高级阶段所有课程的测评普遍存在“缺乏科学的定性定量标准，体现课型特征不足”的问题，写作课测评也不例外。测评学生的写作成果是目前写作教学的重要步骤和主要工作，我们教学中常见的写作课的测试情形是：教师在黑板上给出一个或几个作文题目，学生按照要求（体裁、字数、时间等）完成上交，最后由教师给出分数和评语。然而，作文的考试测评是一个很大的难题，合理的测评需要科学的测评标准。无论是汉语母语写作教学，还是对外汉语写作教学都没有解决好这一问题，在我国全国统一高考中出现的对作文满分现象的争议便是最好的佐证。不同教师对同一作文给出相差悬殊的分数对学生是有失公允的，出现这种情况的原因似乎是目前测评标准存在的“主观成分过多，客观成分不足”的缺陷造成的。

《高等汉语水平考试 HSK（高等）》作文考试“五级标准”中的第四级标准（相当于高级阶段）的内容是“内容较充分，较有条理。语法结构清楚，语言尚通顺，能使用较复杂的句式清楚地表达思想。词汇较丰富，使用正确，表达基本得体。有个别语法、词语及汉字书写错误，但不影响交际”。其中大量使用了“较、尚、基本、个别”等表示不确定的界限模糊的词汇，这些字眼很难使评价标准找到一个准确的“度”，无疑会有很强的主观随意性，教师甚至可以将个人的好恶掺进去。同样，罗青松参照权威的《汉语水平等级标准与等级大纲》在《对外汉语写作教学研究》书中列出了高级阶段写作能力标准。像“两学时内完成 800 字以上”等“定量”标准很少，如“语句通顺、说理清楚、描写准确、语言表达基本得体”等“定性”标准很多。一般来说，定量标准的“客观性”强一些，定性标准的“主观性”多一些，客观性差、主观性强被认为是目前导致教学双方对测评争议的最直接缘由。所以，在对外汉语写作相关标准中，增加客观性的评判成分，减少主观性评判标准是许多研究者追求的目标之一。

陈田顺主编的《汉语写作课课程规范》中，作文测试评分标准的客观标准多且具体（参见《对外汉语中高级阶段课程规范》第92页）：

90分以上的起始标准：

（1）符合文体，紧扣题目，中心思想突出。格式正确，标点运用正确；

（2）少于5个明显的语法错误。

不及格的标准：

（1）跑题；

（2）字数比要求的少1/3及以上；

（3）40%（含）以上的语句不通。

其他方面扣分标准：

（1）两个错别字扣1分（重复的不计）；

（2）较严重的语法错误，如句子表达不清，基础语法和常用词语运用错误等，每处扣2分；

（3）一般错误，每处扣1分。

按照上述标准操作起来看似方便许多，但实际上未必是灵丹妙药。经过教师千辛万苦的计算，一篇作文如果严格按此标准评判，最后能得几分不说，相信学生看到自己的写作成绩之后，写作的兴趣便会消失殆尽。为了解决作文测评的主观随意性问题，有研究者寄希望于增加客观评价手段来解决问题，将作文测评的研究目光放在了当前测试的主流模式——标准化测试（Standardized test）上。然而，已经研究多年的标准化程度非常高的HSK考试，在试卷设计、命题技巧、考试效度信度、施测程序等方面尚且存在诸多争议，对作文进行标准化测评则更难，作文自身的特点决定了将标准全部客观化几乎是不可能的。

三　余　论

华文教学写作课的教学主体是海外华人、华侨学生，多数学生在家中对汉语及中华文化耳濡目染，或多或少地了解一些，他们对写作的要求更积极。既然写作教学如此重要，其学习和教学的难度又如此大，目前的研究现状又如此不理想，试着借鉴一种成熟有效的外语写作教学方法有可能是一条捷径。

参考文献

罗青松（2002）《对外汉语写作教学研究》，北京：中国社会科学出版社。

吕必松（1987）《对外汉语教学探索》，北京：华语教学出版社。

章兼中（1984）《国外外语教学主要流派》，上海：华东师范大学出版社。

陈田顺（1999）《对外汉语教学中高级阶段课程规范》，北京：北京语言文化大学出版社。

Brown, H. Douglas（1987）Principles of Language Learning and Teaching. Prentice-Hall, INC., Englewlld Cliffs, N. J. 07632

过程写作的实践与理论

杨　俐

【提　要】本文从实践和理论两个方面，对英语作为第二语言教学中的“过程写作”教学法进行了介绍，并结合其在对外汉语教学领域的应用进行了深入的探讨。具体内容如下：①过程写作的具体实践及其教学原则；②过程写作的理论基础；③过程写作在对外汉语教学中的实践。

【关键词】过程写作　教学法

过程写作（process writing）是近年来受交际语言教学理论的影响，盛行于西方教育系统，从中小学的母语教学到高等院校的第二语言教学写作课程的一种教学方法。它的宗旨是，任何写作学习都是一个渐进的过程，这个过程需要教师的监督指导，更需要学生自身在这个过程中对文章立意、结构及语言的有意学习。由过程写作实践而建立起来的过程教学法理论，也对第二语言教学的大纲设计、语法教学、语篇分析等产生了深刻的影响。

根据 Grabe & Kaplan（1996：31）的论述，20 世纪 70 年代末期，写作教学理论吸收了认知心理学、社会语言学、教育人类文化学（educational ethnography）、整体语言教育（whole - language education）和应用语言学的理论。这些理论启发教师以及从事教学研究和评估的人员重新认识写作的性质和目的，反思传统写作教学的方式和手段。Grabe & Kaplan 指出，写作只有与学习者的人生经验发生联系，才能成为一种有意图的、有意义的学习活动。Goodman（1989，转引自 Grabe & Kaplan，1996：104）注意到，学校教育经常把语言和它的有意义的使用功能分割开来，把语言这种最实用的人类的交际工具变成难以学习的课堂上的知识，变成令人望而生畏的考试内容。而乔姆斯基也于 1970 年（转引自 Grabe & Kaplan）指出，学习写作根本不需要等到学习者熟练地掌握了语言艺术才进行。更好的办法是，通过早期的写作过程以及对语言的探索性和创造性的使用，可以为学习者今后的阅读和写作带来良好的影响。

正是在很多人取得了这种共识后，“writing - as - a process”（写作像一个过程的运动）开始在西方学校流行起来。写作教材被重新改写，其教学的侧重点由传统的篇章结构、语法、词汇转向对写作内容及写作过程的关注。一些与学习者的写作过程密切相关的写作“程序”被当作写作课的教学内容。“注重过程的引导，让学生对语言运用和文章结构进行一些反复思考、修改”（罗青松，2002：60），这些成为写作教学的主旨。

写作教学在对外汉语教学领域还是一个有待着力开发的领域。本文对过程写作的介绍和剖析，或许可以帮助对外汉语教学第一线的教师验证自己的教学经验，明确其理论依据，进而开阔视野、更新理念，使其写作教学迈上一个新台阶。

一 过程写作的具体实践及其教学原则

下面以新西兰奥克兰大学为进入专业学习的留学生开设的英语写作课程（Academic English Writing），以及笔者所在的北京华文学院开设的对外汉语写作课程为线索，以作文《给初次来华的留学生的建议》为例，具体介绍过程写作的内容和程序，以帮助读者对过程写作有一个整体的了解。

1.1 过程写作课程的教学内容

常见的过程写作教学内容以叙议结合的命题作文、非命题作文（如话题作文、语料作文等）以及应用文为主。其他还包括一些不定期的自由写作（free writing）、课堂日记（journal）、语篇和句式练习等。课程的写作内容应该在学期开始时全部展示给学生，使之对学习内容和程序做到心中有数。以下是北京华文学院高级班学期（4 课时/周 ×16 周）写作教学的内容：

2002 — 2003 第二学期作文内容、上交日期及格式要求

作业 1——一篇作文的构思 5%
《给初次来华的留学生的建议》
思路图（1）（2），提纲，起始段落的写作
上交日期：
作业 2——《给初次来华的留学生的建议》10%
主体部分及结尾段落的写作，连接词语
上交日期：
作业 3——一篇介绍性说明文的写作 15%
《故乡》
段的结构、专门词语及所需写作资料的收集
上交日期：

作业4——语料作文（1）：《应用文写作》10%
《招聘启事》和《求职信》
上交日期：
作业5——语料作文（2）：《议论文的写作》15%
《吸烟与健康》（当堂限时作文）
从语料（事实和数据）中找出观点，并以此为论证观点
上交日期：
作业6——一篇有引用的说明文的写作 15%
《外国学生学习汉语时遇到的困难及其解决方法》
《你的国家或中国历史上或现代发生的重大事件》
《一个目前在亚洲范围内产生着一定影响的社会问题》
（以上话题任选其一）
专门词语的收集，参考资料的引用方法
上交日期：
作业7——给教师的一封信 5%
总结学期写作的得与失，学习书信的格式要求
上交日期：
（此外，自由写作、课堂日记、语篇段落练习、句式练习等，不计算成绩）
出勤率、作业上交情况
期末考试
（所有作业应使用横格纸，隔行书写）

平时成绩占学期总成绩的75%。期末考试成绩占25%。此标准的制定，目的在于把整个学期的写作课看成一个学习能力提高的“过程”，鼓励学生重视“过程”中的每一步——每一篇作文的写作。

1.2 过程写作的三个阶段

在过程写作中，一篇作文的写作大致可分为三个阶段：准备阶段、起草阶段和修改整理阶段。

1.2.1 作文的准备阶段

准备阶段又可以分为四个步骤：写作话题的筛选、文章的构思、提纲的写作、相关词语及写作资料的收集。

第一个步骤，写作话题的筛选。

为了选择学习者熟悉的话题，使他们通过写作充分表达个人的知识和观

点，间接地达到学习和使用第二语言的目的，每篇作文应该至少给出五个话题供学生选择。或者直接设置内容范围限制性较小的话题，例如过去一个月内，国际或国内发生的、具有重大意义的、媒体上公开讨论过的话题，像“给初次来华的留学生的建议”、“电脑因特网给世界带来的影响”等话题就比较适合大多数在中国留学的成人学生。而“韩国人吃狗肉的风俗与西方道德观的冲突”、“新加坡的口香糖之战”等话题则适合特定背景的留学生。

第二个步骤，文章的构思。

Brainstorming 直译是头脑风暴。*Academic English Writing*（Baker，2001：16）上说，它是一种关于一个话题所涉及的所有方面问题的自由而广泛的联想或讨论。其组织形式包括个人构思和集体讨论两种。

个人构思包括三种不同的形式：自由写作（free writing）、思路图（mind mapping）、启发法（heuristics）。

（1）自由写作。自由写作的形式是设定一段时间，如 10 分钟或者 7 分钟，不必考虑语法、汉字，尽可能少思考而不停地写，也就是意识流似的写作。自由写作又可分为两种：一种是没有任何话题的写作，纯粹是一种开动思维、训练手脑协调、提高（汉字）书写速度的热身练习；另一种是设定一个话题（例如当前正在计划中的作文的某一相关话题），由此联想开去。学生往往“心有千言无从落笔”，而自由写作是一种很有效的克服这种思维阻滞的写作技巧（Barker 等，2001：16）。

（2）思路图。它更强调从视觉上帮助学习者记录并整理思绪。具体做法是，在一张白纸的中央写下作文的话题，或用一个词语来代替这个话题。当你的眼睛看这个话题时，你头脑中想到的有关它的一切就是这张图应当有的内容。一切带有个人色彩的标记，如箭头、图形、分项符号等，都可以帮助学习者在记录的同时整理出各项相关内容的关系结构。思路图中使用的语言单位是词或者词组，而非句子。

思路图至少应该设计两张，一张为初级的，另一张为整理归纳后的思路图。下面以《给初次来华的留学生的建议》为例：

思路图 1　留学时可能遇到的困难（选自学生习作）：

生活习惯　衣着　和家里联系　想家　晕车　时差　邮局　交朋友　饭店　注意坏人　银行存钱　商店　住宿　需要的照片　吃饭不习惯　环境　天气

困难

坐车　娱乐　旅游　吃药　生病　语言问题　护照　签证　洗衣服　检查身体的证明　打电话　注意安全　上网的地方　上课时间地点　课本　笔记本

思路图 2　上图整理之后：

1. 日常生活	2. 日常需要	3. 学习	4. 健康	5. 其他
—生活习惯 —语言 —交往、同学同屋 —衣着、洗衣服 —吃饭 —住宿 —气候环境	—交通 —通讯方式 上网 邮局 打电话 —娱乐、旅游 —商店购物 讨价还价	—上课地点 —上课时间 —课程安排 —需要的书本 —任课教师 —图书馆的位置及借书方法	—医院 —思乡病 —晕车 —饭菜不习惯 —时差	—注意坏人 —注意安全 —银行（存取钱） —护照、签证 —体检证明 —交学费

（3）启发法。当学习者苦于无话可写时，可以通过回答以下问题来启发他们的思维：

①话题：我要写的作文是关于什么话题的？

②想法：关于这个话题我想说些什么？

③目的：我为什么选择这个话题？

④读者：为什么我的读者会对我的想法感兴趣？

⑤知识：有关这个话题的哪些知识是我已经具备的？哪些是我应该了解的？（为找参考书作准备）

集体讨论（全班或分小组进行）是一种集思广益的活动。学习者可以提出自己的写作构想，也可以摆出自己遇到的困难，以求得同学或老师的帮助。这种讨论的优点在于：开拓写作的思路，尝试从不同的角度、不同的立场去认识一个事物，增加认识的深度和广度；弥补个人在某个话题上知识的不足。澄清模糊认识，筛选整理思绪，激发出表达个人观点的写作欲望。

第三个步骤，提纲的写作。

提纲与思路图的关系，恰如北京华文学院的学生总结的那样，思路图能够打开思路，丰富思想提纲，能够选择并整理出最终应该进入文章的内容和观点。这是一种既能放又能收的写作构思方式。总结北京华文学院过程写作课程的实践，写作时最让学生头疼的不是语言问题（虽然一开始他们都认为汉语语言是最大的障碍），而是如何从混乱的思绪中提炼出一篇文章的提纲。提纲的拟定大致可以按照以下程序进行：

（1）仔细阅读思路图 1、2 的内容。

（2）用几分钟的时间，在你认为最重要的内容下面画横线。

（3）按照一定的顺序（如重要与否、范围大小、程度深浅、时间前后等）排列以上内容，并分出段落层次。

（4）添加文章的起始和结束段。

（5）添加文章题目。

写作提纲应该由短语和词组成，要求简单明确。例如：

《给初次来华的留学生的建议》（提纲）（选自学生习作）

开头

为什么写这篇文章

介绍文章的大概结构

主体

生活方面：a. 气候不适应＋建议（注意身体，加减衣服）

b. 饭菜不习惯＋建议（自己做，找本国餐馆）

c. 交通困难＋建议（买地图，问老同学）

d. 不认识人＋建议（先找本国老同学，主动交新朋友）

语言方面：a. 上课听不懂＋建议（认真，主动问老师）

b. 买东西或办事情听不懂＋建议（找老同学，带词典）

结束

总结上文

提出希望

第四个步骤，相关词语及写作资料的收集。

词汇表是笔者针对汉语写作教学增加的一项教学程序（环节）。因为在教学中，笔者发现专门词语的缺乏常常让学习者在写作时词不达意，甚至用平白的口语来阐释或代替书面语汇，极大地影响了读者的理解和文章的质量。

收集书面语汇的第一种有效方法是使用母语—汉语词典（如英—汉、日—汉词典）。从母语词汇出发，查阅与之对应的汉语词汇，实现与之相关知识的转换。另一种有效的方法是阅读范文等参考资料，借鉴其中的语言。过程写作的学习者会于这种揣摩、模仿中吸收大量书面语的句型和词汇，这是过程写作的一大优势。

至此，写作的准备工作已经就绪。学习者要上交所有一切曾经写下的文字——从最初构思的一张小纸片，到最后成形的工整的写作提纲。教师要检阅的不只是作为第一阶段学习结果（product）的提纲，更看重提纲产生的过程（process）。因为过程比结果更能反映一个学习者写作上的强项和弱项。

这一阶段教师的评语常常是建设性的，而非评判性的。

1.2.2 作文的起草阶段

起草阶段的教学由以下内容组成：范文的阅读借鉴、各种写作知识和写作方法的学习、草稿的写作和修改、学生之间的评论和借鉴（peer review）。

（1）教师应带领学生揣摩借鉴一定数量的范文（多为前届学生的优秀作文）。范文可以是完整的文章，也可以是一个语篇。要提倡在理解的前提下学习和借鉴。教师有责任告诉学生“引用”与“抄袭”的区别，指导学生使用参考资料。鼓励学生以各种形式引用前人所言的同时，从中发现疏漏，从而找出自己的研究课题（刘润清、胡壮麟，1999：2～4）。

（2）各种写作知识和写作方法的学习，例如：

①从各种媒体（书籍、杂志、报纸、因特网）中引用参考资料。

②有关引用或介绍参考资料的词语，例如，“认为、相信、提出、指出”等。

③段的构成方法及构段练习，例如：

续写段：

A. 经济的全球化已经使得英语成为一种世界通用语。________________

____

B. 外国留学生学习汉语的主要目的有三个。________________

____

④段之间的转换方法及作文常用连接词语，例如：

表示顺序：首先，其次，最后。

表示对比：相反，与之相反，反之，对比之下，等等。

⑤变换措辞（paraphrasing）。

变换措辞是一种避免文章语言重复使用的方法。可以通过同义、近义词语的替换，不同语言形式与同一语义的对应练习等方式来完成。

以上知识不是要教师一次性地逐条讲解给学生，而应该在各篇作文的写作过程中分开介绍和练习，这样才能学以致用。同时，随着教学的深入，要帮助学生整理出写作知识和技巧的系统。

（3）落实对作文的反复修改，至少完成1～2篇草稿。对第二语言的写作，教师要鼓励学习者在草拟时不要专注于语言的准确性，而要着眼于文章整体架构和内容的表达。

（4）Peer review 是指学生之间文章的互相点评和借鉴。一个班级中学生的写作水平自然会分为几个等级，一些领悟力不太强的学生，常常在阅读了同学的作文之后豁然开朗。Peer review 还可以在班级中创造积极向上的竞争氛围，有助于释缓写作学习给学生造成的负面压力。

1.2.3　作文的修改整理阶段

教师在审阅最后的修订稿时才对语法用词进行批改。作文的评语也由建设性的改为评判性的。学习者则应该对教师的评语及修改意见做出反应——对文章进行全面的修改，从行文结构到语法、汉字。

学期结束前，学生还要做两项工作：第一，在力所能及的前提下，修改学期里所有课内外写作的东西，甚至可以重写。而最后学期总成绩的评定也常常取决于这最后一搏。这种教学设计，就是要给予学习者充分的机会去练习写作。第二，期末时，学习者要按照一定顺序把整个学期各篇作文的思路图、提纲、草稿、修订稿、修改稿等集结整理并制作成一本作业集。而对中小学生进行的第二语言写作，则常常采用作业展览的方式，作为学期写作“过程”的结束。

过程写作，它关注的不是横向比较后个人成绩的高低，而是每个人写作的进步过程。在学期末，当一本厚厚的作业集在你面前摊开，更多地，你会一页一页地追溯起一个写作学习者有案可稽的写作的得与失、苦与甜。

1.3　过程写作的指导原则

Grabe & Kaplan（1996：97）提出了一些关于过程写作的指导性方针，也可视作过程写作的概要与总结。它可以帮助我们更深刻地理解这种教学法。现摘录如下：

a. 过程写作是一个发现的过程，它的发展进程就像一种难题的解疑（problem - solving）活动。

b. 草拟和讨论是预写和演练的一种手段。

c. 学习者应该学习如何内化（理解吸收——笔者注）他们口头讨论的内容，而不是简单地记录下来而已——他们应该学着做得更好。

d. 学习者应该学习从为个人写作转向为他人写作。（也就是注重文章写作上格式的规范化，增强文章的易读性，让读者迅速地了解文章内容——笔者注）

e. 学习者应该在写作的计划、预写以及多次的草拟演练上下工夫，以提高写作能力。

f. 学习者应该进行力所能及的自我修改，力所不及时应特别借助与教师的交谈，以听取教师的意见。

g. 学习者应该学会监控自己的写作。（知晓自己的长处和短处，随时对个人写作进行总结与修正——笔者注）

h. 由于学校无法给予学生更多的时间、更大的动力来写作，教师需要为学习者创造条件并鼓励他们投入到写作中去。同时，教师也应该练习写作，并与学习者一起分享他的作品。

i. 教师需要对写作课堂教学活动进行监控追踪，并努力成为一个热爱自己工作的积极的教学研究者。

二　过程写作的理论基础

2.1　过程教学法的特点

严格地讲，过程教学法是先有实践，然后经专家总结归纳出的理论系统。过程教学法理论有以下特点：

（1）以学生为中心进行写作教学，这包括注重学生的学习需求分析，师生之间协商性的教学大纲。

（2）考虑真实环境中语言使用的不可预测性，注重语篇的学习和使用，这胜于孤立的、无语境的语言项目如句子的学习和使用。减少学习任务（tasks，如小组学习、角色扮演等）的人工设计痕迹，尽量模仿自然的交际活动。

（3）注重学习者之间的交互性学习活动（interaction）。

（4）注重学生在问题的解疑活动（problem - solving）中自主地学习和使用目的语。

（5）注重语言表达的流畅性胜于准确性。（纠错放在表达完成之后）

（6）因为不可预测的因素较多，所以应该敏锐而谨慎地监控课堂教学。

2.2　过程教学法的方法

根据许多研究者的论述，过程教学法要想取得理想的教学效果，应该着重从以下两个方面去落实：

2.2.1　协商（negotiation）

教与学之间的协商与交流集中体现了以学生为中心的交际教学理念。

Breen（1984：47～60）建议教师从以下四个方面入手：①学生的学习需求分析（needs analysis）。他建议，教师可以从回答以下问题入手：谁？和谁在一起？什么科目？什么教材？什么时候？什么目的？②根据以上的需求分析，选择并确定教学的程序和环节。③选择并确定相应的学习活动或任务。④通过教师自己对课堂教学的反省、学生学习信息的反馈以及测验来检查评估①项中各个问题的落实情况。

在过程写作内容的总体设计中有一种叫"journal"的课堂日记（为一页A4纸），每周一次，利用上课时间（15分钟左右）由学生完成。内容是关于本周个人写作中取得的收获或遇到的困难，其体例如下：

课堂日记　　　　　　　　　　　　　姓名________日期________

话题：

____

____

教师的留言：

____

____

实际上，这就是有关学习需求的第一手资料。教师正是根据其中的需求信息不断地调整自己的课堂教学内容及方法，从而有的放矢地指导学生的写作。

2.2.2　"发现"和"表达"

"发现"和"表达"体现了以学生为中心的自主学习的教学原则。Batstone（1994：74）强调指出，在过程教学中，我们不仅希望学习者通过有意识的学习活动去"发现"目的语的语言内容及其使用规则，而且希望他们达到使用目的语进行自我"表达"的目的。这清楚地表明了在过程教学理论中，目的语永远是学习者用来表达思想感情的工具，而非语言学习的终极目标。

此外，从以上对过程写作实践的介绍中，我们还可以发现，仅仅依靠教师介绍写作的规则，学习者是学不会写作的。教师在让学习者了解规则的同时，还要通过大量范文的揣摩借鉴、细致详尽的写前计划、多次的草拟修改，让学习者自己去发现和体会写作的技巧和规则。也只有在这个实践的"过程"

中，学习者才能逐渐体会出“规则”的意味，逐渐进入写作状态。更进一步讲，“发现”写作的规则只是完成了过程教学的第一步——运用刚刚发现的知识和技能去“表达”交际的意图，这是过程写作的目的所在。

三　过程写作在对外汉语教学中的实践

3.1　过程写作的局限性

根据 Grabe & Kaplan（1996）的论述，过程写作主要存在以下三个问题：

（1）使用过程教学法的课堂教学不易控制。这是因为：①学生的需求各有不同；②很少有统一的答案；③在进行集体讨论时，个别学习者喜欢在一些枝节问题上纠缠不休，既偏离主题又浪费时间。因此，过程教学的课堂更需要教师细心而敏锐的监控。

（2）由于过程写作强调内容表达的流畅性胜于语言使用的准确性，对所有草稿只给评语，不予语法、用词、用字上的纠错。所以，学习者对语言错误的反应不是十分迅速和清晰，一个语言问题可能会在相当一段时期内伴随着学习者而得不到及时纠正。

（3）过程写作对于成人比儿童更有效。这是因为：①过程写作比普通写作需要更多的人生经验和知识的参与；②在写作的揣摩、理解、表达上，很显然，成人的理性思维也更具有优势。所以，针对儿童开设的过程写作应特别注意话题的选择、程序的设计，以适应他们的特点。

3.2　教汉语过程写作的教师应该努力学习，成为学者型的教师

（1）成为一个视野开阔的人。关注国际国内政治、经济、文化、科技动向及社会焦点、热点话题，以丰富的学识去应对来自不同文化背景和文化层次的留学生的知识和经验的挑战。

（2）成为一个观察敏锐的人。学会分析留学生的学习需求并制定相应的教学大纲，敏锐地监控写作学习过程，随时修正自己教学的方法和手段。对当天教学过程的“反思”、“反省”是过程写作教师的日常功课。

（3）成为一个指导有方的人。过程写作十分强调学生的自主性学习，因此，教师要重视学生自我监控、自我分析、信息的收集整合等学习能力的培养。要经常向学生推荐优秀的工具书、参考书、报纸杂志、图书馆、书店、汉语网站等写作资源。

（4）成为一个善于表扬的人。两个学期的教学实践表明，有两种学生容

易在写作的“过程”中半途而废。一种是学习目标不明确，缺少学习动力的学生；另一种是上进心很强，对自己的写作要求十全十美的学生。所以，过程写作教学要善于挖掘学生的动机、意志等情商因素来激发学习者的学习兴趣或释缓他们的学习压力。

3.3 汉语过程写作教学中的两种现象及其思考

（1）对于过程写作的过程化、模式化教学，一些母语写作能力较强的学生在初始阶段不易接受，他们更喜欢沿袭母语写作习惯。其实，模式化写作的目的，是为了最终放弃模式，进入一种自由而有序的写作状态。但第二语言的熟巧程度对于思维和表达的阻滞作用决定了留学生的写作学习应该先有“规矩”，然后才能“自由”。

（2）对于语言错误的修改，留学生们既不喜欢自己的作文被教师改得“满纸小红花”，“这很容易让我失去信心”（留学生语），又害怕自己的语言错误得不到及时纠正。其实，现代第二语言学习理论（盛炎，1989：114～137）告诉我们，目的语的学习是一个由母语向目的语不断靠拢的过程，是一个主动（自己纠正）和被动（旁人帮助）纠正错误的过程。应该使学生们相信，他们（在对目的语大量接受、模仿、揣摩、借鉴的过程中）具有语言的自动纠错能力，前提是规范语言的大量输入。

参考文献

刘润清、胡壮麟（1999）《外语教学中的科研方法》，北京：外语教学与研究出版社。

罗青松（2002）《对外汉语写作教学研究》，北京：中国社会科学出版社。

盛　炎（1990）《语言教学原理》，重庆：重庆出版社。

Baker, Valerie (eds.) (2001) *Academic English Writing*, Auckland: the University of Auckland.

Batstone, R. (1994) *Grammar*, Oxford: Oxford University Press.

Breen, M. P. (1984) Process Syllabuses for the Language Classroom, In Brumfit (eds.), *General English Syllabus Design ELT Documents* 118, Oxford: MEP/British Council.

Brown, G., and Yule, G. (1983) *Discourse Analysis*, Cambridge: Cambridge University Press.

Bygale, M., Tonkyn, A. and Williams, E. (eds.) (1984) *Grammar and Language Teacher*, UK: Prentice Hall International English Teaching.

Grabe, W. and Kaplan, R. B. (1996) *Theory and Practice of Writing*, New York: Longman.

Mackey, W. F. (1965) *Language Teaching Analysis*, Longdon: Longman.

Richards, J. C. and Lockhard, C. (1994) *Reflective Teaching in Second Language Classroom*, Cambridge: Cambridge University Press.

Richards, J. C. (1996) *Teachers as Course Developers*, Cambridge: Cambridge University Press.

Stem, H. H. (1983) *Fundamental Concepts of Language Teaching*, Oxford: Oxford University Press.

Wallace, Michael (1991) *Training Foreign Language Teachers: A reflective Approach*, Cambridge: Cambridge University Press.

White, R. V. (1988) The *ELT Curriculum: Design, Innovation and Management*, Oxford: Basil Blackwell.

Widdowson, H. G. (1990) *Aspects of Language Teaching*, Oxford: Oxford University Press.

利用情景教学调动学生学习的自主性

——谈初级（下）口语课教学的点滴体会

沈　力

【提　要】本文结合教学实际，针对我校初级（下）学生的特点，阐述口语课通过设计特定情景、采取多种教学手段来激发学生自主学习的热情，以解决学生口语课的开口率问题。重点讨论通过设置不同情景的教学，采取一定教学手段所带来的优势，培养学生利用不同情景进行自由表达与发挥的能力，使口语学习由被动接受变为主动参与，调动学生的学习积极性，增强学习的自信心。

【关键词】口语课　情景教学　激发　自主性

一　初级（下）口语课的教学目标

初级（下）学生的口语学习是一个承上启下的重要阶段。因为学生从零起点的基础学习，从掌握简单的语法、句式到中高级班能够进行话语篇章的自由表达，必然要经历一个初步的成段表达（句群）的学习和训练过程。然而这一阶段的学习会随着学习内容难度的增大，使学生面临很多困难，比如词语量的多少、句式的掌握、句法的使用以及用汉语思维的习惯等问题。如何让学生肯开口、能开口成为口语教师面临的一个难题。

大家都知道，口语课作为一门技能课，本身就要求一定的开口率，这也是衡量口语课教学效果的一个重要方面。而初级（下）口语课教学内容已由初级（上）最初的口语练习，即一问一答式的情景对话和替换转向结合某一话题或情景来进行较为完整的表述，同时力求做到词语、句式、语言点的准确。也就是说，从内容、篇幅到结构形式，难度都有所增加，这对于学习者而言，常常会使他们"知难而退"。通过实践，我体会到结合这一阶段学生的特点，教师合理、有效地设计出一定的情景，可以尽可能地减少学生学习的难度，通过具体情景的演练和操练，启发和调动学生的学习热情和表达欲望，增强他们自主学习的积极性。

首先就我校初级（下）阶段学生的学习特点做一个简要分析。

二　我校初级（下）学生的特点

2.1　语言知识的掌握

大部分学生已初步掌握了一定的汉语基本词语、基本句式结构和一些语法知识。但口语表达大多停留在简单的提问（对话）式的会话阶段，还未涉及表达包含一定思想感情的段落的训练。而要完成成段表达，首先困扰学生表达的一个问题就是词语量的积累问题。换句话说，词语的贫乏是造成学生不敢或者不能完整表达他们思想的首要障碍。

我校华裔学生占多数，他们有一些优势，比如，部分同学的听说能力较强，或者有一定的语感。同时，他们一些原有的语言表达习惯，比如，在语音、句式、句法方面都有欠缺和不足，甚至有些是“顽症”，这些又会对他们接受和掌握新知识造成负面影响。

2.2　交际意识强烈

上述提到，我校学生大多来自东南亚国家，其中又以华裔学生为主，特定的语言背景（部分学生在家庭中多少能够接触到汉语）使得他们在听说方面有一定的基础。另外，从年龄段和教育程度来看，多数同学的学习、接受能力已不同以往，对事物的理解和分析常有自己的独到之处。在新的学习、生活环境中一些未知和新鲜的事物也会不断地刺激他们产生强烈的沟通欲望。这在语言学习中十分难得，对教师组织教学、展开话题也比较有利。

2.3　构成的多层次

从学生构成看，呈多层次性。

我校以印度尼西亚、泰国的华裔学生为主，另外包括日、韩、蒙等亚洲国家的学生，少数来自其他国家和地区的留学生（也多有华裔背景），所以相近或相似的文化背景和文化心理，易于话题的理解和展开。而亚洲学生，特别是日、韩学生普遍存在不善表达、内向害羞的心理，又使得他们难以主动、积极地表达出自己的思想感情。

从学习目的看，呈多样性。

近几年来，主动学习汉语的学生相应地增加了，这益于教学。而被动学习（多有不同目的、原因）的学生，无疑缺少学习的主动性，不利于教学。这两种情况，很有可能在某一环境（课堂）中造成或好或坏的影响。

2.4 畏难情绪普遍

初级（下）学生随着学习难度的加深，学习初期的新鲜感已被随之而来的厌倦、失落感所替代，畏难情绪日益增加。这是学习者尤其是语言学习者在学习过程中普遍遇到的问题。虽然他们对周围环境，特别是生活环境还保持着一定的警觉和兴趣，但是如果教学中缺少有效的教学手段，课堂上那种无精打采、打瞌睡、懒散的状态将难以避免。口语课势必会出现既懒得动脑又懒得动口的尴尬场面。

因此，口语教师采用有效的教学手段激发学生对教学内容的兴趣，引导并帮助学生运用积极思维，使他们敢于表达，这是非常重要的。实践证明，设定合理的、多样的情景对于解决学生课堂上“难以启齿”的问题很有帮助。

三　初级（下）口语课情景教学的特点

3.1 口语课情景教学的目标

口语课作为一门技能课，以培养和训练学生的口语表达为最终目标。所以，口语课教学十分讲究提高学生的开口率。针对初级（下）学生的学习特点，如何引导学生积极参与，是摆在口语教师面前一个重要而棘手的问题。情景教学作为一种教学手段，必然服从并服务于口语教学的宗旨。

我们知道，听和读属于接受和领会，是被动行为。说和写属于表达和应用，是主动行为。口语表达是一个较为复杂的语言生成过程。说话者在发话之前要在大脑中形成思想，并要根据自己的言语目的形成语料。这期间既有语言知识运用问题，也有心理问题。学生的投入程度（参与度）在一定意义上取决于学生对话题的兴趣，而要提起学生的兴趣，需要教师对话题的内容、难度、可行性（可操作性）做出充分而准确的考虑、选择和判断，也就是说，课堂上某一情景设置的诸多构成因素是否准确、合理、有效，应成为教师备课时充分考虑的方面。

正如杨惠元在《课堂教学与实践》一书中强调的：“在课堂上贯彻‘实践第一’和‘精讲多练’的原则，教师应尽量营造真实的情景、真实的环境，模拟真实的交际，把课堂变成交际的场所。”而要使真实的交际情景能够让学生在课堂上进行交际演练，就需要营造的情景具有其合理性、可操作性。在口语教学中营造情景，让学生多感知、多模仿，这是逐渐学会正确表达的基础。

所谓合理性，首先要结合初级（下）学生的学习程度和特点，在内容上突出交际性和实用性的特点。而这类话题本身就要求在一定的情景下完成，这一点恰好为教师设计情景提供了很好的依据。教师可以围绕每一课的中心内容，营造出一种或者多种相关的接近他们真实生活的情景，启动学生大脑记忆库中已有的语言信息，产生思维，从而刺激它转化为说话的欲望。在这样的情景下，经过教师必要的引导，既可以增强教学中的可操作性，又利于学生表达，使他们感到“言之有物”、“言之有据”，不会产生无从下手的感觉，否则会影响和降低学生的表达欲望。

3.2　情景设置在口语教学中的优势

第一，利于课堂上教师与学生的互动。

杨惠元在《课堂教学与实践》一书（19 页）中提出：“课堂教学是教师以教材为教学内容，以课堂为教学环境，指导学生获得知识和技能的活动，是教师和学生共同完成教学任务的活动，是教师‘教’和学生‘学’相结合或者相统一的活动。”他认为构成课堂教学的最主要和最基本的要素是“教师、学生、教材和环境”。

作为口语课堂，教师和学生的互动非常重要。课堂上只有教师唱“独角戏”，这是违反对外汉语教学规律的，是不可取的。如何让学生参与到教师的教学中，共同完成教学目标？通过课堂实践，我体会到，教师应营造一个合理的、有效的教学场景，通过启发和引导，让学生感知、理解并参与到同一个情景中来。再进一步提供多种相近情景，引导学生独立完成，最终达到师生教学中的良性互动。在此过程中，教师既是指导者，又要成为参与者，以活跃课堂气氛。

第二，利于教材内容的学习、消化和巩固。

口语教学内容的交际性和实用性，客观上需要一定情景的辅助，而一定情景的设计又有益于教学内容（包括词语、句式、语言点等）的展开，可降低难度。学生通过具体场景中的感知、学习，逐渐理解、消化，继而巩固和提高口语水平。教师在基础操练之后，可继续通过相关场景的布置，进一步强化学习内容，使学生把学到的知识内化为自己的东西。

第三，利于课堂气氛的调整，最大限度地调动学生学习的积极性和自主性。

无论什么样的情景，都离不开一定的时间、地点、人物、事件（发生、发展、高潮和结果）。所以，情景设置的合理、准确、有趣，往往能够引起学生的兴趣，调动起他们的参与热情。而学生“兴奋点”的准确把握，在于结合学生的实际，将他们的亲身经历、亲眼所见、亲耳所听的生活片段挖掘出来，并指导他们表达出自己的所思所想。

四　口语教学中的情景设计和教学手段

4.1　情景设计的准备

首先要考虑选择合适的话题。话题的选用非常重要，场景的设计以话题内容为蓝本。根据初级（下）学生的学习特点，在选择话题内容时有三个应该注意的方面。

一是所选内容的难度要适宜，初级（下）学生的词汇量和语言掌握毕竟有限，如果话题较难，超出他们的程度，即使在一定的语境中也会让学生望而却步，增强学习的挫折感。所以，如何选用内容相当的话题非常重要。可考虑紧紧围绕课文的某一中心话题，挖掘出相关话题进而展开。应避免过多的带有正论和辩论性的话题。

二是所选内容要贴近实际生活，尤以与学生日常生活相关联的事情为首选。特别是结合学生自身的生活经历和经验，或者联系他们所在国家的实际寻找他们的兴奋点，这不失为一种好方法。

三是抓共性的话题，学生来自不同国家，对事物的认识和看法必然有所不同。而涉及人类共性的话题，比如，交通、环保、教育、医疗、婚姻等可以调动学生的兴趣，让他们知无不言、各抒己见。因为这些生活经历（情景）常常使学生有感而发，作为大部分成年学生在头脑中已然存在的信息，需要提供一定外在的刺激（语境）和条件（语言知识和词汇等）来完成。

当然，与中高级学生不同，展开话题时并不要求学生做深入的探讨、辩论，而更多地要求学生能够准确地表达自己的想法，并尽量使用所学过的语言点和词语进行表达，以避免学生脱离话题或者漫天乱说现象的发生。而教师对学生表述的内容不应做过多的正误、好坏评判。

教师课前就话题的选用，包括句式和相关词语等方面做好充分准备的同时，可就每个学生可能出现的问题做一个预测，对其难度、弱点要做到心中有数，这样的指导更有针对性。学生在表达中出现“卡壳”现象，教师可根据上下文对其表达内容进行判断，尽量“猜出”学生的意思，增强他们的自信心，使之有所收获，促使课堂教学良性循环。

4.2 情景教学的实施

我体会到，学生通过某种情景去了解、领会、感悟语言知识，比单纯地被动学习和接受，效果要明显得多。即使学生愿意开口，在很多情况下却不知道如何开口。为解决这个问题，我们可以从词语的引入、课文的讲解以及相关话题的引导三方面来逐一展开、加深。而这一切既要源于教材，又要有所超越。“源于教材”是指以教材为蓝本，基本的、主要的语言点、句法、句式结构都紧扣课文，在集中操练的基础上，让学生学会运用；“有所超越”是指为学生提供更多的相关情景，多演练、多实践并能进行扩充性运用。

在此，我把几种比较有效的方法总结如下：

4.2.1 完成式变未完成式

这里引用的是杨惠元教授的提法。它是一种常用的教学方法。目的是通过提示性的句式和结构，给学生留下一定的思维空间，将一些被动、枯燥的机械性背诵与学生通过记忆和思维来完成表达相结合，这在某种程度上增强了新鲜感，提高了学生操练时的兴趣。在操作中，可采用填空的方式让学生补充完整，也可采取对话体和叙述体互换的方式，通过板书提示并突出重点句式和词语，对学生的表达起到一定的辅助作用。

4.2.2 固定句式换话题法

在教学中，一定数量的机械操练是必要的，而单纯的操练又会使学生产生枯燥、厌烦的情绪。如果在机械操练之后，给学生一些自由表达思想的机会，既可以缓和课堂气氛，又利于调动学生的学习热情，同时适当地增加难度还能激发学生的创造力。

在初级（下）口语课本每一篇课文的最后，都有一段与课文中心话题相关联的段落表达。比如，第十五课（“请您答应我一件事”）是一篇关于孩子教育的对话体课文，课文最后的段落内容是一篇电视报道：

在我国，教育一直是人们十分关心的问题，国家也十分重视发展教育。发展教育，经济是基础。目前，我国还很穷，还是个发展中国家，经济基础比较差，每年用在教育方面的钱远远满足不了发展教育的需要。近年来，在全国各方面的大力支持下，教育事业发展较快，取得了较大的成绩。学生们可以学到很多建设国家、服务社会的知识。但是摆在我们面前的一个问题是，一些父母只顾要求孩子学习成绩好，不注意孩子全面的健康成长。为了孩子和国家的将来，这个问题解决得越快越好。

这段课文不论句式还是结构，都让学生们普遍感到有一定的难度。那么，首先就重点句式进行讲解和操练，然后在具体的情景中引导学生做补充和拓展练习。最后选择一些带有共性的话题，比如，结合“环保”、“交通”、“住房”等话题进行内容的替换训练。其实这些话题本身就是一种情景再现，是对已然在学生头脑中存在的知识点的再“启动”。其结果常常出人意料。请看今年一位韩国学生的改文：

在我（们国）家，环保一直是（每）家人十分关心的问题，政府也十分重视建立（制定）环境保护的政策。保护环境，提高人们的环保意识是基础。目前，我国还重视经济发展，（还）可是忽视了环境问题，于是人们的环保意识比较差，每天用在环保方面的努力远远满足不了改善环境的需要。

近年来，在社会各基层的大力支持下，环保事业发展较快，取得了较大的成绩。人们不可以随便扔垃圾，处理垃圾（处理）得比较科学，可以分类成不可回收和可回收（的）。

但是摆在我们面前的一个问题是：一些人（们）只顾处理垃圾的事情，不注意生活中容易浪费的电、水（问题）。为了国家和地球的将来，这个问题解决得越快越好。（注：括号表示该处已经过批改）

作为教师，可以惊喜地看到学生对词语的理解和使用不仅非常到位，而且常常超出教师的想象。比如，在“为了……将来”的句式使用中，她从环保、节能出发，联想到国家甚至整个地球。这是一种将学习到的“死”知识“内化”为一种“活”的表述，不仅学生获得了成就感，自主学习的成效也显而易见，而且从教学方面来说也取得了较为理想的效果。

4.2.3　自由补充式

在口语课上，学生最不愿意接受的是围绕课文的机械性操练，特别是复述课文，但这又是必要的有益训练。为了调节课堂气氛，在这种比较“枯燥”的操练之余，就课文内容进行必要的补充，让学生自由发挥，对调动他们的学习自主性、获得成就感十分有益。

比如，第二十二课（“请你参加我们的婚礼”）有一段对话是在婚礼上，主婚人和客人们让新郎新娘介绍恋爱经过：

主婚人：今天是什么日子？他们不说，行吗？

客人们：不行！

新　郎：哎，那我先说吧。

主婚人：还是新郎勇敢！好，新娘听着，如果他说得不完全，你给补充补充。

新　郎：我们是同班同学，那时候互相不太认识。有一天，下着雨……

一客人：真浪漫！

结合这段文字，我让学生就新郎新娘的恋爱经过，下雨之后两个人从认识到熟悉到相恋的经过，尽情想象、发挥，尽兴表达。目的是让学生在接受性学习之后，有自己发挥的余地，使他们由被动的消极接受变为主动的有趣表达。尽管表达过程和结果千奇百怪，可学生们津津乐道，课堂气氛十分活跃，甚至一些平时不太善于或不太情愿表达的学生也跃跃欲试。

这种情景再现的设计既增强了课堂的活跃气氛，也增强了学生表达的欲望，调动了学生学习的自主性。当然，在讲述过程中教师应予以必要的指导，以避免漫无边际、没完没了、信口开河地乱说。理想的状态是让学生既有所为又有所不为。

4.2.4　自由阐发式

结合课文中的某段或某句话，让学生谈谈自己对一个情况或问题的态度、看法。这种做法也能在一定意义上调动学生进行积极思维，取得一定的教学效果。比如，课文对话中有年轻人觉得“有时候花钱买时间，买快乐也是值得的”。结合该句，我要求学生谈谈自己对此的想法。讨论之前，先给予必要的引导和启发，之后请同学分组讨论，再进行个别表达。课堂气氛十分活跃，教学效果显而易见。

实践证明，这些教学手段既可以巩固学生学习的内容，又给了学生思考和扩展的空间，受到学生的喜爱。教学效果十分显著。

4.3　情景导入的注意事项

交际离不开一定的情景，在不同情景下我们说话的内容和方式都会有所差别。对初级（下）的学生而言，由于受到语料、词汇量等因素的限制，设置的情景应当简单、明了，突出内容的交际性和实用性。同时，与话题相关的词语最好提前预测，以便提供给学生，尽量减少学生在表达中出现的词语障碍。对表达的内容本身不必做更多的评价，应更多地关注语言表达本身，包括语法、句式的正确、词语使用的准确、表达方式大体得体等。

在学生表达时，如果教师在事前疏于必要的引导，学生很可能会出现偏离话题的情况，也就是说，学生常常不按照教师的思路和教学的实际内容表达，令教师难以掌控，也难以达到预期的学习效果。为避免这种偏离，教师在设置情景时，要考虑内容的难易程度、情景的合理性，同时在课堂上对相关词语也要给予必要的引导。比如，可通过提问等方式将相关词语、句式以板书形式写在黑板上，这样会对学生的表达起到既提示又限制的作用，引导学生达到预期的教学效果。

五　有关口语教学的几点思考

5.1　口语教学的词语补充问题

口语表达首先需要有一定的词语量作为基础，而课本上的词语常常不能完全满足学生在课堂上的需要。这样学生常常因为词汇问题，限制了意义上的表达。也就是说，捉襟见肘的词汇量，不仅成为束缚学生自由表达思想的主要障碍，还会大大地降低他们表达的热情。

因此，围绕课文内容，做一些必要的补充，适当扩大相关的词汇量，是十分必要的。学生迫切需要的常常是那些可感知的、常用的词语，而且在特定情景下的学习更易于学生的记忆和接受。

但是，词语的扩充是否会增加学生的负担，相对减弱对课文词语的掌握呢？答案应该是否定的。因为我们所提供的词语大多是与课文内容紧密相关的，是对课文词语的一种必要补充。其途径大体可分为两种：一种是采取话题前的有意识引入；另一种是就学生表达中涉及的词语进行筛选和补充。在词语的选择上可考虑词语的同义词、反义词，或是相关的同类词语，同时也要把学生的理解力、接受力考虑进去。

应当看到，交际活动本身是一个自由表达思想的过程，并不是一个限词造句和单纯句型模仿的操练过程。在这一过程中，教师应注意保护他们的积极性和表现欲，并尽可能地帮助他们扫除因词语贫乏而带来的表达障碍，而不必把词汇和句式的使用范围限制得过死。要取之于教材，又不拘泥于教材的使用，这是我在教学中一直寻找和追求的目标。

5.2　口语课作业问题

口语课是否留作业，特别是笔头作业是否有必要呢？我的教学体会是，一定量的书面输出与一定量的口头输出同等重要。因为在课堂有限的时间内，教师不可能做到每一次机会均等，何况有些话题需要学生经过一番思考后才能比较从容地表述自己的观点。所以，将课上的内容延续到课下继续强化，对教学也是一种有益的巩固和提高。实践证明，学生从中获益匪浅。

以上所述，是我教初级（下）口语课的一些体会。有些是我总结的一些经验之谈，有些属于老生常谈，还有些是我努力追求的目标。在此希望通过交流，与各位老师分享。

参考文献

杨惠元（2007）《课堂教学理论与实践》，北京：北京语言大学出版社。
周　健、彭小川、张　军（2004）《汉语教学法研修教程》，北京：人民教育出版社。
周小兵、李海鸥（2005）《对外汉语教学入门》，广州：中山大学出版社。

维果斯基的认知发展理论在中高级口语教学中的运用

张春红

【提　要】本文以维果斯基的认知发展理论为指导，探讨了在对外汉语高级口语教学中应用“最近发展区”理论，通过搭建“支架”的教学方法，有效提高学习者汉语口语交际能力的问题。这一教学模式强调以学习者的学习为中心，教师只是辅助性的角色。创建一个良好的学习环境是这一模式得以顺利进行的条件。

【关键词】最近发展区　中高级口语教学　支架

一　维果斯基的认知发展理论对中高级汉语口语教学的启示

维果斯基认为学习是先于发展的。学习涉及各种符号的获得，这些符号是通过接受教育或者是从他人那里得来的信息而获得的。发展意味着学习者将这些符号内化，以便在没有别人帮助的情况下也能独立地思考和解决问题，这种能力被称为“自我调节”的能力。要形成自我调节和独立思考的能力，第一步是能够认识到动作和声音都是有意义的，形成内部结构和自我能力的第二步就是练习。就学习语言而言，也同样如此。学习者对一种语言符号的获得、语言能力的进一步发展，也是通过教师的指导或他人的帮助来完成的。要先建立一种语言的声音和意义之间的联系，然后通过练习在大脑中形成内部结构和自我调节的能力，日后在没人帮助的情况下独立使用这种语言。

对中高级汉语口语的教师而言，应该首先了解学习者对汉语口语的认知发展过程，然后掌握有效的教学方法，设计一种或多种有效的课堂教学模式，使汉语学习者的口语能力真正得到发展与提高。中高级的汉语学习已经不是简单地掌握一个汉语词的声音和意义之间的联系过程，而是一串串的声音和语段意义之间的高层次的联系过程，第二步的操作练习也变得更加复杂化。也就是说，学习者是要在已有的汉语能力的基础上，在教师的帮助下获得更高一层的语段符号，将这些语段符号内化，形成高层次的内部结构和自我能力，形成高一层次的汉语言语技能和口语交际能力。那么教师在中高级口语教学课堂上，应该如何使学习者构建汉语语段的声音和意义之间的联系过程，使学习者真正获得汉语高层次上的“自我调节”能力呢?

二　值得中高级汉语口语教师思考的几个问题

2.1　最佳的教学效果产生于最近发展区。

有效的教学是建立在学习者已有的水平之上的教学。这一点，维果斯基称之为“最近发展区”，维果斯基认为学习者只有在最近发展区内才有可能进行真正的学习。他认为儿童的发展有两个水平：第一水平是儿童现有的水平；第二水平是在有人指导的情况下，借助于成人的帮助可以达到的水平，或借助于他人的启示、帮助可以达到的较高的水平。这两种水平之间的差距就是“最近发展区”。因此，他主张教学应当先了解儿童的实际发展水平和可能达到的水平，以确定儿童的最近发展区；教学应当走在儿童现有发展水平的前面，从而带动儿童的发展。这一认知发展理论同样也适用于第二语言学习者语言能力的发展过程。第二语言学习者现有的语言能力和在教师指导下可以达到的水平之间的差距就可以看作第二语言学习者语言能力的“最近发展区”，维果斯基的理论对教学最重要的启示是最佳的教学效果产生于最近发展区。一些教育者用“教师时刻”来描述这种情形，即学习者正处于接受某种概念的最佳准备状态。第二语言学习也是这样，儿童如此，成人也是如此。对教师来说，了解维果斯基的最近发展区的这两个水平是很有用的。它使我们了解到学习者语言的发展过程，是由自己可以独立达到的程度和在教师的帮助下可以提高和达到的程度这两者共同决定的。

2.2　中高级汉语口语学习者的最近发展区的确立。

（1）中高级汉语学习者现有的文化背景知识和教师输入的新的文化背景知识或期待其达到的背景知识之间的差距。

汉语学习者是在自身所经历的文化背景下（包括本国的和目的语国的）习得汉语的。教师借助于学生现有的文化背景知识的水平能力进行口语教学，进一步地扩展深入，提高这一水平能力，达到用汉语表达的结果。教师掌握现有的文化背景知识途径是多方面的。主要途径来源于课堂教学，随着教龄的增长，信息也会越来越丰富，教师的主观感觉也会逐渐客观化。这是教学相长的结果。在课堂上，同国籍和不同国籍的学习者与教师之间的互动交流会大大促进汉语学习者文化背景知识的增长与完善，也会大大提高学习者用汉语进行表达和交流的愿望。

（2）中高级汉语学习者在初级汉语学习过程中习得的汉语知识系统和中高级教师所期待学习者应达到的汉语知识能力之间的差距。

中高级的口语学习者已具备了一定的汉语言知识系统，已经积累了初步的词汇语法，教师在教学中要把握学习者共有的知识系统，也要把握个性的知识系统。在口语表达中，学习者除了能正确使用的汉语符号外，还有一些错误使用的汉语符号。在教学中教师通过正确的信息输入与及时的指导，使学生吸收领会，在自我使用的语境中内化自己的汉语知识系统，构建正确的高层次的汉语知识系统。中高级口语教师要在自己的教学中适时地输入高层次的词汇句法，逐步地影响和提高学习者的口语表达能力。修正错误的，深化提高学生所使用的简单词汇与句式。

（3）学习者心理上的现有水平状态与学习者最佳心理状态之间的差距。

学习者的学习动机、性格爱好、情绪的变化等都影响着课堂教学是否在最近发展区顺利进行。教师应在这些方面给予关注与重视，在教学中及时正确地应对，采取适当的教育教学措施。在课堂上，构建教师与学习者之间平等的对话交流关系，有利于学生拥有良好的学习愿望、积极主动的参与心态。气氛是互相影响的，教师的开朗、乐观有助于打开学生的心扉，使之积极开口。在适当的时候，幽默的话语会引起学生的注意、增强学生的记忆，使课堂气氛活跃轻松。口语课堂有一个很重要的因素是愉悦性，这常常是由教师的性格决定的。教师与学习者的性格情绪是课堂教学是否在最近发展区顺利进行的一个先决条件，或者可以说它也是一个教学的最近发展区。

关于学习者最近发展区的确立，没有一个科学的评判标准。但它可以依据教师的主观判断，依据教师的经验积累，使教学最大限度地在学习者的实际状态中，也就是最近发展区进行教学。学生的文化背景知识、语言知识系统以及心理上的学习状态可以说是宏观的最近发展区，而每一节课都会是一个具体的微观最近发展区。在宏观的最近发展区把握每一个微观最近发展区，教师在每一节课有的放矢地在学习者的最近发展区干预和指导学习者的错误的汉语认知过程，真正实用地输入学生所需要的、适合的新的汉语言知识，使学生最大限度地进行口语输出，说自己想说的话，表达自己所想的东西，这是每一节口语课的教学目标。

三　在中高级汉语学习者的最近发展区所进行的口语教学

在中高级口语教学中可以很好地体现和发挥教师的主导作用与学生的主体作用。根据维果斯基的认知发展理论，中高级口语教师所涉及的口语课堂活动应该包括两方面的内容：一是学习者可以独立完成的部分；二是在教师的指导和帮助下能够完成的部分。教师需要在这两部分之间搭建一个桥梁，使学习者通过这座桥梁实现从原有水平到教学目标转化的过程，维果斯基称之为“支架”。搭建支架是帮助学习者在最近发展区发展能力的一种技巧，教师通过提供不同水平的提示或帮助等来搭建支架。在支架式的教学中，教师并没有简化自己的教学任务，但是，“通过教师的循序渐进的干预”，学习者的作用被简化了。

事实上，如果教师不提供支架式帮助，学习者只能驻留在原有水平，或者对教师所讲的太难的、太复杂的内容望而生畏，因为教师远离了学习者的最近发展区。也就是说，在中高级的口语教学中学习者如何输出自己的原有水平，教师如何了解到学习者的最近发展区，以及教师在此基础上如何输入第二水平的内容，在输出与输入的共同交流中，提高学习者的汉语口语表达能力，是很重要的。

3.1　现就中高级口语课堂教学的一个教学环节——课前自由演讲的设计来说明这一理论以及支架式教学模式的应用过程。目的是给个体学习者提供在最近发展区进行练习的机会，然后通过教师的输入支架内容，逐渐达到第二水平的教学目标，从而达到集体共同学习和进步的目的。

第一步：课前准备。个体学习者将自己准备好的演讲内容交给教师修改，教师修改后对个体进行指导与评价。修改主要涉及词汇句式的内容、语义的衔接问题。干预学习者的错误，在学习者的语境中，提供其易于理解和接受的正确内容。评价学习者的演讲内容，激励学习者的学习动机与热情。课前的准备，一是有利于个体学习者的口语进步，提供改进的练习机会。二是为了集体的学习，使整个班级的学习者听到的内容一开始就是标准和正确的。先入为主，避免错误的输入和误导。三是为教师掌握和控制学习者的第一水平搭建适合的支架，更好地在最近发展区进行课堂口语教学。

第二步：课堂上的演讲。个体学习者输出演讲内容，提供个体输出练习的机会。教师板书支架内容，演讲内容中的词汇和句式、语义衔接上的关联词，以及演讲者的表达思路（如时间线索）等。在此支架上进一步强化与熟悉同伴的演讲内容及所使用的词汇句式，达到互相学习、共同进步的目的。教师采用的方式是利用黑板上的“支架”内容，以提问、共同回忆的方式对个体演讲者的内容进行再创造性的描述，达到话题互相回应与交流的目的。这之中加入了教师大量的词汇输入、句式输入、文化背景知识的再输入等，使得学习者的现有水平渐入新的状态，教师的拓展丰富了原有的内容，提高了学生的学习兴趣，丰富了其词汇、句式等语言知识。个体与集体知识的积累可以促进口语能力的质的飞跃。学习者的年龄相同，有许多相似的兴趣，他们的内容就是口语课生动有趣的教学内容，具有很大的现实性与实用性。中高级的口语教师是需要掌握这一点的。我们都知道小孩子学习母语的目的是为了生存，这给了我们很多的感悟。语言和人的生活是难以分割的。

支架式教学在中高级的口语教学中起着十分有效的作用，教师有目的地训练学习者记忆和注意的能力，以及用汉语进行思维的能力，这些高级的心理机能都是提高学习者汉语口语表达能力的中介性行为。通过教师提供的汉语“支架”，学习者可以将高层次的汉语符号内化到学习者的头脑中去，成为日后在无人帮助的情况下，可以自由用汉语表达的心理工具。在这样的学习过程中，教师本身就是个支架，引导学习者内化汉语的心理技能，使自身的高级认知机能发挥作用，实现自我的中介性学习。

3.2　课本话题的学习。关于教材中话题的学习也是如此。所不同的是学习的内容是固定的，学习的过程是教师输入在先，学习者输出在后。教师要先给学生提供支架式学习，学习者在教师一步一步的引导下，逐渐地内化课堂目标的内容，渐进地达到独立自由的使用。这涉及词汇、句式和课文内容的展示与学习的过程。搭建支架，也是逐步完成的。

词汇和句式的学习，同样要教师搭建一个个学习词语的具体支架。卡片、图片、语言的情景等是理解、内化和运用词语的支架。词汇句式的掌握是为了搭建话题内容的支架，创建课文支架主要有两个方法：一是以听入手，听是说的支架。二是在听之后，一边提问，一边板书出重要的词汇句式、语义线索等，以搭建具体的描述内容的支架，在教师引导练习之后，学生利用教师提供的支架独立完成话题的描述。最后达到记忆强化，学生将教师提供的支架储存到大脑中，在教师擦掉黑板上的“支架”内容后，也可以完整独立地表达出来，并可以利用支架内容描述自己实际生活中的相关内容，从而达到中高级口语教学成段表达的目的。

总之，教师搭建每一层次的支架都是为了靠近或提高学习者的最近发展区，这两个层次的教学是为了逐渐地一步步深化学习者的最近发展区，甚至每一次提问、每一句话、每个词都是为了逐渐地深入到适时的最近发展区。教师在这一过程中，是在逐渐地调整干预学习者的水平，以适合学习者的最近发展区，最后达到完成高层次的最近发展区的教学目标。从实践的层次上看，提供支架可能意味着在课程的开始阶段教师要给学生更多的结构框架，但最后是逐渐地将责任转移到学习者的身上，让学生自己进行活动。在学习者遇到困难的时候，要设身处地考虑学习者所遇到的困难，增加指导，但这种指导也只是帮助，不是替代。随着学习者自主性的提高，教师要减少指导。随着时间的推移，教师的角色对学习者来说就变成了激励者和课堂活动的组织者。

四 小 结

依据实践经验，这样的口语教学模式可以强化和激发学习者的学习动机，有效提高学习者的能力，增强学习者的自信心。这种教学模式通过教师搭建支架，对学习者的整个学习情景进行有次序的安排，从学习者的现有水平过渡到教师所期待的水平，从一种学习活动迁移到另一种学习活动，并获得进行下一步学习的坚实的准备知识。这一教学模式重视的是以学习者的学习为中心，教师对学习者的进步有很高的期望值。教师是辅助性的角色，疏导学习者在口语表达过程中出现的表达障碍。目的是降低学习者在口语交流中的难度，克服学习者的畏难心理。总之，创建一个良好的学习环境是这种模式得以顺利进行的条件。引导学习者最大限度地参与，发挥课堂教与学的积极性，帮助学习者克服一切阻碍学习的消极情感，使学习者自然轻松地参与到课堂教学环境氛围中来，教师在教学过程中应更多地运用鼓励性的指导策略。教学的环境应该是一个以学习为中心的环境，一个使学生把大量时间用来完成学习任务并能达到较好学习效果的环境。

参考文献

国务院学位委员会办公室（2005）《同等学力人员申请硕士学位教育学学科综合水平全国统一考试大纲及指南》（第2版），北京：高等教育出版社。

罗伯特·斯莱文（2004）《教育学原理》（第7版），姚梅林等译，北京：人民邮电出版社。

孙喜亭（1993）《教育原理》，北京：北京师范大学出版社。

赵金铭（2005）《对外汉语教学概论》，北京：商务印书馆。

钟海青（2006）《教学模式的选择与运用》，北京：北京师范大学出版社。

浅谈语言教学中的言语交际

陈　轩

【提　要】言语交际是一个人获得语言能力的最重要的途径。语言在交际活动事实中的地位决定了言语交际在语言课堂教学中的地位。在语言教学过程中，教师应该充分利用课堂上的言语交际现象，同时大力营造模拟交际语境，创建言语技能和言语交际技能操练平台，提高语言教学质量。

【关键词】语言课堂教学　交际活动　言语交际

一　言语交际是语言教学过程的重要组成部分

1.1　语言在交际活动事实中的地位决定了言语交际在语言课堂教学中的地位

语言是人类特有的表达意思、交流思想的工具。语言学家认为，人们说话的技能只有借助于这种集体创造和提供的工具才能运用；而语言的运用则是通过言语循环的个人行为得以体现的。由于语言用于交际的方式是通过言语进行表达和理解，必须由交际双方参与，一方表达，一方理解，因此，一个人的言语技能和言语交际技能的获得与掌握，离不开言语交际活动的实际练习。

1.2　第二语言教学以言语技能和言语交际技能训练为中心的教学原则明确了言语交际在语言教学中的必要性

语言教学是为了使学生学会听、说、读、写和用语言进行交际，培养学生的语言能力和语言交际能力。在第二语言教学中，课堂教学是帮助学生学习和掌握目的语的主要场所，是帮助学生学习交际的场所。教学中，语言要素及其相关语用规则和文化知识的传授、言语技能和言语交际技能的培养，这是不可分割的两个方面。对于大多数学习者来说，这两个方面中，前者是工具，后者是目标；前者是学习过程中不可回避的，后者是学习结果中实际需要的。因此，语言课堂教学必须处理交际任务，贯穿交际活动，这样才能让学生在言语交际性教学活动中获得目的语的言语能力和言语交际能力。

1.3 言语交际是个人语言能力获得的最重要途径

从语言学习理论来看，有专家认为“学习”是一种行为，包括课堂上有计划的学习和自然环境中无计划的学习；“习得”是一种过程，是通过学习而获得语言的过程。只有学会大量的言语现象，并且逐渐形成用这种语言思维并自由运用这种语言的能力，才算习得了这种语言。通过学习获得语言能力可以分为高低两个不同的层次：低层次的语言能力是通过言语要素的传授获得的，是不巩固的；高层次的语言能力是通过言语技能和言语交际技能的操练而获得的，是永久性的。汉语作为第二语言的教学，其目的是为了让学生学会用汉语听、说、读、写，培养学生用汉语进行交际的能力。因此，正确处理语言要素、言语技能和言语交际技能之间的关系，有效地对学生进行言语技能训练和言语交际技能训练，是语言课堂教学的重要任务。

二　语言教学课堂上的言语交际活动

2.1 充分利用课堂上的言语交际现象，提高语言教学质量

有专家认为，课内环境是语言学习的主要环境，课外环境是课内教学环境的补充和延伸。那么，课堂上的语言教学必定伴随着言语交际活动的进行。

首先，教师组织教学是非常重要的课堂交际行为。一上课即点名报到、向同学微笑致意、彼此的目光交流与互相问好、导入教学内容、讲解训练目标等都是很有意义的交际行为，可以自然地把学生的情绪引入学习状态，营造良好的课堂氛围，顺利地进行教学活动。

课堂上，教师对语言知识的讲解，使学生与教材以及编者之间有了交流。教师的课堂组织与教学步骤导入了师生之间、学生与学生之间的互动。当一个学生做练习性演示时，教师提醒其他同学注意接受该学生发出的信息，并用提问、要求他人复述、指定他人接续、提示大家进行评定等方式调动全体学生参与课堂交际性活动。教师在课堂上的主导作用和中介作用，在引导、营造、组织、调控课堂操练性交际活动中显得尤为重要。

课堂上集体性的言语交际活动，也是语言操练过程中不可缺少的形式之一。例如，根据教材或练习材料提供的语料，设计一个由全班同学共同完成的任务。这个任务可以分成几步完成。第一步，根据学生汉语水平的实际情况，教师讲解该练习要达到的具体目标并分配任务；第二步，每个学生（或

小组）分别完成自己的任务；第三步，完成任务后进行汇报；第四步，讨论、发表不同意见；第五步，改错、补充、归纳、总结。下面是一个集体练习的例子，练习内容为《汉语教程》（杨寄州主编，中国语言大学出版社，1999年版）第五十七课练习五：按照例句做练习，并说出句子在什么情况下用。

教材给出的例句是：

A. 把它拍下来吗？　　B. 拍下来吧。

A. 你把它拍下来了没有？　　B. 拍下来了。

步骤	练习活动经过
一 分配任务	①教师提出要求：把例句中的“它”换成具体的名词词组（如“那个亭子”等，以免题目过于简单），用所给词语完成造句。 ②每个学生分一个词，按要求操练。
二 完成任务	①学生各自完成任务（可以讨论、看书、查字典等）。 ②老师巡回指导、答疑。
三 学生汇报	①学生自己写板书。 ②依次朗读自己完成的句子。 ③如果有同学提问，朗读者需进行解答。
四 集体讨论	以“录——你把那个电影录下来了吗？”为例，该句从静态语法来看没有问题。为展示、复习动态语法，老师提问： ①你们觉得那个电影已经录完了？还是正在录？还是准备录？（建立对句子结构和语义表达的准确搭配） ②想一想，如果是录完了怎么说？还没录呢，怎么说？（复习有关时态表达的旧知识） ③说话人在哪儿呢？（区分近指代词和远指代词的用法，巩固对已学知识的记忆）
五 教师总结	①表扬同学们积极思考的学习态度，鼓励他们继续主动学习。 ②归纳学生讨论的意见，改正错误，讲解相关知识，强调注意事项。

这样，帮助学生把语境、结构和语意，以及语用规则综合起来整体记忆，既不是教条的语言知识，也不是简单的“对”或“错”的判断，因为很多语言现象不是用“对、错”能够一概而论的。此类活动可用于改病句、语法练

习、分析作业等，能够极大地调动学生积极思维，使学生集中注意力，参与课堂言语交际，加强对所学知识的记忆。

组织课堂辩论也是一种很好的交际活动。学生的有些想法、意思虽然还不能顺畅地表达，经常需要查字典、问老师、问同学，但有时候学生的良好发挥，正反双方各抒己见的热烈情绪，主持人的观点表述，能使学生完全进入用汉语进行交际的角色之中，体验到学习汉语、运用汉语进行交际带来的快乐。在这种没有中国人的交际活动中，围绕着课堂上选定的话题，同学们努力地尝试着用汉语表述自己的看法。考虑到学习者掌握目的语的主观愿望，这种交际活动显然具有真实交际的意义和效果，在一定程度上弥补了因留学生聚居而形成的汉语交际条件的欠缺。

2.2　大力营造模拟交际语境，创建言语技能和言语交际技能操练平台

支持“交际教学法——任务式大纲”的学者认为，与传统的产品式大纲把教学的最终目的作为重点不同，任务式大纲将重点转移到了学习的任务和教学的过程上来，是一种过程式大纲。任务式大纲中的交际任务实质上是一种在课堂上的模拟交际活动，是一种落实到相应语言素材上、传递出一定的言语信息的语言活动。根据汉语的特点，汉语交际任务的确定，涉及交际话题的选择、语言组合的规则、汉语思维的方式、交际场合的限制等诸多因素。因此，课堂上的模拟言语交际训练，对于培养学生的汉语交际能力具有现实意义。

第一，课堂上的模拟交际语境有助于学生记忆巩固所学的语言知识，获得汉语的言语能力，逐步提高汉语的言语交际水平。

学生通过对教材的学习理解和教师的讲授，接受的还只是陈述性知识。其所学的项目必须经过一定程序的训练，才能变换成合乎要求的句子，也只有经过必要数量的训练，才能实现从量变到质变的飞跃，将语言知识转换成言语技能。学生学习语言知识是掌握一种新语言的手段，而用该语言进行交际才是目的。对于学生来说，通过课堂模拟交际语境的操练，学会应用相关的语言知识获得一定的言语能力，有着很实际的意义。在真实的交际语境不够充足的情况下，模拟交际语境中的操练也不失为经济有效的学习策略。

在实际教学中，根据教学大纲的规定、具体课型的技能训练要求、教材语料和练习的内容，以及学生的汉语水平，教师可以营造虚拟的交际场景对学生进行一定目的的训练。例如，汉语综合课初期的问答句练习、短文改会话练习；初级下学期的生词讨论、课文问答、课文内容表演；中高级程度的课文讨论、练习表述、分组辩论等，都是围绕具体的教学内容形成相关的模

拟语境，给学生提供一个言语操练平台。具体如，“把短文改成对话”可以使学生理解和想象教材提供的语言环境，将自己置身其中，进行模拟的对话操练；而“把对话改成短文”并要求学生以第三者的身份叙述，则要求学生运用所学的知识和技能，综合起来进行言语表达能力的展示。与真实语境的一个重要区别在于，在模拟语境中参与“交际”者的言语模式大部分是预设的，因此，如果学生的言语表现突破了教材的局限范围，而且是正确的发挥，即便有一些小的缺陷，也应该受到充分的肯定和赞誉，以鼓励他们在学习中的积极进取精神，激发他们在现实语境中开口说话、大胆交际的欲望。这种言语交际活动虽然是模拟的，却是学习过程中不可缺少的，也是课堂教学中最便于操作的形式，很值得教师精心设计和实施。

第二，课堂上的模拟交际语境有助于学生实现语言技能的转换，综合提高其言语能力和言语交际水平。

分技能训练课由于大纲规定以某一项语言技能训练为主，因此在课堂上常常采取以信息输入为主或以信息输出为主的形式展开交际活动。前者通过学生在练习中反馈的信息差，检验其接受信息输入的能力水平，并采取有针对性的措施加以训练；后者则是学生通过模仿性或创造性的信息输出行为，实现其言语技能的掌握和语言能力的提高。无论是信息输出还是信息输入的训练形式，学生都必须实现从外部语言到内部语言再到外部语言的转化，运用自己已有的语言知识和言语技能参与课堂上的模拟交际活动，达到学有所得、学有所成的目的。例如，学生听或读到一份语言资料，首先要解码，从自己的记忆库提取相应的模式加以匹配，达到对语义的理解之后，再按照要求进行分析、做出判断。这就是交际模式中的“信息输入”部分，是交际循环中的前半部分。同样，在说与写的训练中，学生则根据教材或教师提供的语言环境或资料（话题、语料、词语等）组织语句、语段、语篇，与教师、同学交流，表现为语言输出型交际行为。而单项语言技能训练课，也会随时出现不同技能的转换训练。例如，听力课的某一篇语料录音播放完之后，在相关的练习题中有一项，要求学生“说一说你来中国后看电视吗”。经过教师的提示和启发，学生逐渐进入角色，开始讲述自己看过的汉语电视节目的内容。一个人讲，其他人听。讲不下去的地方，教师帮忙提示一下词语或句型；听不明白的地方，教师稍加解释。由于每个人看的节目不同，讲述的结果自然形成了信息的交换，这样，讲述者的尝试和聆听者的努力都具有实际交际的意义。这种技能转换型训练的过程，对于学生言语能力的提高是有实际作用的。

三　教师在交际活动中的角色定位

3.1　教师在教学设计中必须重视交际原则

教师应该把课堂看作一个重要的交际场所，备课时就开始与学生的心理交流，从知识的储备、讲解的深度、延伸的范围、教法的选择、练习形式的确定、作业的布置与讲评，到集体教学与个别差异的区别对待，等等，每一步都要想到学生，用真诚的期待去带动学生，师生合力上好每一节课。

在课堂上，教师在教材、教学设备与学生之间起到中介作用，选择、调整、展示教学内容；为学生设计符合其汉语水平的学习任务，用精辟简洁的讲解答疑或进行适当的辅导，帮助他们尽快地理解所学的知识、掌握相关的技能。在这个过程中，教师作为学生与教材之间的中介，起到了把书本知识转变为言语技能的催化作用。师生有如教练员和运动员的关系，双方的交际关系就在辅导与被辅导的过程中得以建立和持续发展。

在言语技能训练过程中，教师是组织者和辅导员，在课堂上要细化教学目标，特别注意引导学生一人说多人听、彼此问答、间接转述、互相评判……用多种方法吸引学生的注意力，调动学生积极参与课堂交际活动，从而达到运用和巩固所学知识、提高汉语的言语能力和言语交际能力的目的。

3.2　教师在课堂教学中主动塑造交谈者角色

其实，认真学习的学生非常希望有合适的中国人做他们的交谈对象，帮助他们在真实的交际过程中习得汉语。他们希望在与中国人的交谈中，既能练习并掌握一种新的语言技能，又能了解相应的文化信息。这种求知欲使他们自然地把任课教师作为交谈对象。因此，教师应该主动地把自己放在交谈者的位置上，在交谈的过程中实现课堂的组织与管理，提出教学的任务要求，对学生给予辅导和鼓励。

教师与学生彼此尊重，以诚相待，友好相处，可以为言语交际活动提供氛围保障和持续动力。例如，笔者在一次新闻听力课上，因中日钓鱼岛之争启发了韩国学生，他们先提起韩国与日本也有岛屿之争，后说到高句丽问题，问：老师是怎么看待我们两国之间的这个争论的？对于班里的几位韩国学生来说，这显然是个敏感问题。作为当时的任课教师，我稍微思考了一下，然后平静而诚恳地回答：老师对这个问题没有研究过，我回去查一查资料，你们也回去查一查，下次我们再讨论，好吗？对方欣然同意。下次课后，韩国学生如约围到了讲台桌旁，等待老师的答复。我根据所查的资料和准备好的意见，客客气气、老老实实地告诉他们：第一，确实和他们说的一样，中国学者和韩国学者都说高句丽属于自己的国家，两者存在分歧；第二，历史情况变化复杂，这些是历史学家研究的事情，我们没有能力说清楚；第三，现在两国人民友好往来，我们希望这种友谊长久发展，这种对历史问题的争论不会影响我们的友谊。听完这一段话，韩国学生微笑着点头，告别离去。他们听懂了，也接受了老师的意见。因此，教师作为一个成功的交谈者，将会对学生提高汉语水平，包括提高他们的言语能力和言语交际能力、了解中国文化、学习汉语思维方式等提供规范的借鉴，产生有利的影响。

四 结 语

语言教学课堂上的言语交际活动，应该以教师为主导、以学生为主体，以语言知识为纲、以功能结构为任务单元，以相关的文化内容为语料载体，以帮助学生获得言语能力和言语交际能力为目的，使之成为提高课堂教学水平的有效行为。教师设计、组织、引导并成功地实施每一次课堂交际活动，都会对学生的学习心态起到良好的调剂作用，对教学质量的提高起到有效的促进作用，因此，它值得教师下工夫去研究并实践。

参考文献

金　婷（2006）对外汉语中级精读教学中教师的“中介作用”，《语言教学与研究》第3期。

吕必松（1996）《对外汉语教学概论（讲义）》，国家对外汉语教师资格审查委员会办公室。

马箭飞（2002）任务式大纲与汉语交际任务，《中国对外汉语教学学会第七次学术讨论会论文选》，北京：人民教育出版社。

索绪尔（1996）《普通语言学教程》，北京：商务印书馆。

徐子亮（2000）《汉语作为外语教学的认知理论研究》，北京：华语教学出版社。

华文教育词汇教学中的文化导入

盛继艳

【提　要】 随着语言学、语用学、社会语言学和跨文化交际学的深入发展，语言与文化的关系研究也有了弥足进展。笔者认为，学习汉语词汇必定要伴随对中国文化的接触；对中国文化的了解也必然会引起并影响对汉语词汇的习得。词汇教学中导入文化因素，较其他要素教学更自觉、更必要，也更值得重视。在华文教育中，词汇教学应该导入哪些文化因素？如何导入？导入过程又要注意哪些问题？本文就此进行了较为详尽的阐述。

【关键词】 华文教育　词汇教学　文化导入

随着语言学、语用学、社会语言学和跨文化交际学的深入发展，语言已被确认为一种具有交际性能的、独特的社会现象，语言的研究也已突破了“为语言而语言，就语言而语言”的固有框架，在与文化的关系上有了长足发展。这一发展带给外语教学和第二语言教学的启示是，语言教学应该导入文化因素。

语言是文化的载体，词汇又是对文化反映最为直接的语言要素。另外，“汉语词汇不仅是汉文化的载体，从历时而言，汉语词汇又是汉文化的结晶”（吕必松，1992）。从这两点意义上看，学习汉语词汇必定要伴随对中国文化的接触；对中国文化的了解也必然会引起并影响对汉语词汇的习得。因此，词汇教学中导入文化因素，较其他要素教学更自觉、更必要，也更值得重视。那么，华文教育词汇教学中应该导入哪些文化因素？如何导入？导入过程又要注意哪些问题？本文将试作探究。

一　华文教育词汇教学中应该导入的文化因素

与语言教学相关的文化因素分为“知识文化”和“交际文化”两类。二者虽有区别，却不相悖，在华文教育的词汇教学中，都应有所渗透。当然，二者并非平等、并重，而是以前者为主体。知识文化因素以显性形式存在，教师可视教学内容对其进行选择；而交际文化因素隐含在语言系统之中，教学中应对哪些交际文化因素加以导入，需要进行分析才能得以揭示。揭示交际文化因素，首先要了解交际文化所涵盖的大致内容。交际文化涵盖广泛，本文主要将其概括为民族心理、民族思维、生活方式和民俗习惯四大方面。

交际文化因素于整个语言系统主要分布在“语构、语义、语用”三个范畴（陈光磊，1992）。词汇系统亦为三个方面，即“词构、词义、语用”。

1.1 词构，即词汇系统和词语本身的构成

1.1.1 词汇系统的构成方面

在汉语词汇系统中，大量存在着以下几类词，这些词类的丰富性，在一定程度上反映出了汉民族的某些心理特征、思维特征和独特的生活方式。

（1）称谓语。称谓分为亲属称谓和社会称谓两类，在汉语的词汇系统中，两者都相当丰富。亲属称谓的丰富性表现在两方面：第一，亲缘关系划分细而广；第二，同一身份称谓，因地域或场合的不同而出现了一些别称。社会称谓的丰富性也表现在两方面：第一，大量亲属称谓转借成社会称谓；第二，广泛存在指示职业、职衔的称谓。汉语称谓词语的这些特点，反映了汉民族重视宗族亲缘、社会名分地位和人际关系的民族心理。

（2）汉化的外来词。异民族之间的交流，带给语言词汇系统最明显的变化就是大量外来词的出现。汉语也不例外，自东汉起，汉族人就渐渐增多了与外族人和外国人之间在经济、政治、文化等方面上的往来，因此，汉语中也随之出现了像“葡萄、浪漫、艾滋病、星巴克、T 恤、Mp3”之类的外来词。不难发现，这些词语进入汉语词汇系统，或音译，或意译，或音意兼译，都经历了汉化，即便是一些字母词也往往以不同的方式烙上汉语的印迹。在华语教学中，无论是华裔还是非华裔，都对这些中外结合的产物抱有新鲜感，甚至有些不解。事实上，汉语词汇对外来词的汉化，是汉民族依据自己的认识习惯对外来词的吸收，这除了是汉语言本体特征的要求，也在很大程度上反映了汉民族“大中国、大汉语”的排外情节。

（3）忌讳语的委婉表达词。不宜直言的忌讳语，汉语词汇系统往往有多种委婉表达形式，如“死”，古有“沉、终、没（殁）”；今有“去世、过世、走了、不在了”，不同时代、不同身份的人，对死亡竟有近百种说法。再如，“胖”说成“发福”；“性行为”说成“云雨、房事、同房”；“没钱”说成手头紧等。这类表达足以反映汉民族委婉含蓄的民族气质。

（4）量词。量词是让汉语学习者很头痛的难点之一，尤其是数量繁多的名量词。事实上，大部分名量词，都有对与其搭配的名词进行形象描写的作

用，如“张”，表示平面或展开物；“条”，表示细长、可弯曲物；“把”，表示有把柄器物等。另外，一些动量词，其实对与其搭配的动词也有同样的功能，如“一下儿”，给人短暂而随便的感觉；“番”，给人费时、费力的感觉。至于另一类，由表动作行为所凭借的工具或身体部分所借用来的动量词，如“咬一口”、“踢一脚”，其形象性则更强。诸如此类，反映了汉民族形象性的思维特征。

（5）烹饪词。中国人“食为厌精”的生活方式，在汉语词汇上得到了淋漓的体现，如表达基本烹饪方法的词，就有“煎炒烹炸、蒸煮炖涮、烧烤煸炝、熏熬熘烩、焖酱氽烙、煨卤腌拌”等二十多种。另外，汉语词汇系统中还存在着大量的“吃”字词语，如“吃不消、吃官司、吃回扣、心急吃不了热豆腐、靠山吃山，靠水吃水”等，皆反映出中国人讲究美食、追求精致的生活理念。

1.1.2 构词方面

从“构词”方面来看，汉语词在如下几个方面集中反映出汉文化的一些特质内容。

（1）并列式合成词。由相反或相对语素构成的并列式合成词，反映出汉民族的辩证思想，如“阴阳、得失、好歹、黑白”等；涉及男女和尊卑的两语素，先后顺序固定，从而分别反映出了汉民族“男尊女卑”和“长幼、尊卑有序”的伦理思想，如“男女、父母、兄弟、国家”等。

（2）偏正式合成词。无论“定＋中”，还是“状＋中”，都有形象义的表达功能，如“蛙泳、雪白、气功”等，反映出汉民族思维方式的形象性特征。

另外，附加式的“ABB式形容词”，更是突显了汉民族的形象思维特点。

1.2 词义，即词义的误会和冲突

1.2.1 因社会文化背景而产生的无法对译的词语

这些词是该民族语言中的独有词，在他民族的词汇系统中表现为“语义真空”。汉语独有词集中于以下几类：

（1）指示独有事物、历史事件及社会意识形态等方面的一般词汇。如“长城、文化大革命、三个代表”，等等。

（2）反映独有民俗文化信息的词语。如“春节、饺子、十二节气、京剧”，等等。

（3）典籍文化词语，其中有一般词汇，如“东床、知音、推敲、观止”；有由历史、小说和神话人物泛化而来的词，如“红娘、诸葛亮、牛郎织女”；还有大量的成语、谚语、俗语、惯用语和歇后语，等等。

1.2.2　因社会文化背景不同而产生的某些层面意义有差别的词语

其主要类别有：

（1）因不同的心理联想而产生的具有不同象征意义的词。如“松、鹤”象征长寿，“手足”象征兄弟之情，“红豆”象征爱情。

（2）因不同的观念情感而产生的带有不同褒贬意义的词。如“龙”是中国的神圣灵物，中国人以龙自称，英语中则存有贬义，是悍妇的象征；再如“狗”，汉语用作贬义，像“走狗、狗腿子、丧家犬”等，而其他语言则未必有此义。

（3）因不同的社会意识而附加了民族文化意义的词。如“红”有喜庆吉祥的意义，“白”则多表相反意义；对数字汉民族也有独特的认识，如“一”为万数之始，表万物之祖，如“一生二、二生三、三生万物”，“四”因与“死”字音近而常常被现代中国人所排斥，“六”、“八”因与“顺”、“发”同音而深得钟爱，至于“十三”虽在西方很是忌讳，但在中国使用时则无须顾忌。另外，像“理、气、天、心、意”等词，也附带了许多反映汉民族心态特征的文化意义。

1.2.3　因社会文化背景不同而产生的意义不等值的词语

从现有的华文教材来看，词汇的注释几乎都采用英文，然而很大一部分的汉英对译存在着词义不等值问题，致使学习者对汉语词义产生误解，造出像“我参观（to visit）老师/我到底（finally）花了一百块/新学期开业（start）了”等一些匪夷所思的句子。

1.2.4　因社会文化背景不同而显现潜在民族观念的词语

“中庸和谐”是汉民族所崇尚的，也是汉民族自身所突显的观念。“中庸和谐”主张对己要“克己复礼，不喜形于色”；处世则“不偏不倚、公正和谐”。反映这一民族观念的词语大多是一些成语词，如“克己奉公、息事宁人、适可而止、知足常乐、吃亏是福、与人为善”。此外，在一些俗语和民谚中，“中庸和谐”的民族心理也有所体现，例如，比上不足，比下有余；出头的椽子先烂；己所不欲，勿施于人；天时不如地利，地利不如人和。

另外，现代汉语词汇系统中还存在着一些带有胡、西、番、蛮、洋、鬼子、佬等词素的词，从这些带有异域风格的词可以看出，汉民族有意地对外来事物加以区别，从而反映了汉民族正统排异的观念。当然其间的感情也是复杂的，有鄙夷，如“胡说、胡搅蛮缠、出洋相、洋鬼子、美国佬”等，也有崇拜，如“洋气、西装、洋娃娃”等。

1.3　语用，即同（近）义词语的选用

从语用范畴来看，交际文化因素还体现在运用语言进行表达时对同（近）

义词语的选用方面。影响词语选用的因素主要有两个方面，即语言表达对象和语言表达环境。前者体现为敬语的选用、褒贬词的区别，以及因性别、年龄、地位的不同对描写词的区分等方面。后者则体现在用词语时所进行的语体色彩、感情色彩和形象色彩等方面的区别性选择。

二　文化因素的导入方略

学习一种语言的过程，也是对这种语言所承载的文化的适应过程。在适应目的文化过程中，学习者往往是以母语文化去解读目的文化，因此会不可避免地产生一些误会和冲突。为了加速学习者对目的文化的适应进程，最有效的方法就是在揭示交际文化因素的基础上，将交际文化合理地融于语言教学之中，具体操作可参考以下几种模式：

2.1　文化兼并模式

所谓“文化兼并”是指词汇教学中对交际文化因素采取直接阐释的方法进行导入，迫使学生依附汉文化去接触汉文化。这种导入模式适用于交际文化因素中那些属于汉文化的特质内容。导入过程可视教学内容和学习者情况，采用图片（或幻灯图片）展示、讲故事介绍词源、叙述情景、分析语素义以及影视介绍等方法进行。

2.2　文化互动模式

所谓“文化互动”是指凭借学生已有的母语（或媒介语）文化知识导入目的文化。这种导入模式适合于表现词义不等值现象的文化因素，导入过程可通过师生之间的交流互动和讨论等方法来实现。互动过程，教师既要想方设法发挥和挖掘学生原有文化依附的正迁移作用，又要不断地输入认知汉文化的正确信息，以减少文化负迁移的影响。

2.3　文化对比模式

吕必松（1991）曾言：“交际文化因素因为是隐含的，所以本族人往往‘习而不察’，只有通过不同语言和文化的对比研究才能发现其特征，并揭示出不同民族文化的差异规律。”真正意义上的对比，应是一对一的对比，只有这样，才能真正做到有针对性地进行教学。在词汇教学中，文化对比模式主要通过“词义对比”的方式来实现，通过词义对比，既突显了汉语言交际文化的区别特征，加深了学生的认识和体会，又易于营造趣味盎然的课堂教学氛围，利于学生适应汉文化。

2.4 文化实践模式

所谓“文化实践”是指根据教学内容设置交际语境，指导学生在交际实践中接触目的语文化。这是一种很重要的文化导入模式，因为它既可以检验学生对教学内容的掌握情况，又能引发学生的成就动机。导入过程，教师应该注意：第一，实践活动的设置要结合教学内容，操练的对象和目标应明确而突出。第二，“目的语文化的总体印象常常被片面地概括为一种错误的定型，即虚假定式”（陈申，2001）。教师既要对学生可能出现的交际问题有所预见，又要善于发现学生的虚假定式，通过不断充实和提供正确的文化信息来指导和帮助学习者克服对汉文化的片面印象。至于实践方法，除了常用的情景表演法以外，还可以尝试课外完成交际任务等方式。

2.5 文化激活模式

所谓“文化激活”是指教学过程中向学生集中展示代表或反映汉文化的典型词，引导学生自觉而能动地体会汉民族的交际文化内容。例如，对汉民族的饮食文化、数字文化、色彩文化等方面，都可以选用一些典型词来增强学生的直观体会。

三 文化导入过程中应该注意的问题

词汇教学中的文化导入，既要顺应词汇教学的要求，又要体现文化导入的意义。要达到这一要求，以下几个问题是不可忽视的。

3.1 词汇教学中的文化导入应该是“隐性导入”行为

即“通过语言媒介让学习者了解目的语文化”。即便有知识文化的渗透，也应服务于词汇教学，不可喧宾夺主、牵强附会。

3.2 对于导入的文化内容，要注重积极性和规范化

所谓“积极性”，是说要着重汉文化“伟大成就”的导入，这样有利于学习者对目的语文化确立正面的态度，提高学习目的语的动力和热情。所谓“规范化”，是指教学中导入的文化应该是中国人共通的文化，而不是狭隘的地域文化。

3.3　词汇教学中的文化导入，还应注意阶段性

语言教学是由浅入深、由简到繁、循序渐进的，文化导入应该接近学生的语言水平，应与汉语水平等级标准中的等级同步进行。初级词汇教学，导入文化应以交际文化因素为主，到了中、高级阶段，则可适当导入一些知识文化。

3.4 整个教学要以汉文化为主导文化

进行第二语言的教学和学习，文化依附矛盾的出现是不可避免的，在课堂上甚至还常伴随多元文化矛盾冲突的发生。因此，从教学角度来看，教师的教学活动“必须把汉语言文化作为主导文化，而不必去依附某种外语文化”(周思源，1997)。只有这样才利于华文教学的健康发展。

语言教学中的文化导入是个系统工程，除词汇教学外，汉字教学、语法教学乃至语音教学都应有所考虑，只有这样才能拉近学习者对汉语的心理距离，增强他们对汉语学习的兴趣和动力。另外，由于语言与文化之间紧密而复杂的关系，熟悉汉文化更有利于学习者学习汉语。

华文教学中的汉语亲属词教学

姚　敏

【提　要】汉语中的亲属词是华裔学生从学习的初级阶段就会遇到的比较繁杂的一组词汇，如何将这些庞杂的亲属词给学生讲解清楚，需要挖掘这些词汇形成的原因。本文运用现代语义学的手段对常用汉语和英语的亲属词进行了语义分析，比较了它们的异同，分析了产生其差异的深层次原因。希冀能够将研究结果运用于华文教学特别是词汇教学的实际中。

【关键词】亲属词　语义场　华文教学

汉语亲属词由于南、北方地域方言习惯的不同、书面语和口语的不同，其称呼方法也不尽相同。与英语中的亲属词相比，汉语的亲属词显得庞大而复杂，学习者难免会产生畏难情绪，很多学生依靠死记硬背记忆亲属词，常常还会出现混淆。笔者认为，讲授好汉语亲属词不仅能让学生更快地掌握这些常用词汇，更能够让学生在学习的过程中了解这些词语产生的深层次的文化内涵。本文试用现代语义学中的义素分析法，通过比较英汉两种语言中的亲属词来探求汉语亲属词产生的原因和内涵。

一　汉英亲属词的语义比较

汉语和英语这两种语言中，表示亲属关系的术语体系是比较相似的词汇意义的集合，虽然它们的结构在两种语言之间有着显著的差异，但同时又具有一致的基本成分，因而对比研究亲属词，可以对语言教学产生很大的启示作用。

亲属词是指对与某人（A）有某种亲属关系的那个人（N）的称谓，譬如“父亲”是指生育了某人（A）的那个男人（N）。其中指称的 N 即亲属词指称人，A 就是亲属词关系人。近亲属关系（一层亲属关系）的词共分为三类：基本的是配偶关系，如“丈夫”、“妻子”；随后是生育关系，即“父亲”、“母亲”、“儿子”、“女儿”之类的词；之后是同胞关系，像“兄弟”、“姐妹”这样的词。在一层亲属关系中，汉英亲属词主要的差别体现在同胞关系上。与英语中的“brother”、“sister”两个词对应的在汉语里是“哥哥、弟弟、姐姐、妹妹”四个词。汉语中虽然也有“兄弟”、“姐妹”这样的词，但如果只指某个由一层同胞关系形成的亲属，就必须讲清楚是哥哥还是弟弟、姐姐还是妹妹。而英语中的“brother”、“sister”在指称同一层同胞关系形成的亲属时，并不管其年龄大小与否。

当然，在英语中也有 elder brother、younger brother、elder sister、younger sister 这样的称谓，似乎可以和汉语的哥哥、弟弟、姐姐、妹妹相对应。可是在英语中指称同胞关系亲属时，brother 和 sister 还是其基本形式。因此，哥哥、弟弟、姐姐、妹妹与 elder brother、younger brother、elder sister、younger sister，在各自语义系统中的地位是不相同的。可见，汉英两种语言同是表示同胞关系的词，汉语区分年龄的长幼，而英语并不区分长幼。

汉英之间差别比较大的是二、三层的亲属关系词。汉英的两层关系亲属词，各自属于三个子语义场。一个是由两层生育关系构成的，指称直系血亲的子场；另一个是由一层配偶关系再加一层生育关系或同胞关系构成的，指称姻亲的子场；还有一个是由一层同胞关系和一层生育关系构成的，指称旁系血亲的子场。本文只分析这些亲属词的书面语形式。先来分析二层关系词：

表格中 1 组指的是长两辈的男性直系血亲，2 组指的是长两辈的女性直系血亲，3 组是指小两辈的男性直系血亲，4 组是指小两辈的女性直系血亲。在这组语义场中，汉语区分性别是多层次的，既因亲属词指称人性别的不同而不同，又因第二层关系人的性别不同而不同。而英语只因亲属词指称人性别不同而有所区别。可见，要学好汉语的亲属词，一定要注意亲属词指称人的性别，因为性别因素在汉语亲属词体系中起着至关重要的作用。再来看表示旁系血亲亲属词子语义场。

	汉语	英语
1	祖父 FF	grandfather F/MF
	外祖父 MF	
2	祖母 FM	grandmother F/MM
	外祖母 MM	
3	孙子 SS	grandson S/DS
	外孙子 DS	
4	孙女 SD	granddaughter S/DD
	外孙女 DD	

	汉语	英语		汉语	英语		汉语	英语		汉语	英语
	伯父			姑妈							
	叔父			姨妈			侄子			侄女	
1	舅父	uncle	2	伯母	aunt	3		nephew	4		niece
	姑父			婶母			外甥			外甥女	
	姨父			舅母							

大部分华裔学生家庭中人口比较庞大，因此他们有机会经常用到上表中所列出的亲属词。在这个语义场中，第1、2组指称的是长一辈的男性或女性的旁系血亲；第3、4组指称的是小一辈的旁系血亲。从比较中可以看出，汉语的常用旁系亲属词区别性别是多层次的，两层旁系亲属词除按亲属词指称人的性别区分外，又按第二层关系人的性别将长一辈的词分为父系和母系，将小一辈的词分为兄弟和姐妹。表中常用的三层旁系词有5个，分别是伯母、婶母、舅母、姑父、姨父。他们指称的是五个两层长辈的配偶，当然也有性别之分。

相比之下，英语中相应的词只按亲属词指称人的性别区分一次。另外，汉语中指称父系兄弟的旁系亲属词还要再区分年龄的长幼，即区分了“伯父”和“叔父”，这在英语中是没有的。

值得注意的是，英语中的 cousin 是与汉语差别最大的亲属词，它所指称的亲属词在汉语中有堂哥、堂弟、表哥、表弟、堂姐、堂妹、表姐、表妹8个词对应。汉语的这组词在性别上区分的情况是，先将父系和母系分开，再在父系中区分兄弟与姐妹，从而把父系兄弟方面同母系兄弟姐妹方面与父系姐妹方面分开。最后再按亲属词指称人区分男女。另外，汉语这组词还区分年龄大于或小于亲属词关系人。通过比较发现，这组词中也存在着不对应的现象。表哥、表弟、表姐、表妹指称的包括父系姐妹和母系的兄弟姐妹的孩子，但堂哥、堂弟、堂姐、堂妹只指称父系的兄弟的孩子。这一点说明，在汉语亲属词中，父系亲属的地位在整个体系中是非常重要的。

归纳以上的比较，我们发现汉语亲属词有以下特点：①汉语亲属词区分性别是多层次的，即一层亲属词区分一次，两层亲属词区分两次，三层亲属词区分三次。而英语只区分一次，有的甚至不区分性别。②汉语亲属词在涉及长幼辈分时，特别是父系亲属词时要区分年龄。

二　汉语亲属词形成的原因分析

那么，是什么原因造成了汉语亲属词的这些语义特性呢？我们所分析的这些亲属词属于词汇中的基本词汇，基本词汇里面的词是一个民族的人民日常都在使用的，不容易变化，比较稳固。这些词大多自古就有，不是后来新造的。这样就有利于我们追本溯源，去探求这些亲属词产生的历史背景。

我国古代很早就有了以家族为中心的宗法制度。这是由父系家长制演变而来的，根据血统的远近区分亲疏的一种等级制度。它直接影响了亲属词的语义特征。由于长期的父系家长制的影响，造成了中国古代“男尊女卑”的观念。受到这种宗法、礼教的影响，包含一层关系的亲属词中，每一种关系形成的亲属都因性别而分尊卑，古人对于这些亲属使用不同称谓就体现了这样的差别。在包含两层关系的亲属中，先按父系、母系等方面区分，再区分亲属词指称人的性别，这样就两次使用男尊女卑的观念来规定亲属的地位，三层亲属的地位按男尊女卑的观念规定了三次，如此类推。古代根据宗法制度多层次区分性别这一点，是与在辈分上严格区分尊卑同时起作用的。这一点集中体现在“伯父”、“叔父”与“舅父”这组词的不对应和“伯父”、“叔父”与“姑母”这组词的不对应上。可见，只有尊贵的父系男性亲属才详细区分年龄的大小，而母系亲属和父系的女性亲属则不再区分，这也就是以上我们分析的子语义场内不对称现象的根源。

汉语亲属词保留了汉民族对于亲属的极为严格的多层次规定，因而显得数量格外庞大。另外，由于书面语和口语的不同、南北方地域的不同，亲属词的称呼方法也是千差万别的。例如，祖父—爷爷；祖母—奶奶；外祖父—姥爷/外公（南北差异）；外祖母—姥姥/外婆（南北差异）；父亲—爸爸；母亲—妈妈；伯父—伯伯/n伯（n表示在兄弟姐妹中的排序）；叔父—叔叔/n叔；舅父—舅舅/n舅；姑母—姑姑/n姑；姨母—姨姨/n姨。从上例比较可以看出现代汉语口语中更常用的是横线后的双音节称呼形式，这样的称呼方式既显得亲切又很顺口，因此使用更加普遍。这说明随着时代的发展，人们越来越淡化以前严格的等级制度了。

三　汉语亲属词的教学

汉语亲属词看似同属一个大的语义场，但其内部差异巨大，分类也很复杂，可以被分成更多的子语义场，其分布也很广泛，在初级、中级和高级词汇中都有所分布。而且并非所有的亲属词都是复用式的，也有一些是领会式的。另外，华裔学生在中华传统文化的影响下，大多有很强的家族观念，这一点与纯粹的外国留学生有着明显的差别。因此，华裔学生对于亲属词的理解和应用就显得格外重要。那么在华文教学中，如何讲好亲属词？是以单纯的语言知识形式输入还是以交际需求输入？这些都是笔者进一步关心和研究的问题。

众所周知，词汇教学是具有阶段性的，那么亲属词的教学也应该具有阶段性，根据学生的汉语水平采用不同的教学方法，明确教学目标。

对于初级学生来说，重要的是建立对学习汉语的兴趣和自信心，让他们有学习的成就感。因此在讲授汉语亲属词时，无须把所有的亲属词一下子全部教给他们。很多教师总存在一种想法，认为应该把自己知道的那“一桶水”一下子全部倒给学生。殊不知这样会造成学生理解和记忆上的困难，认为汉语既复杂又麻烦，顿时失去了学习的兴趣。根据这些特点，笔者认为初级阶段只需讲解一层亲属词即近亲属词，而且初级阶段的词汇重点主要是口语词汇，如“爸爸”、“妈妈”这样的词，这些词是学生最为常用的词汇，相对比较简单，容易掌握。如果学生基础不好，或没有提出要求，教师不必讲授这些亲属词的书面语词汇，如“父亲”、“母亲”等。在教学方法上，也是灵活多样的，教师可以通过画树形图的方式向学生展示这些亲属词之间的关系。讲解完之后，让学生做强化练习。比如做简单的配对练习、填充练习等，练习的形式有很多，目的都是为了巩固、加深学生的记忆。

初级阶段的词汇教学应该主要以学生的交际需求为主，因此，我们还可以预先让学生准备自己的家庭照片，在课堂上教师要引导学生介绍自己的家人，通过反复朗读强化学生记忆，并且逐渐将词组成句子，将句子再组成一段话。这样我们就达到了通过照片使学生掌握一层口语亲属词，继而学会介绍自己的家庭的目的。学会成段表达，会使学生有更多的成就感。

在中级阶段的词汇教学中，学生同样会遇到亲属词的问题，这个时候学生已经掌握了领会式词汇 2 000 ~4 000 词，复用式词汇量为 1 000 ~2 000 词，已经具有初步的听说读写能力和用汉语进行日常生活交际的能力。（国家对外汉语教学领导小组办公室，2002）因此他们的需求就不仅局限于简单的一层近亲亲属词了，他们渴望了解自己家族中其他亲人的称呼方式，特别是几代同堂的大家族中的学生对二、三层的亲属关系词更感兴趣。教学时可以分为三层来讲解汉语亲属词，与英语差别较大的一层再分成不同的子语义场进行讲解和比较，以帮助学生总结其中的规律，便于记忆。在具体的教学中，教师还要注意区分亲属词的语体、语用差别，教会学生如何在不同的场合恰当地使用这些词。比如说，在写作课上教给他们书面语的表达方式，而在口语课上就应该告诉他们常用的口语词是什么。练习的形式可以更为灵活，比如可选择一段相关的情景对话，让学生做对话练习或者将人物一一对号入座；或让学生写一封家信，要求学生在信中问候所有的家人和亲戚。

高年级学生已经掌握的领会式词汇量在4 000 词以上，复用式词汇量在2 000词以上，已具有中等的听说读写译的能力和用汉语进行一般交际的能力。这时候，学生完全有能力掌握所有的汉语亲属词，包括书面的和口语的，常见的和不常见的亲属词，总之可以了解汉语亲属词的全貌了。如果学生感兴趣，教师还可以布置研究课题，以“汉语亲属词调查”为题，让学生以小组的形式，找出或收集所有的汉语亲属词，并分析它们的特点，研究造成这些亲属词差别的深层次原因。教师可以帮助他们了解其中的根源，进而展示中国人的大家庭观念和长幼有序、尊老爱幼的传统美德。

从笔者的亲身教学经历来看，华裔学生对于汉语中亲属词的学习有着浓厚的兴趣。有的学生可能只是对这些亲属词发音不准，或不会写汉字，有的并不完全明白所有的亲属词之间的关系，因而对这些他们似懂非懂又十分有用的词汇的学习热情极高。教师要做到因材施教，通过对比分析让学生发现它们的异同，总结规律，不仅要“知其然”，更要“知其所以然”。华文教师还应该意识到亲属词汇也属于中国传统文化的一部分，通过深层次的对比讲解和分析研究，可以帮助学生了解中国的传统观念和宗族制度，挖掘出词语背后所蕴涵的丰富文化内涵。

参考文献

国家对外汉语教学领导小组办公室（2002）《高等学校外国留学生汉语教学大纲》，北京：北京语言文化大学出版社。

贾彦德（1994）现代汉语常用亲属词的语义特征，《世界汉语教学》第1期。

贾彦德（2001）《汉语语义学》，北京：北京大学出版社。

［英］杰弗里·N. 利奇（1987）《语义学》，李瑞华、王彤福、杨自检、穆国豪译，上海：上海外语教育出版社。

徐烈炯（1990）《语义学》，北京：语文出版社。

杨士焯（2003）论英语部分亲属词的模糊性及汉译处理，《集美大学学报》第3期。

汉语焦点的句法表现及留学生焦点处理偏误的分析

孙　刚

【提　要】在语言使用的过程中，句子中的焦点信息往往会影响句子的结构形式，因此，句法在焦点的作用下形成了不同的变式，本文讨论在焦点的作用下不同的句法形式的焦点差异，以及留学生在使用汉语时，在焦点处理上的偏误。

【关键词】焦点　句式　句法

一　前人对焦点问题的研究

1.1　对焦点的定义

焦点理论自20世纪80年代引入中国后，已经成为汉语语法学界研究的一个新热点，但由于不同学者出于不同的理论背景与不同的思考角度，以及对汉语事实的不同理解，对焦点问题存在以下不同的理解：①以语音来确定焦点。范开泰认为焦点是心理重音所表示的交际上的兴趣中心。顾刚认为句子内部除了通过重音以外，通过句式被突出的句子成分也可以是句子的焦点。徐杰、李英哲有相同的观点。②以功能标准确定焦点。刘丹青、徐烈炯认为焦点是一个语用性概念，是说话人注意并强调的部分。③从线性结构上确定焦点。张斌、张黎、方经民、范开泰、张亚军、陈昌来等侧重线性信息结构，认为焦点是听话人接受的新信息中的重点信息。沈开木认为无论是新信息还是旧信息中的关键部分都是焦点。潘建华、温锁林也认为焦点是句子内部被赋予信息强度最高的部分。④从语义上确定焦点。方梅、沈开木、范开泰、张亚军等认为焦点是句子语义的重心。

1.2　对相关研究的评论

焦点既不是纯语用概念，也不是纯句法概念，焦点与句法、语用都有关系，但是焦点总是对应某个句法形式，我们关注焦点在句法形式上的表现。

因此，我们认为焦点是根据语用目的，通过一定的句法形式表现出来的语义重心。

根据焦点的句法表现，我们将焦点分为两类：新信息焦点和旧信息焦点。新信息焦点指符合汉语 SVO 型语言特点的常规配位句子的焦点，焦点在句子的末尾，此类焦点是新信息焦点，属于新信息。从句法上讲，它在句子的末尾，在句子形式上无明显的标记。旧信息焦点指通过焦点标记成分凸显的旧信息中的焦点，凸显的方法就是移动重音位置、添加焦点标记词或句法成分移位以及对举等，此类焦点一般不是新信息。当无标记焦点的形式（即句尾焦点）不能突出句子的焦点时，或者言语使用者所要强调的语义重点不在句子的末尾新信息时，才采用有标记焦点来凸显焦点成分。但为了凸显新信息的焦点强度，有时新信息焦点也带有焦点标记。

我们在这里只讨论汉语焦点处理在句法结构上的表现，也就是我们说的新信息焦点的问题。

二　汉语焦点的语法化形式

2.1　汉语句尾新信息焦点的语法化形式

句子中信息排列的方法一般是由旧到新，句尾的成分一般是新信息，是交际双方共同关注的重心，因此容易成为焦点成分。句首的成分在一般情况下是旧信息，不易成为焦点。语言所传达的信息采用由旧到新的排列，不一定是语言使用时的必然选择，也可能只是一种“习惯”，所谓的“习惯”也就是在大多数情况下做出的一种选择的倾向性。语用上多次重复以后，焦点的位置便形成了一种定式，即将新信息放在句子的末尾，句末便成了新信息焦点的常规位置。

在日常生活中，我们经常可以听见这样的叫卖声：

（1）甜玉米，一块钱三个！

（2）新鲜的葡萄，七斤十块啦！

例（1）和例（2）两个句子中，“一块”、“十块”所处的句法位置是不一样的，原因是说话人强调的焦点位置不同：例（1）完整的句子是“甜玉米，一块钱就能买三个!”，例（2）完整的句子是“新鲜的葡萄，七斤才十块钱啦!”；例（1）是说话人告诉买“甜玉米”的人“一块钱”能买很多，例（2）是说话人告诉买者买“七斤”花的钱不多。“三个”、“十块”是说话人强调的焦点成分，只不过含义有别：“三个”是说多，“十块”是说少。

2.2 常见的几种凸显句尾新信息焦点的句法形式

我们从句法结构上采用两种句式比较的方法来探讨焦点的问题。下面是经常采用的，语义内容基本一致，但凸显的焦点不同的一些基本句式和非基本句式。之所以句式不同是因为语用目的不同，要凸显的焦点不同，所以我们说语用动机的差异导致了在基本句式基础上的非基本句式的产生。

2.2.1 宾语话题化凸显句尾焦点

汉语有一个明显的倾向，就是让位于谓语动词后的宾语表达未知的、不确定的事物，即表达新信息。

当宾语是已知信息，句子的重点是传达有关这个宾语的新内容时，这个宾语常常居于句首，形成话题，也就是信息传达的起点，交际的内容都应该和它相关，我们称之为话题。句尾的位置让给新信息。

（3）那本书我读完了。——（3′）我读完了那本书。

（4）官府管不了的事我管。——（4′）我管官府管不了的事。

例（3）和例（4）凸显动作的结果或动作，例（3′）和例（4′）凸显动作的宾语。按照汉语的 SVO 语言特点，基本语序形式应该是例（3′）和例（4′），但例（3）和例（4）两种形式也是常见的语序，此类句式是汉语的一种非基本句式，是已经高度语法化的句法形式。语法化的动机可以认为是语言核心成分置于句末的要求的作用，其实也是凸显焦点成分在句法上的表现。例（3）和例（4）两句中“读完了”、“我管”是新信息，且都是未知的成分。例（3′）和例（4′）两句的“读完了”和“我管”都是已知的成分，不属于新信息，不在焦点位置，不是焦点成分。又如，我们在写信的时候，开头经常有这样一句：“你的来信我已经收到了。”而不是：“我已经收到了你的来信。”为什么？因为“你的来信”在交际双方都是已知信息，大家关心的是来信怎么样了，这才是关注的焦点，因此将“我已经收到”放在句子的末尾，形成焦点。

黎锦熙、刘世儒两位先生在《中国语法教材》里说：“宾语提到句首，是由于说话人的语势重在宾语，所以主语未说，宾语先提，使宾语显得更突出些、紧要些。”但从焦点的观点来看，宾语之所以先提是要让出句尾的焦点位置，留给未知的焦点信息，而不是“使宾语显得更突出些”。

2.2.2 “把”字句将宾语前置凸显句尾焦点

(5) 张三杀死了李四。——(5′) 张三把李四杀死了。

例(5)的焦点是“李四”，重点说明张三杀死了谁；例(5′)的焦点是“杀死”，说明张三把李四怎么样了。句子末尾的成分不一样，句子的焦点也不一样。有人认为，“把”字句的语义重心在“把”字的宾语上。李英哲、郑良伟等编著的《实用汉语语法》认为：“汉语的‘把’字结构是一种常用的语法手段，可以通过某一活动或某一事情把人的注意力集中到一个具体的对象或问题上。这样做当然是为了对动词的语法宾语进行强调，否则对听话人来说就显得不那么突出。”对此我们有不同的看法。

“把”字句句尾宾语成分提前的原因，我们认为也是句尾焦点原则在起作用。“把”字句中的O与SVO句中的O不同，一般的SVO句往往表示一种陈述，宾语通常就是强调的重点，是新信息的核心，是句子的焦点。而“把”字句中的O往往是已知信息，“把”字句是把已知信息提前，让后面的动词或动词结构占据焦点的位置成为焦点成分。理由是：

(1) 学者们早已注意到，“把”字的宾语是定指的，即使不是定指的，也是已知的信息，已知信息在没有标记的情况下，一般不会实现为句子的焦点。

(2)“把”字句的语义重点是“受事”(“把”字的宾语)怎么样了，重在“怎么样了”，因此，“怎么样了”必须说清楚，故动词的后面必须有其他成分，不允许光杆动词出现，这正是因为句子的焦点是不可以省略的。

“把”字句的主要功能之一是把动词结构VP放在句子焦点的位置上，实现其焦点身份，从而强调动作行为以及结果情状，这一点与一般的SVO句式是不同的，SVO句式一般强调动作涉及的事物。这两种句式语义结构相同，但语用意义和语用价值不同。

2.2.3 “被”字句将宾语前置凸显句尾焦点

我国有许多语法学家讨论过被动句的语用问题，他们普遍认为之所以使用被动句是要强调被动句的主语，即受动者。我们认为被动句的使用最重要的原因是被动句可以改变施动和受动的正常句法位置，从而把句尾的位置留给焦点成分。

(6) 张三杀死了李四。——(6′) 李四被张三杀死了。

(7) 酒催开了他的胆量。——(7′) 他的胆量被酒催开了。

"把"字句和"被"字句的形式基本对称，语用作用相同，动机也相同，不同的是SVO句式变成"把"字句后，O是"把"字的宾语，变成"被"字句后，O成了句子的主语，S成了"被"字的宾语。有些"被"字的宾语还可以不出现，如果是焦点成分，它是不可以省略的，这也说明在一般情况下，"被"的宾语成分不是句子的焦点。而被动句的主语常常是交际的出发点，包含了双方共知的信息内容，并不是双方关注的重要信息，因此也不易成为焦点成分。在连续的语句当中"被"字的主语是经常被省略的，从这一点上说被动句的主语不应该是句子的焦点，焦点是不能省略的。因此，"被"字结构后的短语更容易成为焦点。

2.2.4　状语后置形成补语成分凸显句尾焦点

状语和补语都是动词的附加成分，因为它们在句子中出现的句法位置不一样，所以在信息传达上的价值和作用也不一样。补语因为居于句末，因此比状语重要得多，更容易实现为句子的焦点。许多学者认为，动词是句子新旧信息的分水岭，动词前是旧信息，动词后是新信息。我们说新信息容易实现为句子的焦点，补语当然比状语有更大的焦点可能性。

（8）老师在北京师范大学住。——老师住在北京师范大学。

（9）这事我还清清楚楚地记得。——这事我还记得清清楚楚。

（10）他满头大汗地洗衣服。——他洗衣服洗得满头大汗。

（11）象牙塔里的文化将来绝不会在中国出现。——象牙塔里的文化将来绝不会出现于中国。

2.2.5　谓语成分向后转化凸显句尾焦点

（12）接着走上来两个女人。——两个女人接着走上来。

（13）对面挺直地站着赵白眼。——对面赵白眼挺直地站着。

这两个句子都是存现句，例（12）、（13）中位于句尾的都是NP，而且都是上文没有谈到，读者不知道的事物或人，是新信息。吕叔湘先生认为："这种句型是把听者心中所无的事物暂且捺住，先从环境说起，然后引出那个未知的事物。"这个未知的事物在句子中就是重要的信息，因此容易实现为句子的焦点。

2.2.6 连动句式的焦点

(14) 吃辣去俏江南。(广告) ——去俏江南吃辣。

(15) 装修新家选北京阔达。(广告) ——选北京阔达装修新家。

(16) 上车请买票，月票请出示。(售票员) ——上车请买票，请出示月票。

在连动结构中，几个动词短语所传达的信息的重要程度没有明显的差异，但最后的动词往往会吸引更多的注意力，从而实现为焦点成分，它遵循的是新信息焦点的信息分布原则，即句尾焦点。例（16）是平行句式，但结构不一样，“月票”作为已知的信息不宜放在后面作为焦点成分，“出示”、“买票”才是“售票员”关心的事情，因此放在句尾做焦点成分，形成了句式上的不平行。例（14）、（15）两则广告，广告者关心的是让消费者了解自己，因此要把最重要的信息放在焦点的位置上。这对焦点信息后置也是一个证明。

2.2.7 双宾语句式及其变式的焦点

(17) 你不能给他这本书。

(18) 这本书你不能给他。

(19) 你不能把这本书给他。

(20) 他这本书你不能给。

例句（17）是最基本的双宾语句，符合汉语 SVO（双宾语为 SVOO）的结构形式。例句（18）、（19）、（20）是双宾语句的变化形式，一般来说，双宾语句式大致可以有以上几种变化方式，表达的语义基本相同，但在自然状态下（无对比重音和标记词标记焦点）焦点的位置都应该处于句尾，因此焦点不同。例（17）是说“不能给他什么”，例（18）是说“不能给谁”，例（19）是说“不能给谁”，但采用的是“把”字句形式，例（20）是说“不能做什么”。也就是说，这几种句式是为了凸显不同的焦点而产生的几种变式句子形式。

在汉语中有很多同义变式句，这些变式句的产生都和语用有关，是在不同的语境下，为了凸显焦点而采用的句式。我们以上提到的几种句式及其变式，只不过是经常采用的几种，不能把所有的变式形式全部罗列出来。但可以肯定地说变式句的产生是语用选择的结果，我们只是从焦点凸显的角度进行了简单的说明。

三　从汉语焦点表现的角度看留学生误句

我们曾经对北京师范大学汉语文化学院 102 班、202 班、302 班留学生的写作材料共计 263 篇做了一个调查。通过调查我们找到许多和焦点处理不当有关的句子，通过分析我们认为，留学生对汉语焦点的句法表现没有明确的认识，不知道怎样凸显焦点成分。

3.1　句尾出现多余词语占据了焦点位置

例如（注：留学生误句出自北京师范大学留学生作文）：

（1）＊我看过的观音像中他最伟大的样子。我很喜欢它。

——我看过的观音像中他最伟大。

（2）＊青岛的钱还是经花，所以生活很方便。只可惜的是青岛很少说普通话的人。

——青岛的钱还是经花，所以生活很方便。只可惜的是青岛人很少说普通话。

（3）＊等了一个月，才等到录取通知书。我高兴死我了。

——等了一个月，才等到录取通知书，我高兴死了。

（4）＊比如说，每月 1 日的时候，最后面的车号是 1 的车不可以开车。

——比如说，每月 1 日的时候，最后面的车号是 1 的车不可以开。

（5）＊可以谈十部制，五部制，这就是日和车的号一样的话那天那个车不能开车。

——可以谈十部制，五部制，这就是日和车的号一样的话那天那个车不能开。

（6）＊按厨师的做法，菜就随机应变。这真是有意思的性质。

——按厨师的做法，菜就随机应变。这真是有意思。

从上面的例句来看，句子末尾的词语是多余的，可以直接删掉。因为最后面多余词语的出现，占据了本来应该是句子的焦点占据的位置，使得句子的焦点出现了变化，语义重心显得不够明确。

3.2　补语误用作状语

例如：

(7) *第一别把垃圾在街上扔而且别把污物在江里丢。

——第一别把垃圾扔在街上而且别把污物丢在江里。

(8) *假如一个人得了不可治疗的疾病，很长时间受到痛苦，躺在床上，什么都不能干，只是等着自己死的那天的话……

——假如一个人得了不可治疗的疾病，受到痛苦，躺在床上很长时间，什么都不能干，只是等着自己死的那天的话……

(9) *这样的话，有可能人们没有希望地生活。

——这样的话，有可能人们活得没有希望。

(10) *我们国家的人民以自己生活的周围为通常干净的打扫，不好的车不可以走路上。(102)

——我们国家的人民自己生活的周围通常打扫得很干净，……

(11) *就这些我的北师大的留学生活，这样无聊，我还有两年的时间在这儿。

——就这些我的北师大的留学生活，这样无聊，我在这儿还有两年的时间。

(12) *在中国吃饭的时候，先吃菜喝酒，然后吃饭。这种情况多次看到了。

——在中国吃饭的时候，先吃菜喝酒，然后吃饭。这种情况看到多次了。

在许多情况下，有些成分既可以用作句子的状语，也可以用作句子的补语，虽然在意义上没有多大的差别，但在语用上却是很不相同的。状语说明动作怎样进行，补语说明动作的结果或所产生的影响。在正常情况下，句子的补语比状语更容易实现为句子的焦点，因为补语经常处于句子中为焦点设置的位置上。

“第一别把垃圾在街上扔而且别把污物在江里丢。”这个句子之所以有语病是因为没有把焦点信息放在句尾的焦点位置上。“别把垃圾扔在街上而且别把污物丢在江里”，把“江里”和“街上”放在焦点位置上就可以了。

3.3 不能将已知信息话题化

从句法的角度说，最突出的是不会使用主谓谓语句，把小谓语用作宾语，占据了焦点位置，导致句子的焦点得不到凸显。在调查的资料中学生很少使用主谓谓语句，说明我们对这方面的教学还存在问题。

例如：

(13) ＊北师大是真认真的学校，比别的学校有很多课，所有的老师也都是很认真的态度。(302)

——北师大是很认真的学校，比别的学校课多，所有的老师态度也都很认真。

(14) ＊我对这个问题（安乐死）反对。

——这个问题我反对。

(15) ＊每个地方不一样政策。比方说在我老家每星期天大家一起销售废旧的东西。

——每个地方政策不一样……

(16) ＊我们的学校位于市中心，你容易周游北京。

——我们的学校位于市中心，你周游北京很容易。

(17) ＊我来中国以后，才知道中国是有这么大的土地，有这么多的人口……

——我来中国以后，才知道中国土地这么大，人口这么多……

在交际当中，已知信息和双方交谈的话题经常出现在句首，对话题或已知信息的叙述往往在句子的后面，句尾的实词经常实现为句子的焦点。如果本来应该充当话题的已知信息占据了句尾的焦点位置，而已知信息往往又不具备做焦点的身份，本来的焦点会被掩盖，得不到应有的凸显，从而使得句子的焦点不够明确。

3.4 主谓倒置，导致焦点不明确

例如：

(18) ＊越少越好吃，越吃的多越那些动物不见了。真不容易了解人的心理。

——越少越好吃，吃的越多那些动物越少。了解人的心理真不容易。

(19) ＊手里拿了很多东西，大概一共也不过300元钱。我很高兴，今天很多收获。

——手里拿了很多东西，大概一共也不过300元钱。我很高兴，今天收获很多。

(20) ＊但是韩国的面积比较小，大家不愿意在家的附近有垃圾场，韩国政府不容易找到适当的垃圾场。

——但是韩国的面积比较小，大家不愿意在家的附近有垃圾场，韩国政府找到适当的垃圾场不容易。

(21) *虽然很重要生命，但是谁想要痛苦的死呢？

——虽然生命很重要，但是谁想要痛苦地死呢？

(22) *我希望我国政府和国民一起环境保护，后来变成干净的国家。

——我希望我国政府和国民一起保护环境，后来变成干净的国家。

留学生的作文里出现的这些句子，有些没有语法问题，例如，“真不容易了解人的心理”、“韩国政府不容易找到适当的垃圾场”，但是结合上下文看总觉得别扭，问题就在于焦点处理不当。如误句（18），不是想说“真不容易做什么”，而是想说“做什么真不容易”，“了解人的心理”不是句子的焦点，焦点应该是“不容易”，应该把它放在句子末尾的焦点位置上。

3.5 其他

(23) *现在我们已经长大了，我们过了不一样的日子，思想观念都变了。

——现在我们已经长大了，我们过的日子不一样，思想观念都变了。

(24) *在韩国非常发达有关肉的菜。

——在韩国有关肉的菜非常发达。

(25) *当然，病人的生活很难，可是我们只有一次的生命，我们没有其他的选择。

——当然，病人的生活很难，可是我们的生命只有一次，我们没有其他的选择。

(26) *因为世界上有许多不治之症的病人，其中有很多处于植物状态的人。

——因为世界上有许多不治之症的病人，其中有很多处于植物状态。

上面的误句例子中，本来可以作主语的名词性成分都放在了句子的末尾，如“不一样的日子”。事实上，误句（23）的焦点不应该是句尾名词性成分，应该是句子的修饰语“不一样”，这一点从句子的意思上可以看出来，但焦点没有出现在句子的末尾，因此焦点显得不够突出。

以上我们讨论的句末焦点都是在句子当中没有出现焦点标记词的情况下，如果句子当中出现了焦点标记成分，句子的焦点可以不放在句子的末尾，在口语当中，也可以采用移动重音的方法来移动焦点的位置。当然，并不是所有没有焦点标记的句子的焦点都在句子的末尾，因为，一切语用引起的句法变化都必须遵守语法规则，也就是说，句尾焦点的安排必须服从语法规则。突破语法规则的限制，强行将焦点放在句子的末尾也是不能接受的。

四 结 语

焦点从根本上说是语用的问题，但是语用的研究和句法的研究是不能分开的。正是由于语用目的的差异才导致了句法上的不同形式，反过来，句法的不同形式也反映了语用的变化。我们正是从这一点出发做反向的推导，试图观察不同句法形式所反映出的焦点差异。从汉语本体研究的角度说，很多学者认为汉语的语法凌乱、琐碎、不好把握，究其原因，是因为我们的研究没有把语法和语用分开，把一些本来属于语用的问题统统看成是语法的内容，很多的语法形式其实是同一语法规则因语用不同而产生的变式，这些变式有的就是因为要凸显的焦点不同而产生的。从对外汉语教学的角度说，留学生对汉语焦点的处理不当，是导致他们的汉语总是有“洋径浜”味道的原因之一。如果留学生能够解决焦点的问题，也就解决了一部分语用难题。

对汉语焦点的研究迄今为止还不是很成熟，还有许多需要讨论的问题。我们从句法的角度对焦点的表现提出了一些问题和看法，很粗浅，也不够成熟，还需要在今后的学习、工作中不断地调查、研究。

参考文献

陈 平（1994）试论汉语中三种句子成分的配位原则，《中国语文》第 3 期。
董绣芬（2003）无标记焦点和有标记焦点的确定原则，《汉语学习》第 1 期。
范开泰（1985）语用分析说略，《中国语文》第 6 期。
方 梅（1995）汉语对比焦点的句法标记手段，《中国语文》第 4 期。
胡 附、文 炼（1984）汉语语序研究中的几个问题，《中国语文》第 3 期。
顾 刚（2001）话题和焦点的句法分析，《天津师范大学学报》（社会科学版）第 1 期。
李临定（1995）汉语造句方式，《中国语文》第 4 期。
刘 顺（2003）现代汉语语用平面的焦点表达，《南京林业大学学报》（社会科学版）第 1 期。
刘月华（2001）《实用现代汉语语法》，北京：商务印书馆。
陆俭明、马 真（1999）《现代汉语虚词散论》，北京：语文出版社。
邵敬敏（2000）《汉语语法的立体研究》，北京：商务印书馆。
史锡尧（1999）《语法 语义 语用》，北京：人民教育出版社。
王维贤（1997）《现代汉语语法理论研究》，北京：语文出版社。

吴为章（1995）语序重要，《中国语文》第6期。
徐　杰（2001）《普遍语法原则与汉语语法现象》，北京：北京大学出版社。
徐烈炯、刘丹青（2003）《话题与焦点新论》，上海：上海教育出版社。
叶　军（2001）《汉语语句韵律的语法功能》，上海：华东师范大学出版社。
袁　辉、戴耀晶（1998）《三个平面：汉语语法研究的多维视野》，北京：语文出版社。
张伯江、方　梅（1996）《汉语功能语法研究》，南昌：江西教育出版社。
张旺熹（1999）《汉语特殊句法的语义研究》，北京：北京语言文化大学出版社。
张亚军（2002）《副词与限定描状功能》，合肥：安徽教育出版社。
赵振才（1985）汉语简单句的语序和强调，《语言教学与研究》第3期。
朱一之、王正刚（1991）《现代汉语语法研究的现状和回顾》，北京：语文出版社。

海外华校拼音教学方案探讨

刘召兴

【提　要】本文以横滨山手中华学校小学一年级的拼音教学为具体案例，讨论了拼音教学方案总体规划遵循的主要原则。主要有以下几个方面：①缩短集中教练拼音的时间，明确拼音的工具性，做长期打算，将教学任务融入以后的日常教学中。②将拼音教学与生活实际、口语交际相结合。③抓住学生的难点确定教学重点，避免平均用力。④拼音教学与汉字教学相结合。

【关键词】华文教育　少儿汉语教学　拼音教学

○ 引　言

拼音教学是对外汉语教学的基础，是学习发音和纠正发音的重要工具，在汉语教学中起着重要作用。拼音教学的设计方法多种多样，可以按照拼音表顺序教，也可以打乱这个顺序教，各有各的利弊（吕必松，1996）。到目前为止，关于对外汉语语音教学的研究比较多，也提出了很多具体的有建设性的理论和方法（孙德金，2006），专门针对海外华校幼儿拼音教学的论著也不少，而对总体的拼音教学进行规划的论著却不多见。

海外华校的老师和学生们，面对的是强大的住在国语言环境，缺少良好的汉语语境。他们只能采取在学校内部创造语言环境的方法，那么他们的汉语交际情景就离不开学校和家庭。拼音是他们接触汉语的第一步，也是非常重要的一步，能为创造语言环境起重要作用。因此，我们的拼音教学的总体规划就必须考虑海外华校的环境和儿童的心理特点以及他们的生活，必须为创造语言环境服务、为提高教学效率服务。本文的主要目的就是从海外华校的具体情况出发，探讨拼音教学方案，以求对海外华校的拼音教学总体规划提供帮助。

一　目前海外华校拼音教学存在的困难

拼音教学的大体模式在各个华校有一定的共性：认读字母、看挂图、拼读。老师们在拼音教学的趣味性上花了很大的力气，我们经常能够看到一些提高学习趣味性的儿歌或者其他材料，但是总体来说，教材和教法上都没有太大的改进。目前，大多数拼音教材都是按照拼音表的顺序来安排的，很多学校也都是按照教材一步步地教。海外华校的周中文课时多少不一，少的三四节，多的十节左右。如果按照教材按部就班、平均用力地教，往往要花很长时间。这样下来，教学就容易变得枯燥乏味，老师们对教学效果也不是很满意。另外，教材教法脱离学生实际交际的需求。虽然教材上也有一些和拼音相配套的事物图片，老师们也采取了很多办法，但是这些离学生的生活实际比较远，学生很难在平时的交际中用得上，学起来也觉得索然寡味。如果拼音教学不能适应学生的交际需要，那么就会变成为了教拼音而教拼音。在这种情况下，设计一个实用的拼音教学方案就显得尤为必要。

根据儿童的心理特点和生活背景选择教学方案应该是比较切合实际的，教学效果也会比较好（刘召兴，2006）。不但可以增加教学的趣味性，而且可以让教学更有理据性，语言交际的功能也能发挥出来，儿童在学习时就容易理解学习拼音的必要性。本文提出的这种拼音教学方案，其中有些想法和设计是大家所熟知的，我们所要做的并不是一定要提出多么新的思路，而是要把各种优秀的想法与华校的具体现状相结合，寻找一条比较适合华校小学一年级拼音教学的路子。

二 拼音教学方案

以华校小学一年级学生的心理特点和他们在住在国的生活实际为基础，以横滨山手中华学校为具体对象，本文主要从以下几个方面来探讨华文教育中适合少儿拼音教学的方案，这个方案主要遵循以下几个原则：

第一，缩短集中教练拼音的时间，明确拼音的工具性，做长期打算，将教学任务融入以后的日常教学中。

集中教授拼音的时间不宜过长，其弊端不言而喻，而且即使我们教的时间很长，学生也不可能在这段时间里完全掌握所有的拼音，包括发音和书写，教学也不一定能达到预期的效果。拼音对中国国内一年级的学生和海外华校的同龄生来说，具有不同的实用性。国内的学生在学拼音之前就已经掌握了整个语音系统，学习拼音是为了帮助学习汉字。而在海外华校，拼音固然有帮助识字的作用，但更多的是帮助学习发音和正音，我们不可能要求学生在一段时间内掌握所有的语音系统。众所周知，这个工作要一直持续下去，直到学生能够完全掌握为止。因此，老师们不必为了追求好的教学效果而花很长时间集中教拼音，而是应该缩短集中教拼音的时间，在短时间内让学生对汉语的语音系统有个大体的了解，而把巩固和进一步练习发音的工作延伸到以后的年级中。可以采取的办法是将教学计划具体到每个课时，同时与我们下面所说的第三点紧密结合，细致安排教学计划。这样就能够将时间控制在一定范围内。同时也要做长远规划，把长期的语音教学做好。

第二，与学生的生活实际相结合，打破拼音字母表（《汉语拼音方案》）的顺序，按照学生的实际交际需要安排拼音教学的顺序。

对儿童语音习得来说，语音与概念的对应是一个非常有效的通道。如果我们一定要坚持按照拼音表的顺序来教而忽略学生的实际交际需求，很可能出现这样的情况：学生们急需了解的发音老师不教，而学生现阶段用不到的语音老师却在努力地教，想各种方法去操练，去提高教学的趣味性。实际上我们可以打破拼音表的顺序，按照学生的交际需要，因地制宜地安排教学顺序。另外，拼音方案的字母与实际发音的对应关系也比较复杂，有时候并不能完全对等。教拼音是为了教语音，在教海外儿童的时候，应该因地、因人制宜，先按照实际语音来教发音，然后再学习拼音字母。从这一点上来说，根据具体情况，改变教学顺序和方式就更加重要了（王理嘉，2005）。

横滨山手中华学校为了创造良好的中文交际环境做了很多工作，其中一项就是要求学生“进校一步说中文”。对于刚入学的小学一年级学生来说是不可能做到这一点的，但是从最基本的交际出发，有些词语或句子是要求学生尽快学会的，比如，“老师”、“你好”、“再见”等。此时的拼音教学还完全没有接触到“lǎoshī”中包含的拼音，学生却已经在努力地去发这个音，去完成称呼老师的交际任务。如果此时中文课上正在教的拼音就是“l”、“ao”和“shi”的话，学生很容易就能理解这个语音和概念的对应关系，也能够理解“lǎoshī”中的这些字母组合到一起起到了什么样的表意作用，同时能够在交际中立刻用上，这样既可以增加拼音教学的实用性，也可以大大提高学生学习的兴趣，同时也有利于加强记忆。这样拼音教学的理据性就会比较明显。以此类推，接下来我们可以教的是“shūbāo”、“bǐ”、“běnzi”等拼音，直到把所有的拼音都教完。

这样做的弊端是学生不能系统地了解整个语音体系。要解决这个弊端，那就要充分利用拼音字母表（《汉语拼音方案》）这个工具。实际上，我们说打破字母表顺序，按照学生交际需要安排教学，并不等于无视拼音字母表的优点。拼音字母表体现了汉语语音系统的规律，集中展示了各个音素的特点，“符合音韵学的原理，更加科学合理，便于学习、掌握”（唐作藩，2008）。因此，为了让学生理解汉语语音的体系，在按照上述顺序教完所有声韵母之后，接下来的一个重要工作就是进行总结，利用《汉语拼音方案》完整地将汉语语音体系呈现给学生，这时对每组声韵母的发音特点进行归纳和对比就显得有的放矢，能够在正音上发挥很大的作用。

第三，抓住学生的难点确定教学重点，避免平均用力。

日本横滨山手中华学校绝大部分华裔学生的祖籍是中国福建和广东，也有很少一部分来自中国北方各省，出生在日本。虽然有些家庭有一定的方言背景，但除了极个别的插班生以外，学生们最熟练的语言还是日语。通过他人的研究（王韫佳，2001）和我们的测试，我们发现，受日语的影响，学生们的语音听辨和发音难点主要在以下几组："zh、ch、sh"和"z、c、s"、"r"和"l"、"f"和"h"、前鼻音和后鼻音，还有"wu"的发音开口度小且扁唇，发的是日语的"う"。声调的难点主要表现在二声和三声的听辨上。根据这些特点，在进行拼音教学时就应该将主要的精力和时间放在这些难点上，练习发音和正音，教学研究的重点也应该放在这些方面。至于那些很容易掌握的发音，可以很快教完，节省时间，不必花费太多精力。

另外，对于小学一年级的儿童来说，辨别和记忆细节的能力还不强，对于形近的字母很难在短期内分辨开，比如"b"、"p"和"d"。这也是拼音教学中的一个难点，不是发音方面的而是书写和记忆方面的。在目前的很多教材里，"b、p、m、f"是放在一起教的，接下来的一课就是"d、t、n、l"。这三个形近的字母放在一起，有不少学生分不开，虽然老师采取了不少办法，比如打手势，但是总觉得很难奏效。那么我们不妨将这几个字母分开，不放在一起教，让他们之间的时间间隔长一点。这样学生先熟悉了一个字母，再遇到第二个字母时就容易区分。从心理学的角度讲，越熟悉的事物越容易在大脑中被迅速激活，也越容易与其他事物区分开。基于以上考虑，结合第二条，合理安排这三个形近字母的出现顺序，会对教学有比较大的帮助。当然，关于拼写困难还有其他方面，比如"liou"等（大西耕司，2006），在此就不一一列举了。

第四，与汉字教学相结合，为尽快进入汉字教学打好基础。

缩短集中教拼音的时间必然会更早地进入汉字教学，而汉字教学对于那些拼音文字国家的学生来说也是一个难点。如何避免短时间内进入汉字教学给学生带来的困扰，避免产生畏难情绪，也是我们在拼音教学阶段应该考虑的问题。

教汉字比较理想的顺序是从易到难、从简单笔画到复杂笔画、从笔画少的字到笔画多的字。拼音教学与汉字教学相结合，有显而易见的优点。其一，这个时候学生没有大量记汉字和书写汉字的负担，学习任务比较轻。其二，更容易遵循由易到难的规律。具体的操作如下：在讲到一些非常简单的汉字的音节时，可以将汉字呈现给学生，然后把汉字拆分来学习笔画，笔画的学习也要和拼音结合在一起。比如“rén”的拼音和“人”相对应。这是一个很简单的字，组成这个字的笔画也是非常简单的基础笔画“撇”和“捺”。在教完“人”之后，接下来可以继续教学生学习“piě”和“nà”的拼音。这个处理方法不一定只用在学习新的拼音时，也可以用在复习和练习拼音时。这样的安排既遵循了汉字教学由易到难的规律，对一些非汉字文化圈的学生来说，也能帮助他们克服由拼音向汉字转变时对拼音的依赖和对汉字的畏难情绪（陆俭明，2008）。

需要注意的是，这个原则应该和前面安排的教学顺序一起综合考虑，才能制定出一个合适的教学顺序，而不会前后过多重复或落掉某些拼音。

根据以上四个方面的原则因地制宜，可以制定出一个跟学生生活以及学习规律密切结合的拼音教学方案，有利于提高拼音教学和语音教学的效率。

三 结 语

本文提出的是一个总体的教学方案，至于针对每个具体的语音难点进行教学的方法，我们在本文中并没有涉及。本文提出的这个方案是以横滨山手中华学校为假想对象的，而且很多地方都是以举例子为主，没有穷尽每个语言点，不过笔者认为，本文提出的一些原则其实也适用于更多国家的华校，比如，根据学生的交际需要来安排教学顺序，针对当地学生的难点进行重点教学等，都可以根据当地的具体条件来采用。本文提出这个方案只是华校拼音教学研究的一个开始，接下来要完成的工作就是制定具体的教学方案，形成书面教材，然后进行教学实验，检验教学效果。

参考文献

王韫佳（2001）韩国、日本学生感知汉语普通话高元音的初步考察，《语言教学与研究》第6期。

王理嘉（2005）《汉语拼音方案》与世界汉语语音教学，《现代语文》（语言研究）第2期。

大西耕司（2006）日本人的汉语拼音拼写错误问题研究，华东师范大学硕士论文。

孙德金（2006）对外汉语语音及语音教学研究，北京：商务印书馆。

刘召兴（2006）儿童发展中的认知能力与少儿汉语教学，《世界少儿汉语教学与研究》，北京：北京语言大学出版社。

吕必松（2007）汉语和汉语作为第二语言教学，北京：北京大学出版社。

陆俭明（2008）《汉语拼音方案》和汉语教学，《语言文字应用》第4期。

唐作藩（2008）从音韵学看汉语拼音方案的优越性，《语言文字应用》第4期。

"不是A，而是B"语体特征与习得难点考察

杨 佳

【提 要】本文针对"不是A，而是B"这一格式，以语料调查和统计为事实基础，借鉴语体学等相关理论，对这一格式的语体特征进行了考察，分析了留学生在学习这一格式时可能遇到的难点，并在此基础上对该格式的教学提出了相应的教学建议。

【关键词】不是A，而是B 语体 习得

〇 引 言

"不是A，而是B"这一格式在对外汉语教学中一直受到广泛重视，许多对外汉语语法教程，如卢福波《对外汉语教学实用语法》（1996）、房玉清《实用汉语语法》（2001）、朱庆明《现代汉语实用语法分析》（2005）等都对"不是A，而是B"这一格式进行了分析和讲解；叶盼云、吴伟中在《外国人学汉语难点释疑》（1999）一书中，探讨了学生使用"不是A，而是B"与"不是A，就是B"时容易犯错的原因；汪宗虎《"不是……而是……"跟"不是……就是……"》（1996）一文从偏误分析这一角度对"不是A，而是B"这一格式进行了探讨。此外，许多硕士论文也都涉及了"不是A，而是B"的习得情况，如幸江涛《留学生使用汉语复句的偏误研究》（2002）、孙丹《留学生转折关系复句理解与使用情况的调查分析》（2006）、钟莹《"不是A，就是B"格式及相关问题研究》（2006），等等。

"不是A，而是B"这一格式虽然受到了广泛的关注，但是综观所有的研究成果来看，前人对这一格式的认识还很不一致，存在不同的看法。首先，大家对该格式语体特征认识还不够清楚，所以在安排该格式教学时，往往安排在不同课型、不同阶段的教材中。对外汉语教学应体现出教学内容的语体特征，"对外汉语教学的根本目的是，培养学习者自如地运用汉语进行各种交际的实际能力。这种交际能力的基本要求就包括语言学习者能够根据不同的交际场合、交际对象和话题内容来选择具有特定语体功能的表达方式和语言

材料”（李泉，2004）。但是我们在考察后发现，“不是A，而是B”既出现在一些口语教材中，也出现在一些阅读教材中；在同一课型的各种教材中，编写者将“不是A，而是B”安排在不同的阶段进行教学。以对外汉语口语教材为例，有将这一格式安排在口语初级阶段进行教学的，如《汉语基础口语·上册》（苏英霞、李戎，2004）；有安排在中级口语阶段的，如《大家说汉语——中级汉语口语》（苏瑞卿，2005）；也有在高级口语阶段才将其列入的，如《高级汉语口语——提高篇》（祖人植、任雪梅，2005）。这一矛盾现象说明了对“不是A，而是B”格式进行语体调查的必要性。此外，大家对该格式的习得情况也都有不同的看法。在汪宗虎（1996）、叶盼云、吴伟中（1999）、孙丹（2006）、钟莹（2006）等人的文章或专著中，都对留学生习得“不是A，而是B”的一些偏误进行了分析，认为学生容易将“不是A，而是B”与“不是A，就是B”或“不是A，却是B”相混淆。但幸江涛（2002）在对留学生进行调查后发现，问卷调查中用“不是A，而是B”造句的15个留学生所给的答案都没有错误，因此他认为，“难度较高的关联词语掌握起来未必就困难”。“不是A，而是B”是否难以掌握？如果留学生对学习这一格式感到困难，难在哪里？这些都需要我们在语料分析的基础上进一步加以研究。

一　“不是A，而是B”格式语体考察

在现代汉语研究中，随着功能语法学派的兴起，研究对象的语体特征与其语法规律的关系正越来越受到语法学家的重视。有语法学家甚至认为：“以语体为核心的语法描写应该是我们今后语言研究的最基本出发点。任何严谨的语法学家如果打算忽视语体的区别而提出汉语语法的规律，必须首先在方法论上提出自己的依据来。”（陶红印，1999）要想研究语法规律与语体特征的关系，首先就要解决语体的分类问题。总的来说，在现代汉语语法研究中，大家关注得最多的是语法规律在书面语体和口语语体之间呈现的差别，但是，只是将语料简单地划分为口语和书面语体还不够。以书面语体为例，“书面材料驳杂不纯，包含许多不同层次的语言现象。如果不是经过严格的选择和分析，凭这样的资料得出的结果恐怕不足以反映口语，也不能真正显示书面语的特点”（朱德熙，1987）。陶红印（1999）也认为，“传统上的口语和书面语的说法实际上是带有典型性视点的说法”，既有极端典型的语体，也存在大量中间状态的非典型语体。对于口语语体来说，有相当正规的研究报告，有介于正规和随意之间的采访，还有十分随意的熟人朋友之间的聊天，这三个

口语语体的典型性依次增强。

考虑到语体复杂性的因素，我们手工检索了分别涉及典型口语、演讲、话剧、电影剧本、小说、散文、诗歌、学术论文八种形式的语料，并在这些封闭的语料中对“不是A，而是B”出现的次数进行了定量统计，得出的数据如下：

表1 “不是A，而是B”出现次数统计

体裁	书名	语料来源	字数	出现次数
口语对话	《北京话口语》	北大语料库	库中所有口语语料①	0
演讲报告	《在北大听讲座（第十一辑）》	手工检索	20万	35
	《在北大听讲座（第十二辑）》	手工检索	21.8万	42
	《邓小平文选·第三卷》	北大语料库	28.8万	41
电影	《夏衍全集电影剧本（上）》	手工检索	50多万②	4
	《夏衍全集电影剧本（下）》	手工检索	50多万	3
	《中国抗日战争时期大后方文学书系——电影》	手工检索	39.4万	3
话剧	《曹禺全集·第二卷》	手工检索	约40万③	1
	《老舍话剧八部》	北大语料库	约60万	7
小说	《围城》	手工检索	25.3万	7
	《骆驼祥子》	北大语料库	15.7万④	13
散文	《穆青散文》	手工检索	26万	22
	《冯骥才抒情散文》	手工检索	16万	27
诗歌	《中国当代名诗人选集·食指》	手工检索	20万	4
	《中国当代名诗人选集·郭小川》	手工检索	23万	8
	《中国当代名诗人选集·余光中》	手工检索	20万	0
学术论文	《哲学的探索》	手工检索	35.5万	83
	《列宁哲学思想研究》	手工检索	31.8万	125

① 语料来源于北京大学汉语语言学研究中心语料库（http://ccl.pku.edu.cn/YuLiao_Contents.Asp）

② 《夏衍全集》共十六卷，920万字，每卷平均接近60万字。

③ 《曹禺全集》共七卷，310.5万字，每卷平均40多万字。

④ 人民文学出版社2000年出版的《骆驼祥子》总字数为15.7万字。

根据表1中考察所得到的数据，我们可以得出以下结论：

1.1 典型的口语语体对“不是A，而是B”格式具有封闭性

北大语料库中的口语语料都是一些关于北京人对话的记录，双方谈话是在比较随意的场合、没有准备的情况下进行的。在这种情况下，双方交谈都是即时反应的，要说的话往往是脱口而出，很少经过准备，因此，这样的语料表现出了典型的口语特征：句子中间不仅停顿和语气词较多，插入性和重复性的语言片段也很多，因此，意义有时不是很清楚，需要联系具体语境才比较好理解。例如：

（1）那时候儿的内务大臣呢，嗯，好像是，嗯，好像是，哦，怎么说呢，好像是，其实也不等于总理呀，好像是这种关系呀，可儿他不是一个，但，但是他不是正的，副的，那个不是，他那时候儿内务府大臣一般有四个，同时他有四个，所以这就不是说，哦，一个说谁，谁就接着谁了，他同时就，就，就有四个。（北京话口语）

根据本文的考察，在北京话口语语料中，没有出现一个“不是A，而是B”的用例。为什么典型口语语体对“不是A，而是B”具有封闭性呢？其实，这与“而”字的作用有很大的关系。吕叔湘（1990）认为，“‘而’字是个极不着边际的关系词，不管句意的顺逆或相背的”，因此，“‘而’在本质上是一个真正的‘连’词，这里所谓‘连’即‘连而不断’的‘连’”，“用‘而’的句子都是一贯而下，不作顿挫”。从这些论述我们可以看出，“而”更多的是起着一种句子连接的作用，往往将上一句与其所在的句子连接起来，使两句之间的联系更加紧密而不至于松散。但是，在典型的口语语体中，句子之间停顿较多，结构比较松散，这正是因为人们在这种没有准备、非常随意的情况下，脱口而出的话语常常是即兴而起的，对话语结构的连接不是很在意，因为口语是在具体的语境中进行的，语境对句子的关联起了很大的作用。所以，在我们调查的北京话口语语料中，人们往往不用“不是A，而是B”，而是用省略了“而”的“不是A，是B”这一结构，或是将其分解为两个关联并不明显的小句。例如：

（2）我所谓姓查呀，不是单纯姓查，是姓查哈拉，查哈拉，姓查哈拉。（北京话口语）

（3）不是我父母，我爷爷那辈儿了。（北京话口语）

（4）他不是北京人，他出生不是北京人，他是那个天津，什么桃花儿村呢是什么，是什么。（北京话口语）

例（2）中用的是“不是A，是B”这一省略格式，例（3）省略掉了“而是”；而在例（4）中，前后两分句采用了关联不是很明显、语表可以独立成句的完整句形式。

1.2 口头媒体的表达方式影响“不是A，而是B”的出现频率

陶红印（1999）认为，传统观点区分口语和书面语，主要着重于从“传媒”也就是交际工具的角度来划分，口语是口头上讲的，涉及的是口和耳；书面语跟书写有关，涉及的是手和眼。但是，光从传媒角度来划分语体远远不能体现语体的复杂性，陶红印认为还可以从另一方面来对语体进行分类，即表达方式。“表达方式指语言特征的选择”，它与表达所使用的媒体无关，“口语表达方式可以出现在书面语表达媒体上；书面语表达方式可以出现在口语表达媒体上”。因此，有些口头媒体如果选择了书面语表达方式，则语体会与典型口语语体有一定差距；书面媒体如果采取口头表达方式，则更接近于口语语体。正式演讲就是使用了口语表达媒体，但采取书面语表达方式的一种语体，其语体特征“跟普通对话语体没什么相似之处，反而跟书面语接近”。

基于以上观点，本文考察了总计70.6万字的演讲材料，“不是A，而是B”共出现118次，出现频率平均为1.6次每万字，高于在我们考察的小说中“不是A，而是B”出现的平均频率，接近散文中“不是A，而是B”出现的频率。这个考察结果一方面说明了“表达方式”确实能影响语体的语言特征，另一方面，又反过来证明了“不是A，而是B”这个格式是一个书面语体，它在典型的口语语体里不会出现，而在使用了书面语表达方式的口头媒体语料中，出现次数则会增加。

1.3 同种文学体裁中“不是A，而是B”的出现频率具有差异性

从语料表中可以发现，在我们考察的戏剧、电影、小说、散文等语料中，随着语料书面语体典型性特征不断增强，“不是A，而是B”格式的出现次数也依次增多。在话剧和电影剧本中，“不是A，而是B”出现得非常少，平均10万字才出现1次；而在共计约70万字的学术论文集中共出现了208次，平均每10万字出现约30次。因此，我们认为“不是A，而是B”是典型的书面语语体格式。

但是在同种文体的语料当中，“不是A，而是B”的出现次数呈现出了较大的差异。如共计25万字的《围城》出现了7例，而仅15.7万字的《骆驼祥子》中有13例，为此我们又手工检索了三篇小说，并将前面检索的另外两篇小说放在一起对比，得出的数据如下：

表2 “不是A，而是B”在小说语料中出现次数统计

书名	语料来源	字数	出现次数
《口红》	手工检索	27万	0
《围城》	手工检索	25.3万	7
《骆驼祥子》	北大语料库	15.7万	13
《黑纽扣》	手工检索	22.2万	21
《男人的一半是女人》	手工检索	30万	84

可以看到，有的小说中根本就没有出现“不是A，而是B”的用例，如《口红》；《围城》中此格式出现次数也很少，平均将近4万字才出现一次；而在《男人的一半是女人》中，平均出现次数达到了将近每万字3次。

再来看看散文。经过检索后，我们发现散文中也存在这种差异。例如：

表3 “不是A，而是B”在散文语料中出现次数统计

书名	语料来源	字数	出现次数
《另一个清华》	手工检索	15万	4
《美国浮世绘》	手工检索	40万	10
《穆青散文集》	手工检索	26万	22
《怀旧集》	手工检索	16.5万	16
《王蒙漫游美文》	手工检索	35万	37
《冯骥才抒情散文》	手工检索	16万	27
《爱与痛的边缘》	手工检索	20.2万	36

在对手工检索的这些文学作品进行分析后我们发现，在同种文学体裁中，“不是A，而是B”与文学作品中作者的主观评断或议论性的强弱有关系。在

本文考察的小说中，以第三人称进行叙述的小说《口红》、《围城》、《骆驼祥子》“不是A，而是B”出现的频率明显低于以第一人称“我”进行叙述的两篇小说《黑纽扣》和《男人的一半是女人》，而以第一人称为叙述视角的作品往往更容易抒发作者的思想感情，发表作者的思想观点；在以第三人称为叙述视角的三篇小说中，每篇小说的作者的客观叙述程度又有明显不同。《口红》整篇小说就是对一个爱情故事的客观复述；在《围城》中，作者试图通过对故事的描写来表达自己对当时知识分子精神世界的看法，但是主要还是通过叙述、描写来间接表达自己的观点；而在《骆驼祥子》中，作者在叙述时比较注意对人物心理活动进行刻画和描写，如祥子对虎妞的矛盾态度以及祥子前后思想观念的转变，从这些心理描绘中间接地表达了作者自己的思想感情，故事的“主观性”比前两篇小说都要强。以第一人称为叙述视角的两篇小说也存在作者“主观性”的强弱差异。《黑纽扣》虽然以第一人称为叙述视角，但作者往往只是以“旁观者”的姿态来对身边的人和故事进行叙述，进而阐发自己的思想；而在《男人的一半是女人》中，作者与文中的主人公“我”融为一体，以作者的心理活动为主线，因此，文中有许多对“我”的心理活动的自我剖析，主观判断性比《黑纽扣》无疑要更强。在我们调查的散文中，《另一个清华》、《美国浮世绘》都是描写作者在海外的所见所闻，较注重客观叙述和描写；《穆青散文集》前部分为重叙述的生活回忆，后半部分为写景抒情散文，而《怀旧集》则在叙述往事时多融入作者对人生的思考及个人感情的抒发，这两本散文集的主观性较前两部散文集更强；《王蒙漫游美文》中录入的散文全部是游记，但是作者在每篇散文中都寓情于景，抒发自己的思想感情，主观议论性进一步增强；而《冯骥才抒情散文》及《爱与痛的边缘中》，前一本散文集较注重对生活哲理的阐发，后一本散文集则针砭时政，与前面所说的五本散文集相比，这两本散文集可以说具有最强的主观评价性。

吕叔湘（1990）在分析“是”字判断句的简单形式时认为判断句有两个作用：“一是解释事物的含义，二是申辩事物的是非，这两个作用是相通的。”所谓“申辩事物的是非”，就是在肯定的同时就否定了另外一种事物；在否定的同时也就肯定了另外一种事物。而“不是A，而是B”这一格式或是用来表示对他人或自己的看法的纠正；或是通过对照来强调自己所要肯定的，否定和肯定并举，整个格式的申辩性更为强烈。朱斌（2002）在分析如“不是A，而是B”这一类否然类型联结句的时候，就采用了“强辩性”这一说法。正是因为“不是A，而是B”强调事物的是非，是对客观事物做出自己的判断和评价，所以才导致了在同种文学体裁中“不是A，而是B”出现的频率的差异性。越是议论性多、主观评价性强的文学作品，“不是A，而是B”出现的频率就越高。我们现在再回来看看我们调查的两本学术论文，就会发现这条规律也适用于学术论文。《列宁哲学思想研究》与《哲学的探索》相比，主观论断性更强，多为对列宁思想的评价，因此“不是A，而是B”出现的频率就比在《哲学的探索》中出现的频率要高。

1.4 诗歌体裁对“不是A，而是B”的出现频率有限制性

诗歌是典型的书面语体，其书面语典型性特征高于散文。但是，本文统计的六十多万字的三部诗歌集中，“不是A，而是B”总共才出现了12次，远远低于统计的散文和小说作品中这一格式出现的数量；而且，《中国当代名诗人选集·余光中》这本诗歌集没有出现一个用例，这本诗歌集虽然采用了现代诗歌的形式，但是韵律较其他两本诗歌集都要严格一些，诗歌语言较为凝练。因此，在这本诗歌集中出现了很多省略形式“不是A，是B”。另外两本诗歌集《中国当代名诗人选集·食指》和《中国当代名诗人选集·郭小川》中的语言较为自然，因此韵律形式较为松散自由，但是比起小说、散文这些体裁，“不是A，而是B”出现的频率仍然要低得多。我们可以看出，尽管诗歌比散文、小说更具有书面语体的典型性，但是受其韵律和形式的制约，“不是A，而是B”出现的频率反而较低。

二 “不是A，而是B”习得难点考察

本文在绪论部分提及过，对于“不是A，而是B”这一格式的习得情况，研究者还存在一些不同的认识。我们对一些论文和专著中涉及的“不是A，而是B”格式习得情况进行了搜集，另外，我们对来源于北京语言文化大学中介语语料库中的一部分语料进行了统计。通过考察，我们发现留学生在使用“不是A，而是B”时出现了不少偏误，说明留学生在习得“不是A，而是B”时仍存在一些难点。

2.1 “不是A，而是B”与其相关格式的混淆

为了更好地了解留学生在学习“不是A，而是B”这一格式时遇到的困难，我们对北京语言大学语料库近七万字、由具有汉语中级水平的韩国留学生所作的共235篇作文进行了调查统计，下面就是我们搜集到的所有错误用例：

(5) 我崇拜的人不是有名的人，**而**[1]我妈妈。

(6) 我是一个只想不做的人，经常学习的时候**不是**坚持，**就是**考试之前很快地学习，然后考试完了就一下子忘掉的。

(7) 我崇拜的**不是**一般人，**就是**美国网球选手阿加西。

(8) 但我想这**不是**我崇拜他，**就是**深深地爱他，所以我不想说这不是崇拜，想说这是我对他的爱。

(9) 其实对于我来说，我崇拜的英雄并**不是**历史上的英雄，**就是**我自己硕士时候的指导老师。

(10) 他跟同年龄的姐姐不同，很成熟，做什么事情都很小心翼翼的，**不是**很害怕，**只是**很慎慎地思考，很惊阵（谨慎）地行动。

(11) 如我犯错误的时候呢，都是他们教导我，**不是**批评，**不是**打，**不是**批评，**只是**很好说，慢慢说着，哄哄着我。

(12) 觉得他们不是**只是**为了帮助别人，而是为了心里自己的满足，我觉得有些这样的目的。

例（5）连词书写错误，“而”应改为“而是”。而在例（6）到（9）这四个病句中，留学生将“不是A，而是B”与“不是A，就是B”这一格式混淆了。这是留学生常见的错误，许多对外汉语研究论著也都对这两个格式进行了对比和说明，如叶盼云、吴伟中的《外国人学汉语难点释疑》（1999）和朱庆明的《现代汉语实用语法分析》（2005）。例（10）、（11）应将“只是”改为“而是”。可以看出，“不是A，而是B”与“不是A，只是B”这两个格式，留学生也容易将其混淆；在学生使用“不是A，而是B”的省略格式“而是B”时，也往往错用成“只是B”。例（12）应将“只是”更换为“单纯”、“只”这类表限制意义的副词。留学生将“只是”与“只”混淆了。例如：

(13) 所以他在回美国的时候，杀死了他，但是美国不说杀死了他，只是车撞死的，所以韩国人听说之后很生气。

在这里，“只是”应改用“而是”。以往人们往往只关注“不是A，而是B”与“不是A，就是B”的区别，但是我们认为其与“不是A，只是B”也容易混淆，在教学过程中应引起注意。

从以上分析可以看出，留学生在学习“不是A，而是B”这一格式时，

① 黑色字体为留学生语料中有语病之处。

除了会将该格式与“不是A，就是B”这一格式相混淆，还容易与“不是A，只是B”相混淆。

2.2 “不是A，而是B”中修辞手法的使用

汪宗虎（1996）指出，“不是A，而是B”和“不是A，就是B”两种格式，留学生往往容易混淆。他举的一个病句就是：

（14）在西瓜地找到的不是她孩子，就是一个枕头。

我们在上面也提到过，许多对外汉语语法教材也都把“不是A，而是B”和“不是A，就是B”进行了对比分析。但是，除了“不是A，而是B”和“不是A，就是B”容易相混的因素外，是不是还有其他的原因呢？我们再来看看汪宗虎在文中列举的另外一个病句：

（15）她的丈夫对她不好，好像不是妻子，就是奴隶。

这里也应该用“不是A，而是B”句式，为什么学生会弄错呢？其实，这是一个用了“迂喻”修辞手法的句式，虽然客观实际上“她是妻子”，但在这里言语者认为“妻子”为假，“奴隶”才为真，“妻子”已经不是“妻子”，而是“奴隶”。我们认为，当遇到这种由于语用而造成话语客观逻辑冲突的时候，学生难以把握选用哪个句式。明明前面出现了个“丈夫”，而后面又怎么能说“不是妻子”，“而是奴隶”？因此，留学生使用了前后分句内容具有选择性的“不是A，就是B”。当“不是A，就是B”采用比喻的修辞手法时，语义推理与客观实际相矛盾，格式的意义不容易从组成成分中推测出来，所以，学生在学习时会有一定的困难。学生往往会感到困惑，容易犯错。

三　“不是A，而是B”格式教学建议

3.1 语体性质与课程安排

对外汉语教材选入的课文内容应该怎样处理语体问题？现行的对外汉语教材选编课文的原则一般都是在初、中级阶段以中性语体为主，而在中级阶段后期及高级阶段则以文学语体为主。如刘珣（2000）指出：“在语体上，初

级阶段不宜过于口语化（不利于掌握基本结构），也不宜过于书面化（难以掌握，也缺少现实的交际价值），要注意学习口语和书面语都能用到的中性语体。从中级阶段后期开始，加强两种语体的区分和转换。高级阶段要特别加强书面语的教学。”不过，近年来开始有学者对学术界这一观点重新开始进行审视和反思。如李泉（2004）就认为，中性语体和文学语体“二者不能包打天下”，比如中性语体，在初、中级阶段选用中性语体虽然便于学生尽快掌握汉语的基本结构和共有语汇，但是也有其不足之处，因为中性语体“越兼顾得好也就越缺乏实际使用价值，至少使用面不如我们想象的那么广”。因此，我们既需要教授中性语体，同时“也要有限制地教授中性语体，因为它不能代替一切”。

我们认为，对外汉语教学的终极目的就是使汉语学习者具有一定的语体知识，在具体的各种语境中使用适当的语体完成交际、交流任务。因此，无论是对外汉语教学理论研究还是教学实践都应充分重视和借鉴语体学理论，而不能简单地认为中性语体和文学语体可以包办一切，能完成汉语学习者日常生活中的各种交际和交流任务。在教学实践中，我们一方面可以尝试面向高年级学生开设一些专门的语体学课程；另一方面，在便于学生学习和掌握的基础上，具体课程的学习内容应当尽量体现其与课程相关的语体性质和特征，如写作课就应注意让学生掌握一定的书面语体语汇和写作方法，认清其与日常口语的差异，而不是让学生将日常口语“复制”在纸面上。

我们在引言部分曾说到，由于尚未有人对“不是A，而是B”的语体特征进行过探讨和分析，加之人们对于对外汉语教学的语体研究一直不是很重视，所以“不是A，而是B”这一格式出现在了不同课程、不同阶段的各本教材中。我们通过上面的分析已经证明，“不是A，而是B”是典型的书面语体。但是，目前这一格式却出现在了初、中、高级各个阶段的口语教材中。我们认为，这些教材都忽略了“不是A，而是B”这个复句格式的语体特征。口语教材中选用的语体不应与真实语境中的语体有太大的差距；而据考察，“不是A，而是B”在典型口语语体的语料中没有出现过，在经过书面加工的话剧作品中也出现得极少。因此，将这一格式安排在完全以口语交际功能为教学目的的初、中级口语教材中是不合理的；我们可以将它安排在高级口语教程中，或者安排在听、说、读、写四种课程的阅读和写作教材中。

3.2 避免相近格式的混淆

我们在教学过程中应注意对“不是A，而是B”与“不是A，就是B”、“不是A，只是B”进行区别。留学生常常容易将这三个格式混淆，在造句时出现错误。而以前我们往往只关注“不是A，而是B”与“不是A，就是B”的区别，而忽略了其与“不是A，只是B”也容易混淆。限于篇幅，我们在这里不讨论“不是A，而是B”与“不是A，只是B”这两个格式之间的差异，但是以后在教学过程中无疑应重视这两个格式，并进行比较和区别，以便让学生掌握它们之间的异同。特别是到了高级阶段，教学的主要内容已由中级的同义、近义词比较转变成相近格式、同义格式的区别，在这一阶段教师尤其应该重视对这三个格式进行讲解，避免学生将其混淆。

3.3 重视修辞教学

外国学生在学习汉语时容易因修辞造成语义上的理解困难，而“正确理解汉语词语，理解某些句子的结构和句义，理解语段和句子的语用信息，甚至学习某些汉语中的汉字，都离不开必要的修辞知识”（董明、桂宏，2006）。但是，在我们考察的各本对外汉语教材中，没有发现有针对“不是A，而是B”的比喻用法进行讲解的教材。我们已经知道，当“不是A，而是B”这一格式采用“迂喻”这一修辞手法时，学生对其理解会有一定的困难。学生理解有困难，而教材上又无法找到相应的解说，这种依靠学生“无师自通”的现象从一个侧面说明了大家对修辞教学重要性的认识还不够。因此，在教材中，我们应重视修辞教学，对“不是A，而是B”的迂喻用法进行必要的解释；而教师在教学实践过程中也应注意对其讲解，避免学生犯错误。

那么，“不是A，而是B”的修辞教学应该安排在哪个教学阶段比较合适？我们认为可以这样安排：在学生刚接触“不是A，而是B”这一格式时，首先只教授“不是A，而是B”的基本用法，使其学会对照、并举这些用法；到了中高级阶段，在学生对这一格式有了一定的认识，而且具有一定的修辞知识和能力的时候，教师就可以开始举一些运用了比喻手法的例子。

参考文献

董　明、桂　宏（2006）谈对外汉语修辞的教学，《语言文字应用》第2期。
胡明扬（1993）语体与语法，《汉语学习》第2期。
李　泉（2002）基于语体的对外汉语教学语法体系构建，《汉语学习》第3期。
李　泉（2004）面向对外汉语教学的语体研究的范围和内容，《汉语学习》第1期。
吕叔湘（1990）《吕叔湘文集·第一卷》，北京：商务印书馆。
孙　丹（2006）留学生转折关系复句理解与使用情况的调查分析，暨南大学硕士学位论文。
陶红印（1999）试论语体分类的语法学意义，《当代语言学》第3期。
王希杰（2004）《汉语修辞学》（修订本），北京：商务印书馆。

汪宗虎（1996）“不是…而是…”跟“不是…就是…”，《学汉语》第5期。
幸江涛（2002）留学生使用汉语复句的偏误研究，暨南大学硕士学位论文。
叶盼云、吴伟中（1999）《外国人学汉语难点释疑》，北京：北京语言大学出版社。
郑远汉（1987）句式与语体，《语文研究》第2期。
朱　斌（2002）现代汉语“是”字句然否类型联结研究，华中师范大学博士学位论文。
钟　莹（2006）“不是A，就是B”格式及相关问题研究，暨南大学硕士学位论文。

浅谈认知结构理论在华文院校太极拳教学中的运用

孙伟恺

【提　要】本文通过对现代认知结构理论在太极拳教学中的重要性展开研究，使其在太极拳教学中发挥重要的指导作用，能够使华侨学生更快地接受这项传统的体育运动。

【关键词】太极拳教学　认识结构理论

随着太极拳在华文院校的普及，太极拳运动在华文院校得到了广泛的开展。在华文院校开展太极拳教学，不仅在于其体育教学本身的意义，也是传播中国传统文化的需要。广大华文院校体育工作者在这方面都有这样的共识，并在教学实践中积累了丰富的经验。但如何运用现代教育心理学理论认识这一点，并在教学实践中加以充分的运用，却很少有人作过探讨。本文试图从教育心理学的认知结构理论入手，结合几年来的教学实践经验，对此作一点初步的摸索与探讨。

一　现代认知心理学的学习理论

第一，学习的本质是认知结构的组织与重新组织，强调有内在逻辑结构的教材与学生原有的认知结构联系起来，新旧知识发生相互作用，新材料在学习者头脑中才获得新的意义。

第二，重视学生已有的知识经验在后继学习中的重要作用。认为原有认知结构概括水平越高，其迁移范围越广，因此特别强调一门学科基本结构的学习。

第三，学习和心理发展就是一个意义上、态度上、动机上和技能上相互联系着的越来越复杂和抽象的模式体系。新的学习一定要适合学习者当时的认知水平。学习的理想条件是适当地调和学习者现有结构与信息输入所提出的需要之间所存在的矛盾和差距，使新经验纳入现有的基础。在教学的方法上，则指导学习，即学习必须沿着仔细规定的学习程序进行。在教学过程中，教师依据学习过程不同阶段的要求给予不同的指导。

第四，顺应、同化和不平衡过程包括知觉、学习和动机的成分。当感官输入和现有认知结构之间具有中等程度的不符合时，兴趣最大。当一个指定的经验事件已经得到完全的适应，一个人已经完全了解这个事件时，对它就不再有兴趣了。一种崭新的经验，当它和一个人的认知结构毫无关联因而对这个人毫无意义时，也同样是不能引起兴趣和不被同化的。

太极拳教学过程就其本质来说是一种简约的、有效的认识过程。在这个过程中，学生的发展是以认知为基础的。因此，如何提高学生的认知水平是提高教学质量的关键。

二　了解教学对象现有的认知结构水平与新的知识结构的共性

重视人体本身的统一性及人与自然的统一性；阴阳学说中关于阴阳的对立制约、阴阳的互根互用、阴阳的消长平衡、阴阳的相互转化；形神学说的形神统一是生命存在的主要保证，形为神之宅，神为形之主。这些观点与太极拳理论体系中的无极生太极，抱元守一，浑然无物之中始孕阴阳变化的宇宙本体论，心为令、气为旗、神为主师，身为躯使的形神统一观，以及太极拳的动静刚柔、进退、开合等阴阳变化对立统一状态都是相常相近的。另外，太极拳作为人体运动项目，其运动规律也须符合人体生理学理论。作为体育项目，其有自身的特性，其内容必须通过肢体运动完成，即任何内涵必须寓于肢体运动中，练习者在肢体运动中去体认其丰富的内涵。学生必须学会一些动作，掌握一些基本的套路。

三　利用新旧知识结构的相互关系加强太极拳基本结构的教学

太极拳基本结构是由基本原理及基本动作所组成的系统。太极拳家们认为学拳须明理，于理须明无极、太极的含义，于拳则须在理的指导下运动手足，经过长时间的锻炼方能成功。因此，太极拳拳理的教学非常重要，但单纯的拳理教学很难，应把它贯彻到整个教学过程中去。教学中应结合学生已有的认知结构和日常生活中的一些常识来阐明，要分步骤反复进行。如对太极拳中阴阳对立统一状态的理解，首先要结合阴阳学说来讲。阴平阳秘，使学生对阴阳在对立制约和消长中取得动态平衡有一个初步的认识。其在具体套路教学中，结合动作的内容，进一步阐明太极拳中的动作、刚柔、虚实、开合等对立统一状态，使知识达到前后的连贯与一致性。

太极拳套路很多，动作千变万化，但其基本动作却有很多相同，基本动作由基本身体姿态和基本肢体的动作轨迹所构成。所有太极拳动作都是从这些基本动作演变而来的。因此，在时间有限的教学过程中，加强基本动作的教学十分重要。

基本动作教学要分阶段进行。先进行基本身体姿态练习。基本身体姿态包括身体各部位的自身形态和相对位置，其核心是“中正”二字。在学习过程中，结合太极拳基本原理及现代生理学、生物力学的理论阐明其含义。练习一个最简单、最能让学生掌握又能体现上述要求的动作，即站桩，并指导学生在练习过程中去体认。经过反复练习，形成定势，使之成为学生认知结构中可供利用的适当的起固定作用的观念。在这个基础上，逐步引导学生对中正安舒、支撑八面、上下相照、左右对称等基本身体姿态的认识。太极拳的肢体运动轨迹主要是弧形运动，在教学过程中，引导学生练习本肢的弧形动作，然后体会腰腿和上肢的配合，最后达到掌握全身的弧形运动。在具体的练习过程中，可以从定步的画圈入手，配合基本的前进、后退、侧移等步法练习，逐渐引导学生对肢体运动轨迹和相互协调配合进行认识。太极拳的基本动作虽然简单，但学生要真正地掌握并不是一件很轻松的事。要从理论上认识其含义，还要具备相应的身体素质。学习和反复练习基本动作是提高其相应的身体素质最好的途径。

四　采用启发式教学

第一，在不同的教学阶段提出相应的要求。提出的要求应根据绝大多数学生的实际情况及教学内容的安排微量递增，让学生感到有一定的难度，但经过努力又能达到。在教学过程中随时发现普遍存在的问题，在每次课的结束部分中，及时向学生反馈，征求解决问题的方法，充分调动学生学习的主动性、积极性。而怎样达到刚柔相济这一境界，需要一段漫长的学习和认识过程。首先让学生体会身体放松和动作自然协调的关系，然后体会全身自然协调和全身力量（内劲）发挥的关系，并把经过身体的练习与揣摩所得的感受反馈给教师。最后，教师根据学生的不同感受加以理论上的指导，并安排一系列练习，使学生能根据自身的实际情况加以选择，逐步认识到“刚柔相济”的基础是放松协调。

第二，要注意区别对待。由于学生的认知结构发展不可能同步，因此，在教学中应了解每一个学生的具体情况，及时发现问题，引导学生逐步解决。如力量型的学生容易发生动作僵硬问题，应强调放松自然的重要性，让学生学会省力。下肢力量较差的学生动作稳定性差，应指出练习太极拳需要具备必要的下肢力量，才能做到动作平稳、协调。在练习过程中，对于不同的错误动作，可以用点拨提示法，用简单的语言，准确、及时地引导学生改正错误。

第三，在教学过程中，应让学生树立正确的学习观念，明白学太极拳的使命在于修正人心、抒发感情、改造人理、发挥良能。要防止两种倾向：

（1）将太极拳简单化。认为练好外形动作就是学好太极拳，或是单纯有内在意念活动不讲究外形动作。

（2）将太极拳神秘化。认为太极之理深不可测，将一些高深的理论牵强附会到太极拳理中。

综上所述，在太极拳教学实践中，教师要充分了解学生现有的认知结构，清楚地认识到学生认知结构在学习过程中的可变性。根据学生现有的认知结构，合理地安排太极拳的基本结构教学，注意教学内容的阶段性、连贯性，引导学生学习和掌握太极拳的知识结构，并形成科学的认知结构，使其在以后的太极拳学习中有较广的迁移范围，为将来进一步学习太极拳和提高专业水平打下牢固的基础，使其终身受益。

参考文献

J. M. 索里等（1982）《教育心理学》，北京：人民教育出版社。
朱智贤（1989）《心理学大词典》，北京：北京师范大学出版社。
杨澄甫（1986）《太极拳体用全书》，上海：上海书店。
冯志强（1990）《陈式太极拳精选》，北京：人民体育出版社。
康戈武（1990）《中国武术实用大全》，北京：今日中国出版社。
王道俊、王汉澜（1998）《教育学》，北京：人民教育出版社。

对外汉字课堂教学体会杂谈

周丽君

【提　要】对外汉字教学应重视笔画、笔顺的教学，同时应重视汉字的理据性在教学中的应用，技巧地讲解汉字。

【关键词】笔画　笔顺　形声字　音义联系

汉字是公认的最难学的文字之一。在母语教学中，对汉字识字教学的研究始终没有停止过，小孩子从入学前便开始接受认字、写字方面的熏陶，至小学毕业，就基本掌握了2 000个左右常用汉字的识记，但这并不等于说他能够完全正确地使用这些汉字。从我儿子的情况来看，虽已上初中，但写错字、别字的情况时有发生。记忆生词仍然是语文教学的一项重要内容。对母语学习者尚且如此，对自幼使用字母文字的大多数外国留学生来说，汉字如同挡在眼前的高山，让他们望而生畏，所以很多人选择了逃避，只学口语，不记汉字。作为一名教育工作者，深知文字对真正掌握一种语言的重要性，因此，一直想方设法让学生更多地学记汉字。通过多年的教学，笔者有了一些肤浅的感想，希望与大家一起研究探讨。

一　笔画、笔顺教学是对外汉字教学不可忽视的一个环节

从教学中得到这样一些数据：第一学期，学生至少学了630个汉字（根据《现代汉语教程汉字练习本》），从笔画上说，最少的一个字一笔；最多的一个字十八笔。一至五画的字约占23%，六至十画的字约占57%，十一画及以上的字约占19%。其中八画字最多，81个；其次是六画、七画和九画字，均为70~72个（这与有些调查结果略有不同）。

我校汉字课在学生入学的第一个学期开设，每周两次，每次基本是两课的生词。一般情况下，每次学习新课前都以听写句子的方式复习以前所学的生词。我从二十多个学生的听写练习和考试中搜集了214个错字，其中一至五画的占12%，比实际占字量减少11%；六至十画的占64%，比实际占字量增加7%；十一画及以上的占24%，比实际占字量增加5%。

表 1

笔画范围	占总字数百分比	占错字百分比	趋势
一至五画	23%	12%	降 11%
六至十画	57%	64%	增 7%
十一画以上	19%	24%	增 5%

以上数据也许可以提示我们，笔画的多少是决定汉字是否易于识别和记忆的一个重要因素（当然并非唯一因素，因为我们并没有看到随着笔画的增多，错误率也持续增加的趋势）。虽说部件是汉字构造的基本单位，但笔画是汉字书写的基础。学习汉字从学习笔画入手，对刚刚进门的学习者来说是不可能跨越的一步。中国小学生识字教学中虽说也有这部分内容，但不像对外汉字教学这样，需要花这么多时间和精力。这也是符合留学生的特点的。学习母语的学生开始虽然也不太熟悉笔画的名称、笔顺规则，但耳濡目染的方块字使他们拥有习得上的先天优势，教学中用不多的时间稍加提示便可掌握。因此，对小学生的笔画、偏旁、部件和字的教学是可以同步进行的，从我儿子的情况可以看出，母语学习者所出现的汉字错误主要是同音替代，很少有多笔少点之类的错误。而在留学生中，除少数像日、韩国家的学生使用笔画字外，大多数使用的是与方块汉字截然不同的拼音文字，大多初学者对汉字的第一感觉是“一种复杂的线条或线条加符号的无规律的文字”（徐子亮《汉字的认知及教学方法》，1999 年）。写汉字时他们常常感觉无从下手，完全是在“画”，而不是写。像泰国文字没有运笔的方向性，学生在写汉字时按自己的习惯，随意从四面都可以起笔。其他国家的学生也常常没有“自上而下”、“从左往右”的概念。这不仅影响了写字速度，也会大大增加错写率。所以，对外汉字教学不能忽视笔画、笔顺教学，特别是在初学阶段，有必要引领学生一笔一画地学记汉字。记得刚涉足汉字教学时听一位老教师的课，她在教给学生每一笔的名称后，还要带着他们用手指在空中边唱边画，这样不仅可以清楚地看到学生们写得是否正确，而且让枯燥的、单纯的写字课变得生动活泼，效果很好。

二　重视形声字教学

汉字与拼音文字最大的区别是它的表意性。“看到一个汉字，能够从它的部件联想到它的读音和意义，知道它代表的是什么语素，这样的字叫有理据。”（苏培成《现代汉字学纲要》，1997 年）依照汉字的理据性去教学，特别是利用汉字中大量的形声字意、音提示去认知、理解、记忆汉字，应该说是个很理想的办法（王宁的研究显示，现代形声字的声旁有效提示声音的比例占 77% 左右，义符有效表意的比例占 83%）。现代汉字的形声字很多已变为记号，但“新字其中的一个或几个构字部件仍是象形字，他人能从字形上直接揭示出意义之所在。由于它的存在，在后来蔓延、繁衍产生出来的合成字、再生字中，字形在意义的表达和理解中起着强烈的直观作用。其中突出的直观示意性加上几个构字部件相互的组合搭配、交叉衬映，使得新合成字的意义总是会鲜明地从字形和字的结构中反映出来”（苏新春《汉字文化引论》）。

笔者曾对初上学生使用的教材《汉语教程》所学汉字情况做过一个调查。第一学期所学的 630 个汉字中，形声字约占 38%，这与一般统计关于现代汉字 80% 以上是形声字的数字相比有不小的差距。这说明，初级阶段，利用形声字识别、记忆汉字并不具有多大优势。

所搜集的 214 例病字中形声字错的有 81 例，占 38%（与形声字在全部生字中的比例相同）。有的属于相近形旁替代错误，有的是缺少或增添笔画，有的属于漏写形旁，有的是同音替代。我们注意到，形旁的错误大都轮廓不错，这一方面体现了汉字自上而下加工的特点，也就是说，当看一个汉字时，人们一般首先注意到的是其结构轮廓，然后才是局部细节（一般病字很少有结构错误，即左右结构写成上下结构或包围结构等，也能说明这一点）。

不过应当承认，尽管在教学中我们充分利用汉字特别是形声字音义结合的特点讲解汉字，但效果似乎并不尽如人意。有些字如：请、清、情、晴，我们认为是意义分工很明确的一组同音字，教学中每学一个新字，必将以前所学的同音字列出，反复强调每个形旁所代表的不同意义，但这组字留学生错写率仍很高，而且都是错在形旁。

分析原因，大概是对于没有一点汉语基础的留学生来说，形声字和非形声字的记忆难度并无太大差别，都属于建立新概念，无论表意的形旁也好，表音的声旁也好，都没能体现出帮助学生记忆汉字的明显优势。

但这并不等于说初级阶段就不需要利用形声字的特点开展汉字教学。有研究表明，外国学生一般经过半年到一年的学习，在只认识几百个汉字的情况下，就具备了形声字声旁表音的概念，可以从声旁推导出整字的读音，也可以从一个已知形声字推导出其声旁的读音。随着学习的不断深入，次高频、低频汉字中形声字的比例显示上升趋势，在初级阶段输入形声字可以表示意义、声音类别的概念，建立起记忆模式，对于留学生进一步学习汉语会大有好处，所以教师应充分利用这一特点，不厌其烦，反复提示，反复强调，看到“目”就想到眼睛，看到“氵”就想到与水有关的事物，看到有“青”字旁的字就能读出 qing，看到有“方”字旁的字就能读出 fang，等等，直到让学生形成这种条件反射式的反应。

三　对汉字“因声求义”的初步研究

汉字的理据性不仅仅体现在形声字上。段玉裁在《广雅疏证序》中说：“圣人之制字，有义而后有音，有音而后有形。学者之考字，因形以得其音，因音以得其义。”古汉语训诂学的基本方法是“因声求义”、“以形求义”。形声字所体现的更多的是“以形求义”，而对于“因声求义”的研究还很少。汉字的声音和意义究竟有怎样的联系，为什么用这样的声音表达这个意思？难道仅仅是“约定俗成”？王艾录、司富珍在《语言理据研究》一书中谈到这个问题时说道：“任意性从表面上看似乎具有无穷的解释力，人们一提到任意性就以‘社会习惯、约定俗成’一言蔽之，以为语词符号的音义结合都是在人的不经意之中盲目进行的，甚至是随心所欲的。”“我们认为任意性并不是孤立地因而是无拘无束地天马行空地存在着的，语言也不是只受到任意性原则的单向支配的。事实恰恰相反，任意性只能在理据性所规定的范围内运作，离开了这一理据性制约，任意性将变得毫无价值。”作者举例说，“风”作为“风动之声”的摹声绝不可能是蛙鸣、书声歌声之类。英语之所以把笔叫做 pen，是因为 pen 原是羽毛，当时以羽毛为书写工具。pen 可以有其他名称，但不会叫 computer，不会叫 porridge。受这一论点启发，笔者对汉语音与义之间的联系产生了浓厚兴趣，想了解一下除了用摹声的方法建立音与义的联系外，还有没有其他途径，而那些表现无声的事物、心理活动的词又是如何确定的？pen 是羽毛，羽毛为什么叫 pen，而不是别的？汉语的声调除了高低长短不同，还有没有别的意义？声母、韵母在确定一个词的意义时又是起什么样的作用呢？笔者为此也做了初步的尝试性探索，试图从中发现一些规律性的东西。

从《新编近义词反义词词典》（金盾出版社）和《同义近义反义词典》（远方出版社）中选出 50 对形容词性质的双音节褒贬义词（附后），并对这些词的声调、声母、韵母进行了统计。声调的统计结果如表 2、表 3 所示：

表 2

声调	ˉ	ˊ	ˇ	ˋ
褒义词	28	25	17	30
贬义词	25	12	20	43

表 3

音节	ˉ ˉ	ˉ ˊ	ˉ ˇ	ˉ ˋ	ˊ ˉ	ˊ ˊ	ˊ ˇ	ˊ ˋ
褒义词	2	9	3	10	1	5	3	1
贬义词	2	5	5	8	1	0	2	4
音节	ˇ ˉ	ˇ ˊ	ˇ ˇ	ˇ ˋ	ˋ ˉ	ˋ ˊ	ˋ ˇ	ˋ ˋ
褒义词	1	0	5	2	1	2	0	6
贬义词	0	1	1	8	1	1	0	10

从表 2 可以看出褒义词中一、二声所谓的平声字占总字数的 53%，而贬义词中一、二声字仅占总字数的 37%，褒义词明显占优；四声字在褒义词中占 30%，在贬义词中占 43%。

从表 3 双音节搭配的情况来看，褒义词在一声 + 二声、二声 + 二声、二声 + 三声（含三声 + 三声，因为听起来与二声 + 三声同）占优势；贬义词在二声 + 四声、三声 + 四声、四声 + 四声占明显优势。

我们知道，汉语一、二声声音高而响亮，褒义词在音节的搭配上以上扬的声音为主，是否可以这样理解，美好的事物总是要大力宣扬的，响亮的声音更易让人捕捉到。而四声响且重如同生气时的感觉，很多学生发不出或不愿发这个音，是否与这样的音给人带来的不愉快的感觉有关？这样虽解释了四声字在贬义词中占多数的情况，但是我们也注意到，褒义词中四声字也是最多的，这又当如何去理解？是否说明四声除了表达令人不快的感觉，也可以强调好的感觉？如果真是这样，那又该如何从中去分辨呢？带着这些疑问，笔者又考察了声韵母的分布，期待能够发现有价值的东西。

考察发现声母中出现了较明显的对立，如表 4 所示：

表 4

声母	b	p	m	f	d	t	n	l	g	k	h
褒义词	2	3	3	6	1	2	1	7	7	4	11
贬义词	7	1	2	4	8	3	2	1	1	1	6

声母	j	q	x	zh	ch	sh	r	z	c	s
褒义词	7	10	10	3	2	4	3	0	2	1
贬义词	3	1	6	1	10	6	4	3	4	1

褒义词中声母 g/k/h/j/q/x 明显多于贬义词，而贬义词的 b/d/ch/sh/z/c/也明显多于褒义词，基本形成与字母表中相似的对立局面。虽说选词具有很大的偶然性，但这样整齐的对立分布是否能说明一点问题？声母上的对立主要体现在发音部位的不同。b 是唇音，z/c 是舌尖前音，d 是舌尖中音，ch/sh 是舌尖后音；而 j/q/x 是舌面音，g/k/h 是舌根音，也就是说，贬义词发音部位多靠前，褒义词多靠后，而从气流运动的方向看先是 g/k/h，然后是 j/q/x，zh/ch/sh/，z/c/s。那么，形成这种现象的原因是什么？不同部位发出的音有哪些不同特点？与意义又是如何相联系的？带着这些问题再来看韵母表的情况。

韵母表中也有几处出现差别较大的地方，如表 5、表 6、表 7、表 8 所示：

表 5

韵母	a	o	e	ai	ei	ao	ou	an	en	ang	eng	ong	开口呼
褒义词	0	0	5	6	3	7	3	5	8	4	2	4	47
贬义词	1	1	2	4	1	3	2	8	6	4	1	2	35

表 6

韵母	i	ia	ie	iao	iou	ian	in	iang	ing	齐齿呼
褒义词	5	1	2	1	1	7	2	2	11	32
贬义词	2	0	1	0	0	6	2	0	1	12

表 7

韵母	u	ua	uo	uai	uei	uan	uen	uang	ueng	合口呼
褒义词	4	0	1	1	2	2	2	2	0	14
贬义词	5	0	4	1	2	1	2	0	0	15

表 8

韵母	ü	üe	üan	ün	iong	撮口呼
褒义词	1	1	1	0	0	3
贬义词	0	0	0	0	2	2

从韵母表中可以看出，褒义词在开口呼、齐齿呼中占优势，在合口呼、撮口呼中二者旗鼓相当。声韵母在分布上的这些区别是巧合还是有其他更深刻的含义，这些只是形容词性的对立的词，在其他词性中是什么样的表现？笔者目前仅仅把问题提了出来，究竟这样的问题有无研究的必要，对汉语本体研究具有多大的价值，还望专家指教。

四　科学而技巧地讲解汉字

不论汉字在音义的联系上是否有如人们期待的理想结果，在汉字教学中，科学而技巧地进行讲解，对学习者而言都是十分必要的。有人强调讲解汉字必须遵循汉字的发展历史，这样做，在对外汉字教学中往往会取得“事倍功半”的效果。例如，“坐”与“座”是留学生常常容易混淆的两个字，如果按照上述标准，追根溯源只能这样去解释：“坐”：“两膝着地，以尻着而少安者为坐”，就是两膝着地，臀部压在足跟上，脚背朝下。“座”是后造字，当是“坐”。“坐”既是动词，也是名词。韩非子《郑人买履》中“先度其足而置之坐”的“坐”是“座”的意思。很显然，如果从尊重历史的角度去解释，必定会让学生一头雾水，徒增负担。

汉字不是孤立的符号，其形音义相结合的特点给人们留下了广阔的联想空间，不同时代的人都可以在理解汉字的意义上融入自己的时代意识，这也启发我们，在教学中根据学生的汉语水平，在“逻辑上说得过去”，留学生能够理解接受的情况下，用“我”的解释，将一个个看似不相关的字串联起来，尽量减轻学生的畏难情绪，为他们克服这一语言障碍带来一些便利。当然，这种讲解绝非不顾汉字构成原理的随意发挥，如将“韭”解释为“不是（非）只有一根，而是一大把”，这样只会造成学习者思想上的混乱。讲解汉字必须依据它的客观功能，不能把具有示音功能的构件讲成表意构件，也不能不顾构字的层级性。笔者在教学中曾做过一点尝试，例如，“坐”和“座”是学生常常混淆的两个字，笔者给他们这样区别：“只要有地方，不管在屋里还是屋外，都可以坐下，有个小土堆也可以‘坐’。但是，如果是一个人确定的座位，一般是在教室或者影院里，也就是在房间里，所以要有‘广’遮挡风雨——座。”“左”、“右”也是常易混淆的一对词，通过提示我们一般用右手吃饭，所以“右”有“口”，以此与“左”区别开来。学生很容易接受这样的讲解，以后这种混淆的错误也很少犯。汉字毕竟是个极其庞大、繁杂的系统，如果要将这种方法普遍运用于对外汉字教学，尚需付出很大努力。

附　录

所调查的词汇

guāng róng　chǐ rǔ 光　荣 → 耻 辱	měi hǎo　chǒu'è 美 好 → 丑 恶	gāo guì　dī jiàn 高 贵 → 低 贱
ēn dé　chóu hèn 恩 德 → 仇　恨	qīng bái　wū huì 清　白 → 污 秽	jié jiǎn　shē chǐ 节 俭 → 奢 侈
gāo shàng　wò chuò 高　尚 → 龌　龊	nài xīn　yàn fán 耐 心 → 厌 烦	yǒng gǎn　nuò ruò 勇　敢 → 懦　弱
rè qíng　lěng dàn 热 情 → 冷　淡	xǐ'ài　zēng hèn 喜爱 → 憎　恨	wēn shùn　bào liè 温　顺 → 暴 烈
zhèng pài　yīn xiǎn 正　派 → 阴　险	gāo xìng　fèn nù 高　兴 → 愤 怒	qīng lián　fǔ bài 清　廉 → 腐 败
huān lè　āi shāng 欢　乐 → 哀　伤	ài hù　shāng hài 爱 护 → 伤　害	xǐ huān　yàn wù 喜　欢 → 厌　恶
qiān xū　ào màn 谦　虚 → 傲　慢	zhēn xī　zāo tà 珍　惜 → 糟 蹋	qīng qiǎo　bèn zhòng 轻　巧 → 笨　重
ān quán　wēi xiǎn 安　全 → 危　险	guāng míng　yīn'àn 光　明 → 阴 暗	gān jìng　āng zāng 干　净 → 肮　脏
xīng wàng　shuāi bài 兴　旺 → 衰　败	bāo jiǎng　biǎn chì 褒　奖 → 贬　斥	xǐ yuè　chén tòng 喜 悦 → 沉　痛
xìng fú　bēi cǎn 幸　福 → 悲　惨	wén yǎ　cū sú 文 雅 → 粗 俗	jiān qiáng　ruǎn ruò 坚　强 → 软　弱

（续上表）

rén cí xiōng xiǎn 仁慈→凶险	càn làn àn dàn 灿烂→暗淡	tòng kuài yù mèn 痛快→郁闷
líng huó dāi bǎn 灵活→呆板	chéng shí xū wěi 诚实→虚伪	yǒu hǎo chóu shì 友好→仇视
qín fèn lǎn duò 勤奋→懒惰	chún jié diàn wū 纯洁→玷污	hān hòu diāo huá 憨厚→刁滑
shēn kè fū qiǎn 深刻→肤浅	fù lì jiǎn lòu 富丽→简陋	suí hé gū pì 随和→孤僻
zhōng hòu jiǎo huá 忠厚→狡猾	fēi fán píng yōng 非凡→平庸	jiǎn pǔ shē chǐ 简朴→奢侈
qīng lián tān lán 清廉→贪婪	kāi lǎng xiá ài 开朗→狭隘	yǒu hǎo dí duì 友好→敌对
kàng fèn xiāo chén 亢奋→消沉	tián měi kǔ sè 甜美→苦涩	

参考文献

苏培成（1997）《现代汉字学纲要》，北京：北京大学出版社。
苏新春（1996）《汉字文化引论》，南宁：广西教育出版社。
王艾录、司富珍（2002）《语言理据研究》，北京：中国社会科学出版社。
徐子亮（1999）汉字的认知及教学方法，《语文论丛》第6期。
叶蜚声、徐通锵（1997）《语言学纲要》，北京：北京大学出版社。

汉字学习策略研究述评

刘燕君

【提　要】本文评述了已有汉字学习策略研究成果，在此基础上，对如何进行汉字学习策略培训提出了一些建议，并进一步对已有研究成果中存在的问题进行了探讨。

【关键词】学习策略　汉字学习　策略培训　个体差异

○　引　言

0.1　第二语言学习策略（learning strategies）研究是二语学习者个体差异（individual differences）研究的一个重要方面。[①]从Robin在20世纪70年代初开始系统地研究第二语言学习策略以来[②]，在三十多年里第二语言习得的学习策略研究已经取得了许多研究成果。如Robin（1975，1981，1987），Naiman等人（1978），O'Malley和Chamot（1990），Oxford（1990），Ellis（1994），Cohen（1998）等。[③]

0.2　把汉语作为第二语言的学习策略研究起步较晚，到20世纪90年代后期才开始出现一些研究成果。如Ke（1996，1998），Everson和Ke（1997），Everson（1998），杨翼（1998），徐子亮（1999），江新（2000），江新、赵果（2001，2002），柳燕梅和江新（2003）等。

汉字学习策略应该说是把汉语作为第二语言学习策略研究中较早为研究者所关注的部分，其中的原因可能是多方面的，但是很重要的一点是汉字是一种表意文字，它不同于拼音文字，对于“非汉字圈”[④]的学习者而言，他们需要掌握的是一套全新的符号体系，这种显著的区别自然会受到研究者的关注。学习者汉字学习策略的研究对于建构合理的汉字教学体系具有积极的促进作用。

本文先是综述已有的汉字学习策略研究成果，在此基础上对如何建构有效的学习策略培训进行一些探讨，最后进一步分析现有研究成果中存在的值得讨论的问题。

一　汉字学习策略研究述要

1.1　目前，汉字学习策略的研究成果并不多，研究的面也有待拓宽。这里，我们对主要研究成果逐一梳理，使各项研究成果作为整体呈现。

1.2　最早对汉字学习策略进行研究的应该是 McGinnis（1995）。McGinnis 对汉语初学者的汉字学习方法进行了研究。他采用的研究方式是通过被试的自我报告（self - report）来搜集具体的学习方法，如机械重复（rote repetition），利用汉字的外形或发音编造故事（creating stories as to how the characters look or sound），利用意符和声符（using radical and phonetic components）等。

McGinnis 通过调查发现，虽然学习者希望能够利用意符和声符来学习汉字，但是这种方法并不是学习者自我报告的方法中最常用的学习策略。学习者自我报告的最常用学习策略是机械重复和编造与意符和声符无关的故事。

1.3　Ke（1998）在 Ke（1996）[⑤]的基础上对把汉语作为第二语言学习的一年级学生对于不同汉字学习策略有效性的认识和不同语言背景的学习者[⑥]采用学习策略的差异性进行了研究。

在学习者对不同汉字学习策略有效性的认识上，Ke 通过问卷调查发现汉字部件（即意符和声符）的学习和运用、重复写汉字、注意新旧字在字形结构和意义上的联系是学习者认为较有效的学习策略。同时，Ke 发现虽然被试重视汉字笔画结构和汉字部件（即意符和声符）的学习和运用，但是又觉得需要把汉字作为一个整体来记忆，并反复练习。这与 McGinnis（1995）在研究中发现的现象是一致的。对此，Ke 解释说，学习者在汉字习得的初始阶段开始有了正字法意识（orthographic awareness），他们知道学习汉字需要掌握正字法，但是这要求学习者掌握足量的汉字作为认知基础，所以初始阶段虽然学习者知道汉字部件对汉字学习十分重要，但是不会运用这些策略对汉字进行拆分，因而只能采用把汉字作为整体记忆、反复抄写汉字或根据汉字的外形来编造故事。Ke 认为随着学习者汉字正字法意识的不断增强，他们会越来越依赖于汉字部件来学习汉字。

在华裔学习者和非华裔学习者对汉字学习策略的认识是否有差异性的研究中，Ke 的调查研究结果表明，不同语言背景的学习者对于汉字学习策略有效性的认识差异并不显著，但这并不等于两者在汉字学习策略的认识上完全一样。非华裔的学习者比华裔学习者更倾向于找出新学的汉字与已经掌握的汉字在笔画结构上的内在联系，而不是在声音上的联系。[⑦]Ke 猜测这有可能与教师在教学中不够重视汉字声音的作用有关，或者学习者本人只是把汉字看作基于视觉表现的产物，而忽视了声音的因素。对此，我们需要进行更为深入的实证性研究，寻求研究结果不一致的原因。

1.4　江新、赵果（2001）在总结前人研究成果的基础上，建构了一个有一定信度和效度的汉字学习策略量表。这个量表以现代认知心理学、教育心理学关于学习策略在信息加工过程中的作用的理论为基础，参照 Oxford（1990）的 SILL（Strategy Inventory for Language Learning），把汉字学习策略分为两大类：认知策略（cognitive strategies）和元认知策略（metacognitive strategies）[⑧]。其中，认知策略细分为六种：①笔画策略；②音义策略；③字形策略；④归纳策略；⑤复习策略；⑥应用策略。元认知策略分为监控策略和计划策略。

江新等人在建立具有一定信度和效度的汉字学习策略量表的基础上，对初级阶段外国留学生学习策略的使用情况通过样本测量进行了分析，认为留学生对字形策略、重复策略使用得比较多，而对归纳策略使用得比较少。这与 McGinnis（1995）的研究结果具有一致性，学习者会对汉字的字形进行想象，把汉字字形作为一个整体来记忆，做汉字书写练习，反复写生字，试图根据整体形状赋予汉字一定的意义，使之与大脑中已有的图示建立起某种联系。同时对利用声符和意符不是学习者常用的策略的原因提供了两种可能的解释：一是学习者没有意识到声符和意符的重要性。[⑨]二是学习者认识的汉字比较少。这一观点与 Ke（1998）提出的学习者在正字法意识发展上必然遵循一定的阶段性的看法一致，但是这个阶段性的内在属性和基本特征是什么，目前还不清楚，需要进一步研究。

江新等人还对汉字学习策略的使用与学习者母语背景是否存在相关性进行了研究，结果表明两者之间存在着相关性。“汉字圈”学习者比“非汉字圈”学习者更多地使用音义策略、运用策略，更少地使用字形策略、复习策略。这与 Ke（1998）的研究结果基本一致。Ke 在研究华裔与非华裔学习者在对汉字学习策略的认识是否存在差异时发现，11 项测试内容有 9 项达不到显著性水平（$p > 0.05$），但是，另外两项则达到了显著性水平（$p < 0.05$），表明华裔学习者更倾向于通过阅读汉字课本来学习汉字，并且更善于运用音义策略，而非华裔学习者则倾向于通过反复练习汉字和笔画结构来记忆汉字。

此外，江新等人还对学习者的汉字元认知策略进行了研究，结果表明“汉字圈”学习者和“非汉字圈”学习者在监控策略上不存在显著差异，但是对计划策略，“汉字圈”学习者更常用。对此，江新等人认为这可能与“汉字圈”学习者学习汉语的职业动机比较强有关。虽然文章没有用实验研究来证明汉字学习策略与学习动机之间的相关性，但是通过国外关于学习策略与学习动机关系的研究成果能够提出汉字学习策略与学习动机存在相关的假设。当然，这个研究假设需要我们通过具体的试验设计和推论统计的方法来验证。

1.5 赵果、江新（2002）在江新、赵果（2001）的基础上，通过对初级阶段留学生汉字学习策略与汉字学习成绩的相关关系分析发现：①应用策略和汉字书写成绩、汉字意义识别成绩都显著相关，这表明应用策略有助于汉字学习；②字形策略的均值和汉字书写成绩负相关，这表明字形策略很可能不利于汉字书写的学习；③意符策略和汉字意义识别成绩相关，这表明利用意符对汉字意义识别很有帮助；④应用策略、字形策略和形声字成绩都分别有三项正、负相关，而和非形声字成绩只有一项有显著相关，这表明形声字学习比非形声字学习对策略的使用更敏感。

1.6 柳燕梅、江新（2003）通过具体实验对初学汉语的欧美学生具体的两种汉字学习方法，即回忆默写法与重复抄写法跟相应学习效果的影响进行了比较分析，使对汉字学习策略的研究深入到微观的层面上。研究表明，在学习记忆字词时，总体上回忆默写法取得的成绩比重复抄写法更好。在汉语字词音、形、义习得的三个方面，两种方法的影响不一样。对于字形成绩，回忆默写法更有效；对于字音和字义成绩，两者没有明显的差异。研究者认为，回忆默写法之所以更有效，是因为这种方法是建立在认知心理学关于记忆的加工水平理论和元记忆理论的基础上的。结合具体实验结果的讨论，研究者认为汉字加工水平越高，学习效果越好，采用元记忆策略也会提高学习效果。这对教师在汉字教学中怎样帮助学习者掌握恰当的学习策略是具有一定启发意义的。

1.7 纵观汉字学习策略的研究成果，从 McGinnis（1995）对学习者采用的具体汉字学习策略的发掘，到 Ke（1998）研究以汉语作为外语学习的一年级学生对不同汉字学习方法有效性的认识，再到江新、赵果（2001）编制一个有一定信度和效度的汉字学习策略量表，直到柳燕梅、江新（2003）把两种具体的汉字学习策略与学习效果进行比较分析，研究逐步深入，取得了一定的成果，为今后汉字学习策略的继续研究奠定了良好的基础。

二　汉字学习策略的培训

2.1 研究有效的汉字学习策略的意义在于能对学习者进行汉字学习策略培训（strategy training）。虽然目前对汉字学习策略有效性的研究还很不够，[10] 但我们可以通过国外现有的针对策略培训的研究成果预见汉字学习策略培训在将来有着极大的发展空间。吴勇毅（2001）指出需要把描述性研究成果反馈到教学实践中，把那些有效的学习策略告诉学生，让学生根据自身的条件和所学语言的特点，选取恰当的学习策略来提高学习效率、完成学习任务。其中的重点就是“学习策略培训”。由于汉字策略培训目前还没有取得研究成果，我们在此根据国外一些已有的研究成果，结合汉字自身的特点，对汉字学习策略培训提供一些建议。

2.2 汉字策略培训不只是简单地把研究者认为有效的所有学习策略毫无区分地一并交给学习者。这种只重视“量”而不重视“质”的学习策略培训并不能起到积极的作用，反而会带来一些负面效应。

要进行学习策略培训，离不开对善学语言者和不善学语言者的学习策略进行分析，尤其是对不善学语言者的学习策略运用的分析对于我们进行有效的学习策略培训提供必不可少的条件。

Uann 等人（1990）对不善学语言者的研究认为，那些不善学语言者自身也能意识到自己使用的学习策略，还能清楚地对其加以描述，甚至与善学语言者一样能够使用同样多的学习策略。但是，他们却不能根据学习任务来很好地协调这些策略。他们学到的不是把语言组合成条理分明的系统，而是一些杂乱无章的零碎的语言项目的堆砌物。

Oxford（1993）提出的一项研究结果也支持了 Uann 等人的看法。Oxford 的研究证明，不善学语言者不仅能说出自己所使用的策略，而且他们使用的策略并不比善学语言者使用的少。但是，不善学语言者盲目地使用策略，缺乏精确而细致的计划和根据不同情况、不同学习任务使用不同学习策略的能力。

国内有一些学者（主要是外语界的）对善学语言者和不善学语言者学习策略的差异比较也进行了一些研究。如马广惠（1997）在南京的一所高校对 12 名学生进行了相关调研，结果表明高分组学生和低分组学生采用的学习策略没有明显的差别。马广惠认为学习策略是可变性较大的因素，受其他策略的限制和影响，学习者可以根据学习的阶段、水平、任务和内容等选择和调整恰当的学习策略，所以两者使用策略的不同之处不是在学习策略的量上，而是在学习策略的质上。

Cohen（1998）也提出，学习策略本身无所谓好坏，其效能体现在学习者对它的正确使用上，所以，对于汉字学习策略的培训应该根据不同的学习任务来帮助学习者确立不同的学习策略并运用于不同的环境，而不只是有效的学习策略的堆砌。

2.3 国外在 20 世纪 90 年代初就已经有了对学习策略培训的实证性研

究。Oxford 等人（1990）曾进行了 36 项涉及认知、元认知和社会/情感等策略培训的个案研究，结果表明，培训对于提高学习者的语言能力大有帮助。O'Malley 和 Chamot（1990）在实验研究中对三组第二语言学习者分别讲授口语、词汇和听力的学习策略，经过对前后两种方式的测验成绩的对比统计分析，发现接受口语策略培训的小组的口语能力明显高于其他各组，而接受词汇和听力策略培训的小组在词汇和听力方面与其他各组无明显差异。O'Malley 等人对此的解释是，学习策略的培训可能会有作用，但要使策略培训真正有效，必须选择难易适中、适当类型的学习任务。

2.4　对于学习策略培训的方式，Oxford 等人（1990）研究认为学习策略训练至少包括三种方式：第一种，意识训练，即学习者对学习策略的了解和对学习策略价值的认识，这时的学习者并没有实际应用策略。第二种，短时训练，即学习并运用一种或几种策略于实际学习任务中，包括教师给学习者提供有关学习策略价值的信息、怎样使用以及何时使用并如何评价不同的学习策略。第三种，长时训练。在长时训练中，除了训练上述内容外，要特别注重训练学习者在学习过程中监控并评价策略使用的能力，即对学习者的元认知策略进行评估的能力。对长时训练，教师可以采取各种教学方式，把训练内容与日常教学结合起来，并逐步渗透到日常教学活动中。

对于采取何种具体的教学方式，虽然没有整齐划一的规定，但有一些原则是应该遵循的。例如，必须能激发学习策略的需要；能够提供具体学习策略使用的详尽的步骤；需要依据每种策略选择较多的恰当的事例证明其运用的多种可能性，使学生形成概括性的认识；使学习者能够明确不同策略使用的条件，能根据具体任务与情景选择恰当的策略；要求学习者对学习策略的有效性做出评价，激发学习者使用学习策略的自觉性。

Oxford 等人（1990）设计的第二语言策略训练模式包括了七个步骤。[11]这套训练模式的特点是，在没有经过策略训练的前提下，由学习者自己先探索并思考完成学习任务过程中所用的策略，并由教师进行示范和说明，有利于激发学习者积极探索的主动性。

O'Malley 和 Chamot（1994）也提出了一种学习策略的训练模式，包括计划（planning）、监控（monitoring）、解决问题（problem - solving）和评估（evaluation）等四个步骤。[12]这种学习策略的训练模式对于已有策略训练基础的学习者而言十分有用，有助于学习者增进使用学习策略的意识，使他们有机会练习不同的学习策略和促进学习策略的正向迁移，实施自我监控和评估策略的使用，但对于没有策略培训基础的学习者而言显然是不适合的。

Oxford 等人（1990）与 O'Malley 和 Chamot（1994）提出的策略训练模式，

都有利于增强学习者使用策略的意识，并鼓励学习者把已经掌握的学习策略运用于新的学习条件下。但是，这些方法并没有将策略训练与具体的课堂教学内容紧密结合。

Cohen（1998）在《学习和运用第二语言的策略》一书中推出一种以策略为基础的第二语言教学模式——SBI（strategies - based instruction）。这种教学模式突出以学习者为中心（learner - centered），把具体的学习策略讲授融入到课程内容中，包括五个步骤。[13]在这一模式下，教师需要根据原有的课程教材，有选择性地选取不同的学习策略，并围绕这些策略设计一系列的学习活动，然后将这些活动插入具体的教学内容中。

在这种模式下，教师只需要用一部分时间明确地讲解若干重点策略，其他的时间则以隐含的方式将策略嵌入语言学习任务中，为学习者提供情景化的策略练习，这有利于学习者实现一种自主性的学习。

总之，不同的学习策略训练模式有各自不同的特点，我们在具体运用中应根据实际需要采用不同的训练模式。

2.5　具体到汉字学习策略的培训上，我们可以在现有的一些汉字学习策略研究成果的基础上参照国外策略培训的模式设计出相应汉字学习策略培训的模式，并对策略培训进行有效性检验。

在实际教学操作中，我们需要注意一些具体的问题：

（1）充分考虑教学对象的特点，选择适当的学习策略进行培训。教师在进行策略培训前应该充分考虑到教学对象自身的特点和实际需要，并据此安排适当的学习策略。至少应该包括以下三个方面：

第一，充分考虑教学对象的实际语言水平，是针对初级阶段的学习者还是中高级阶段的学习者进行的汉字教学。目前对汉字学习策略的研究集中于初级阶段的学习者，对中高级阶段的汉语学习者汉字学习策略研究目前还没有相应的研究成果，但是处于不同学习阶段的学习者对于学习策略一定具有不同的选择性，在具体运用上会存在较大的差异。

第二，充分考虑不同的语言背景对学习者的影响。虽然 Ke（1998）在研究华裔与非华裔学习者对汉字学习策略的认识是否存在差异时发现，11 项测试内容中有 9 项并没有达到显著性水平，但是毕竟还有两项存在显著性差异，说明汉字学习策略的使用与学习者母语背景存在着相关性。因此，针对“汉字圈”的学习者和“非汉字圈”的学习者要选取不同的学习策略并采用不同的教学步骤区别对待。

第三，要充分考虑到不同学习者之间的个体差异，如学习动机、学习态度对学习策略培训的影响。江新、赵果（2001）研究认为汉字学习策略的使用与汉语学习动机有关。因此，在策略培训中教师应该根据学习者个人的学习动机、学习态度等具体情况对安排好的培训策略进行适当调整，使之符合学习者的实际要求或采取一些诱导、循序渐进的步骤帮助学习者树立积极的学习态度和较强的学习动机。

（2）对于初级阶段的学习者而言，他们虽然重视汉字部件（即意符和声符）的学习和运用，但是学习者自我报告的最常用的学习策略却是机械重复、编造与意符和声符无关的故事（McGinnis，1995）。赵果、江新（2002）研究证明字形策略的均值和汉字成绩负相关，这可能表明字形策略不利于汉字书写的学习，但是对于“非汉字圈”的学习者而言，往往在初级阶段只重视单个汉字的字形，而忽视汉字字形和声音、意义之间的联系。虽然只关注字形对于初学者来说并不是毫无用处，但是长期过多地依赖字形策略就有副作用。因此，在实际汉字教学中教师应当考虑如何使初学者更早地摆脱对整体字形策略的依赖，怎样让学习者从对字形策略的依赖过渡到对音义策略、应用策略的使用上来。

（3）在汉字教学中教师应该加强对元认知策略的培训，帮助学习者对汉字学习过程进行有意识的监控和管理。由于学习者在元认知上存在个体差异，也很难在学习初级阶段掌握汉字学习的元记忆策略，因此，教师应该提醒学习者对汉字学习做出计划，对学习过程进行监控，并对学习的结果进行定期的复习、检查，帮助学习者建立起运用元认知策略的意识（柳燕梅、江新，2003）。

（4）教师应该强化学习者运用意符策略的意识。赵果、江新（2002）研究证明利用意符有助于汉字意义识别的学习，但是初学者往往只注意到字形，而割裂了汉字音、形、义三者之间的联系，不明白意符表示的意义的类属。因此，教师应该把意符策略融入到日常的课堂教学中，有意识地加强这方面的归纳，并引导学习者正确地使用意符策略。

2.6　总之，对于汉字学习策略的培训是十分有意义的。虽然有的学者对学习策略的有效性提出了质疑，如文秋芳、王立非（2004）认为目前报告的策略培训效果往往是通过准试验的方法进行的，由于策略训练本身是一个系统工程，策略训练的本质是提高学习者的自主意识和自主性，而自主意识和自主性的培养不是一朝一夕的事情，所以策略的有效性很难在短时期内显现出来，但是研究者并没有否认研究学习策略和学习策略培训的重要性，而是提出希望通过个案跟踪和微变化研究相结合的方法来评估学习策略和策略培训的有效性。我们应该根据汉字学习策略自身的特点，参照国外的策略培训模式来探索相应的汉字学习策略培训模式，并对学习策略培训进行有效性检验。

三　汉字学习策略研究中需要注意的问题

3.1　汉字学习策略虽然已经取得了一定的研究成果，但是相对于第二语言习得的其他领域而言，研究成果还是太少，而且研究涉及的面也不够宽，许多问题还没有得到解决。我们从现有研究成果存在的问题中能够发掘新的研究点，这对于我们进一步拓宽研究的知识面是很有帮助的。

3.2　McGinnis（1995）通过让汉语初学者进行自我报告的方式搜集了一些汉字的具体学习策略，如机械记忆、利用汉字的外形或发音编造故事等，但是由于这项研究没有初学者相应的汉字学习成绩，所以并不能对每种自我报告的学习策略的有效性进行评估。而且，初学者对于他们使用的各种方法的有效性认识并不一定能真正反映实际的学习情况和结果。（Ke，1998：94）

Ke（1998）在McGinnis（1995）的基础上比较了11对汉字学习策略的相对有效性，包括学习汉字部件、笔画顺序，根据外形和发音编造故事，在复合词的环境里练习汉字和阅读汉字课本等一些常用的汉字学习策略，但是并没有对更多的学习策略进行描写。

Cohen（1998）专用一章对学习策略的调查研究方法进行了较为详尽的阐述。McGinnis（1995）在研究中所用的自我报告的方式只是口头报告（verbal report）中的一种方式，剩下的两种方式分别是自我观察（self - observation）和自我展现（self - revelation）。由于认知事件自身常常可以通过口头报告获得（Steinberg，1986：699），因此，对揭示心理认知过程具有积极的意义，但是这种方式却不可避免地存在一些缺陷。其一，由于许多认知过程是潜意识的（unconscious），因此无法通过口头报告的方式来获得。其二，有时存在所需信息并不具有直接获得的可能性，口头报告的方式可能会使被试出现并不与其实际思维过程密切相关的口头反映。其三，口头报告本身存在着一些潜在的不可信的效果。其四，如果口头报告者用目的语完成一项任务，却用第一语言或其他语言来作口头报告，就会存在一些潜在的问题，口头报告者极有可能会对信息进行重新编码，这个过程本身有可能会由于记忆容量的有限或其他因素而导致信息的丧失。因此，虽然口头报告是一种有效的搜集所需数据的方法，但和其他方法一样，不可避免地存在局限性，需要与其他调查学习策略的方法结合起来使用。

Cohen（1998）还提供了其他多种调查策略用来搜集相关数据，如口头访谈和书面问卷调查（oral interviews and written questionnaires），观察（observation），日记和谈话日志（diaries and dialog journals），回忆性研究

(recollective studies)，计算机跟踪（computer tracking）等。每一种调查方法都有各自的优点和不足之处，如果能综合采用几种不同的调查学习策略的方法来搜集信息，相信我们对汉字学习策略的描写会更为深入。

3.3 Ke（1998）在研究中发现，虽然大部分被试都很重视学习和运用汉字部件和笔画结构，但是在调查中绝大部分被试认为反复抄写汉字和把汉字作为一个整体来记忆是更为有效的汉字学习策略。Ke 对此的解释是，在汉字正字法意识发展的过程中有学习者必须遵循的阶段性，学习者认为有效的汉字学习策略依赖于其自身所处的不同的正字法意识水平。因此，Ke 认为教师有必要帮助学习者总结、发现、拆解反复出现的汉字部件，从长远来看，这一工作对于学习者汉字习得具有重要意义。

江新、赵果（2001）在研究中也发现了类似的情况。虽然“汉字圈”学习者比“非汉字圈”学习者更多地使用音义策略、应用策略，更少地使用字形策略、复习策略，但是无论是“汉字圈”学习者还是“非汉字圈”学习者，都不经常利用声符和意符学习汉字。对此，江新等人认为这可能是因为尽管“汉字圈”学习者的汉字量比“非汉字圈”学习者的大一些，但是毕竟还很有限，没有达到对声符和意符进行归纳、利用的阶段。

Ke（1998）和江新、赵果（2001）的研究都预示着汉字正字法意识的发展具有阶段性。佟乐泉、张一清（1993）在研究儿童语言学习时发现学习者在学习汉字时具有阶段性，可分为三个阶段：①混沌阶段；②清晰阶段；③模糊阶段。在混沌阶段，学习者对每个汉字只在整体上有朦胧印象，尚不能精确辨认。在清晰阶段，学习者开始知道怎么分析字形，对汉字的分辨逐渐清晰。到模糊阶段，学习者已经能够熟练阅读汉字，仅凭轮廓特征就可以确认，不需要精确辨认。程朝晖（1997）通过对美国学生学习汉字过程的观察，发现初学者在习得汉字时同样经历了上述三个阶段，而正字法意识的养成正好是初学者从混沌阶段到清晰阶段过渡的一个重要过程。目前，我们对于这一过程的阶段性以及发展不同阶段的特点的了解还很有限。如果今后对这一阶段能够有较为深入的研究，对于安排汉字教学内容及教学顺序会有极大的指导意义。

3.4 江新、赵果（2001）在总结前人成果的基础上建构了一个有一定信度和效度的汉字学习策略量表，并利用这个量表对初级阶段留学生的汉字学习策略进行了分析，这对于进一步研究汉字学习策略具有积极的意义。但是，这个汉字学习策略量表在有些方面还不太成熟，需要在实际调查活动中不断完善。例如，我们可以在对汉字学习策略进行更为详尽描写的基础上利用因素分析法提取更多的认知策略中的公因素，使认知策略量表更加细化，以满足深入研究的需求。

Oxford 依据策略对目的语学习的不同作用将策略划分为直接策略（direct strategies）和间接策略（indirect strategies）两类。直接策略就是与目的语直接相关，起着直接处理目的语学习作用的策略，该策略又可分为三个次类，即记忆策略、认知策略和补偿策略。所谓间接策略就是与目的语没有或基本上没有直接联系，起着支持和管理目的语学习作用的策略，该策略也分为三个次类，即元认知策略、情感策略和社会策略（1990：16～21）。O'Malley 和 Chamot（1990）则根据认知学习理论将学习者策略分为三种类型：元认知策略、认知策略和社会/情感策略。

江新（2000）用 Oxford 的二语学习策略分类体系——SILL（Strategy Inventory for Language Learning）对外国留学生在汉语学习过程中对"记忆策略"、"认知策略"、"补偿策略"、"元认知策略"、"情感策略"、"社交策略"的使用进行了科学的测量统计分析。而江新、赵果（2001）的汉字学习策略量表只是将策略分为两大类，即认知策略和元认知策略，忽略了社会/情感策略。一方面可能由于目前汉字学习策略中还没有社会/情感策略的研究成果，因此，在对其没有了解的基础上很难进行测量考察。另一方面，社会/情感策略对学习效果的影响似乎不及其他策略突出。O'Malley 等人（1987，1990）在对元认知策略、认知策略和社会/情感策略在二语习得中的有效性进行研究时发现，社会/情感策略对于学习的影响似乎不及其他策略。对此，O'Malley 等人认为很可能是因为人们没有对与之相关的行为进行更深入的研究，也有可能是因为学习者一般不能认识到自己的情感和社会关系也是学习过程中的一个重要组成部分。因此，从这个角度上说，汉字学习策略量表并不完整，特别是社会/情感策略量表需要补充进来。这就需要我们寻求新的途径、新的研究方法去探讨社会/情感策略在汉字学习策略中的功能和作用。

3.5　江新、赵果（2001）在研究中发现"汉字圈"学习者比"非汉字圈"学习者更加经常地使用制定汉字学习的计划，设置汉字学习目标的元认知策略，认为这可能与"汉字圈"学习者学习汉语的职业动机比较强有关。这里，研究者已经注意到学习策略与其他个体差异之间存在着密切的联系。

Ellis（1994）在论述学习者个体差异时提出了个体差异研究的框架（见图 1）。

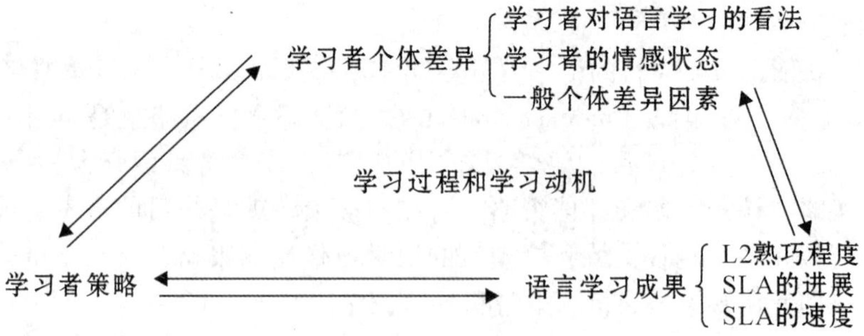

图1　Rod Ellis（1994）个体差异研究框架

从图1中我们发现，学习者策略与其他个体差异处于一种十分复杂的相互关系中。它一方面与学习者对语言学习的看法、学习者的情感状态、一般个体差异因素密切联系，另一方面直接与语言学习成果相关联。在整个过程中，学习动机也一直起着调节作用。所以对于学习者策略的研究不能孤立地来看，必须把它放到个体差异研究的框架中去探讨与其他个体差异因素之间的关系。

3.6　从汉字学习策略的研究目的上说，是为了更好地服务于对外汉字教学，是从学习者自身内部的因素来探讨改进汉字教学的途径。因此，我们应该把汉字学习策略的研究与实际汉字教学结合起来。以往的汉字教学更多地关注的是从汉字本身的特点来探讨汉字教学的优化模式。例如，张旺熹（1990）从汉字的部件和结构两方面来研究怎样在教学实际中运用"部件—结构"的汉字教学模式，希望学习者在熟练掌握118个基本部件和4类19种结构模式的基础上形成正确书写汉字、自学汉字的能力。崔永华（1997）则从心理学原理和对外汉语教学的实际出发，通过分析《汉语水平考试词汇大纲》使用的汉字和构成这些汉字的部件，深入探讨了利用汉字部件进行汉字教学的可能性。

应该说这种从汉字本身特点出发来探求优化的汉字教学方法是可行的，现有的汉字学习策略研究成果也证明了这一点。赵果、江新（2002）研究认为意符有助于汉字意义识别的学习，形声字的学习比非形声字的学习对策略使用更敏感。Ke（1998）也鼓励教师在教学中帮助学习者建立起较强的正字法意识。

同时，汉字特点的深入分析为我们进一步从微观层面上分析汉字学习策略提供了切入点。目前对汉字音义策略的研究还很不够，学习者对于基本部件的习得必然存在差异性，其采用的学习策略也会随着对象的变化有所不同，因此，有必要利用部件的特点对音义策略进行更为深入的分析。

总之，汉字自身特点的研究和汉字学习策略研究能够为彼此提供理论的支点和研究的切入点，存在一定的联系。两者的目的都是服务于实际的汉字教学。教学活动既能为汉字特点的研究提供有效的反馈信息，又能够检验学习策略的有效性，因此，三者之间存在密切的关系，对汉字策略的研究不能脱离其内在联系。可用简单的图示归纳如下（见图2）：

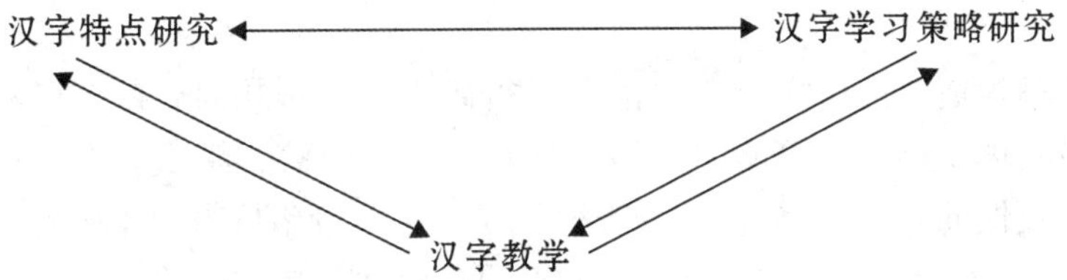

图2　汉字特点、学习策略与汉字教学的内在联系

3.7　当然，汉字学习策略研究中还存在一些其他问题。

如当前的研究成果基本上只限于对初级阶段的汉语学习者学习策略的研究（特别是针对“非汉字圈”的学习者），其研究对象范围较为狭小。中高级阶段的汉语学习者在汉字学习策略的选取和运用上与初级阶段的汉语学习者存在着较大的差异。这种针对中高级汉语学习者的学习策略的研究成果目前还没有。石定果、万业馨（1998）在对至少具有三年以上汉语学习经历的留学生为对象的小型调查研究中指出，学习者对于字音的高度重视超出研究者的想象。在以往的教学中，教师往往更多关注于汉字的形义关系，认为这是汉字的特殊性所在，对于“因声求义”则不够重视，这一研究结果也提示我们初级阶段学习者与中高级阶段学习者在汉字学习策略的学习和运用上存在着不同的特点，需要进行更为深入的研究。

再如，对于学习策略有效性的研究，有的学者已经提出了质疑。文秋芳、王立非（2004）对好、差生的策略存在差异、学习策略对成绩有预测力和策略培训有效三个结论提出了质疑，认为三种研究源于同一个错误假设，即策略与成绩的关系是线型关系，也就是说使用策略的频率越高，种类越多，学习者的第二语言成绩可能越好，但实际上策略与成绩之间的关系比较复杂。因此，研究者认为应该将个案研究与微变化研究有效结合，才能较为准确地评估出学习策略对第二语言学习的有效性。这对于我们进行汉字学习策略有效性和汉字策略培训有效性研究有一定的启发意义。

3.8　目前，汉字学习策略虽然已经取得了一定的研究成果，但还有许多具体的问题有待解决。在今后的汉字学习策略研究中，一方面要注意学习策略与各种因素间的关系，如与其他个体差异之间的相关性，与汉字特点研究和实际教学三者间的关系等；另一方面可以运用认知心理学等多学科知识把学习策略的研究引向微观层面，寻求新的研究切入点。相信在今后的汉字学习策略研究中会涌现出更多的研究成果。

四 结 语

汉字学习策略的研究在第二语言习得研究中起步相对较晚，已有的研究成果涉及具体汉字学习策略的归纳（McGinnis，1995），学习者对不同汉字学习策略有效性的对比研究（Ke，1998），汉字学习策略量表的建构（江新、赵果，2001），不同汉字学习策略与学习效果的相关分析（赵果、江新，2002），对具体汉字学习策略有效性的对比研究（柳燕梅、江新，2003）等方面，取得了一定的研究成果，但是研究涉及的面还不够宽，还没有汉字策略培训的相关研究成果。

就目前已有的研究成果而言，其中存在的一些问题值得进行更为深入的探讨。在今后的汉字学习策略研究中需要运用多学科的知识，考察不同因素间的内在相关性，拓宽研究的视野，使汉字学习策略的研究进一步向纵深处发展。

附 注

① 其他个体差异因素还包括认知方式（cognitive style）、语言学习能力（language aptitude）、智力（intelligence）、动机（motivation）和年龄（age）等。这些因素和学习策略在许多方面存在着交互作用。

② 最早对学习策略关注的是 Aaron Carton。他在 1966 出版的《外语学习中的推理方法》一书中首次提到不同的外语学习者运用不同的推理方法学习外语的现象。随后，在他发表的第二篇论文《推理：使用和学习语言的一个过程》（*Inference：a process in using and learning language*）（1971）中 Carton 详细讨论了外语学习者推理的策略，但是他没有把学习策略作为一个整体来研究。Robin 在 20 世纪 70 年代初受 Carton（1966，1971）对第二语言学习者在推测策略（inferencing stratcgy）使用中的个体差异性研究的启发，开始系统地研究成功的二语学习者的学习策略。

③ 目前，由于不同学者研究的角度和切入点并不一样，对于学习策略的定义和分类还没有形成统一的认识。如对于学习策略的定义各家皆不相同：Rubin（1987）把学习者的学习策略概括为“学习者为了使自己获得、贮存、重新获得以及使用语言信息而采取的任何操作、步骤、计划和惯例行为”。O’ Malley 和 Chamot（1990：1）把学习策略看作“学习者个人用于帮助自己理解、学习或记忆信息的特殊思想和行为”。Oxford（1990：8）则从

学习目的的角度来看，认为学习策略是“学习者在语言学习中所采取的具体行为。他们采用这种行为的目的是为了使语言学习变得更加容易、更加快捷、更加有效，同时使自己更便于自学，更易于适应新环境”。Cohen（1998：4）进一步把学习策略定义为“由学习者有意地进行选择并可产生一系列行为如储存（storage）、记忆（retention）、回忆（recall）及应用信息（application of information）以加强外语学习和使用的过程”。

④“非汉字圈”指的是欧、美、非及中亚、西亚地区。这些地区的汉语学习者其母语和生活环境中几乎没有汉字。

⑤ Ke（1996）对没有汉语学习背景的初学者在汉字辨识（character recognition）和书写（character production）之间的关系上进行了调查研究，结果表明汉字辨识的平均分要高于汉字书写的平均分，善于汉字辨识的学习者有可能在汉字书写上较弱。

⑥ Ke 把 150 个被试分为华裔学习者（heritage learners）和非华裔学习者（non-heritage learners）。

⑦ Ke 发现汉字的声音的作用并不受到学习者的重视，与汉字的声音相比，学习者注重的是汉字的意义。这与 Everson（1998）的研究结果很不一致。Everson 研究认为学习者是依赖于声音来回忆汉字的。

⑧ 认知策略指在对学习材料进行直接分析、综合和转换等问题解决过程中采取的步骤或操作，具有操作加工或认知加工的功能，是与完成具体学习任务直接联系的。元认知策略指利用对认知过程的认知，试图通过计划、监控和评价来规范语言学习活动，具有执行和控制的功能，如引导注意、自我管理等。元认知策略可以为汉字学习任务的完成提供间接的支持。（江新、赵果，2001：11）

⑨ 学习者之所以没有意识到声符和意符的重要性可能是由多种因素造成的，有可能是教材或教学方法的问题，也有可能是由于学习者个体差异所致。

⑩ 柳燕梅、江新（2003）的研究应该可以算是对两种具体汉语学习策略有效性的检验，但是这项研究只测量了被试汉字学习的即时效果（学完后立即测验，即短时效果），没有对两种具体学习策略对汉字学习的延时效果（即长时效果）进行实验研究。

⑪Oxford 等人（1990）提出的策略训练模式的七个步骤是：第一步，让没有经过策略训练的学习者完成一项语言任务；第二步，组织学习者讨论他们是如何完成语言任务的，对他们提及的有用策略给予表扬，让他们回忆自己选择的策略是怎样促进学习过程的；第三步，向学习者建议并示范其他有用的策略，说明使用这些策略的理由，鼓励他们大胆地使用，从中获益，并要求他们指出自己目前尚未使用的策略，考虑如何在学习中使用它们；第四步，为学习者提供充足的时间，在完成学习任务过程中练习新策略；第五步，给学习者示范策略是如何应用于其他学习任务的；第六步，为学习者提供新的语言学习任务，让他们自己选择策略来完成这些任务；第七步，帮助学习者了解如何评估自己使用策略的结果，如何评定自己在实现学习者自主过程中所取得的进步。

⑫这四个步骤具体是：第一，计划：教师给学生布置一项语言任务并解释完成这项任务的原因，然后要求他们设计完成任务的方法，选择自己认为合适的策略；第二，监控：在学生完成任务的过程中，要求他们关注自己的策略使用情况，监控自己的学习；第三，解决问题：当学习中遇到困难时，要求学生运用策略自行解决；第四，评估：当学生完成

任务后，给他们一些时间简要汇报完成任务的经过，即评估一下他们使用策略的效果，看是否已达到预期目标，同时考虑如何将所学策略应用于相似的语言任务或其他语言技能中。

⑬这五个步骤是：第一，教师对可能有用的策略进行描述、示范并举例说明；第二，基于学生自身的学习经验，从而引出更多的例子；第三，引导小组或全班的学生对策略进行讨论；第四，鼓励学生练习并使用各种策略；第五，把策略与日常的课堂材料结合在一起，以明确或隐含的方式将策略融进语言任务，为学生提供语境化的策略练习。

参考文献

程朝晖（1997）汉字的学与教，《世界汉语教学》第3期。

崔永华（1997）汉字部件和对外汉字教学，《语言文字运用》第3期。

冯丽萍（1998）汉字认知规律研究综述，《世界汉语教学》第3期。

江　新（2000）汉语作为第二语言学习策略初探，《语言教学与研究》第1期。

江　新、赵　果（2001）初级阶段外国留学生汉语学习策略的调查研究，《语言教学与研究》第4期。

柳燕梅、江　新（2003）欧美学生汉字学习方法的实验研究，《世界汉语教学》第1期。

马广惠（1997）高分组与低分组在学习策略上的差异研究，《外语界》第2期。

石定果、万业馨（1998）关于对外汉字教学的调查报告，《语言教学与研究》第1期。

佟乐泉、张一清（1993）儿童语言学习若干问题研究，《世界汉语教学》第2期。

王建勤（2003）《第二语言习得研究的理论与方法》（讲义），北京语言大学内部资料。

文秋芳、王立非（2004）对外语学习策略有效性研究的质疑，《外语界》第2期。

吴勇毅（2001）汉语“学习策略”的描述性研究与介入性研究，《世界汉语教学》第4期。

徐子亮（1999）外国学生汉语学习策略的认知心理分析，《世界汉语教学》第4期。

杨　翼（1998）高级汉语学习者的学习策略与学习效果的关系，《世界汉语教学》第1期。

尤浩杰（2003）笔画数、部件数和拓扑结构类型对非汉字文化圈学习者汉字掌握的影响，《世界汉语教学》第2期。

张旺熹（1990）从汉字部件到汉字结构——谈对外汉字教学，《世界汉语教学》第2期。

赵　果、江　新（2002）什么样的汉字学习策略最有效？——对基础阶段留学生的一次调查研究，《语言文字运用》第2期。

Carton, A. (1966) *The Method of Inference in Foreign Language Study.* The Research Foundation of the City of New York.

Carton, A. (1971) Inferencing: A Process in Using and Learning Language. In Pimsleur. P. and Quinn, T. (eds.) *The Phychology Second Language Learning.* Cambridge: CUP.

Ellis, R. (1994) *The Study of Second Language Acquisition.* Oxford: Oxford University Press.

Cohen, Andrew, D. (1998) *Strategies in Learning and Using a Language.* Addison Wesley Longman Limited.

Everson, M. E. & Ke, C. (1997) An inquiry into the reading strategies of intermediate and advanced learners of Chinese as a foreign language. *Journal of the Chinese Language Teachers Association*, 32 (1): 1 –20.

Everson, M. E. (1998) Word recognition among learners of Chinese as a foreign language: Investigating the relationship between naming and knowing. *Modern Language Journal*, 82: 194 –203.

Ke, C. (1996) An empirical study on the relationship between Chinese character recognition and production. *Modern Language Journal*, 80: 340 –349.

Ke, C. (1998) Effects of strategies on the learning of Chinese characters among foreign language studies. *Journal of the Chinese Language Teachers Association*, 33 (2), 93 –112.

McGinnis, S. (1995) *Student Attitudes and Approaches in the Learning of Written Chinese.* Paper Presented at the Annual Conference of the American Association for Applied Linguistics, Long Beach, CA.

Naiman, N., Fronlich, M., Stern, H. H. and Todesco, A. (1978) *The Good Language Learner.* Toronto, Ontario: Ontario Institute for Studies in Education.

O'Malley, J., Chamot, Anna Uhl & Walder, C. (1987) Some applications of cognitive theory to second language acquisition. *Studies in Second Language Acquisition*, 9: 287 –306.

O'Malley, J., Michael & Chamot, Anna Uhl (1990) *Learning Strategies in Second Language Acquisition.* New York: Cambridge University Press.

O'Malley, J., Michael & Chamot, Anna Uhl (1994) *The CALLA Handbook: Implementing the Cognitive Academic Language Learning Approach.* Addison – Wesley, Reading MA.

Oxford, Rebecca (1990) *Language Learning Strategies: What Every Teacher Should Know.* New York: Newbury House Publishers.

Oxford, Rebecca (1993) Language Learning Strategies in a Nutshell: Update and ESL Suggestions. *TESOL Journal*, Winter 1992/ 1993.

Rubin, J. (1975) What the good language learners can teach us. *TESOL Quarterly*, 9: 41 –51.

Rubin, J. (1981) The Study of cognitive processes in second language learning. *Applied Linguistics*, 11: 117 –31.

Steinberg, E. R. (1986) Protocols, retrospective reports, and the stream of consciousness. *College English*, 48: 697 –712.

Wenden, A. & Rubin, J. (1987) *Learner Strategies in Language Learning.* London: Prentice Hall International.

Uann, R. J. & R. G. Abraham (1990) Strategies of unsuccessful language learners. *TESOL Quarterly*, 24: 177 –198.

华裔留学生汉字部件构型意识的实验研究

刘兆静

【提　要】汉字构型意识是汉字正字法意识中重要的组成部分。本文以左右结构的汉字为实验材料，利用真假字判断作业，考察了不同汉语水平华裔留学生汉字部件构型意识的发展情况，并和汉语母语被试进行了对比。结果表明，随着汉语水平的提高，华裔学生对左右部件合法的假字的识别率没有显著差异，但是均显著低于母语被试；在左右部件均不合法的假字识别率上，各组华裔学生和母语组都保持了很高的正确率，并且没有显著差异；在左部件合法假字判断中，被试的正确率随汉语水平的提高而提高，并且各组之间存在显著差异；在右部件合法假字判断中，初中级被试之间没有显著差异，但是显著低于中高级和母语被试，而中高级和母语被试之间没有显著差异。这说明，华裔学生对左右结构汉字中左部件和右部件的构型意识在发展上不均衡。他们对左部件的构型意识优先发展，而右部件的构型意识发展相对滞后。而母语者左右部件的构型意识表现出均势。

【关键词】汉字构型意识　华裔学生　真假字判断

○ 引　言

0.1　汉字正字法意识

西方学者认为："正字法是一种将语言中的声音和一套书写符号对应起来的方法（Carroll，1999：90）。"心理学家（Forst，et al.，1989）又根据词的形态结构和音位结构之间的一致程度或透明程度（所谓正字法深度）将各种书面语言的正字法分为两种：一种是浅层正字法，指词的形态和音位具有严格的一一对应关系，可以完全由形知音；另一种是深层正字法，指词的形态和音位没有严格的一一对应关系，而是多对多的关系，不能完全由形知音。

如果按照这一标准来衡量中文，那中文正字法无疑就是汉字书写单元

（主要是声旁）的表音程度。有很多心理学家按照这一标准来衡量和定义中文正字法，并按照这一思路来研究汉字（尤其是形声字）的正字法意识及其发展。

著名心理学家彭聃龄先生在接受西方关于正字法定义的基础上，认为汉字正字法有其特殊性。他认为："汉字由笔画和部件组成，但组合并不是任意的。不同的笔画或部件只有按一定规则结合起来，才能构成人们熟悉的汉字，这些规则就被称为'正字法'。正字法规则是人们识别字词时必须依靠的一种内隐知识，字词识别不仅要依靠对笔画、部件或字母的检测，而且要检测这些成分的结合规则。"（彭聃龄，1997）

根据上述分析，并综合两种意见，我们认为汉字正字法所包含的内容有两个部分：一是表音规则，即汉字（主要针对形声字）的字下单元（形旁和声旁）和整字读音关系的对应程度；二是构型规则，即有关汉字笔画和部件的层级结构、框架结构和空间位置结构的规则。

0.2 汉字部件构型规则在汉字认知加工中的作用

许多研究都显示，汉字的笔画和部件会影响汉字的认知加工。彭聃龄等人（1997）采用命名作业和真假字判断作业考察了笔画数和部件数对汉字加工的影响，结果发现，当部件数保持恒定时，笔画数少的汉字较笔画数多的汉字加工快；而当笔画数被控制时，部件数也会影响低频汉字的加工，表现为低频少部件汉字的加工要快于低频多部件汉字的加工。

除了部件数，许多研究还发现部件的频率也会影响汉字的认知加工。黎红等人（1999）、杨利利等人（2002）和张喆等人（2003）分别利用整字、部件识别和命名任务考察了部件频率对汉字识别的影响，结果表明部件的使用频率和组字频率都会促进整字的识别。

多项研究（喻柏林，1998；韩布新，1998；沈模卫等人，1998；张积家等人，1999；Taft, et al.，1999）利用部件搜索任务考察了汉字部件位置对汉字认知加工的影响。结果一致表明，在汉字的合体字中，左右结构字的右部件比左部件容易提取；上下结构字的下部件比上部件容易提取。另外，刘伟等人（1998）和章睿健等人（2005）的研究显示，成字部件对中文合体字的认知存在显著作用。

0.3 汉语母语者汉字部件构型意识的发展

汉字部件和笔画的构型规则对于汉语母语者汉字的认知加工确实起着显著的作用。那么这些汉字构型规则又是如何萌芽并进一步逐渐发展起来的呢？

Cheng 等人（1995）、Peng 等人（1995）、李娟等人（2000）和彭聃龄等人（2006）多项研究均采用真假字判断作业分别考查了小学阶段学生在汉字识别中对汉字部件位置及位置频率线索的意识。实验结果表明，小学低年级学生已经能够利用汉字部件的位置和位置频率信息帮助其识别汉字。李虹等人（2006）以幼儿园中、大班和小学一到三年级学生为研究对象，通过对线条图、位置错误非字、部件错误非字、假字和真字进行字典判断，探讨了汉语儿童正字法意识的发展，结果发现，汉语儿童正字法意识的发展分为多个层次，学前阶段只能发展区分汉字和线条图的基本能力，笔画和部件意识及部件位置意识等汉字构型规则意识要在入学后才能逐步发展，并且前者的获得比后者容易。

0.4　留学生汉字部件构型意识的发展

汉字对于外国留学生来说，是学习中文过程中最困难的环节之一。因此，很多研究者都非常关心留学生是否能够形成对汉字部件构型规则的认识。冯丽萍（2002）和马燕华（2002）分别利用汉字注音组词和听写作业考察了中级汉语水平外国学生汉字正字法的情况，结果表明，笔画数、部件数对学生汉字作业有影响。冯丽萍等人（2005）利用真假字判断作业考察了部件位置信息对汉字和非汉字背景留学生汉字加工的影响。结果表明，对非汉字背景的欧美留学生来说，右部件和下部件的作用较强；对汉字背景的日韩留学生来说，对左右结构的汉字因熟悉度较高而倾向于整字加工，上下两个部件共同参与汉字识别过程，也就是说，日韩留学生对汉字部件位置规则并不敏感。

不过，另外两项研究（鹿士义，2002；冯丽萍，2006）的结果与上述研究结果存在不一致性。这两项研究的作者利用真假字判断作业，分别考察了不同汉语水平，母语为汉字圈和非汉字圈的留学生的汉字部件位置意识的状况。这两项研究的结果基本一致，即中高级汉语水平的留学生已基本形成部件位置意识，并且欧美学生对左右结构字的部件意识好于上下结构字。

由于外国留学生的母语背景不同，汉语水平参差不齐，教学和学习以及个人因素各种情况比较复杂，差异也很大，因此，不同研究者在留学生汉字部件构型规则意识的发展方面还很难达成一致的结论，许多问题尚待进一步研究。

0.5　华裔留学生的汉字部件构型意识的发展

因华裔留学生的身份比较特殊，近年来，有关华裔学生汉字习得的问题受到了研究者们的关注。许多教师针对华裔留学生的汉字教学问题提出了很多好的建议，不过，有关汉字习得方面的研究尚不多见。李俊红等人（2005）

在一项研究中利用部首识别作业和调查法考察了美国华裔和非华裔学生的汉字部件意识，被试被测试时，学习部首一周。结果表明，华裔和非华裔学生都具有一定的汉字部件意识，但华裔学生的部件意识更强，并具有层级的特点。该项研究虽采用实验和测试的方法，但由于被试数量较少，学习汉字时间较短，因此其研究结果尚需进一步通过实验来证实。

为此，我们设计了下面的实验，实验目的在于考察下列问题：

（1）华裔留学生是否可以形成对汉字部件构型规则的意识？

（2）不同汉语水平的华裔留学生的汉字部件构型规则的意识是否存在差异？

（3）华裔留学生汉字部件构型规则的意识和母语者是否存在差异？

一　实验研究

1.1　实验设计

实验采用 4×4 两因素混合设计，其中汉语水平为被试间因素，分为四个水平（初级、中级、中高级和母语者），假字类型因素为被试内因素，分为四个水平（左右部件合法假字、左部件合法假字、右部件合法假字和左右部件不合法假字）。

1.2　实验作业及刺激材料

实验作业为真假字判断，即要求被试从刺激列表中明确表示出哪些是中文中真正有的汉字，哪些是中文中没有的假字。

为此，我们选定和编制了 6 类刺激，即高频真字 12 个、低频真字 12 个，左右部件合法假字 6 个、左部件合法假字 6 个、右部件合法假字 6 个和左右部件不合法假字 6 个。所有刺激均包含左右两个部件，平均笔画数为 8.27 画，各类刺激的平均笔画数没有显著差异。

高频真字选自 HSK 汉字等级大纲中的甲乙级字，低频真字均不包含在 HSK 汉字等级大纲中。我们又选择了 24 个汉字，去掉其中 6 个汉字的左部件或右部件，而代之以其他汉字的左部件或右部件来构成左右部件均合法的假字；去掉 6 个汉字的右部件，而代之以其他汉字的左部件，并且这些左部件从来不会出现在右边，这样构成左部件合法假字；去掉 6 个汉字的左部件，而代之以其他汉字的右部件，并且这些右部件从来不会出现在汉字的左边，这样构成右部件合法假字；最后用只出现在左边的部件和只出现在右边的部件对侧放置，从而构成左右部件不合法假字共 6 个。所有假字均采用 Windows

XP 中文操作系统提供的造字程序进行编辑。真假字均采用宋体。附录列出了所有的真假字。

选定所有刺激后，我们将所有真假字以随机顺序编排，构成汉字认读测试表（如附录所示），以备实验之用。

1.3 被试

北京华文学院华裔留学生共 79 人，其中初级水平被试 34 人，均为在华文学院学习汉语半年的学生；中级水平被试 17 人，均为在华文学院学习汉语一年的学生；中高级水平被试 28 人，均为在华文学院学习汉语一年半以上的学生。另外，我们还随机找到北京语言大学本科生和研究生共 15 人作为母语组被试。

1.4 实验程序

实验采用团体纸笔测试，所有测试均在课上由任课教师主持完成。首先由教师把测验试卷发给被试，并由教师向被试宣读下列指导语：

这是一个有关汉字认读的小测验。下面有一些项目，其中有些是真正的汉字，有些则不是真正的汉字。请你根据自己的感觉判断哪些是真正的汉字并在它后面画圈，并尽可能给它们注上拼音。如果你不知道它的拼音，可以猜。如果你判断它们不是真正的汉字，就请在它后面画叉。

在确定被试已经完全明了作业要求之后，请被试开始答题。测试本身没有时间限制，但所有被试均在 20 分钟内完成了全部作业。

1.5 实验结果

我们对所有被试真字和假字的判别正确率进行了统计，对于所有未作判断的反应均按照错误判断处理。之后利用 SPSS 13.0 统计软件对实验结果分别进行了分析。

（1）真字的判断结果。表 1 列出了所有被试对高频和低频真字判断的平均正确率。对此进行重复测量的多因素方差分析，结果表明，字频因素主效应显著［$F(1, 90) = 218.057$，$p = 0.000$］，汉语水平的主效应显著［$F(3, 90) = 2.738$，$p = 0.048$］，字频和汉语水平两因素的交互作用显著［$F(3, 90) = 16.543$，$p = 0.000$］。

对两因素的交互作用进行简单效应分析，结果表明，对于高频真字，中级、中高级和母语被试三者之间没有显著差异（$p>0.40$），但他们的成绩均显著好于初级被试（$p<0.004$）；而在低频真字上，初级和中级被试好于中高级被试和母语被试（$p<0.01$），初级和中级被试之间没有显著差异（$p>0.90$），中高级和母语被试之间没有显著差异（$p>0.45$）。

对于高频真字，中级水平以上被试好于初级被试很明显是可以预见的。但是对于低频真字，初级和中级被试好于中高级和母语被试则显得有些意外。基于初级被试对高频真字的反应正确率较低的事实，我们认为造成在低频真字上初级和中级被试的成绩好于中高级和母语被试这一结果的原因只能是反应倾向的差异。对于低频真字，各组被试均不认识，因此难以判别其真假，但初级、中级被试在无法判定时，倾向认为其是真字，而中高级和母语被试则相对倾向于做出否定的反应，从而造成两者正确率的差异。

表1　不同汉语水平组被试对各类真字判断的平均正确率

汉语水平	高频真字	低频真字
初级	88.73%	77.70%
中级	98.04%	74.51%
中高级	95.54%	63.39%
母语	100.00%	52.78%

（2）假字的判断结果。表2列出了所有被试对四类假字判断的平均正确率。对此进行重复测量的多因素方差分析，结果表明，假字类型主效应显著[$F(3, 270)=108.193$，$p=0.000$]，汉语水平的主效应显著[$F(3, 90)=8.975$，$p=0.000$]，假字类型和汉语水平两因素的交互作用显著[$F(9, 270)=4.030$，$p=0.000$]。

表2　不同汉语水平组被试对各类假字判断的平均正确率

汉语水平	左右部件合法假字	左部件合法假字	右部件合法假字	左右部件不合法假字
初级	51.96%	60.29%	80.88%	94.61%
中级	47.06%	69.61%	85.29%	94.12%
中高级	54.17%	85.71%	94.05%	99.40%
母语	70.00%	97.78%	95.56%	100.00%

首先利用ONE－WAY方差分析和多重比较对两因素的交互作用进行了简单效应分析，结果表明，对于左右部件都合法的假字，各组被试的成绩没有显著差异（$p>0.20$）；对于左部件合法假字，母语和中高级被试显著高于初级和中级被试（$p<0.001$），母语和中高级被试之间没有差异（$p>0.75$），初级和中级被试之间也没有显著差异（$p>0.40$）；对于右部件合法假字，母语和中级以及中高级被试之间没有显著差异（$p>0.30$），但母语和中高级被试显著高于初级被试（$p<0.05$），初级和中级被试之间也没有差异（$p>0.90$）；对于左右不合法假字，四个组被试之间没有显著差异（$p>0.10$）。

由以上分析，结合实际的反应结果，我们认为对于左右均不合法的假字，各组被试均能正确否定；而对于左右均合法的假字，各组被试均难以判断，反应正确率停留在机遇水平。这表明，三组留学生都已经具有对汉字部件构型规则的意识。

再来看右部件合法、左部件不合法的假字，除了初级被试外，其他两组被试的反应已经非常接近母语被试；而对于左部件合法、右部件不合法的假字，初级、中级与母语被试均存在显著的差异。这说明在留学生中，汉字左部件构型意识得到了优先发展，而汉字右部件构型意识的发展慢于左部件。

接着我们用Paired－T－Test对两因素的交互作用进行了简单效应分析，结果表明：

（1）初级被试中，四类假字的正确率从高到低排列的顺序依次为：左右部件不合法假字>右部件合法假字>左部件合法假字>左右部件合法假字（$p<0.05$）。

（2）中级被试中，四类假字的正确率从高到低排列的顺序依次为：左右部件不合法假字>右部件合法假字>左部件合法假字=左右部件合法假字。

（3）中高级被试中，四类假字的正确率从高到低排列的顺序依次为：左右部件不合法假字>右部件合法假字>左部件合法假字>左右部件合法假字（$p<0.01$）。

（4）母语被试中，四类假字的正确率从高到低排列的顺序依次为：左右部件不合法假字>右部件合法假字=左部件合法假字=左右部件合法假字。

由以上被试在四类假字反应正确率的直接比对中我们可以明显地发现，无论左右，只要有一个部件合法，三组留学生被试对它的反应正确率就都低于两个部件不合法的汉字，这说明随着汉语水平的提高，留学生的汉字部件构型意识均有发展。同时，通过分析，我们也发现留学生的汉字部件构型意识的发展存在不均衡性。三组留学生被试对于左部件不合法假字的反应正确率均高于右部件不合法的假字，说明留学生的左部件构型规则意识相对于右部件要优先发展。而右部件不合法假字的正确率又高于左右部件均合法的汉字，这表明留学生并没有单纯依赖左部件构型规则，对右部件构型规则也有一定的意识。

与留学生不同，母语被试组不仅依赖左右两侧部件的构型规则，而且对左右部件构型意识表现为均势，没有强弱差异。

二 讨 论

综合实验结果，结合本实验研究的主要问题，我们从两个方面对实验结果的意义展开讨论。

2.1 华裔留学生对汉字部件构型规则的意识

从实验的结果来看，无论是初级汉语水平的被试，还是中高级汉语水平的被试，他们都可以将各类假字和真字区分开来，并且，对于不同类别的假字，他们在区别力上也有差别。这不仅说明留学生具有汉字部件的构型规则意识，而且对于不同类型部件的构型规则意识也存在显著的差异。

各级留学生普遍对汉字的左部件构型规则有较强的意识，如果左部件不合法，他们会比右部件不合法更容易做出假字判断。许多研究（喻柏林，1998；韩布新，1998；沈模卫等，1998）都发现汉语母语者更容易提取汉字的右部件，显然本实验中留学生的情况与这些对母语者研究的结果都不同。另外，通过对比本实验中母语组被试和留学生各组被试在假字上的反应正确率也很容易看出，母语被试并没有出现对汉字左部件更多的意识，而是表现出左右均衡，这与留学生偏重左部件有很大的不同。

造成这种不同的原因我们猜测可能有两个：一是操作任务的差异所致。对母语者的研究多采用汉字部件的搜索任务，该作业任务要求被试采取部件分离加工的策略；而本实验所采用的是真假字判断任务，这种作业更要求被试倾向采用部件整合的加工策略。因此，这两种任务的不同有可能造成本实验结果与相关研究结果的差异。二是被试本身的差异，也就是说这种对汉字部件位置的认知差异可能代表了留学生和汉语母语者在汉字认知机制方面的不同。不过，目前本研究还不能区分这两种可能哪一种是真正的原因，尚待进一步研究。

本实验中母语被试对汉字左右部件表现出均衡性，这与以往研究发现的母语者偏重右侧部件的结果不一致。但是，由于本实验中母语被试对左部件合法和右部件合法的假字判断正确率已经非常高，所以实验结果有可能是高限效应导致的左右部件表现均衡。因此，本实验结果并不能否定母语者对汉字右部件比较偏重的结果。

2.2 华裔留学生汉字部件构型规则意识的发展

在对比了不同汉语水平留学生对不同类型真假字的反应之后，我们认为，随着汉语水平的提高，留学生可以发展出对汉字部件构型规则的意识。无论是左部件合法的假字还是右部件合法假字，各个汉语水平的留学生对它们反应的正确率都低于左右部件均不合法的假字，而左右部件均合法假字的正确率最低。这一结果表明，无论是左部件还是右部件，留学生都会利用其位置信息来对整个汉字做出判断，并且，这种利用部件位置信息的能力随着汉语水平的提高而不断增强。因此，我们认为华裔留学生可以不断发展其汉字部件构型规则意识。

不仅如此，我们还发现留学生在汉字部件位置意识方面，存在着左部件构型规则优先发展的趋势。对比各个水平留学生对不同类型假字的反应，我们可以明显发现在三个汉语水平上的被试都在右部件合法假字上有比左部件合法假字更高的正确率。这意味着左部件的位置错误要比右部件的位置错误更容易导致留学生判断该字为假字，说明无论汉语水平高低，留学生都更为重视左部件位置所提供的汉字构型信息。

Peng 等人（1995）曾经利用真假字判断考察了不同年级小学生和大学生的汉字部件意识发展情况。表 3 是其实验结果。我们从表 3 中很容易发现，无论是三年级、六年级还是大学生被试，相对左不合法右合法假字，他们都对左合法右不合法假字有更快的判断和更高的正确率，这说明他们对于右侧部件要比左侧部件有更好的构型意识。显然，这一结果与留学生被试的结果是不一致的。但是，单从本实验目前还不能找到导致出现这种不一致的具体原因，尚待进一步深入研究。

表 3　不同年级小学生和大学生真假字判断的反应时和正确率

刺激类型	三年级	六年级	大学生
左右合法	1 214（52.6%）	739（43.5%）	695（57.9%）
左合法右不合法	935（93.9%）	626（92.1%）	582（95.1%）
左不合法右合法	1 014（84.6%）	666（84.7%）	625（88.9%）
左右不合法	921（96.1%）	619（94.0%）	577（95.1%）

三 结 论

本文通过真假字判断实验，考察了不同汉语水平华裔留学生汉字构型意识的发展情况。通过实验和分析，我们得出以下结论：

（1）随着汉语水平的提高，华裔留学生逐渐形成对汉字部件构型规则的意识，并且他们对于左右部件的构型规则都能逐渐形成认识。

（2）华裔留学生对左右结构汉字中左部件和右部件的构型意识在发展上不均衡。他们对左部件的构型意识优先发展，而对右部件的构型意识发展相对滞后。

参考文献

冯丽萍（2002）外国留学生汉字读音的识别规律与汉字教学原则，《唐山师范学院学报》第4期。

冯丽萍（2006）外国留学生汉字正字法意识及其发展研究，《云南师范大学学报》（对外汉语教学与研究版）第1期。

冯丽萍、卢华岩、徐彩华（2005）部件位置信息在留学生汉字加工中的作用，《语言教学与研究》第3期。

韩布新（1998）汉字识别中部件的频率效应，《心理科学》第3期。

黎　红、陈炫之（1999）汉字识别中的部件加工：错觉性结合实验的证据，《心理科学》第3期。

李　虹、彭　虹、舒　华（2006）汉语儿童正字法意识的萌芽与发展，《心理发展与教育》第1期。

李　娟、傅小兰、林仲贤（2000）学龄儿童汉语正字法意识发展的研究，《心理学报》第2期。

李俊红、李坤珊（2005）部首对于汉字认知的意义———杜克大学中文起点班学生部首认知策略测查报告，《世界汉语教学》第4期。

刘　伟、佘贤君、张必隐（1998）成分字在合体字识别中的作用，《心理学动态》第3期。

鹿士义（2002）母语为拼音文字的学习者汉字正字法意识发展的研究，《语言教学与研究》第3期。

马燕华（2002）论初级汉语水平欧美留学生汉字复现规律，《汉语学习》第1期。

彭聃龄（1997）《汉语认知研究》，济南：山东教育出版社。

彭聃龄、王春茂（1997）汉字加工的基本单元：来自笔画数效应和部件数效应的证据，《心理学报》第1期。

彭聃龄、郭瑞芳、Conrad Perry C.（2006）汉字部件及其位置的发展研究，《心理与行为研究》第1期。

杨利利、韩布新（2002）声旁类型与频率在汉字和部件识别中的交互作用，《心理科学》第2期。

喻柏林（1998）汉字字形知觉的整合性对部件认知的影响，《心理科学》第4期。

张积家、盛红岩（1999）整体与部件的关系对汉字的知觉分离影响的研究，《心理学报》第4期。

章睿健、高定国、丁玉珑、曲折（2005）部件的语音信息对于中文假字和非字判断的影响，《心理学报》第6期。

张　喆、韩布新、陈天勇（2003）两种呈现速度下整字及声旁命名，《心理学报》第2期。

Carroll, D. W. (1999) *Psychology of Language (third edition)*. Brooks Cole Publishing Company.

Cheng, C. H. & Huang, H. M. (1995) *The acquisition of general lexical knowledge of Chinese characters in school children.* The paper presented to the 7th International Conference on Cognitive Processing of Chinese and other Asian Language, Hong Kong.

Frost, R., Katz, Leonard & Bentin, S. (1987) Strategies for Visual Word Recognition and Orthographical Depth: A Multilingual Comparison. *Journal of Experimental Psychology: Human Perception & Performance*, 13 (1): 104 – 115.

Peng, D. L. & Li, Y. P. (1995) *Orthographic information in identification of Chinese characters.* The paper presented to the 7th International Conference on Cognitive Aspects of Chinese Language, University of Hong Kong.

Taft, M., Zhu, X. & Peng, D. (1999) Positional specificity of radicals in Chinese character recognition. *Journal of Memory and Language.*

附　录

汉字认读测试表

序号	刺激	性质	序号	刺激	性质
1	挨	高频真字	25	⿰又夸	左右合法假字
2	败	高频真字	26	⿰耒几	左右合法假字
3	却	高频真字	27	⿰日台	左右合法假字
4	即	高频真字	28	⿰木刍	左右合法假字
5	物	高频真字	29	⿰王区	左右合法假字
6	汤	高频真字	30	⿰丬耳	左右合法假字
7	利	高频真字	31	⿰扌朩	左合法右不合法假字
8	律	高频真字	32	⿰贝尔	左合法右不合法假字

（续上表）

序号	刺激	性质	序号	刺激	性质
9	银	高频真字	33	⿰忄羊	左合法右不合法假字
10	帜	高频真字	34	⿰亻卓	左合法右不合法假字
11	项	高频真字	35	⿰土万	左合法右不合法假字
12	押	高频真字	36	⿰目彡	左合法右不合法假字
13	伾	低频真字	37	⿰丬句	左不合法右合法假字
14	蚗	低频真字	38	⿰口虫	左不合法右合法假字
15	浈	低频真字	39	⿰女白	左不合法右合法假字
16	刓	低频真字	40	⿰贝彐	左不合法右合法假字
17	垍	低频真字	41	⿰卜戈	左不合法右合法假字
18	⿰钅攵	低频真字	42	⿰乚各	左不合法右合法假字
19	挟	低频真字	43	⿰矢正	左右均不合法假字
20	肷	低频真字	44	⿰歹纟	左右均不合法假字
21	炆	低频真字	45	⿰艮礻	左右均不合法假字
22	怳	低频真字	46	⿰豆卜	左右均不合法假字
23	砀	低频真字	47	⿰争亻	左右均不合法假字
24	祍	低频真字	48	⿰忄豕	左右均不合法假字

试论华文教育中的汉字教学问题

王亚西

【提　要】华裔学生在文化传统和生活习俗上都有着与非华裔学生不同的特点，他们具有中国文化的潜积累，这是华文教育中的有利因素。同时，由于华裔学生生长的家庭大都有说汉语或汉语方言的环境，可他们大多数从小接触的却是拼音文字，因此，他们在汉语学习方面，在汉语口语能力的提高和汉字的认读书写能力的提高上体现出不平衡的趋势。华裔学生学习汉语和汉字的这种特殊性决定了华文教育中汉字教学的重要性。本文拟就华文教育中汉字教学的问题进行一个粗浅的探讨。

【关键词】汉语　汉字　听说　认读　书写

一　汉字教学在华文教育中的地位和作用

近年来，华文教育在世界各国蓬勃发展、方兴未艾。华文教育作为一门新的学科，也越来越受到人们广泛的关注和重视。我们都知道，华文教育的主要目标和任务，就是使学生通过对汉语言和中华文化的学习，更广泛地传播和弘扬中华民族悠久而灿烂的文化，增强中华民族的亲和力和凝聚力，增进华侨、华人对祖国、祖籍国的了解，激发他们的深厚感情，扩大我们对外发展、交流的友好力量。要达到这个目标，当然需要各方面的协同努力，尤其需要有一支热爱华文教育工作的教师队伍。但如何把华文教育工作做得更好，我个人以为，汉字教学是最基础也是最重要的一环，因为中华民族五千年悠久的历史和文化都是靠汉字传承下来的，汉字可以说是“中华文化之根”，现在已被誉为“中国的第五大发明”，是中华民族的一大瑰宝。没有汉字也就没有灿烂的中华文化，同时它也是继承和传播中华文化的一个重要媒介。所以，汉字教学工作做好了，我们的华文教育工作也就成功了一半。因此，我以为汉字教学在华文教育中有着不可忽略的重要地位和作用。

二　华裔学生学习汉语和汉字的特殊性

华裔学生在血缘关系和亲缘关系上，在文化传统和生活习俗上，都与中国有着密切的联系，也就是说他们具有中国文化的潜积累，这是他们学好中华文化的一个有利因素，是与非华裔学生显著不同的。同时，他们生长的家庭中大都有说汉语或汉语方言的环境，这也为他们学习汉语口语奠定了一个很好的基础。因此，他们来中国留学一段时间以后，因为有了听说汉语的大环境，口语和听力进步得很快。相对而言，汉字的认读和书写却是很多学生难以突破的关口。尤其是对于那些非汉字文化圈国家的留学生来说，汉字学习往往要花费大量的时间，效果也不好。有的留学生出于对汉字的畏惧，一开始就放弃汉字学习，只学习听说。汉字成了制约他们汉语能力发展的“瓶颈”，同时也是令他们望而生畏的拦路虎。但不认识汉字就无法进一步阅读，因此这些学生在初级阶段还勉强可以混过去，但到了中高级阶段就渐渐跟不上了，因为课文变长了，要读写的东西更多了，于是只好“望文兴叹”。很多上中高级班课的老师对这些学生都深感头疼，觉得很难把课上下去，因为他们光会说、听，就是不认字，也不会写，真是让老师一筹莫展。那么，如何针对华裔学生学习汉语和汉字的这种特殊性，解决他们学习汉字的难题，让他们顺利过好汉字关，是我们这些站在华文教育工作一线的教师首先要考虑和探讨的问题，也是我们义不容辞的义务和责任。

三　汉字教学的实践经验及方法探讨

要使华文教学中的汉字教学真正走出困境，取得长足的发展，就需要我们这些华文教学工作者在自己的教学实践中不断地进行新的探索，找到更好的方法和路子，以便帮助学生尽快过好汉字关。我在这里仅谈谈自己从事初级阶段汉字教学的一点点体会和感受，向各位同仁求教。

第一，开设独立的汉字教学课，让学生掌握汉字的构造规律，培养学生的汉字自学能力。开设独立于汉语精读的汉字教学课，教师可以从汉字的基本笔画和笔顺规则入手，再讲到汉字的基本结构、汉字的构造规律以及汉字的偏旁和部首等。在讲偏旁和部首时，还可以结合古汉字的构成给学生讲解同一偏旁或部首的汉字的大致相同的意义类属。这样不仅教给了学生一些汉字的知识，还激发了他们对汉字的浓厚兴趣，使他们觉得古汉字就像一幅幅画一样神秘而有趣，他们也就会非常踊跃地联想起有哪些学过的汉字具有这些偏旁部首，它们的意义是否与这些部首的意义类属相关。于是，课堂气氛也随着学生的思维而活跃起来。因此，我认为在初级阶段开设这种汉字教学课是非常必要且意义明显的，这种汉字课的教学目的有二：一是让学生学会使用一定数量的汉字，了解汉字的基本笔画和笔顺规则；二是让学生理解和掌握汉字的结构特点，汉字的历史，表音、表意的规律以及汉字体系的系统性知识，形成汉字的自学能力。而后一项更为重要，因为这样就能以较小数量的汉字负载较大的词汇量，提高汉字的利用率，用最佳的字词比来减轻学习者的负担。以后他们遇到新的生词就能有意识地拿熟悉的偏旁部首作为认知的基础，从而比较轻松地以滚雪球的方式迅速扩大词汇量。

第二，在汉语精读课的教学中，重视语素义的教学，使学生从被动的学习状态和死记硬背的苦恼中摆脱出来，有效地提高词语的记忆、理解和运用能力。汉语词汇是由汉字构成的，其中常用汉字构成的词汇占大多数，而常用字非常集中，构词能力也特别强。我们知道，汉语的一个语素常常也就是一个汉字，而语素义和词汇义又非常密切，所以，如果能够让学生掌握常用汉字的意义，也就是常用语素的意义，那么对于他们学习汉语词汇来说必将有极大的促进作用。

语素义教学的方法很多，首先，可以从汉字的构造规律即其理据性入手进行教学。统计表明，现代汉字从构造方法来说，形声字最多，约占常用汉字的90%。当然，经过长期的演变，有些形旁和声旁已不太准确，但仍然可以对学习者有所帮助。进行语素义的教学时，形声字的形旁是重点，即要注重形旁主要是偏旁部首的意义教学。有时还可以通过偏旁部首的意义来辨别一些形近字，如“晴”与“睛”，可以告诉学生，日字旁的是“晴朗”的“晴”，目字旁的是“眼睛”的“睛”；有三点水的是“清水”的“清”，言字旁的为“请求”的“请”，竖心旁的是“感情”的“情”，等等。偶尔也可采用“戏说汉字”的办法，如“宿舍”的“宿”就可戏说为“一个屋子里住着一百个人”。当然，这不能成为析字的主要方法，仅为帮助学生记忆而已。其次，在解释汉字字义时，先教常用义，再教派生义，不要一次给出太多的义项，加重学生的负担，而只能用逐步积累、不断加深的办法，让学生最终掌握一个汉字的主要义项和基本用法。如“深”和“浅”这一对反义词，我们就可以先从三点水这个偏旁入手来分析它的基本意义，即从水面到底部的距离大或小，由此引申为感情的厚或薄、颜色的浓或淡。再次，从考察词汇义与语素义的关系入手加强语素义的教学。现代汉语中的二字复合词占大多数，而且语素义与词汇义关系密切。因此，我们既可以通过加强语素义的学习来促进对词汇的学习，也可以在词汇学习中掌握构词语素的意义。如“遗憾”这个词，我们就可以从两个构词语素的意义来解释：“遗”是留下、遗留的意思，“憾”是竖心旁，即指心里的一种失望或不满足的感受。这么一解释，“遗憾”这个词的意思也就很清楚了，即对已经发生过的事情，心里留存的一种失望或不满足的感受。

通过以上所述的语素义的教学方法，就能使学生从被动的学习状态和死记硬背的苦恼中解脱出来，从而有效地提高学生识别、记忆、理解和运用汉语词汇的能力。

第三，针对华裔学生的特点，在汉语精读课的教学中，采取听、说、读、写兼顾而更注重读、写的原则。由于华裔学生在来中国留学之前大都有一定的汉语听说基础，来中国以后进步也很快，因此，听和说不是他们学习的主要问题。但是，因为他们大多数从小接触的是拼音文字，汉字对他们来说，既难认又难写，自然成为一个很难突破的难关，是他们汉语取得进步的拦路虎。一旦有了这种畏难心理，他们对汉语学习也就会慢慢地失去信心。所以，我们做老师的一定要在最早的时候帮助学生克服这种畏难心理，结合汉字课的教学，激发学生的学习兴趣，同时采取听、说、读、写兼顾但更注重读、写的原则，对学生进行读、写的强化训练。初级（上）前半个学期课文比较短，生词不太多，应该让他们听写生词，同时给每一个生词加注拼音，这样让学生不仅知道该怎么写，还知道该怎么读，而且必须做到课课过关、人人过关。听写成绩好的公开表扬，并在期中的时候张榜公布每个学生的历次听写成绩。这样一来，因为有了可比度，人人都争先恐后，希望自己能排到前几名。这种激励机制一经建立，就能让优秀生带动后进生，从而达到全班同学共同提高的目的。而后半个学期，因为课文变长了，对学生的要求也提高了，我们就应该采用语段的听写方式，即从字词过渡到句子，再到段落的表达。这种听写的内容并不只限于课文中的句子，而应该是由我们教师按照课文的语法点和所学词汇重新组织的句子和语段。听写的内容必须既注意巩固新知识，也注意复习旧知识，应该既有新生词，也有旧词语，让学生不至于学了后边的，丢了前边的。我在我自己所教的班级采用了这种听写方式，学生对此就很赞同，每次听写之前都跃跃欲试，希望自己能拿个九十几分甚至100分。在此基础上，我再结合所学的课文，对学生进行一些书面表达的训练。如学了《我的房间》这一课以后，让他们写“我的房间”；学了《我的同学》以后，让他们写“我的同学”；学了《逛公园》之后，我带他们逛了一次公园，然后让他们写“逛公园”。最让学生兴奋的是，在学了玛丽给父母的家信之后，我让他们也给自己的父母写一封家信，然后亲自领他们去邮局寄信。学生的这些习作，我都一一给他们评了分，并稍作修改，挑出好的张贴在教室及教室外边的墙上。通过这些训练，学生就能充分利用自己所学的词语写一些熟悉的内容，让他们看到自己的成就，尝到汉语和汉字学习的甜头，从而增强其学习的自信心和自豪感。实践证明，经过这一系列强化训练出来的学生，到了中高级阶段以后便极少遇到汉字读写的难题，进步也往往是十分明显的。

四 结 语

如前所述，华裔留学生有着中国文化的潜积累，是华文教育中的有利因素。那么，只要我们在他们学习汉语的初级阶段，重视汉字教学，使汉字变得易于理解些、汉字学习变得更有趣些，并让他们认识到汉字作为语素文字而非拼音文字的优点及优势，就能激发他们学习汉字的兴趣和欲望。这时，再加上教师正确的引导和合适的教学方法，以及必要的强化训练，必定能让学生消除汉字学习的畏难情绪，从而顺利过好汉字关。反之，如果听凭某些学生重口语而轻识字的做法，只注重听说而不学汉字，汉字终将成为他们汉语学习的障碍，严重影响其汉语水平的提高。况且，汉字素有中国历史文化“化石”之称，能折射出汉民族的文化心理。因此，从这个意义上说，让华裔留学生学好汉字，是让他们学好中华文化的关键，更是华文教育工作的一项重要任务。总之，做好华裔留学生的汉字教学工作，是一个光荣而艰巨的任务，它需要我们大家共同努力，在教学过程中不断探索，找到更加切实可行的办法，从而更好地达到汉字教学的效果。

参考文献

卞觉飞（1999）汉字教学教什么？怎么教？《语言文字应用》第 1 期。
江 新、赵 果（2002）什么样的汉字学习策略最有效，《语言文字应用》第 2 期。
钱润池（2004）简论对外汉语词汇教学中的语素义教学，《暨南大学华文学院学报》第 1 期。
朱芳华（2006）《对外汉语教学难点问题研究与对策》，厦门：厦门大学出版社。

现代汉字构件的表音性分析与类声符

周　妮

【提　要】本文以3 500个常用字为字料，测查了现代汉字表音构件的表音度及其参与构字的情况，并对现代汉字的一类特殊表音构件——类声符进行了分析。从而得出结论：现代汉字仍然具有较强的表音性。

【关键词】现代汉字　表音构件　类声符

由于汉字中存在着大量的形声字，新中国成立以来对现代汉字表音性的研究，一直是汉字本体研究的重点。但是经过两千多年的发展演变，汉字的形音义都有了很大的变化。原来的示音构件是否还能提示现代汉字的读音？现代汉字构件的表音度到底有多大？现代汉字是否因为声旁表音功能的微弱混乱而不能再被定义为意音文字？本文以“现代汉语常用字表”和“次常用字表”中的3 500个常用字为字料，以王宁先生的汉字构形学理论为指导，对现代汉字进行理据属性的测查和统计分析①，希望提供的一些数据和分析能有助于明晰这些疑问。

按照现代汉字的形音义系统，依据功能优先、同形为辅、余笔合并的原则，我们将汉字的直接构件拆分出来②。这些构件一共有五类：象形构件、标志构件、表义构件、示音构件和记号构件。

根据统计数字得知，在各类构件中，示音构件有2 281个，占参与组构的3 500个现代常用汉字的7 057个组字构件的32.32%。数量上仅次于表义构件。

这2 281个示音构件根据表音度的大小，可以分为三类。

第一类是表音度为相同的示音构件。这类构件全部为成字构件，构件的

① 具体操作方法和详细数据请参看《现代汉字理据属性测查》一文。周妮（2003）《现代汉字理据属性测查》，北京师范大学中文系硕士毕业论文。

② 所谓“功能优先”就是凡功能构件（具有象形、表义、示音、标志等功能）不论相离、相连还是相交，都一律拆分出来。所谓“同形为辅”是指没有上述功能，但跟独体字（包括类义符和类声符）同形的记号构件也尽量拆分出来：同形而相离者必拆，虽同形而笔画连贯的不拆。所谓“余笔合并”，指除了功能构件和同形构件之外的部分一律不再拆分，合并为一个记号构件。

读音与被参构字完全相同，能够百分之百地提示被参构字的读音。它们是表音度最大的示音构件。该类构件共有 707 个，占全部示音构件的 31%。

第二类是表音度为相近的示音构件。这类构件也全为成字构件，它们能够提示被参构字的声母、韵母和声调三项中的任意两项，表音度也很大。该类构件共 587 个，占全部示音构件的 25.73%。其中示音构件的读音与被参构字的声母、韵母相同的有 363 个；示音构件的读音与被参构字的声母、声调相同的有 72 个；示音构件的读音与被参构字的韵母、声调相同的有 152 个。我们发现示音构件与被参构字声母、韵母相同的情况是最多见的，在全部表音度为相近的示音构件中，它们占 61.83%。而这种情况也是三种情况中表音度最大的。

第三类是表音度为相关的示音构件。它们是三类示音构件中数量最多的，共有 987 个，占全部示音构件的 43.27%。凡是示音构件和被参构字的声母、韵母中有一项相同；或者示音构件与被参构字的韵母的韵腹韵尾相同（即除去介音外韵母的其余部分完全相同）；或者某些可以成类的提示某个读音的示音构件，我们都将其归入表音度相关的示音构件。根据统计数据，我们得知与被参构字声母相同的示音构件为 95 个；与被参构字韵母相同的示音构件为 307 个；构件的韵腹韵尾与被参构字的韵腹韵尾相同的示音构件为 117 个；而通过类化表音的示音构件为 468 个。

在被测查的 3 500 个现代汉字中，有 2 266 个汉字含有示音构件。换句话说，64.74% 的现代汉字能够由组构它们的这些示音构件提示读音。

其中，707 个表音度为相同的示音构件，参与构字 707 字，即在 3 500 个被测查汉字中，有 20.2% 的汉字含有与本字的读音完全相同的示音构件。也就是说，在 3 500 个现代常用汉字中有超过 1/5 的汉字是可以按照“秀才识字读半边”的方法进行识读的。

表音度为相近的示音构件参与构字 586 字。此类构件的构字能力比相同或相关的示音构件都要弱。

表音度为相关的示音构件参与构字 981 字，其构字能力大大高于表音度为相近的示音构件，这主要得益于有大量类声符归入此类。类声符共参与构字 468 字，这不仅提高了此类示音构件的构字能力，同时也提高了现代汉字的表音性。

一般认为，示音构件只能与表义构件结合，组成形声字（即音义合体字）。但是此次测查的结果证明，在现代常用汉字中，示音构件不仅可以和表义构件结合，也能与别的构件结合，形成其他类型的合体字。

北京师范大学的李运富教授对这类示音构件做过专门的阐述和说明。他在《现代形声字的判定及类义符和类声符》一文中提到，某个构件虽然不能单用或跟单用时的意义和读音没有任何关系，但如果该构件能同时在三个以上不同汉字中表现相同、相类、相关的意义或相同、相近、相关的读音，也应该算作表义构件或示音构件。这两种构件的功能要通过联系三个以上的同类字来体现，所以分别称之为类义符和类声符。

我们非常赞同李先生的论点，并依照李先生的提法，将这类示音构件称为“类声符”。

从上述统计数字可以看出，类声符在表音度为相关的示音构件中的比例相当大，占47.42%。可见，这类构件的存在对判定现代汉字构件的表音程度有很大的影响。但是对于类声符是否能提示读音、怎样提示读音，以及应该怎么判定类声符，很多人都不太了解，因此很有必要对其进行详细的论述。

类声符包括两种情况，第一种是在现代汉字中不能独立运用的，第二种是虽然可以独立运用，但构件与独立运用的单字仅仅同形，读音没有任何关系。

下面结合我们测查的材料，对这两种类声符构件做详细介绍。

先看不能独立运用的类声符，它包括三种现象。

第一，有的字在古代有自己的音义，可以独立运用。但是在现代已没有了这个词语，于是这个字就失去了独立存在的价值，由此没有了自己独立的音义。没有现代读音的字原本是不能看作现代汉字的声符的，但它们频繁地参与构字，且被参构字的读音相同、相关或相近，这说明此类字仍然含有相当的表音信息，我们将其归入类声符。

例如，“曷”音“hé”，在古代书面语中表示“怎么、何时”的意思。这个词语在现代已经消失，“曷”字不再单用，因而在现代字系里它没有读音。但我们看到“谒、揭、竭、歇、蝎”等一系列从“曷”的字其韵母都是“ie”，“遏、葛、渴、喝、褐”等字的韵母都是“e”，这说明“曷”作为构件在现代汉字中带有“-ie”和“-e”的语音信息，能够起示音作用。

又如，“佥”音“qiān”，在古代书面语中表示“全、都”的意思。在现代汉语中，作为一个独立的字词，“佥”已经消失。但在“验、剑、俭、捡、检、敛、脸、险、签”中，“佥”可以提示“-ian”的读音。

可见，虽然作为一个有独立音义的词，“曷”和“佥”在现代汉字中已经不存在，但在参与构字时“曷”和“佥”仍携带有读音信息，能够通过类化提示被参构字的读音，所以“曷”和“佥”都是类声符。

第二，有的不能独立运用的类声符构件是由成字构件简化而来的。这里又分为两种情况：

（1）由一个现代已消失的古代字词简化而来。

比如，“巠”音“jīng”，在古代表示“直而长的水波”。现代不再单用，作构件时简化为“圣”，因而“圣”没有独立的读音。但是在“经、劲、颈、茎、径、氢”等字中，它可以提示“－ing”的读音，所以它可以算作类声符。

（2）由一个现代还可以单用的字简化变形而来。

比如，“练”的构件“东”是由“柬”简化而来的。“柬”在现代汉语中还可以独用，“东”却是一个不能独立运用、没有音义的符号。但在“练、炼、拣”一系列字中，“东”却可以作为类声符提示“－ian”的读音。

第三，有许多字在传统的文字学中被解释为“某省声”。我们现在不采用省声的说法，但是这些被简省的部分在现代汉字中如果可以成类地表音的话，就将其算作类声符。

如“荧、营、莹、萤、莺”等字。传统的分析方法是将“荧”解释为会意字，而将“营、莹、萤、莺”等字解释为“荧省声”。我们现在不采用省声的说法，而把“荧、营、莹、萤、莺”等看作同一声类的字，它们都读“ying”音，这个读音显然来自它们共有的构件“艹”，可见“艹”是一个可以提示“ying”音的类声符。

又如“寨、赛、塞”等字。《说文》释“塞”为会意字，并认为“赛、寨”是“塞省声”。我们则将“寒”看作此三字的类声符，提示“－ai”的读音。

再如“酱、将、浆、奖、桨”这组字。按照《说文》的讲解：

酱：从肉从酉爿（qiáng）声。

将：从寸酱省声。

浆：从水将省声。

奖：从犬将省声。

桨：从木将省声。

这样分析的话，它们共有三个不同的示音构件，其中两个为“省声”。同一个“丬”，同样的读音，有的为“酱省声”，有的为“将省声”，有的为“爿声”，而“爿”又在现代汉字中不独用，这不利于系统的归纳，也不利于教学。因此，我们完全可以把“丬”当作它们共同的类声符，在构字中起提示“jiang”音的作用。

根据以上三种判断方法，我们共确定了87个不能独立运用的类声符，这

87 个不能独立运用的类声符构件参与构成了 275 个字。详细情况见表 1①：

表 1

⿰丬夕 jiang（5）、亠口 ao（3）、⿱⺍冖 ying（5）、⿰丨丨𠂉 jian（2）、雁 ying（1）、𣦼 can（1）、𡨄 ai（3）、朕 teng（1）、𢀖 ing（6）、参 en（4）、𠃓 ang（6）、𡿺 nao（2）、㕣 an（2）、㐬 liu（3）、散 e（3）、摇 iao（3）、𦐇 ta（2）、㲋 chan（2）、⿱又丰 yi（2）、宀 zhu（1）、匽 ian（1）、东 ian（3）、⿱彐⿱冖又 in（3）、㒼 man（2）、叕 zhui（1）、犮 b（2）、𢦏 ai（4）、辡 bian（4）、亶 an（3）、畐 u/i（6）、厷 ong（1）、曷 ie/e（10）、虍 u/v（4）、戋 an（8）、咅 b/p（8）、佥 ian（9）、冘 dan/en（5）、夗 yuan（3）、肙 juan（3）丬 zhuang（3）、龹 van（4）、豖 zhuo（2）、巛 un/vn（1）、荅 da/ta（3）、啇 di（3）、耑 uan/uai（3）、咢 e（2）、夆 feng（4）、巿 ei（1）、鬲 ge（1）、盍 ke（1）、奂 huan（5）、叚 ia（3）、夅 jiang（1）、畺 jiang（3）、卩 j/ie（3）、疌 jie（1）、丩 j（3）、匊 ju（2）尃 bo/fu（5）、尞 liao（8）、粦 lin（1）、夌 ling/leng（4）、翏 iao（1）、圼 nie（3）、丕 p（1）、甹 p（1）、咠 i（2）、夋 s/jun（7）、啬 qiang（1）、彡 san（3）、殳 yi（3）、匋 tao（4）、忝 tian（2）、彖 uan/van（1）、昷 un（3）、臽 xian（4）、卂 xun（3）、匡 ia（2）、枼 die（3）、矞 v（1）、喿 ao（6）、隹 zh/ui/un（8）、畀 bi（2）、孛 b（2）、雚 uan（2）、圭 -a（4）

再看可以独立运用但跟独立运用时所表现的读音无关的类声符，这种类声符构件包括两种现象。

第一，由于语音的古今演变造成单字和作构件时的读音无关。

我们知道，任何一种语言的语音都是会随着时间的推移而变化的。声符字与被参构字原来应该有语音上的联系，但是，后来由于声符或者被参构字两者之一读音的变化，或者甚至是两者同时的读音变化，声符字与被参构字就失去了语音上的联系。不过，如果声符字参构的不止一个字，那包含同一个声符字的一组字就有可能成系统地发生变化，从而保留着跟声符字的一种内在联系。这时，尽管独立使用的声符字跟参构字的读音无关，但只要含有该声符的一组字具有声音上的联系，我们就可以把它们当类声符看待。

比如，“肃”字单用时读“su”音，而从“肃”的“萧、箫、啸”都发

① 该表的内容包括类声符构件、该构件提示的读音和3 500个被测查字中由该构件提示音义的字的具体数目。因为我们在确定类声符、类义符时参考的是 7 000 个通用字，而我们表中所统计的却是3 500个被测查字中以该类声符提示读音的被参构字，所以统计的具体数目中会有不足三个的情况出现。表 2 的情况同此。

"xiao"的音。现在看来"su"和"xiao"的读音相差甚远，但实际上"肃"和"萧、箫、啸"在上古声母都属于心纽，韵部"肃"在觉部，"萧、箫、啸"在幽部，而幽觉是阴入对转，主要元音相同，可见，它们的上古读音相近。到中古的时候，它们的声母还相同，韵母已隔得较远，"肃"在屋韵，"萧、箫、啸"则变成了萧韵。发展到现代，原来的心纽又分化出"s"、"x"两个声母，于是"肃"和"萧、箫、啸"就有了"su"、"xiao"两组完全不同的读音。但是"萧、箫、啸"三个含有"肃"构件的字，发音完全相同，因此，我们可以断定，"肃"除了可以表示它本身的读音"sù"以外，还可以作为类声符，提示"xiāo"的读音。

这类的示音构件还有"者（都、堵、赌）"、"真（填、阗、颠、滇）"等。

第二，某组字的构件恰好与某个能独立使用的字符同形，与其实际读音无关。

例如，"艰（艱）、汉（漢）、叹（嘆）、劝（勸）、观（觀）、欢（歡）、权（權）、曼"一组字，都有相同的构件"又"。实际上，这八个字除了"曼"以外，其他七个字的构件"又"都是推行简化字以后，用来取代原示音构件的简化符号。"艰、汉、叹"三字原从"莫"表音，"权、劝、观、欢"四字原从"藋"表音。它们在被简化时，恰巧选择了相同的构件"又"，使得"又"在替代原构件繁复的形体的同时，也系统地承袭了原构件的语音信息，"曼"字虽然不是简化所致，但由于系统的约束，根据相互之间的形音联系也可以归入此类。这些在构字中成类携带了"－an"的读音信息（"an/汉、叹、曼"、"ian/艰"、"uan/欢、观"、"van/权、劝"）的构件"又"，跟"对"、"戏"、"凤"、"仅"、"叔"、"双"等字中的构件"又"可以看作同形构件，它们又都跟独立的记录副词的字符"又"恰好同形，同形字或同形构件在读音上可以没有任何关系。

属于这种跟单字偶然同形的类化声符还有"不"（"h－/还、环、怀、坏"、"－ai/坏、怀、还"）、"亦"（"－an/蛮、弯、峦、孪、挛、脔、娈、栾、鸾、銮"）等。

由统计数据得知，跟独立运用时所表现的现代读音无关的类声符构件共有70个，它们参构了192个常用字。

以下是跟独立运用时所表现的现代读音无关的类声符构件：

表2

白o（4）、卑i（3）、川un/vn（3）、工iang（2）、谷v（3）、果ke（3）、亥ke（2）、今-an（4）、句gou（3）、开xing/ian（4）、立a（1）、岂ai（1）、且u/v（8）、舌ua/uo（3）、我e（4）、享uo/un（5）、亦-an（5）、又-an（8）、占ie/ian（5）、者u（7）、真ian（2）、周iao（3）、不uan/uai（4）、册shan（2）、虫u（2）、定-an（1）、兑uo/ue（3）、多i（2）、尔i（2）、发o（2）、乏bian（1）、番o（1）、非pai（2）、分an（2）、各l（7）、艮ian/in（4）、骨hua（2）、瓜hu（2）、夬ue（3）、合-a（3）、既ai（3）、皆kai（1）、斤qi（1）、京liang（3）、军hui（2）、卖du（3）、乃reng（2）、聂she（1）、皮b/p（5）、乞ge（1）、秦zhen（1）、生xing（3）、失ie（2）、寿ao（2）、庶zhe（2）、肃xiao（3）、它uo（1）、台i（2）、童zhuang（1）、昔l/c（6）、也i（3）、疑n（1）、矣ai（3）、音an（1）、由di（1）、有ui（2）、乍zuo（2）、翟iao（1）、卓ao（1）、卒ui（3）

以上是对各类示音构件的分析。这些构件参与构字的情况如下：

在3 500个被测查的现代汉字中含有示音构件的字数为2 266个，占总数的64.74%，这说明现代汉字的表音性仍然是很强的。具体分布情况如表3所示：

表3

	音形合体	音音合体	音标合体	音记合体	音义合体	音义形合体	音义记合体	合计
二构件字	1	7	17	234	1 967			2 226
三构件字		1	1（音标标合体）	8（音记记合体） 1（音音记合体）	10（音义义合体） 1（音音义合体）	1	12	35
四构件字				1（音音音记合体） 1（音记记记合体）	1（音音音义合体）		2（音义记记合体）	5
总计	1	8	18	245	1 979	1	14	2 266

可见，示音构件能与标志构件结合，形成音标合体字；与象形构件结合，形成音形合体字；与记号构件结合，形成音记合体字，甚至它还可以和另一个示音构件结合成音音合体字。不过，这类构形模式并不多见。在3 500个被测查字中，只有八个音音合体。虽然从实际统计数据来看，示音构件主要还是以与表义构件结合为主。但是，能广泛地与其他构件结合这一现象明确地告诉我们，现代汉字的表音性非但没有减弱，从某种意义上说甚至有所加强。而类声符概念的提出也能使汉字的表音性进一步系统化。这些都有助于建立更科学规范的中小学识字教学和对外汉语汉字教学体系。

浅说“胖”与“肨”

周 妮

【提 要】本文对现代汉字“胖”和它的异体字“肨”的用字关系和词义变化进行了溯源探求，最终得出结论，“肥胖”、“肥大”义，最初是由“肨”字记录，而“胖”字本身的义项也逐渐消亡。现代汉字“胖（pàng）”和《说文》时代的“胖（pàn）”实际上是一对同形字。

【关键词】胖 肨 异体字 同形字

现代汉语中“胖”音“pàng”，《现代汉语词典》对它的释义是“（人体）脂肪多，肉多（跟‘瘦’相对）”。在“胖”字词条下，《现代汉语词典》还收了它的一个异体字“肨”。就“胖”字和“肨”字的字用关系，我们想进行浅显的探求。

《说文》中“胖”收录在《半部》，许慎释“半体也，一曰广肉。从肉半，半亦声”。段玉裁在“半体”下注曰：“各本半体肉也，今依玄应订，《周官经腊人》注曰：‘郑大夫云胖读为判。’杜子春读胖为版，又云膴胖皆谓夹脊肉，又云礼家以胖为半体，元谓胖宜如脯而腥，胖之言片也，析肉义也。按许用礼家说。”可见，段玉裁认为“胖”取“半体”义时有三个义项：一是“夹脊肉”；二是由“将肉切成片”而引申出的“半体牲畜”；三是未干而带有腥味的肉。在“广肉”下，段玉裁又注：“此别一义。胖之言般也。般，大也。《大学》‘心广体胖’其引申之义也。”因此，“胖”又有了第四个义项“大”。

从《说文》中“胖”的四个义项可知，似乎在许慎的时代“胖”并没有现代“肥胖”的意义。我们还可以从如“泮”、“畔”、“判”一系列字看出，从“半”的字多有“分散、分开”义，由此义引申开去，也很难得出“肥胖”的意思。因此，我认为至少在先秦两汉“胖”是不用作“肥胖”的。

再查阅《汉语大词典》，我们发现“胖”有四个不同的读音，承载四个不同的意义：

① pàn 古代祭祀用的半边牲肉（右半边）；

② bǎn 胁侧薄肉，夹脊肉；

③ pán 安泰舒适；

④ pàng 肥胖。

这里的义项①和②是直接承袭《说文》的。先秦两汉的文献中的“胖”多取这两个意义。如《仪礼·少牢馈食礼》：“司马升羊右胖。”《礼记·内侧》：“鹄鸮胖。”郑玄注：“胖，谓胷侧薄肉也。”《周礼·天官·腊人》：“凡祭祀，共豆脯，荐脯，“膴胖”，凡腊物。”膴胖都是指夹脊肉。

而义项③释“胖（pán）”为“安泰舒适”，其实也是由《说文》“广肉”一训而来。《礼记·大学》有云：“富润屋，德润身，心广体胖。”朱熹集注：“胖，安舒也。”按：郑玄注训“大”，大亦安舒。从“大”字的字形看，是一个人舒展手脚之形，因此“大”亦可引申出“安舒”之义，是没有疑义的。

义项④“肥胖”义的文献取证用的是《水浒传》“当中坐着一个胖和尚”，这已经是明代的作品。另外，我们还能在元代马致远的词“逐宵上草料数十番，喂得膘息胖肥”中找到更早的文献用例。

普查《二十五史》，发现在《新唐书》之前，“胖”多取“古时祭祀用的半体物”和“夹脊肉”之义。如《三国志·魏书》卷二一中有：“使使者聘孔子于鲁，以胖牛肉迎于河上。”“孔子至，使者致命，进胖牛之肉。”在《新唐书》中“胖”多作“宽舒、舒坦”之义。《新唐书》卷一二九列传第五四《李朝隐传》：“朝隐执罢千四百贞，怨谤欢腾，朝隐胖然无避屈”，卷一四九列传第七四《班宏传》：“后参胖自安，不念前语”中，“胖”都是此义。直到《元史》卷三零本纪第三零《泰定帝纪二》：“立万户府二，领征四亿胖袄军。”“胖”才有“肥大、肥胖”的意思。

查阅明清时期的《醒世姻缘传》、《红楼梦》等书，发现“肥胖”已经成了“胖”的主要义项，它的其余几个意义都趋于消亡。

我们不禁疑惑，“胖”在现代汉语中“肥胖”的含义究竟从何而来呢？

于是，我们考察《现代汉语词典》中收录的“胖”的异体字“肨”。《说文》中没有收录“肨”字。《玉篇·肉部》：“肨，肨胀也。”唐玄应《一切经音义》卷三引《碑苍》：“肨胀，腹满也。”《正字通·肉部》：“肨，胜胀貌。”

《汉语大字典》释“肨”：

① 肿胀；

② 胀臭貌；

③ 方言，形容臭味重。

“肨”的主要义项是“肿胀”，宋代宋慈的《洗冤录·溺水死》中就有：“水浸多日，尸首肨胀。”而“胖”字也曾经有过这个意思。《醒世姻缘传》

第七十四回："弔在湖里泡得胖胀了，喂了鱼鳖虾蟹。"

从"肨"的字形看，从丰从肉，表示肉多，很有可能引申出"肥大、肥胖"义。考查文献，宋代范成大《爱雪歌》"氈衫肨肛束浑脱"一句中的"肨肛"就是"肥大"义。《汉语大词典》中还收录了"肨袄"一词，释为"大棉袄"，《元史》的《泰定帝纪二》"立万户府二，领征四亿胖袄军"，也有"胖袄"一词。

另外，胖，《说文》记载"普半切"，属寒韵。肨，普江切，阳唐韵。两个字声纽相同，韵的主元音也相同。两个字在声音上是很容易相通的。"胖"和"肨"在字形上也很相似，因为书写讹误造成两字混用的可能性也很大。

所以，我们可以认为"肥胖、肥大"义，最初是由"肨"字记录，后来有一段时期借用"胖"来代替"肨"，"肨"最终被"胖"取代，而"胖"字本身的义项也逐渐消亡。现代汉字"胖（pàng）"和《说文》时代的"胖（pàn）"实际上是一对同形字。

襄樊方言量词及其用法

——兼与普通话相比较

闻　静

【提　要】 襄樊方言属于汉语北方方言的“西南次方言”。襄樊方言中的量词同普通话没有太大差异，但还是存在一些具有自身特点的特殊用法。主要表现是：①存在一些表少量义的单音节叠音儿化量词；②带“把”字词缀的特有量词结构现象；③带词缀“子”的量词结构。在襄樊方言中，词缀“子”与单音量词重叠儿化都能使其量发生变化，主要是变小，但两者在使量弱化的程度上有一定差别。量词儿化、数量结构中带“把”或“子”字词缀等，这些都是襄樊方言中用来表量的语法手段。表量的模糊性是襄樊方言量词的突出特征。

【关键词】 襄樊方言　量词　特殊形式　特殊用法

襄樊方言属于汉语北方方言的“西南次方言”。襄樊方言量词与普通话量词相比没有太大差异，但还是存在一些具有自身特色的特殊用法。本文试对襄樊方言量词的独特形式作比较详尽的描述，并指出襄樊方言量词有别于普通话量词的一些特殊功能和用法。文中所引例句均来自襄樊当地人的口语。

一　襄樊方言中的特殊量词

襄樊方言中存在一定数量的普通话中所没有的量词，这些量词的产生可能和襄樊地区的生活习惯有关，是具有浓郁襄樊地方特色的量词。

1.1　和农耕有关的

1.1.1　犋

“犋”用来计量耕牛的头数。如“一犋牛”，表示套一个犁所需的牛，一般是两头牛套一个犁，“一犋牛”即两头牛。量词“犋”具有封闭性，它只能修饰名词“牛”。“犋”所表示的数量关系可能与襄樊特有的农耕习惯和难度有关。在平原地区，“一犋牛”所表示的牛的数量是一头，而襄樊地区地处丘陵，耕种时一犁必配两牛。

1.1.2　天牛

“天牛”是湖北襄樊山区农民对挂坡地的一种计量方式，如“一天牛的耕地”。“一天牛”表示一犋牛一天可耕地的面积，大约是三到六亩地。这一用法主要出现在襄阳、郧阳的大山区，如“种了三天牛的包谷”。

1.2　特有的准名量词

海子　　泡娃儿

“海子”是襄樊地区一种用来盛酒的陶制容器，在方言中经常可以借用来表示酒的数量，如“一海子酒”。“泡娃儿”也是一种盛酒的杯状容器，核桃大小，“一泡娃儿酒”就是指一小杯酒。

1.3　其他量词

疙瘩儿　　坨

两者意义相近，都用来形容团状物体的量，如“一疙瘩儿面”、“一疙瘩儿泥巴”、“一坨屎”、“一坨牛粪”等。但两者也有区别，“疙瘩儿”表示部分量，而“坨”表示相对整体的量，如“一疙瘩儿面”指一整团面中的一小部分面，“一疙瘩儿线”指一整团线中的一小部分线。试比较：

（1）从那一坨面里头抠一疙瘩儿就行了！
（2）从那一疙瘩儿面里头抠一坨！＊

其中（2）句在襄樊话中逻辑不通。

二　襄樊方言中的双音节叠音量词

2.1　根据构成形式划分的类别

襄樊方言量词与普通话的相异之处，突出表现在大量单音节量词的叠用上。不同于普通话的单音节量词重叠，这些重叠量词的突显标志是量词儿化，例如，哈哈儿、撮撮儿、丝丝儿等。根据其构成形式，可以分为：

A. 重叠音节：

溜溜儿　　雀雀儿　　丁丁儿　　哈哈儿

B. 重叠单音节名词而形成的准名量词：

盖盖儿　　瓶瓶儿　　勺勺儿　　铲铲儿　　包包儿　　窝窝儿

C. 重叠单音节量词语素：

会会儿　　丝丝儿　　撮撮儿　　把把儿

上面的叠音量词都可以用单音节儿化来替换，替换后表量意义不变。例如，“一溜溜儿布”可以说成“一溜儿布”，“一铲铲儿饭”可以说成“一铲儿饭”，“一撮撮儿头发”可以说成“一撮儿头发”等。其中叠音动量词的“哈哈儿”在单音节化成“哈”使用时，相当于普通话“看一下”中的动量词“下”。和普通话一样，数词“一”可省略，“看哈儿”完全等同于“看会儿”。但“哈”和“下”在句法功能上有一定差别，“哈”重叠儿化后可置于动词后作补语，如“看（一）哈哈儿”，而普通话中“下”不能重叠用作动词补语。

在和数词的搭配上，A 类、C 类量词和普通话中的叠音量词一样只能和数词“一”搭配，形成较固定的数量结构。如表物量的和名词、形容词搭配，如“一溜溜儿布/一雀雀儿个儿/一丁丁儿大/一丝丝儿光”；表动量的和动词搭配，如“看一哈哈儿”；表时量的和动词搭配，如“等一会会儿”。A、C 两类量词不能和其他数词结合，像“两雀雀儿/两丁丁儿”这样的说法在襄樊方言中不存在。而 B 类量词与数词结合相对自由，虽然也表量少，但它们不仅可以和“一”结合，还可以和其他数词结合来修饰名词，例如，“一瓶瓶儿水”、“两勺勺儿汤”等。

襄樊话中的叠音量词和普通话中的重叠量词的最大差别，表现在表量的意义上。襄樊话中的叠音量词用来表示极少的量，而普通话中的量词重叠则表示“每”或“多”，强调量的周遍性，两者在表量上恰恰相反。例如：

（3）才掉了一撮撮儿头发，有好大不得了的？（襄樊话）

（4）一撮撮的头发往下掉，照这样下去他过不了几天就会秃顶。（普通话）

由于襄樊话中的量词重叠后表示极少的量，因此不能拆分。例如，“一撮撮儿头发”不能像普通话那样改成“一撮一撮儿的头发”，否则，改变了量词本身的表量含义（即由本来所要表示的一小撮儿头发变为很多撮儿头发）。

单音节名词重叠儿化后用作准名量词修饰名词时，其后的名词多数情况下可省略不出现，此时叠音量词通常用在句末，起强调作用。例如：

（5）别弄多了，只要一勺勺儿！
（6）可别忘了，是一包包儿哦！

当它们放在名词前修饰名词表量少时，量词和名词之间不能加“的”。试比较：

A	B	C
一盖盖儿药	一盖盖儿的药	两盖盖儿药
一瓶瓶儿水	一瓶瓶儿的水	两瓶瓶儿水
一包包儿钱	一包包儿的钱	三包包儿钱
一窝窝儿老鼠	一窝窝儿的老鼠	两窝窝儿老鼠

再看普通话中单音重叠名量词的不同变换形式：

A *	B *	C *
一朵朵白云	一朵朵的白云	两朵朵白云 *
一片片叶子	一片片的叶子	两片片叶子 *
一枝枝玫瑰	一枝枝的玫瑰	三枝枝玫瑰 *

普通话中的 A * 式变为 B * 式后，意义未变，都表周遍。而襄樊方言中 A 式中间加“的”变为 B 式后，意义起了变化，即由 A 式的表量少、小之义变为和普通话中 B * 式一样表周遍之义了，失去原来的物量意义。襄樊话中很少用到 B 式，即使偶尔用到，表量也完全相反。因此，襄樊方言中当单音节准名量词重叠儿化修饰名词时，中间一般不能加结构助词“的”，否则会改变量词本身的含义。襄樊话中准名量词重叠后可以和数词“一”以外的其他数词结合，如 C 式所示；而普通话中的名量词重叠后只能同数词“一”结合，表示周遍，C * 种形式在普通话中不成立。

2.2 襄樊方言的叠音量词的突出特点

（1）叠音量词必须儿化，绝大部分的叠音量词可以转换为单音节量词，但不论是单音还是叠音，在表量少时，儿化都是前提。

（2）单音节量词重叠后结合相对紧密，在叠用时单个量词基本已经音节化，起辅助音节的作用，靠整体来表示特定的物量意义。

（3）叠者量词都表示极少量的意义，量词一般不能拆分，拆分后意义改变。

（4）大部分和数词“一”结合相对比较固定，形成比较固定的数量搭配关系。

（5）叠音量词都用于口语，是口语化了的量词，不会出现在书面语中。

三　襄樊方言中量词结构中的量词词缀“把”

普通话中量词一般没有词缀，但襄樊方言中却存在一些和词缀“把”结合的特殊量词结构，是一种形象、活泼的表量方式。根据其结构形式，可分为以下几种：

3.1　名量词 + “把”

3.1.1　名量词 + “把” + 名词

根把葱　　棵把菜　　块把钱　　碗把饭　　顿把饭

3.1.2　名量词 + “把” + 儿化

A. 根把儿　　棵把儿
B. 碗把儿　　顿把儿

这里，准名量词“碗”、“顿”只限于用来修饰特定的名词“饭”，具有一定的封闭性。因此，出现的语境相对宽松，即不管在有无前提的条件下，都不会影响语义的表达。而一般名量词 + “把” + 儿化，其修饰的名词不受约限，具有开放性特征。因此，出现时必须有前提存在，否则表义不明。例如：

（7）他现在正在减肥，这几天一共就吃了碗把（儿）。
（8）——要剥几根葱啊？——根把（儿）就行了！

像“根把（儿）”这样的简略式只能出现在有前提（“几根葱”）的情况下。

总体来讲，3.1.1、3.1.2意义相当，3.1.2是3.1.1的省略名词的儿化形式，更加口语化。例如：

（9）碗把饭怎么够他吃啊，再给多带点儿！
（10）怎么吃这么少？再添碗把儿！
（11）棵把（儿）白菜就成了一盘菜。

3.2 度量衡量词+“把”

（12）这离城区估计有里把路。
（13）他这次进城才背了斤把米。

（7）～（12）句“把”字词缀的量词结构在表量上都表示不大于“三”的量。我们说，“把”字词缀把量控制在一定的程度上，表示一种相对少的物量意义。例如，“根把葱”表示一根或两根葱，“顿把饭”表示最多不过于三顿的饭。通常情况下，“量词+‘把’”表示客观少量。但是，当用“顿把饭”来修饰时间名词时，时间的长度可长可短，例如：

（14）他做事总是风风火火的，顿把（儿）饭的工夫就跑了个来回。（量少）
（15）他是个慢性子，顿把（儿）饭的工夫才跑了个来回。（量多）

3.3 数词+“把”

3.3.1 数词+“把”+名词

个把人　百把人

3.3.2 数词+“把”（省略名词）

A. 数词+“把”+“儿”
个把儿　百把儿　千把儿
B. 数词+“把”
个把　百把　千把

3.3.1 和 3.3.2 所表示的主观数量意义有差别。主观数量意义的差别就是相同的数量词语有时可以表示“大量”，有时又可以表示“小量”。

（16）才来了百把人，空了好些！（量少）
（17）才来了百把儿，空了好些！（量少）
（18）才来了百把，空了好些！（量少）

（19）都已经来了百把人了，快坐不下了，再来咋办咯！（量多）
（20）都已经来了百把儿了，快坐不下了，再来咋办咯！（量多）
（21）都已经来了百把了，快坐不下了，再来咋办咯！（量多）

（22）才来了个把人，根本就不够用！（量少）
（23）人才来了个把（儿），根本就不够用！（量少）
（24）只要来个把（儿人）就搞得成！（量少）

这里，主观数量意义的表现形式为在句子结构中使用不同的程度副词，还可以表现在语音重读的变换上。除“个把”只能表量少外，3.3.1 中的量词结构可以用在两种完全不同的结构和语境中，即可用在“才”后表量少，重读落在“百”等数词上；用在“都”后表量多，重读落在“把”上，故具有双向表量功能。3.3.2 中的 B 类具有同样的功能。而 3.3.2 中的 A 类只能用在副词“才”后和相应的语境中，表量少，“把”字轻化，重读落在数词上。例如：

（25）一来就百把，怎么应付的来？（量多）
（26）就只来了百把儿（人），这次大会真失败！（量少）

在和数词的搭配上，此类结构的数词具有整体性、概括性的特征，它们和“把”共同构成数量结构来表示相对整体的量。因此，具体的、表个体的数词不能用在此种结构中。例如在修饰“人”时：

百把人	千把人	个把人	
一百把人 *	两千把人 *	一个把人 *	十把人 *

“一百”相对于“百”是具体的数，“十”是确切的数。所以，这些数词

都不能用在带“把”的量词结构中。值得注意的是，襄樊话中没有“兆把”、“亿把”的说法，这可能跟襄樊人的认知习惯有关。由于“亿、兆”表示的数量太大，当人们的认知中还没来得及形成对“亿、兆”这些数的概念时，带“把”字词缀的数量结构在襄樊话中已经沉淀下来，成为一种约定俗成的形式。因此，在“数词 + ‘把’”的结构中，数词不包括“万”以上的记数单位。

3.4 名量词 + “把” + 形容词

抱把粗　　泡把粗　　人把高

3.5 度量衡量词 + “把” + 形容词

斤把重　　尺把长　　扎把宽　　庹把长

在这两类结构中，形容词具有趋“大”的特点：

泡把粗	人把高	丈把深
泡把细 *	人把矮 *	丈把浅 *

绝大部分具有双向的主观数量意义，出现在不同的语境和结构中可以表示两种相反意义的量。例如：

(27) 才一年工夫，这棵树都泡把粗了！（量多）
(28) 泡把粗的一棵树砍下来能干什么啊？（量少）
(29) 搞了好几天了，就砌了人把高点儿！（量少）
(30) 搞了几天，就砌了人把高了！（量多）

在带“把”字词缀的量词结构中，还有一种特殊结构形式：

量词（数词） + “把” + “两” + 量词（数词）

这种结构是在以上结构的基础上增加了数词“两”，再加上与之前相同的量词或数词，形成量词或数词相照应的形式。例如：

斤把两斤	百把两百
顿把两顿	千百两千
个把两个	万把两万

在此种结构中，“斤把两斤”≠“斤把”+“两斤”，“百把两百”≠“百把”+“两百”。这里，数词“两”并不表示确数，而是和量词或数词一起形成一个模糊量，具体表量大小如下：

斤把≤斤把两斤≤两斤
百把≤百把两百≤两百

襄樊方言通过词缀“把”来表示一个具有伸缩性的模糊量，“把”字词缀的量词结构出现在不同的结构和语境中，有时可以表量多，有时可以表量少。

从总体来看，带词缀“把”的量词结构具有以下共同特点：第一，表量具有模糊性，对于数词的选择具有很大的限制性，不和具体的数词搭配，是一种约定俗成的表量形式。第二，语用上具有形象、活泼的特点，感性色彩很浓，但可形成相对明晰的概念，用于日常的生活口语中。第三，当省略名词，“把”儿化后，都表量少。

四　襄樊方言量词结构中的特有量词词缀“子”

除了上述的量词词缀“把”外，襄樊方言中存在一定量的“数词+量词+‘子’”的数量结构，用于此种结构的专用量词数量很少，如表物量的：一撮子、一溜子、一帮子、一股子等；表动量的：一伙子、一哈子等。例如：

(31) 叫了一帮子人把他打得鼻青脸肿的。
(32) 肚子里憋了好大一股子气都没处出！
(33) 真没想到，他一伙子都能考上！

能与“量词+‘子’”结构搭配的数词极其有限。在与数词的搭配上有一定的选择性，如能和“帮子”、“股子”等搭配的数词只能是“一”。

能和“伙子”、“哈子”、“撮子”、“溜子”搭配的只能是单音节数词，即不大于十的数词。很少说“十一伙子”，甚至没有“十溜子”的说法。

此类结构中的数词都是不大于十的数词，因此我们可以说，词缀“子”有使量词结构表量小化的功能。和同样表量小的单音节量词重叠儿化的数量形式相比，两者虽然都表量小，但存在一定的差别。试比较：

（34）看，多大一溜子地啊！以后都是我们的了！
（35）都那一溜溜儿地啊，能种个啥子嗫？

“一溜子地”的主观意义量显然大于“一溜溜儿地”的主观意义量。因此，我们说，词缀“子”与单音节量词重叠儿化都是使量发生变化的语法手段，“变小”是词缀“子”与单音节量词重叠儿化的语法意义。但两者在使量弱化的程度上是有一定差别的，即词缀“子”使量的弱化的程度小于单音节量词重叠儿化。

在带“子”词缀的量词结构中还有一种特殊形式，即“量词+‘把’+‘子’”。例如，条把子、年把子、个把子、里把子、棵把子、页把子、件把子等。能进入此种结构的量词几乎不受限制，大部分量词都可以加上“把子”，用来表示模糊的、客观上相对少的量。例如：

（36）再过年把子一切都会变好的！
（37）才走了里把子路都喊累，算什么男人啊？
（38）出差只要带件把子换洗的衣裳就够了，多了是累赘！

五 襄樊方言中量词“个”的前置与后置

5.1 “个”后置于时间名词之后

在襄樊话中，“个”可以用在时间名词“今、明、昨”等之后，例如，今儿个儿、明儿个儿、昨儿个儿、前个儿、今年个儿、明年个儿、前年个儿等，表示某一段时间的量。这里，“个儿”也可以省略，表义不变。

（39）今年个儿应该收成不错。
（40）明年个儿打算买辆卡车跑运输。

5.2 “个”前置于名词前，单独修饰名词

在襄樊话中，“个”可以不与数词结合，置于名词前直接修饰名词。例如：

（41）个丫头，这么晚还在外面野！

（42）个舅子，屁大点儿事闹得满城风雨。

（43）个砍半儿，他是糊弄你，还当真啊！

“个”不与数词结合单独修饰名词时，使整个名词短语具有贬义色彩，一般放在句首，用来强调、突出说话人的主观不满。“‘个’＋名词”的结构在襄樊话中并不多见，只局限于个别名词。

六 总 结

综上所述，襄樊方言量词区别于普通话量词的不同之处，除表现在具有一定数量的普通话所没有的特殊量词外，还表现在襄樊方言中有自己独特的表量形式和手段：

（1）独特的表量的语法手段。量词重叠儿化、量词结构中的“把”字和“子”字词缀，使量变小是这些语法手段主要的语法意义，并且，在使量小化的能力上，这些手段之间存在一定的差距，即词缀“子”＜量词重叠儿化。其中，“把”字量词结构可以使量具有伸缩性。

（2）在表达效果上，和普通话的量词结构相比，襄樊方言的量词结构更加鲜活、形象。在日常口语中，通过特殊的量词词缀和不同变换形式，襄樊方言量词结构在客观表量的同时，还能赋予语言表达以强烈的主观感情色彩。客观中能蕴涵鲜明的主观色彩，这是普通话量词在语言表达中所不及的。

（3）在表量上，表量的模糊性是襄樊方言量词的突出特点。大部分的襄樊方言量词结构和具体数词结合的情形并不多，只是通过一些表量的手段（量词的重叠儿化、量词加上一定的词缀）来表示一种相对量。但是，通过这些表量手段，可以在模糊中形成相对明晰的概念。因此，模糊中又蕴涵着精确，这是襄樊方言量词的另一大特征。

襄樊方言量词的特殊性缘于其产生土壤的特定性，即这些方言量词的产生都同襄樊独特的地理位置有关，和当地人民的生产、生活、认识习惯相关。在几千年的历史演变中，襄樊方言量词已经形成了自己独特的结构形式，并在现代口语中沉淀下来。这些量词结构在语言表达中具有自身的特殊优势——能在客观中蕴涵主观、在模糊中形成精确，在应用时，使整个语句表达生动活泼。襄樊方言量词的现存状况也在某种程度上反映出汉语量词发展的历史轨迹，例如，表量的模糊性从另一个侧面印证了汉语量词由模糊到精确的发展轨迹。语言是在不断地变化发展的，随着普通话的推广和普及，普通话量词在襄樊方言中将会越来越常见，因此，一部分襄樊方言量词因其使用区域的局限性，可能会慢慢消失；而另一部分量词凭借其自身的表达（表义、修辞上）优势会一直活跃在襄樊方言中。

参考文献

陆俭明、沈阳（2003）《汉语和汉语研究十五讲》，北京：北京大学出版社。

邢福义（1996）《汉语语法学》，长春：东北师范大学出版社。

杨月蓉（2000）重庆方言量词的语法特点，《渝州大学学报》第 2 期。

语气副词“还是”的句法结构分析

张娟娟

【提 要】语气副词“还是”是现代汉语口语中的高频词，满足了人们多样的表达需要。本文运用三个平面理论，对语气副词“还是”的句法结构进行了较为详细的描写和分析。认为其句法形式非常灵活，句类分布比较广泛，在与其他语气副词的连用及与一些语气词的共现中呈现出一定的特点，另外，语气副词“还是”构成了一些特殊格式，在现代口语中比较常见，表达了一定的语意特征和语用功能。

【关键词】还是　句法分布　连用　共现

○ 引　言

“还是”在现代汉语中既可以作副词，也可以作连词。其义项繁多，用法复杂，使用频率也很高。在“还是”的副词用法中，有的学者将其归入时间副词，如黄伯荣、廖序东（1997），李少华（1996），黄河（1990）等，近年来有的学者把“还是”归为语气副词，如史金生（2002）、李泉（2001）等，张谊生（2000）将“还是”归为评注性副词，姜汇川等人编的《现代汉语副词分类词典》（1989）中将“还是”归到三类中，即时间副词、关联副词、语气副词。本文采用史金生、张谊生、李泉等的观点，把“还是”归入语气副词一类，认为“还是”具有语气副词的典型特点，在句法结构方面具体表现为：首先，其句法分布呈现出相当的灵活性，不像其他副词那样总位于动词或形容词的前面，而是既可以位于动词或形容词的前面，也可以位于主语的前面；其次，在与前后成分的搭配上，语气副词不像其他副词那样在静态的短语层次上就能组合，而需在动态的句子层次上使这种组合得以成立。本文将从句法形式、句类分布、与其他语气副词的连用、与语气词“啊、呢、吧”的共现等方面对语气副词“还是”的句法结构进行较为深入细致的描写和分析。

本文以语气副词“还是”为研究对象，对其进行个案分析，暂不考虑“还是”的连词用法。在选取语料时严格区分语气副词“还是”和偏正短语

"还是"的情况。为了论述简约，行文中我们把"语气副词'还是'"称为"还是"。

一 "还是"在句法形式上的特点

"还是"的句法分布非常灵活，一般多用于句中，也可以用于句首和句尾，还可以独用。

1.1 "还是"位于句中

1.1.1 位于主语后谓语前

一般情况下，"还是"分布在主语和谓语之间，这是"还是"在句中最常规的分布，而且也是整个副词系统的语法特征。"还是"后面可以是动词、形容词或者名词结构。例如：

(1) 但我还是出了一身冷汗，像个在警察局接受盘问的罪犯不知道如何回答。(王朔《过把瘾就死》)

(2) 我发现我还是爱她，那么爱她，这一发现令我心碎。(王朔《过把瘾就死》)

(3) 你那个老婆还是不错的，起码还跟你软硬兼施，这也挺可爱。(王朔《过把瘾就死》)

(4) 她还是那么老丑，可是比往常添加了一些活力，好似她忽然变成另一个人。(老舍《骆驼祥子》)

(5) 我还是新兵的时候，水土不服，浑身起荨麻疹。(王朔《空中小姐》)

(6) 那可没有，我不能昧着良心，那时她还是个孩子，我成什么人啦。(王朔《空中小姐》)

上述例句中，例(1)、(2)中的"还是"后面是动词结构，例(3)、(4)中的"还是"后面是形容词结构，例(5)、(6)中的"还是"后面是名词结构。分析得出，上述例句中的"还是"都不能出现在句首，它的位置是固定的，只能出现在主语之后谓语之前，对谓语加以限制或修饰。

1.1.2 在补语里

"补语是动词或形容词后面的补充说明成分。"(史金生，2003)"还是"用在补语里，通常放在谓语后面，构成"动词+得+还是……"的句式。

例如：

(7) 曹先生接着往下说，说得还是很快。(老舍《骆驼祥子》)
(8) 她虽然性格比较泼辣，长得还是很漂亮的。(刘醒龙《分享艰难》)

这里的“还是”通常可以表达两种语义：其一，加强肯定（或否定）语气，强调和原来一样，句式为“动词＋得＋还是＋程度副词＋（不）形容词（语气词）”，例如：“她唱歌唱得还是那么好听。”“她的房间收拾得还是非常整齐。”其二，表示让步、婉转语气，句式为“动词＋得＋还是＋（程度副词）形容词＋的”，例如：“虽然有点小问题，做得还是很好的。”“他学画画的时间不太长，画得还是不错的。”

1.2 “还是”位于句首

在语料中我们发现，有时语气副词“还是”也可以出现在句首或后续句的句首位置上。例如：

(9) 还是老样子，一天一天，一年一年地飞下去。(王朔《空中小姐》)
(10) 还是马锐的班主任，那个和马林生住街坊的李老师对马林生叙述了事情的。(王朔《我是你爸爸》)
(11) 还是你有办法，我服了。(王朔《我是你爸爸》)
(12) 马锐，还是让你爸留下吧！(王朔《我是你爸爸》)
(13) 还是那句话，干得出来就不怕说。(王朔《我是你爸爸》)
(14) 走走，咱们找地方吃饭去，还是肚子要紧。(王朔《我是你爸爸》)

放在句首的“还是”一般表示两种语义：其一表示强调，一般在主语前面，强调主语。例如：“我甚至不知道她姨妈家的电话号码，还是贾玲告诉了我。”（王朔《过把瘾就死》）“还是夏青理解我。”（王朔《我是你爸爸》）第一句中的“还是”在后续句的句首，强调其后面的主语“贾玲”。第二句中的“还是”在句首，强调其后面的主语“夏青”。需要注意的是，这里的“还是”可以移至句中主语后，变成：“贾玲还是告诉了我。”“夏青还是理解我。”但是这两句话的意思完全不一样了。“贾玲还是告诉了我。”强调最后的结果：贾玲告诉了我。“夏青还是理解我”中的“还是”表示“仍然，依旧”，强调夏青仍然理解我。

其二表示经过比较或考虑，得出比较满意的结论。例如：“好吧，还是用你可以理解的词句说吧!”（王朔《过把瘾就死》）“别别，还是让他走。”（王朔《我是你爸爸》）在这里，“还是”仍属于语气副词。但在一些复句中，“还是”处于分句的句首位置，同样表示经过比较或考虑得出比较满意的结论，但已向连词转化，具有一定的衔接功能。例如：“怕影响了你们休息，还是早点走吧!”（王朔《过把瘾就死》）“他离开不好，还是你去吧!”（唐启运《汉语虚词词典》）在这两个句子里，“还是”连接两个有因果联系的分句，表示最后的结论，具有连词的功能。

1.3 “还是”位于句尾

“还是”除了可以用于句中和句首外，有时还可以用于句尾，表达一些特殊的语气。例如：

(15) 啊，可是这也有另外一个说法啊，不过一般的说都是长子还是。（查奎垣《北京话口语》）

(16) 解放以后不是成立了业余学校吗，那阵儿学习的还是。（胡天顺《北京话口语》）

可以用在句尾的“还是”并不多见，主要用于口语中，一般有五种情况：

(1) 表示强调语气，有递进的意思。例如：“这是个规矩，很大的规矩还是。”（詹国英《北京话口语》）“还是”在这里不仅表示强调语气，而且还有递进的意思：“这不仅是个规矩，而且还是个很大的规矩。”又如：“原先呢，原先跟……插队还是?”（刘伟芝《北京话口语》）这里的“还是”是“仍然，仍旧”的意思，表示强调语气。

(2) 表示经过考虑后的结论。例如：“别影响了她们休息，早点走吧还是。”（刘醒龙《分享艰难》）“你去吧还是。”（刘秀华《北京话口语》）这里的“还是”强调经过考虑后的决定，而且有婉转和劝说的意味。

(3) 表示惊讶、出乎意料的语气。例如：“别看他那样，穿得可不错，名牌呢还是!”（刘秀华《北京话口语》）“一个小小的文员，名牌大学的还是!”（闪文元《北京话口语》）这里的“还是”表示惊讶、没想到的意思，同时又有强调的意味。

(4) 表示不屑的语气。例如：“这个都不认识，大学生呢还是!”“这首诗都不知道，学中文的呢还是!”（戴鼎培《北京话口语》）这里的“还是”表示“不该如此而如此”，有一种不屑的语气。

(5) 表示让步、婉转的语气。例如：“过去我在家里有些地位的还是。”

（王朔《空中小姐》）“孩子应该要一个的还是，一个家么。”（王朔《过把瘾就死》）这两个例句中的“还是”表示让步、婉转的语气，后一句中还有劝说的意味。

以上例句中，“还是”位于句尾，这是口语中的易位现象。“从语义辖域（semantic scope）的角度来看，如果一个词有能够易位和不能易位两种用法，能够移到句外的用法语义辖域一般要大于不能易位的用法。”史金生（2003）的《语气副词的范围、类别和共现顺序》指出：“能够易位到句末的语气副词数量不多，‘还是’属于其中的一个。”用在句尾的“还是”移至分句句首或者句中后，意思变化不大，但语气稍微有点不同。例如：“这是个规矩，还是很大的规矩。”“别影响了她们休息，还是早点走吧。”这些例句中的“还是”放在句尾、分句句首或者句中，意思没有很大的变化。“还是”放在句尾，更加强调了“还是”前面的内容，说话者急于表达“还是”前面的内容，然后用“还是”加强语气。例如：“别影响了她们休息，早点走吧还是。”说话者把“早点走吧”放在前面，强调了这个结果，然后用“还是”表示经过了考虑后的选择，加强语气。

位于句尾的“还是”可以移至分句句首或者句中，且意义变化不大，这说明“还是”的句法位置具有一定的灵活性，这也是语气副词句法分布上的一个重要特点。“还是”在句中的句法功能是作高层谓语，作用于整个句子。但并不是所有句中的“还是”都可以移至句尾，许多“还是”的句法位置还是比较固定的。例如：“我想我还是对她发生了感情。”（王朔《过把瘾就死》）“那可没有，我不能昧着良心，那时她还是个孩子，我成什么人啦。”（王朔《空中小姐》）在这些句子中，句中的“还是”不能移至句尾。

1.4 “还是”独用

陆俭明先生在他的《现代汉语副词独用刍议》中说过“副词独用是指副词单说或单独成句和单独作谓语”，并认为“副词独用是口语句法里所特有的一种现象”，“是口语里句法成分大量省略的一种产物”。他所说的副词独用的情况有以下三种：

（17）A：今天多少度？

B：三十八度。

A：怪不得，我说怎么那么热啊！

（18）A：这样安排，他们可能有意见。

B：未必吧！

（19）A：张老师今晚不会来了吧？

B：他也许。

齐沪扬在《语气词与语气系统》中列举了几个陆俭明先生没有提到的例子：

（20）难道，咱们就这么耗下去。

（21）反正，你看着办吧。

他认为语气副词的独用现象有扩展的趋势。

本人根据语料考察发现，有的“还是”可以独用。“还是”独用的现象是比较少见的，一般多用于口语中。例如：

（22）躲着他，还是，反正。（石昆山《北京话口语》）

（23）那么大的规矩，还是，还得受委屈，还得鞠躬。（詹国英《北京话口语》）

（24）A：他现在做什么？

B：粮食局局长。

A：还是啊！

例（24）中的“还是”和语气词“啊”单独成句，与陆俭明先生副词独用的第二种情况相似。这里的“还是”是“仍然，和原来一样”的意思，与后面的语气词“啊”共同表示强调的语气，同时还表示有点惊讶和出乎意料的意思。

例（22）和例（23）与齐沪扬所举的语气副词独用的例句相似，这两句中的“还是”表示强调语气。“还是”独用时，本身表示了很丰富的意思，如例（22）中的“还是”表示“和以前一样，还是躲着他”。

“还是”的这些位置特点，是通过对大量语料进行考察而得出的。其实，这一句法分布特点从语气副词的组合功能（有人也称之为句法功能）角度也可以得到很好的解释。史金生先生曾说过：“语气副词主要用于命题之外，表示说话人对命题的主观态度，而这种主观性的成分也是属于句子层面的，具有表述性，通常只能出现在表述性成分中，即谓语和补语。”对此，张谊生先生（2000）也有所论述，称语气副词的这一组合特点为动态性。从这一组合功能来看，“还是”与其他语气副词一样，在句中的句法功能是作高层谓语，作用于整个句子，而并非传统语法中所讲的状语成分。

二 “还是”的句类分布

按照语气，通常将句子分为陈述句、疑问句、感叹句和祈使句四类。语气副词可以出现在这四种句类中，但是表现却极不平衡。首先，并非所有的语气副词都可以出现在这四种句类中，例如，“难道”只能用于疑问句中，而“毕竟”不能用于疑问句；其次，不同类型的句子对语气副词有着较强的限制性。通过对“还是”例句的考察发现，语气副词“还是”的句类分布很灵活，一般多出现在陈述句中，感叹句、祈使句和疑问句中也都有分布。

2.1 “还是”在陈述句中的分布

语气副词“还是”主要分布在陈述句中，这是因为陈述句主要是在陈述一个意义相对完整的事件，人们在陈述事件的时候往往会带有一定的语气。盛继艳（2005）指出，语气的表达需要借助一些语音、词汇或语法等手段来实现，语气副词自然是其中主要的方式之一。语气副词“还是”在陈述句中的分布是它最常规的分布。例如：

（25）他想还是先到祁家打听一下好。（老舍《四世同堂》）

（26）他还是很和蔼，很镇定，可是他自己知道今天破例到友人家来便是不镇定的。（老舍《四世同堂》）

（27）孔太平要他还是小心点为好，开着车不比空手走路，一赌气就容易出问题。（刘醒龙《分享艰难》）

（28）天空放晴的一天，张欣飞来杭州，给阿眉带来很多东西，里面有不少还是阿眉给我买的烟和饮料。（王朔《空中小姐》）

上面的例子都是“还是”在陈述句中比较典型的例子。例（25）中的“还是”表示经过考虑后的选择；例（26）中的“还是”表示强调和以前一样；例（27）中的“还是”表示婉转的语气，有劝阻的意味；例（28）中的“还是”也表示强调语气，强调“还是”后面的内容；除此之外，“还是”还可以强调时间、地点、人物，等等。这几种语义是“还是”在陈述句中比较常见的语义。本人搜索了北大汉语中心的现代汉语语料库，在1.15亿字的语料库中有89 839条带有“还是”的句例，其中有71 179条是陈述句，几乎占总数的80%。

2.2 “还是”在感叹句中的分布

在书面语中，句子的语气可以通过不同的方式来表达，根据贺阳（1992）的研究，汉语书面语的语气是有形式标志的［贺阳（1992）一共归纳出了七个标记汉语书面语的形式标志：句终标点符号、特殊句式、同现限制、助动词、语气副词、语气助词和叹词，其中语气副词是一个重要标记］。语气副词就是其中一种典型的形式标志。人们要表达感情较为强烈的语气时一般要通过感叹句来实现，语气副词“还是”所在的句子大都感情较为强烈。例如：

（29）但是，他还穿着那身制服，还是巡长！（老舍《四世同堂》）

（30）我们自己还是个没着落的游魂野鬼呢！（彭荆风《作家文摘》1994《绿月亮》）

（31）还是你们这群伯乐会调教呀！（唐刃《作家文摘》1994《学苑》）

“还是”在感叹句中的分布主要有两种：一种是没有语气词的感叹句，如例（29）；一种是有语气词的感叹句，如例（30）和例（31）。在感叹句中的“还是”一般表示四种语义：其一表示强调语气，强调和原来一样，强调时间、地点、人物等，一般是“还是”后面的内容；其二表示经过考虑之后的选择或最后的结果；其三表示婉转、让步的语气；其四表示惊讶、出乎意料的语气，该如此而并不如此。前三种语义既可以出现在没有语气词的感叹句中，也可以出现在有语气词的感叹句中，第四种语义一般出现在有语气词的感叹句中。例如：

2.2.1 在没有语气词的感叹句中

（32）有根基的可以改造，一片荒沙改来改去还是一片荒沙！（老舍《四世同堂》）

（33）还是人家孩子自己回家来了！（苗长水《作家文摘》1994《终极美貌》）

（34）我看他说的也还是有道理的！（老舍《四世同堂》）

例（32）、例（33）、例（34）分别表示前三种语义。

2.2.2 在有语气词的感叹句中

（35）听说“天下第一关”那几个字还是康熙老倌写的呢！（杜卫东《作

家文摘》1993《开国第一反敌特行动》)

(36) 我还是只说我自己吧!(老舍《四世同堂》)

(37) 你们俩还是自己去问你们要认的人吧!(李硕儒《作家文摘》1994《章含之的人生与情怀》)

(38) 真想举起手来狠狠扇他,还是个大男人呢!(王朔《我是你爸爸》)

以上四个例句分别表示四种语义。“还是”在感叹句中一般与语气词“啊、吧、呢”等连用,共同表示语气,“还是”的语义角色是表述命题的外层成分,表示说话或行为主体的主观态度和情感,同时也加强了语气。“还是”与语气词“啊、吧、呢”的共现在后文有专门详细的阐述。

2.3 “还是”在祈使句中的分布

祈使句是要求对方做或者不做某事,即发出命令或提出劝诫的句子,它可以分为两大类:一类是命令、禁止,另一类是请求、劝阻。表示命令、禁止的祈使句一般言辞坚决、强硬,带有强制性,不大用语气词。“还是”极少出现在第一类祈使句中,而常常出现在表示请求、劝阻的第二类祈使句中,一般是经过考虑之后提出的建议或意见。例如:

(39) 好啦,咱们还是过去看看吧!(老舍《四世同堂》)

(40) 你还是别去了吧。(王朔《过把瘾就死》)

(41) 咱们还是坐公共汽车吧!(王朔《空中小姐》)

(42) 您还是请进里面休息一下吧!(老舍《四世同堂》)

这些句子表示商请、建议、劝阻等,与表示命令、禁止等的祈使句比起来语调较低,也比较缓慢,常与语气词“吧”或“啊”等合用。

2.4 “还是”在疑问句中的分布

“还是”表连词时常出现在疑问句中,典型句式是“是……还是……”。而语气副词“还是”在疑问句中虽不常见,但也有一些分布。例如:

(43) 还是得先打出日本鬼子去吧?(老舍《四世同堂》)

(44) 这个还是香片吧?(老舍《四世同堂》)

(45) 还是旧诗?(老舍《四世同堂》)

(46) 我念佛了,怎么还是妄想丛生呢?(当代应用文《佛法修正心要》)

“还是”在疑问句中除了本身所具有的语义和语气外，还带有疑问和不太确定的语气。如例（43），如果这句话是陈述句，就表示“经过考虑后得出的结论”：先打出日本鬼子。而变成疑问句后带有商量和试探的意味。例（44）中的“还是”表示强调，与陈述句没有多大变化，只是加上问号后变成疑问。例（45）如果是陈述句，“还是”表示强调：仍然是旧诗，但变成疑问句后带有惊讶和有点不满意的语气。例（46）是个反问句，意思表示肯定：我还是妄想丛生。

三 “还是”与其他成分的连用及共现情况

“在语气系统中，语气词可以和其他结构成分一起表示不同的语气。所谓的其他结构成分，是指包括语调、语气副词、助动词、叹词、肯定否定重叠形式、时态成分等在内的各种成分。”（玄玥，2002）共现（co-occurrence）是指两个或更多的不同类型的词为了构成句子所可能有或必须有的关系。本文将考察“还是”与其他语气副词的连用，以及“还是”与语气词“啊、吧、呢”的共现情况。

3.1 “还是”与其他语气副词的连用

语气副词与别的副词共现时，总是先于别的副词。这是因为语气副词是表达说话人主观情感认识的，具有很强的主观性，这样的特点决定了它在句子中通常位于最外层，而且比较灵活。语气副词用于句子最外层的一个表现就是，它与别的副词共现时，总是先于别的副词。而语气副词内部也有先后共现顺序。

史金生（2003）的《语气副词的范围、类别和共现顺序》主要参照Lyons（1977）和Palmer（1986）的情态体系，并根据汉语自身的特点，从语义和表达功能的角度对语气副词进行了逐层分类，首先分为知识和义务两个大的类别，知识类语气副词主要表示说话人对自己所讲的命题的成功性和有效性所作的判断，包括肯定和推断两个次类，肯定是对命题实然性的确认，又可以分为证实、断定和指明三个小类。证实类语气副词有“看来、其实”等，断定类语气副词有“的确、根本”等，指明类语气副词有“才、就”等。推断是对命题的真实性进行推测估量，又分为揣度性推测和确定性推测两个小类。表揣度性推测的语气副词有“也许、至少、几乎”等，表确定性推测的语气副词有“必然、未必”等。义务类语气副词又可分为意志类、情感类和评价类三个次类，其中意志类包括指令类和意愿类，指令类语气副词有“必须、千万”等，意愿类语气副词有“宁可、只好”等。情感类语气副词又可分为疑问类和感叹类。疑问类的有“难道、何妨”等，感叹类的有“多么、怪”等。评价类语气副词又分为关系类和特点类，关系类语气副词有“反而、甚至”等，特点类语气副词有“反正、毕竟”等。

该文还对语气副词的共现顺序进行了研究，概括出了各类语气副词的连用选择关系和常规连用顺序，如下（“>”表示先于）：

证实类>疑问类>或然类>关系类>特点类>断定类>必然类>意志类>感叹类

其中或然类可大于也可小于关系类、特点类和断定类，关系类可大于，也可小于断定类。

“还是”与别的语气副词共现时，一般出现在证实类、疑问类、或然类、关系类、特点类、断定类语气副词的后面。例如：

(47) 他们是要分离；也许还是永久的分离。(老舍《四世同堂》)

(48) 孔太平犹豫了一阵，到底还是开口问孙萍在地委组织部有没有比较好的关系。(刘醒龙《分享艰难》)

(49) 再说，最要紧的事恐怕还是他须去做官。(老舍《四世同堂》)

(50) “哟，你倒还是从前的老样子——”她猛的住了口。(老舍《四世同堂》)

(51) 学抽烟还早了点，何况那玩意儿对身体也没有什么好处，不会的最好还是别学。(王朔《我是你爸爸》)

(52) 你毕竟还是想有朝一日把它们吃了或者剪毛耕地再不然去集上卖个好价钱。(王朔《我是你爸爸》)

但与必然类、意志类语气副词共现时，“还是”一般出现在前面。例如：

(53) 他也不知道，这两样东西根本没有传说中那样可怕，他纵然能得到，还是未必能有取胜把握。(古龙《天涯·明月·刀》)

(54) 或许这会很危险，甚至是徒劳无功，但这还是必须要做的。(翻译作品《魔戒》)

语气副词的连用顺序受制于两条最基本的语义、语用原则。

首先，语气副词的管辖范围与其有着密切的关系。管辖范围越宽，在句子中越靠前，沈家煊（2001）指出：“语言中表达主观情感的手段是多样的，语句中表情成分所作用的对象是多方面的，可以是一个指称对象、一个命题，甚至是一系列的命题。”在语气副词中，有些词作用于一个命题或一连串的命题，如“看来、其实、也许、到底、毕竟”等，“还是”有时作用于一个命题，有时作用于一个成分或一个分句，管辖范围没有证实类、疑问类、或然类、关系类、特点类、断定类语气副词宽，所以，“还是”和这些语气副词连用时，一般在它们之后。而“未必、必须”等必然类、意志类语气副词一般作用于一个成分或一个分句，管辖范围没有“还是”宽，所以，这些语气副词和“还是”连用时一般出现在“还是”之后。

其次是主观程度原则，主观程度强的成分处于句子的外围，主观性弱的成分处于句子的内层。一般来说，“还是”的主观性程度弱于证实类、疑问类、或然类、关系类、特点类、断定类语气副词，而强于必然类、意志类语气副词。

3.2 “还是”与语气词“啊、吧、呢”的共现

关于汉语语气词的语法功能，正如齐沪扬所说的：“主要位于句末起语气和情态的作用。”我们在考察实践中发现，含有“还是”的句子末尾通常要缀上某些语气词才可以表达完整的句意，使语气完结。除此之外，我们还发现，在特定的语气表达条件下，“还是”对语气词的选择是不一样的，也就是说，不同的语气词能够帮助“还是”表达不同的语气。经过考察语料中所见到的“还是”与语气词搭配情况的归纳和统计，我们总结出以下几种常见形式：“……还是……啊！（？）（。）”、“……还是……呢！（？）（。）”、“……还是……吧！（？）（。）”

基于张谊生先生（2000）的观点：“副词的语法意义同该副词所出现的句法环境之间存在着依存关系。研究副词——尤其是一些义项纷繁、用法灵活的常用副词，就应当尽可能详尽地描写该副词的分布，包括该副词的不同义项所依赖的各种句式和经常与之配合、响应的固定搭配。”我们对这四种常见形式作一探析，归纳各形式在表达上的规律。

3.2.1 “……还是……啊！（？）（。）”

需要说明的是，零声母音节“啊”受语流音变的影响，与其前面音节发生同化，随即产生了“哪、呀、哇”等多个表变化音的形式，这些形式理所当然属于我们的考察范畴。

该句式主要用于感叹句中，总体上表达感叹语气，但也可出现在陈述句和疑问句中，主要有三种表达功能。

其一表示强调语气，这是“还是……啊”句式最主要的表达功能，在感叹句、疑问句和陈述句中均有分布。例如：

（55）你怎么还是这样瘦啊！（《人民日报》1994）

（56）说到底，还是因为我们山西经济落后啊。（《人民日报》1993）

（57）过去他还是我们这儿街上当头儿当掌柜的哪。（闪文元《北京话口语》）

（58）关于反对考试你还是打呀？（老舍《赵子曰》）

其二表示经过比较、考虑后的选择。这种表达功能在感叹句中分布较多。例如：

（59）还是人民法院为百姓作主啊！（《人民日报》1993）

（60）我看洪大个子这个人还是个好人哪！（董保存《作家文摘》1996《洪学智为彭德怀挖防空洞》）

其三表示惊讶、出人意料的语气，带有轻蔑意味。这种表达功能一般用得比较少。例如：

（61）他这样还是人啊！（马士良《北京话口语》）

3.2.2 “……还是……呢！（？）（。）”

“还是”与语气词“呢”的共现在感叹句、陈述句、疑问句中都有分布。该句式主要有两种表达功能，其一表示强调语气，其二表示惊讶、出乎意料的语气。这两种表达功能在以上三种句类中的分布有所不同。例如：

（62）张铁生知道这个大小伙子是七弟，走时他还是个孩子呢。（王冬梅《作家文摘》1993《张铁生出狱前后》）

（63）我的弟妹中很多人还是第一次饮茅台酒呢！（爱新觉罗《作家文摘》1994《溥杰和嵯峨浩的跨国婚姻（9）》）

（64）为什么这么困难我们还是夺取了政权呢？（周梅森《作家文摘》1997《人间正道（3）》）

以上三个例句是"……还是……呢"分别在陈述句、感叹句和疑问句中的分布，都表示强调语气，感叹句的情感意味更强烈些。

（65）亏你还是个演员呢！（顾也鲁《作家文摘》1997《"干净"的英茵》）

（66）就那样还是工程师呢。（谈歌《作家文摘》1997《城市警察》）

以上两个例句中的"还是"表示出乎意料，不该如此而如此，还带有一些不屑的语气。这种表达功能一般只出现在感叹句和陈述句中，出现在疑问句中的"还是"一般只表示强调语气。例如：

（67）他为什么还是被"炒"掉了呢？（祁建《作家文摘》1996《导演被"炒"：金钱与艺术较量》

（68）三年后我还是不答应你呢？（姚文奇《作家文摘》1996《常胜将军粟裕的恋爱乐章》）

3.2.3　"……还是……吧！（？）（。）"

"还是"与语气词"吧"的共现在感叹句、陈述句、疑问句中都有分布。该句式主要有三种表达功能。

其一表示经过考虑之后的选择或是得出满意的结论，"还是"与"吧"的共现多表示这种功能。例如：

（69）你们还是到我家去坐吧。（《人民日报》1993）

（70）我们还是听听总书记的意见吧？（《人民日报》1993）

（71）咱们还是一道去锦江饭店吃饭吧！（王素萍《作家文摘》1993《她还没叫江青的时候》）

其二表示强调语气。例如：

（72）有青岛还是来瓶青岛吧。（铁凝《作家文摘》1996《小黄米的故事》）

（73）刚才还是你给江青同志解的围吧？（杜卫东《作家文摘》1993《开国第一反敌特行动（2）》）

（74）还是我来告诉诸位吧！（马贵民《作家文摘》1996《浩然与江青结识内幕》）

其三表示婉转、劝说的语气，一般用于感叹句和陈述句。例如：

(75) 小兄弟，我劝你还是别费那么大的力气追蓝苹吧。(王素萍《作家文摘》1993《她还没叫江青的时候》)

(76) 还是别和两个老师治气了吧！(苗长水《作家文摘》1994《终极美貌》)

四 "还是"构成的特殊格式

本人在考察语料时发现，"还是"常与"的"和"的好"共现，构成两个特殊格式"还是……的"和"还是……的好"，另外还有两种特殊句式："还是（得说/要说）+名词……"和"还是的（呀）"，下面将对这四种特殊格式进行详细阐述。

4.1 句式1："还是……的"

这种格式一般出现在陈述句和感叹句中，主要有两种表达功能：其一表示强调语气；其二表示婉转、让步语气。例如：

(77) 他小时候功课也还是挺好的。(张佩芳《北京话口语》)

(78) 这种产品还是进口的！(侯崇忠《北京话》)

在这个格式中，"还是"和"的"之间的成分既可以是动词或动词短语，也可以是形容词或形容词短语，还可以是小句。例如：

(79) 可是他们这个封建道德还是有的。(冯振《北京话口语》)

(80) 有些毛笔还是由两种兽毛制成的。(胡天顺《北京话口语》)

(81) 描写农民和工人的联合的作品，这在当时世界还是为数不多的。(白旭明《北京话口语》)

(82) 这副作品看起来还是不错的！(詹国英《北京话口语》)

(83) 王献之那帖还是解放后周总理花了很多钱在香港赎回来的。(马士良《北京话口语》)

例(79)和例(80)中的"还是"和"的"之间的成分是动词或动词短语，例(81)和例(82)中的"还是"和"的"之间的成分是形容词或形容词短语，例（83）中的“还是”和“的”之间的成分是小句。这些句中的“的”都不能去掉，它与“还是”构成了一个比较固定的格式，表示强调语气或婉转、让步语气。

4.2 句式2：“还是……的好”

这种格式一般出现在陈述句和感叹句中，主要有两种表达功能：其一表示经过考虑后的选择或得出比较满意的结论；其二表示强调语气。例如：

（84）有些事你还是不要知道的好，一个人知道的事越多，烦恼也就越多。（古龙《圆月弯刀》）

（85）我觉得还是把一切都挑明的好！（《读者（合订本）》2004）

在这个格式中，“还是”和“的好”之间的成分既可以是动词或动词短语，也可以是形容词和形容词短语，还可以是名词或者小句。例如：

（86）所以，这件事还是放弃的好。（潘虹《作家文摘》1995《潘虹独语（连载之八）》）

（87）你的眼疾时间太长，北京治不好，你还是早些回韶山的好！（《人民日报》1994）

（88）也许我还是先离开一段时间的好。（池莉《来来往往》）

（89）开工大吉，还是热热闹闹的好！（《人民日报》1993）

（90）看来还是安分一点的好。（杨葵《作家文摘》1996《念想》）

（91）总理说过：“顾八奶奶”这个角色，还是我们延安的好！（《人民日报》1993）

（92）还是刘先生坐在中间的好。（赵易林《作家文摘》1997《赵景深痛别新民意报社》）

例（86）、例（87）和例（88）中的“还是”和“的好”之间的成分是动词或动词短语，动词短语可以是偏正短语、动宾短语或者动补短语。例（89）和例（90）中的“还是”和“的好”之间的成分是形容词或者形容词短语，例（91）和例（92）中的“还是”和“的好”之间的成分分别是名词、小句。这个格式一般表示强调或经过考虑之后的选择或结论，有时也带有劝说的语气。

4.3 句式3："还是（得说/要说）+名词……"

在这种句式中，"还是"的功能在于提出话题，表达一种赞叹的语气，并且依然含有比较、选择的意义。例如：

（93）还是得说老刘行。
（94）还是我妈疼我。
（95）还是桑塔纳，那跑起来多快呀！
（96）还是你们年轻人哪！

从以上的例句中我们可以看出，"还是"不但依然含有比较的意义，而且比较的结果提出了一个最佳选择。例（93）至例（96）中的每个句子都表达了说话者的赞叹之意。例（93）的言外之意是老刘真行，谁也不如他。例（94）的意思是我妈最疼我，别人都不行。例（95）是说桑塔纳比别的车都快。例（96）是感叹年轻人的身体、能力等等比老人强得多。我们注意到，在以上的句子里，作为选择的结果的名词或名词性短语后面，往往有一个阐释这个名词的成分，如上面例句中的"好、行、疼我、那跑起来多快呀"等。例（96）是个省略句，可以理解为"还是你们年轻人行"、"还是你们年轻人能干"、"还是你们年轻人身体好"等。

4.4 句式4："还是的（呀）"

这是一个省略句，意思是"还是我说的对"，表达的是说话人对自己意见的坚持。请看两个人在自由市场的对话：

（97）A：找您钱，您数数。
B：不对呀。
A：一斤苹果两块四，二斤梨是三块二，一共是五块六。你给我十块，找你四块四。
B：还是的呀！你看，你才给了我四块二。

答句中"还是的呀！"可以理解成"你刚才说得不对，还是我说得对"，这也是在把两人的计算结果作了比较以后做出的答复。

五 结 论

在语法分析的三个平面中，句法平面居于基础地位，“语义和语用都要通过句法结构才能表现，而要了解语义和语用，也往往离不开句法结构”（张谊生 2000）。本文从语气副词“还是”的句法形式入手，具体考察了其“分布”和“组合”的情况，概括出了其句法结构特点。“还是”在句子中的分布比较灵活，可以位于句中、句首和句尾，还可以独用；可以出现在陈述句、疑问句和感叹句中，也可以出现在祈使句中。“还是”与其他语气副词以及一些语气词的连用和共现也有一定的特点，本文对“还是”与其他语气副词的共现和“还是”与语气词“啊、吧、呢”的共现进行了具体的分析。另外，本文还注意到“还是”构成的四个特殊格式：“还是……的”、“还是……的好”、“还是（得说/要说）＋名词……”、“还是的（呀）”，这些特殊格式在口语中非常常见，具有一定的特点。对语气副词“还是”的句法结构考察，既有利于其丰富的语意特征分析和语用功能分析，同时也为汉语作为第二语言学习者很好地理解和运用“还是”提供了一定的帮助。

参考文献

吕叔湘（2006）《现代汉语八百词》（增订本），北京：商务印书馆。
张　斌（2001）《现代汉语虚词词典》，北京：商务印书馆。
中国社会科学院语言研究所词典编辑室（2006）《现代汉语词典》（第5版），北京：商务印书馆。
李　泉（2001）《汉语语法考察与分析》，北京：北京语言文化大学出版社。
马　真（2004）《现代汉语虚词研究方法论》，北京：商务印书馆。
张谊生（2004）《现代汉语副词探索》，上海：学林出版社。
胡孝斌（1997）说“还是”，《语言教学与研究》第4期。
李　泉（2002）从分布上看副词的再分类，《语言研究》第2期。
吴慧颖（1981）关于“还是”，《中国语文通讯》第2期。
齐沪扬（2003）与语气词规范有关的一些问题，《语言文字应用》第5期。
沈家煊（2001）语言的“主观性”和“主观化”，《外语教学与研究》第4期。
玄　玥（2002）焦点问题研究综述，《汉语学习》第4期。
史金生（2003）语气副词的范围、类别和共现顺序，《中国语文》第1期。
张谊生（2000）《现代汉语副词研究》，上海：学林出版社。

论汉语外来词纯音译向意译演变的规律

李海燕

【提　要】本文从汉语外来词词形演变的角度出发，考察纯音译这种译介方式向意译转变的规律。我们以《汉语外来词词典》为语料基础，以 483 个已经转变成意译词的纯音译词为研究对象，对其演变过程、演变规律和演变原因进行了一番考察和分析。我们认为，这种演变是受到了汉语词汇系统和汉族人语言认知心理的制约和影响，并且和当时的社会背景、学者的主张与倾向以及国家的语言政策等有着密不可分的联系。

【关键词】外来词　纯音译　意译　演变

语言有其自身的发展规律，有自己的融合或拒斥机制。在汉语这样一种音节表现强烈、以单音语素为基础的语言中，有相当一部分纯音译词在历时的演变中被意译的词语所取代。在本文中，我们以《汉语外来词词典》为语料基础，从外来词词形演变的角度出发，考察纯音译这种译介方式向意译过渡的规律。据我们对《汉语外来词词典》的统计，在其所收录的 1 784 个纯音译词中，共有 483 个词演变成了意译词。这些纯音译词基本上都是"五四"前后引进的。我们对这些词的演变过程、演变规律和演变原因进行了一番考察和分析。

一　演变的过程

我们认为，从纯音译词演变为意译词的过程不是一蹴而就的，而是一个复杂的、渐变的过程，经过了较长时间的竞争与汰选，一般都会有一个临时过渡性的交叉并存现象。以 cement（水泥）一词为例，我们将其演变过程表现如下：

时间、名称	例证	出处
1882 年 赛门敦	烧赛门敦法：在山中底层，另挖出松石一种，内含铝二养三，矽养三较多，亦用前法烧之。	徐建寅《欧游杂录》
1882 年 赛门敦石灰	十点钟往观赛门敦石灰厂，所造赛门敦石灰，每桶价七八马克，每日可成八百桶。	徐建寅《欧游杂录》
1884 年 水泥	大冶并铁而名者水泥，其他名材、竹竿、器械之饶，不可胜记。	郑观应《郑观应集》
1887 年 赛门得土	桥长二千七百五十尺，宽五十尺，桥有十一洞，其柱以铁管为之，筒径八尺又四寸之二，管厚一寸又四分寸之三，内实以赛门得土。	王咏霓《归国日记》
1889 年 崔门土	制三和土法：用石灰一分，波查腊恒土或崔门土二分，碎石二分，石宜净不杂他质，加麻秆少许，以机轴共研极细末，和水合成，水勿过多，恐不坚韧也。	洪勋《游历葡萄牙闻见录》
1891 年 塞门土	新筑长堤两道，形如曲尺，用障海中风涛，两端一指西，一指南，长一千一百十丈，以塞门土杂以小石成。	薛福成《出使英法义比四国日记》
1891 年 火泥西门土	织布厂内所应用之铁、水溜玻璃、通气筒、火砖、火泥西门土、热气管、引电机等件，共需英金三千二百六十五镑。	薛福成《出使英法义比四国日记》
1894 年 四门町	英之巴得兰镇有以生土淘洗入窑，烘炼成巨块，配以石灰等物，用磨床研筛至细粉，名塞门德（亦曰四门町）。	沈敦和《英吉利国夷情记略》
1898 年 塞门德土	水泥（西人名塞门德土，华名红毛泥）、火砖（以中国观音土和砖屑绍成之）、火柴、火油、洋毡、洋纸、洋蜡、洋糖、洋碱、洋钉，质贱用多而易造者也。	陈山榜《张之洞劝学篇评注》

（续上表）

时间、名称	例证	出处
1898 年 红毛泥	水泥（西人名塞门德土，华名红毛泥）、火砖（以中国观音土和砖屑绍成之）、火柴、火油、洋毡、洋纸、洋蜡、洋糖、洋碱、洋钉，质贱用多而易造者也。	陈山榜《张之洞劝学篇评注》
1905 年 士敏土	接应上，云衢购定小火轮两艘，用木桶装载短枪，充作士敏土瞒报税关。	曾朴《孽海花》第二十四回
1917 年 塞门德	塞门德，一作水门汀，水泥也，以仿西法所制，故一曰洋灰。	徐珂《清稗类钞》
1917 年 水门汀	塞门德，一作水门汀，水泥也，以仿西法所制，故一曰洋灰。	徐珂《清稗类钞》
1917 年 洋灰	建筑品制造者，为锯木、砖瓦、洋灰、刨木机器。	徐珂《清稗类钞》

从上表可以看出，cement 一词进入汉语以后，其译介方式经过了多种演变，最后定型为现在的“水泥”。而将 cement 翻译成“水泥”一词早在 1884 年就出现了，但并非从一出现就得到了全民的认可，而是在人们长期的使用过程中逐渐固定下来的，中间出现了许多过渡形式。这些过渡形式并不仅限于纯音译词，也有谐音音译词，如：崔门土、塞门土、士敏土，还有其他形式的意译词，如：红毛泥、洋灰。其中有些词形还一度取得了领先地位，如：苏联作家格拉特珂夫（1883—1958）描写苏联经济复兴的长篇小说在 1930 年出版时被译为《士敏土》，现在通译为《水泥》。译名的变更反映了外来词和意译词在不同时代的竞争态势。因此，正如万事万物都有一个从量变到质变的过程一样，“水泥”一词的出现并不意味着这些过渡形式就立刻从语言中销声匿迹了，而是在最终定型之前会有一个过渡性的交叉并存现象。

从纯音译词演变为意译词的过程呈现出系列化或系统化的特点。我们知道，词汇的内部组成单位之间存在意义的相互关系，一些词语在意义上起着互相影响的作用，或互相对立、制约，或互相对比、映衬，从而形成了语义场。处于语义场中的某一个外来词发生了从音译到意译的转变，很有可能会引发处于同一语义场中的其他外来词产生连锁反应，完成从音译到意译的转变。例如：

英语	音译词	意译词
violin	梵哑铃	小提琴
viola	维哦拉	中提琴
cello	赛洛	大提琴
oboe	欧波	双簧管
clarinet	克拉立涅特	单簧管
English horn	英吉利豁恩	英国管

这些西洋乐器都曾采用过音译的形式，但最终仍被意译词所取代。译者将弦乐器都译作“×琴”的形式，将直吹木管乐器都译为“×管”的形式，形成了一套较为成熟的译名体系，具有较为完整的系统性和良好的识别性。这种系统化还表现在，当表事物的外来词语同一类中有一个已由音译过渡到意译后，其他就不再音译，而直接采用意译。如，“德律风”演变为“电话”后，与电有关的外来事物，都套用了“电×”这种意译方式，像“电铃、电影、电视、电线、电梯、电机”等，不再经历音译阶段。

二　演变的方式

从纯音译词演变为意译词主要采取以下几种方式：

2.1　承袭已有的本族词语

（1）把词语的形和义作为一个整体来承袭。

将汉语里固有词语的形和义作为一个整体来承袭的一个比较成功的例子是对于爵位的译介。爵位是君主国家给贵族加封的等级。中国经历了几千年的封建君主统治，爵位制度古已有之。《礼记·王制》中曾记载：“王者之制禄爵，公、侯、伯、子、男，凡五等。”无独有偶，英国的爵位制度也是五个等级。1902 年，严复曾在《原富》中用音译的方式介绍了这一套贵族等级名称：独克——duke、马基——marquis、尔勒——earls、怀康——viscount、巴伦——baron，但这一译介方式并未流传开。19 世纪末 20 世纪初，中国学者翻译了大量西方的特别是英国的文学作品，有些译者套用已有的词将其对应地翻译为公爵、侯爵、伯爵、子爵、男爵。这样处理，不但如实地反映了英国的爵位制度，而且容易为中国人所接受。

但这种成功套用的情况比较少。因为这种移花接木式的词的优点在于便于中国人联想，缺点是有时难以正确表达外来事物的区别性特征，弄不好反而显得不伦不类，因此，很多这种词难以传承下来，或重新被音译词所取代，或被另创的意译词所取代。

例如，guitar 一词曾被意译为“六弦琴”，但由于六弦琴种类较多，很难传达出 guitar 的特点，所以又重新沿用了纯音译词“吉他”。

又如，president 一词起先被音译为“伯理玺天德”，后来承袭了“皇帝”一词作为其意译的形式，但这种意译方式很难反映出“民主之国的统治者”和“不能世袭”的特点，所以后来被“总统”这个意译词所取代。

(2) 承袭已有的本族词语的形，实现了词义的更新。

例如，“水泥”一词原本指“泥浆”，后来用来转写 cement，指“一种用石灰石、黏土等原材料经过多种工序制成的建筑材料”。

另外，比较常见的是承袭古汉语里的词语。例如，“总统”一词原是一个古汉语词，意为“总揽、总管”。《汉书·百官公卿表上》曾记载：“太师、太傅、太保，是为三公，盖参天子，坐而议政，无不总统。”后来作为 president 的意译形式，在现代汉语里实现了词义的更新。

2.2 借用日本人创造的意译词或日本人改造了词义的古汉语词

日本人不仅利用汉语固有的语素组词意译了很多英语词，同时又把汉语中原有的词汇从汉语典籍中筛选出来，赋予其外来概念的所指，成功地意译了许多英语词，后来这些词辗转进入汉语中，取代了汉语中原有的音译词。

例如，parliament 一词曾被音译为“巴力门”，后来被从日本直接借用过来的“议院”所替代。“议院”是日本人用汉语固有语素创造的，用以意译 parliament。

又如，science 一词被日本学者西周意译为“科学”，并逐渐固定了下来。“科学”在汉语中原指“科举之学”。宋陈亮《送叔祖主筠州高要簿序》记载：“自科学之兴，世之为士者往往困于一日之程文，甚至于老死而或不遇。”后来这种意译形式被梁启超引入汉语，虽然 science 曾在“五四”时期被音译为“赛因斯”，并十分流行，但最终还是被“科学”这个词代替了。

2.3 根据外来事物或观念的性质及特点，利用汉语里已有的元素另创新词

由于外来事物的特征可能在多个方面表现出来，比如形状、属性、用途、

材料、颜色或者声音等，人们选用所指对象的哪一特征作为意译词的内部形式的构成结构项，往往会受到民族或语言社团的认识水平、思维方式、审美情趣、文化传统以及风俗习惯等的影响与制约。例如，cement 一词曾被意译为“洋灰”和“红毛泥”，前者用“灰”，着眼于事物使用前未加水的状态；后者用“泥”，着眼于事物使用时加水后的状态。前者用“洋”，说明事物来源于外国；后者用“红毛”，也是说明事物来源于外国，且具体到和“荷兰人”有关，因为过去南方一些地区曾用“红毛”来指称荷兰人。因此，取代纯音译词的意译词由于取意的角度不同，可以有不同的译名，有时也会经历一个竞争、筛选和淘汰的过程。

三　演变的原因

“五四”前后引进的这些英源纯音译词为什么会演变成意译词？我们认为，这种演变既有语言自身的内部规律和原因，也有语言外部的影响和制约。因为一方面，语言系统的开放性和动态性决定了语言的演变必然受到社会各方面因素的影响而发生变化；另一方面，语言系统的整体性和关联性以及自我调适性又决定了它必然会不断调整自身的系统，保持系统内部相对的平衡。所以，我们试着从语言内部和语言外部等方面去寻求解释。

3.1　语言内部因素对纯音译词演变的影响

大部分演变成意译词的纯音译词是在“五四”运动前后引进的。这一时期的大语言环境是，现代汉语文学语言尚未最后形成，缺乏统一和明确的规范，面对着大量涌入的外来词，我们在书写形式上还没有形成一个合理的、统一的原则。很多纯音译词不符合现代汉语词汇的特点，呈现出一种不稳定性，主要表现在：

（1）词无定形，以记音为主。

由于我国各地方音差别很大，一些音译词随着译者的方音差异而有所不同；而且不同的译者在音译时，也可以自由地选用同音不同形的汉字。例如，violin（小提琴）有“梵哑铃、梵哦玲、梵阿林、梵莪铃、伐乌林、繁华令、浮古琴、瑰娥林、瑰珴琳、外奥林”等十种译法。这种书写形式的随意性反映了英源纯音译词在引进初期缺乏统一的规范，也是其不稳定性的表现之一。

（2）音节冗长。

中古以前，汉语以单音节形式的词占优势。近代以来，双音节词日益增多。而到了现代，双音节词的数量大大超过了单音节词。单音节词加上双音节词占了全部词的绝大多数，但“五四”前后引进的纯音译词有相当一部分音节冗长，不符合汉语词的语音习惯，因而显得很不稳定，容易发生流变。我们对这483个纯音译词的音节做了一番考察，发现其中四音节以上的词占了一半以上。

（3）转写用字不当。

在采用音译时，汉字只是作为语音符号使用，原来负载的语义暂时脱落。但是，汉字本身是一种表意体系的文字，与其他文字相比，汉字的形具有很强的视觉效果和联想效果。汉民族的人们在看到汉字时，不但会注意这个汉字的音，而且更习惯于从字形揣测其中蕴涵的意义。因此，在采用音译法时，应该慎选汉字，不能随心所欲地抓出一个语音相近的汉字就去模拟英语词的语音。然而，“五四”前后，人们在引进英源外来词时却忽略了汉字可能带来的语义联想，在选用汉字时显得比较随意，这也从一个侧面反映了这一时期纯音译词的不稳定性。具体表现在：

选用了一些冷僻生涩的字，给读者的阅读和纯音译词的流传带来了不便。例如，lavender（薰衣草）曾音译为“剌贤垤尔”，ale（麦芽酒）曾音译为“贳勒”。

选用了一些含有贬义或容易引起负面联想的字。例如，fallacy（谬论）曾音译为“发拉屎”，infidel（不信宗教的人）曾音译为“婴匪毒”。

选用表示动词、形容词的字用来表示名词，其基本语义仍然在发挥作用，容易引起有歧义的联想。例如，ebonite（硬橡胶）曾音译为“哀薄奈以脱”，doctor（博士）曾音译为“多看透”，chimpanzee（黑猩猩）曾音译为“青明子”。

这些汉字的选择不符合汉族人的阅读和思维习惯，使这些纯音译词难以在汉语中扎根而最终导致它们的演变，演变的结果是有可能转化为意译词。

另外，从词所表达的内容看，这些演变为意译词的纯音译词大多为抽象名词。在这483个英源纯音译词中，抽象名词有365个，占总数的76%。这可能是因为“抽象词没有具体的对象可以叫人从感官上接触到。若纯用音译，一般人是很难了解的，所以不得不通过分析，从意义上抓住原词的要点翻译过来，为别人理解含义开一个入口”。尤其是表示情态、心理、行为等的抽象语词，在本族语中比较容易找到相应的表达，而且用意译词来表情达意会比纯音译词更为自然、贴切，因此，这些纯音译词大都演变成了意译词。

3.2 语言外部因素对纯音译词演变的影响

（1）学者们的态度和主张对纯音译词演变的影响。

“五四”前后引进的这些纯音译词逐渐演变成了意译词，而这一演变过程的完成时间大约是在新中国成立前后，即20世纪50年代左右。我们认为，在这一历史时期中的社会背景因素对这一演变过程起到了促进作用。当时，有不少学者主张采用意译方式引进外来概念，同时语言学界又提倡语言的纯洁化，主张摒弃可要可不要的外来词，这些都对纯音译词的演变起到了促进作用。

当时的著名学者胡以鲁主张对外来事物或概念应该尽可能意译。他在1914年发表的《论译名》一文中阐述了自己的观点。他从汉语本身的特点出发，论述了应以意译为主的原则，认为汉语“词富形简，分合自如，不若音标之累赘、假名之粗率”，所以适合意译。同时，他认为意译可以维护祖国语言的纯洁性，并以国外一些著名语言文学大师为例，指出“十二三世纪以来，伊之邓堆（但丁）、英之仓沙（乔叟）、德之加堆（哥德），无不以脱弃外语、厘正国语为急者。盖国家主义教育之趋势也”。胡氏将意译提到了“维护祖国语言纯洁性”的高度，这与当时高涨的民族主义思想密不可分，在当时也是一种爱国主义的表现。

朱自清也是一位主张意译的学者，他在1919年发表的《译名》一文中，全面总结了前人关于音译和意译问题的探讨，并论述了自己的观点。他指出，音译最大的弊端在于令人不解，或容易让人望文生义。朱氏认为“意译的办法，用得最多”，“是译名的正法”，也是“造新词的唯一方法”。

从上述的情况可以看出，“五四”前后这一段时期，对于外来事物或概念的翻译，我国的学者更多地倾向于意译。这种倾向性对于纯音译词向意译词的演变产生了深刻的影响，成功地推动了一些尚未完全定型的译词模组的演变。新中国成立后，国家又提出了“为语言的纯洁和健康而斗争”的语言政策，于是学者们更加有意识地提倡多用意译词，排斥纯音译词，并且把这有意无意地提到爱国主义的高度来认识，认为多用纯音译词，就有“崇洋媚外”的嫌疑，从而人为地减少了纯音译词的数量。这是这些纯音译词向意译词转变的最重要的外在因素。

（2）语言认知心理因素对纯音译词演变的影响。

古代汉语词汇以单音节为主，而语素单音节化和以意合为主的复合构词方式则是现代汉语词汇的主要特点，这便造成了汉民族有音必有义的语言认知心理。而纯音译词的音节仅仅是用来作为记音符号的，失去了其本身的意义，对于这种不表义的音节的存在，汉族人长期以来养成的语言认知心理是倾向于排斥的。这也是导致纯音译词容易被意译词取代的原因之一。

综上所述，“五四”前后引进的这些纯音译词之所以会被意译词所取代，是受到了汉语词汇系统和汉族人语言认知心理的制约和影响，并且和当时的社会背景、学者的主张与倾向以及国家的语言政策等有着密不可分的联系。

参考文献

岑运强、刘　冀（2000）论汉语外来词的分类与译介原则，《井冈山师范学院学报》第11期。

刘正埮、高名凯、麦永乾、史有为（1984）《汉语外来词词典》，上海：上海辞书出版社。

周定一（1962）“音译词”和“意译词”的消长，《中国语文》第10期。

朱京伟（1999）西洋乐器中文译名的形成与演变，《词库建设通讯》第11期。

后　记

2000 年北京华文学院为庆祝建校 50 周年出版了《华文教学论文集·第一辑》，标志着学院进入学科建设专业化、规范化发展的新阶段。在建校 60 周年之际，学院迈进了建设新校区、新学院的跨越式发展阶段。在此，我们编辑出版《华文教学研究》一书，献上学院同仁在教学实践和学科理论研究上的努力成果。

本书汇集北京华文学院教师论文 44 篇，内容涉及华文教育的学科理论、教学方法、教材开发、汉语本体研究以及针对华裔青少年学生的服务管理等方面，是学院近年来教学科研成果的集中体现。书中的大部分文章曾在国内外学术刊物或学术研讨会上发表或宣读过。编委会尊重不同风格的研究成果，所选论文均由作者最终定稿，体现了文责自负的原则。

苔花如米小，也学牡丹开。我们由衷地感谢暨南大学出版社对此书出版的鼎力支持，希望这本书能为华文教育的学科建设添砖加瓦，同时诚恳欢迎华教同仁和各界朋友指正赐教。

编委会

2009 年 3 月